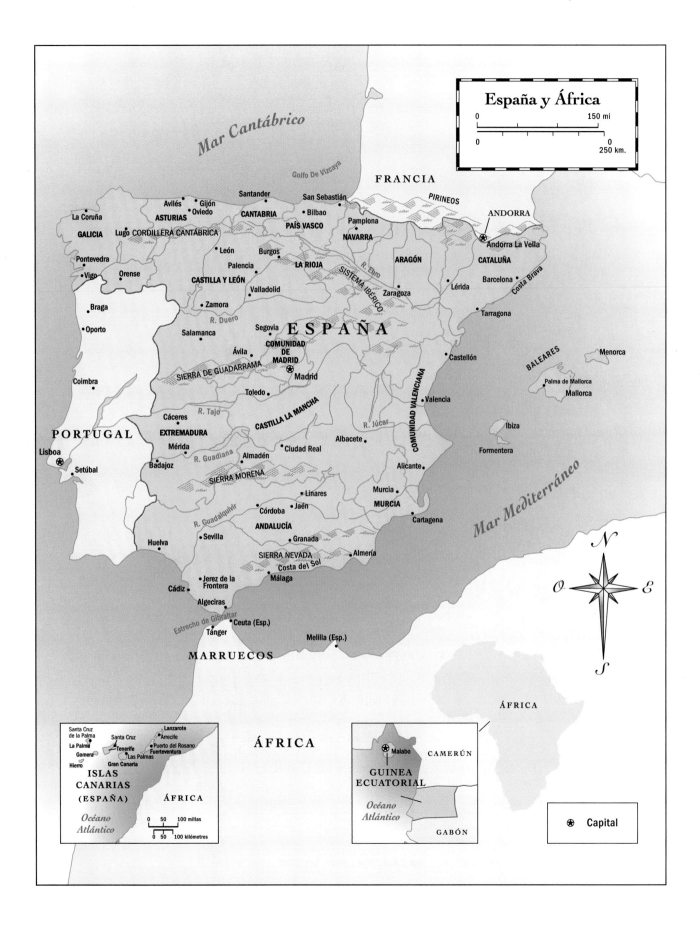

Mar Cantábrico

Golfo De Vizcaya

FRANCIA

PIRINEOS

ANDORRA

Espana y Africa

0   150 mi

0   0
                          250 km.

La Coruña

GALICIA

Avilés Gijón
ASTURIAS Oviedo

Santander

San Sebastián

Bilbao

CANTABRIA

PAÍS VASCO

Pamplona

NAVARRA

Andorra La Vella

Lugo CORDILLERA CANTÁBRICA

León

Burgos

LA RIOJA

ARAGÓN

CATALUÑA

Pontevedra

Orense

Palencia

SISTEMA IBÉRICO

R. Ebro

Lérida

Barcelona

Costa Brava

Vigo

CASTILLA Y LEÓN

Valladolid

Zaragoza

Tarragona

Braga

Zamora

R. Duero

ESPAÑA

Oporto

Salamanca

Segovia

COMUNIDAD
DE
MADRID

Castellón

BALEARES

Menorca

Coimbra

Ávila

SIERRA DE GUADARRAMA

Madrid

Palma de Mallorca

Mallorca

Toledo

PORTUGAL

Cáceres

R. Tajo

CASTILLA LA MANCHA

R. Júcar

COMUNIDAD VALENCIANA

Valencia

Ibiza

Lisboa

EXTREMADURA

Mérida

Formentera

Setúbal

Badajoz

R. Guadiana

Almadén

Ciudad Real

Albacete

Alicante

SIERRA MORENA

Murcia

Linares

Córdoba Jaén

MURCIA

Cartagena

ANDALUCÍA

Huelva

Sevilla

Granada

SIERRA NEVADA

Almería

Costa del Sol

Jerez de la
Frontera

Málaga

Cádiz

Algeciras

Estrecho de Gibraltar

Ceuta (Esp.)

Tánger

Melilla (Esp.)

MARRUECOS

Mar Mediterráneo

N

O   E

S

ÁFRICA

Santa Cruz
de la Palma

Lanzarote

Arrecife

La Palma

Santa Cruz

Tenerife

Puerto del Rosano

Gomera

Fuerteventura

Las Palmas

Hierro

Gran Canaria

ISLAS
CANARIAS
(ESPAÑA)

ÁFRICA

Océano
Atlántico

0   50   100 millas

0 50 100 kilómetros

ÁFRICA

Malabo

CAMERÚN

GUINEA
ECUATORIAL

Océano
Atlántico

GABÓN

⊛ Capital

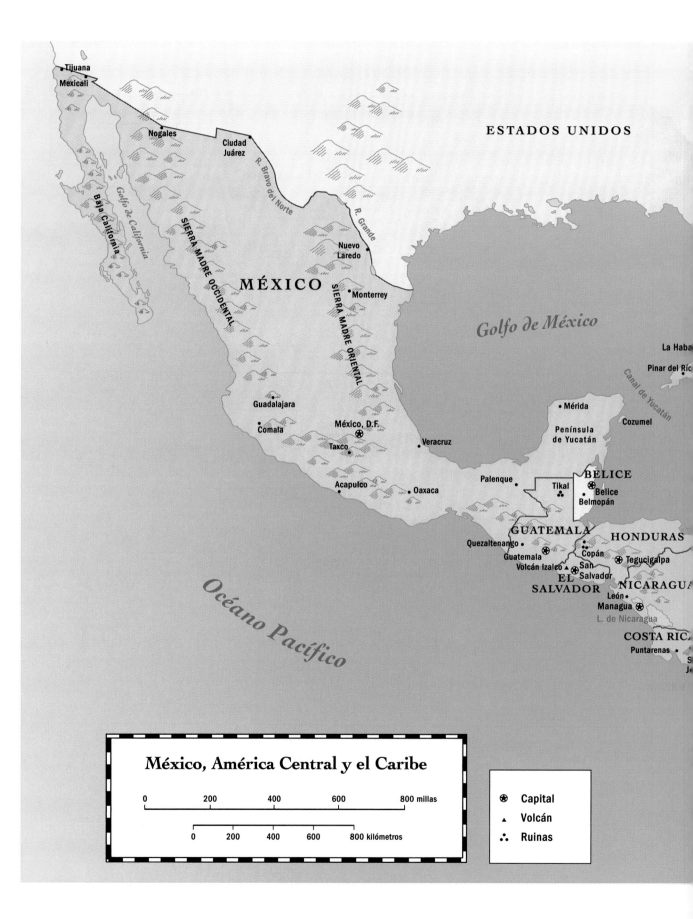

ESTADOS UNIDOS

Tijuana
Mexicali
Nogales
Ciudad
Juárez
R. Bravo del Norte
R. Grande
Golfo de California
Baja California
SIERRA MADRE OCCIDENTAL
MÉXICO
Nuevo
Laredo
Monterrey
SIERRA MADRE ORIENTAL
Golfo de México
La Haba
Pinar del Ríc
Canal de Yucatán
Guadalajara
Cómala
México, D.F.
Taxco
Veracruz
Mérida
Cozumel
Península
de Yucatán
Acapulco
Oaxaca
Palenque
Tikal
BELICE
Belice
Belmopán
GUATEMALA
HONDURAS
Quezaltenango
Guatemala
Volcán Izalco
Copán
San
Salvador
Tegucigalpa
EL
SALVADOR
NICARAGUA
León
Managua
L. de Nicaragua
COSTA RIC
Puntarenas
S
Je

Océano Pacífico

México, América Central y el Caribe

0   200   400   600   800 millas

0   200   400   600   800 kilómetros

⊛ Capital
▲ Volcán
∴ Ruinas

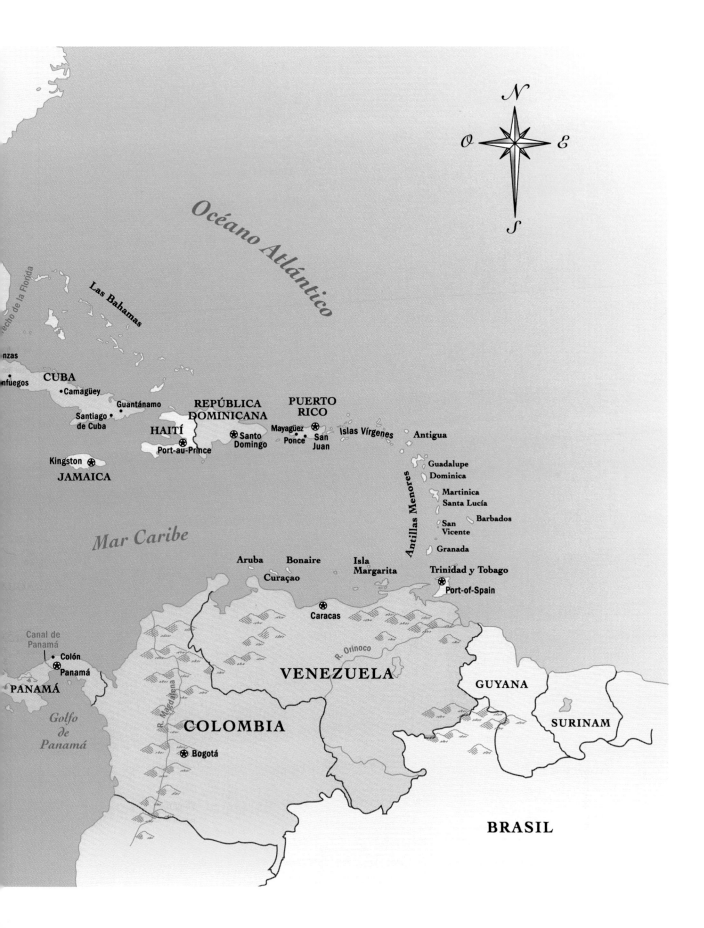

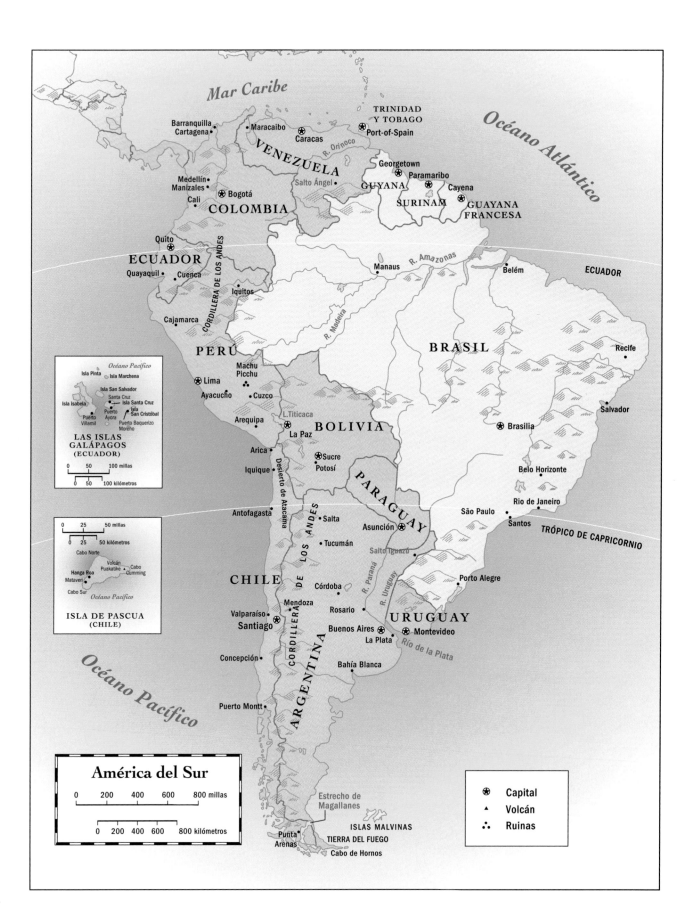

Mar Caribe

Océano Atlántico

Barranquilla
Cartagena
Maracaibo
TRINIDAD
Y TOBAGO
⊛ Caracas
Port-of-Spain
R. Orinoco

VENEZUELA

Georgetown
⊛ Paramaribo
Cayena
GUYANA
Medellín
Manizales
⊛ Bogotá
Salto Ángel
SURINAM
GUAYANA
FRANCESA
Cali

COLOMBIA

Quito ⊛
R. Amazonas
ECUADOR

ECUADOR
Quayaquil
Cuenca
Manaus
Belém

Iquitos

Recife

CORDILLERA DE LOS ANDES

Cajamarca

BRASIL

PERÚ

Machu
Picchu
⊛ Lima
R. Madeira

Océano Pacífico
Isla Pinta
Isla Marchena

Isla San Salvador
Santa Cruz
Isla Santa Cruz
Isla Isabela
Isla
San Cristóbal
Puerto
Ayora
Puerto
Villamil
Puerto Baquerizo
Moreno

LAS ISLAS
GALÁPAGOS
(ECUADOR)

0   50   100 millas
0   50   100 kilómetros

Ayacucho
Cuzco

Arequipa

L.Titicaca

BOLIVIA

Arica
⊛ Sucre
Potosí

Salvador

Iquique

Brasilia ⊛

Belo Horizonte

0   25   50 millas
0   25   50 kilómetros

Cabo Norte
Volcán
Puakatike
Hanga Roa
Cabo
Cumming
Mataveri
Cabo Sur
Océano Pacífico

ISLA DE PASCUA
(CHILE)

Antofagasta
Salta
Asunción ⊛
São Paulo
Santos

PARAGUAY

Río de Janeiro

Tucumán

Salto Iguazú

TRÓPICO DE CAPRICORNIO

Desierto de Atacama

CORDILLERA DE LOS ANDES

R. Paraná

Porto Alegre

R. Uruguay

CHILE

Córdoba

Valparaíso
Mendoza
Rosario

Santiago ⊛
Buenos Aires
URUGUAY
⊛ Montevideo
La Plata
Río de la Plata

Concepción

Bahía Blanca

Océano Pacífico

ARGENTINA

Puerto Montt

América del Sur

0   200   400   600   800 millas

0   200   400   600   800 kilómetros

Estrecho de
Magallanes

Punta
Arenas
ISLAS MALVINAS
TIERRA DEL FUEGO
Cabo de Hornos

⊛   Capital
▲   Volcán
∴   Ruinas

Conexiones

Conexiones

Comunicación y cultura

SECOND EDITION

Eduardo Zayas-Bazán
East Tennessee State University

Susan M. Bacon
University of Cincinnati

Dulce M. García
The City College of New York, C.U.N.Y.

Prentice Hall

Upper Saddle River, New Jersey 07458

Library of Congress Cataloging-in-Publication Data

ZAYAS-BAZÁN, EDUARDO.
  Conexiones: comunicación y cultura / Eduardo Zayas-Bazán, Susan M. Bacon, Dulce
M. García.
    p. cm.
  Includes index.
  ISBN 0-13-093353-8 (pbk.)
  1. Spanish language—Textbooks for foreign speakers—English. I. Bacon, Susan M. II.
García, Dulce M. III. Title.

PC4112.Z39 2001
468.2'421—dc21   2001036450

Publisher: *Phil Miller*
Senior Acquisitions Editor: *Bob Hemmer*
Development Editor: *Julia Caballero*
Assistant Editor: *Meriel Martínez*
Editorial Assistant: *Meghan Barnes*
VP, Director of Production and Manufacturing: *Barbara Kittle*
Executive Managing Editor: *Ann Marie McCarthy*
Editorial/Production Supervision: *Harriet C. Dishman/Elm Street Publications*
Prepress and Manufacturing Manager: *Nick Sklitsis*
Prepress and Manufacturing Buyer: *Tricia Kenny*
Cover Design: *Ximena Tamvakopoulos*
Marketing Manager: *Stacy Best*
Electronic Line Art Creation: *Andy Levine*
Director, Image Resource Center: *Melinda Reo*
Interior Image Specialist: *Beth Boyd*
Photo Researcher: *Mary Teresa Giancoli and Diana Gongora*
Cover art: *Chad Ehlers (Original 1990). Mosaic designs in seats by Gaudí at Parque Güell. LOC/SPAIN/BARCELONA.*
    © Chad Ehlers. All Rights Reserved.

This book was set in 10/12.5 Sabon by Ewing Systems
and was printed and bound by World Color.
The cover was printed by Phoenix Color Corp.

 © 2002, 1999 by Prentice-Hall, Inc.
Upper Saddle River, NJ 07458

Printed in the United States of America

College Student text: ISBN 0-13-093353-8
Annotated Instructor's Edition: ISBN 0-13-093503-4
10 9 8 7 6 5 4 3 2 1

High School Student text: ISBN 0-13-097880-9
10 9 8 7 6 5 4 3 2 1

Pearson Education LTD., London
Pearson Education Australia PTY, Limited, Sydney
Pearson Education Singapore, Pte. Ltd
Pearson Education North Asia Ltd, Hong Kong
Pearson Education Canada, Ltd., Toronto
Pearson Educación de Mexico, S.A. de C.V.
Pearson Education — Japan, Tokyo
Pearson Education Malaysia, Pte. Ltd
Pearson Education, Upper Saddle River, New Jersey

Brief Contents

Scope and Sequence

Conexiones

We trust that you will enjoy the Second Edition of *Conexiones: Comunicación y cultura*. The first edition of *Conexiones* (1999) quickly became a popular intermediate Spanish program in colleges and universities throughout the United States and Canada. As authors, we are delighted with the favorable reviews, e-mails, and comments received from colleagues and students. In the preparation of the Second Edition, we have made good use of this valuable feedback. Many suggestions have been incorporated into this new edition and we are delighted to share them with you.

Conexiones, *Second Edition,* continues to be an exciting Intermediate Spanish course that features high-interest topics, an effective and uniquely sequenced review of selected grammatical points, and a thorough integration of language and culture. Chapter topics reflect issues of interest and concern to today's college and university students, providing students with many opportunities to make connections with topics they're discussing in other courses. Each chapter of the student text synthesizes the development of language skills and cultural awareness through the active use of art, music, and literature from the Spanish-speaking world. Activities are designed to foster involvement, participation, and exchange in discussion and compositions. Active, personalized, and real communication about actual issues and experiences is at the heart of *Conexiones*.

Sequence and Organization of Structure Review

The sequence and organization of the review and presentation of Spanish grammatical structures in *Conexiones* is motivated by concerns expressed by instructors from around the country. The concern we share is that the grammar sequence in most Intermediate Spanish programs places verbal moods and tenses presented in the second half of introductory courses also in the second half of intermediate texts. This repetition of a first-year sequence results in students progressing to advanced levels without a thorough understanding of the indicative and subjunctive moods and without a concrete grounding in the forms and usage of certain tenses. Even worse, students who do not study beyond the intermediate level leave their typical four-semester study of Spanish with little more than first-year competence.

Conexiones offers an alternative. It begins with a preliminary *Lección* that reacquaints students with the Spanish they have already learned and prepares them for the transition to a higher level. Students discuss their interests and goals, and how Spanish will fit into their future. Then, *Lección 1* reviews the preterit and imperfect tenses, equipping students to shift back and forth naturally between the present and the past as they speak, read, and write throughout the course. The review of the present subjunctive begins in *Lección 2*; students are exposed to and use the subjective mood alongside the indicative all through the program, refining their understanding of both the concept and usage of mood—essential to Spanish and other languages—throughout the intermediate level of study. This approach results in a classroom language environment that reflects the way in which Spanish is spoken by millions of people around the world and in which students are increasingly likely to experience it at home in the United States and Canada.

Highlights of the Second Edition

Scope and sequence. With the idea of achieving a more functional and even distribution, the following additions and changes have been made:

Lección preliminar. A new warm-up chapter helps prepare students for intermediate-level Spanish. This chapter serves as a bridge between the elementary and the intermediate levels in terms of theme (*¡Hagamos conexiones!*), vocabulary, and grammar.

Lección 1. As suggested by our users, we have chosen a chapter theme of storytelling, a topic that will appeal to everyone and can be easily discussed.

¡Así es la vida! Several of the chapter-opening language samples have been updated to make them more relevant to today's students.

¡Así lo decimos! Vocabulary lists have been revised and shortened.

Aplicación. We have revised, changed, and updated activities, and sequenced them to ensure that students will have an opportunity to practice forms before using them creatively. For example, the new activity, *En familia*, gives students the opportunity to expand their vocabulary and use it creatively.

A escuchar. Each *lección* now has two *A escuchar* listening activities to increase balance among the four skills; the *A escuchar* activities appear at the end of each chapter part.

Ritmos. We have included six new songs, which are thematically and grammatically related to the chapter.

Páginas. Three new literary selections have been added, and others have been edited to make them more accessible to intermediate students.

Imágenes. Two new and exciting paintings have been added.

¡A explorar! Web activities have been added to each chapter to encourage students to further explore the topics presented in each lesson. Each lesson has five *A explorar* activities. Weblinks to support the *¡A explorar!* activities are provided on the *Conexiones* Website (www.prenhall.com/conexiones).

Conexiones **Website.** The Website has been updated to include new activities and weblinks. Students may practice the vocabulary and grammar of each chapter through activities that provide instant grading. Guided Web activities offer opportunities to further explore the chapter topic and the cultural materials presented in *Ritmos, Imágenes,* and *Páginas.*

Video program. The video program has been updated to include more engaging and authentic clips from Spain and Latin America. Each videoclip addresses the theme presented in each chapter, providing authentic listening practice and a basis for class discussion. Activities based on the videoclips, along with the video transcript are included in the Video Manual.

Chapter Organization and Pedagogy

Written entirely in Spanish with the exception of grammar review explanations, the Second Edition of *Conexiones* consists of a *Lección preliminar,* followed by twelve *lecciones.* Each of the twelve *lecciones* is divided into three parts: *Primera parte, Segunda parte,* and *¡Así lo expresamos!* Each *parte* maintains the following consistent structure:

¡Así es la vida! A variety of language models (newspaper and magazine articles, interviews, dialogues, letters, illustrations, advertisements, and other types of realia) set the stage for the assimilation of communicative functions, previewing vocabulary presented and grammatical structures reviewed in the *lección,* and providing relevant, interesting content and cultural information. Very rich in content, *¡Así es la vida!* is not merely a language sample; it is a forum where students discover new things about the world around them from a Hispanic perspective.

¡Así lo decimos! A thematically organized presentation of words and expressions follows the chapter-opening language sample. First, *Vocabulario primordial* provides a list of review vocabulary related to the chapter theme. These cognates and words with which students should be familiar at the second-year level are presented without English translation. *Vocabulario clave* then presents new words and expressions relevant to the chapter's theme, drawing heavily on *¡Así es la vida!* New items are organized by part of speech and presented with their English equivalents. Finally, *Ampliación* provides an opportunity to learn patterns of noun, verb, and adjective formation using familiar words and new items presented immediately before. Following many of the *¡Así lo decimos!* vocabulary lists, a section called *¡Cuidado!* presents tricky cognates, discusses differences in usage between Spanish and English, and alerts students to false cognates and groups of words such as *salvar, guardar,* and *ahorrar* that all have a single equivalent word in English. *Aplicación* activities that follow the vocabulary presentation provide a global orientation to the chapter topic and give students the opportunity to use the new vocabulary in meaningful and communicative contexts. These activities have been carefully designed so that they range from guided to communicative.

Estructuras. Grammar explanations are clear and concise with examples closely related to the chapter topic, reviewing and expanding upon explanations found in introductory texts. Important points are illustrated with art and realia, and abundant practice opportunities range from contextualized and meaningful form practice to a variety of personalized and communicative exercises and activities. A special section in the accompanying Workbook reviews very basic first-year material, allowing for appropriate coverage of more complex points in the main text. Students can use this special Workbook review section on their own, or instructors can suggest specific exercises for students who may need guided review.

Comparaciones. Each *lección* in **Conexiones** highlights and explores aspects of Hispanic culture in terms of customs and traditions, history, and daily life in brief topical discussions. Students compare what they learn about Hispanic culture and civilization with their own culture in the *Vamos a comparar* activity. This exploration of relevant and interesting topics in the Spanish- and English-speaking worlds leads students to find similarities, differences, and most importantly, understanding and appreciation. The *Comparaciones* sections are written entirely in Spanish and make use of art, photographs, and realia that can serve as a point of departure for class discussion beyond what is discussed in the brief essay and *Vamos a comparar* activity. Finally, in the new *Vamos a conversar* activity, students are given guidelines in order to discuss in groups other aspects of the target topic.

A escuchar. The in-text listening sections contain recordings of language samples without in-text scripts (scripts are printed in the Annotated Instructor's Edition). Students complete listening exercises in class, in the language lab, or at home before progressing to subsequent activities. Without the crutch of a printed script, students truly practice and hone their aural comprehension skills.

A explorar, a new feature in the Second Edition directs students to the **Conexiones** Website where they can explore and react to cultural topics related the theme of the *lección.* The new five *A explorar* activities for each chapter are completely integrated into the chapter, they are related to the different cultural sections (*Ritmos, Páginas, Imágenes*), and serve to expand cultural knowledge.

¡Así lo expresamos! Each *lección* concludes with the *¡Así lo expresamos!* section, which encompasses *Ritmos, Páginas, Imágenes* and further develops listening, speaking, reading, and writing skills by engaging students with traditional and popular songs, paintings, short stories, poems, and short plays from a variety of Spanish-speaking cultures—all within a cultural framework—distinguishing the **Conexiones** program from similar sections in other texts.

Ritmos. The lyrics of popular and traditional songs—appropriate to the chapter's theme, vocabulary, and structures—are printed in the text and recorded by original artists from Spain and the Americas. Students are certain to enjoy this feature of **Conexiones** as they get a feel for the kinds of music their Spanish and Latin American counterparts might listen to. The recordings are available on a CD for instructors to play in class.

Imágenes. Each chapter includes a painting or other graphic image by a Hispanic artist. Apart from exposing students to Hispanic art and enhancing their overall experience with Spanish, the images in *Imágenes* serve as springboards for class discussion and compositions. Each image is accompanied by discussion questions (*Perspectivas e impresiones*) that ask students to express their reactions to the paintings by making creative use of the Spanish they have learned.

Páginas. Literary selections are presented with pre- and post-reading information and activities, including biographical information about the selected writers. Pre-reading activities set the stage by getting students to think about issues raised in the selection, then *Estrategias de la lectura* discusses strategies to develop good reading skills. Post-reading activities are designed to generate an appreciation of Hispanic literature while introducing students to basic techniques of analysis and interpretation. All readings have been selected for their relevance to students' lives and experiences as well as their reflection of the themes and topics explored in the corresponding *lección*.

Taller. Students are guided through the writing process as they begin to compose paragraphs, short compositions, and essays on topics that stem from the wealth of information presented and ideas explored in the chapter. A mix of process writing techniques and traditional approaches to composition make *Taller* an effective tool for a variety of students and instructors alike.

Program Components

Conexiones: Comunicación y cultura, Second Edition is a complete Intermediate Spanish program that includes the following components:

- Student Text
- Student Audio CD
- Workbook/Lab Manual
- Workbook Answer Key
- E-Workbook/E-Lab Manual
- Audioprogram
- *Conexiones* Website (http://www.prenhall.com/conexiones)
- *Conexiones* Video CD-ROM
- *Conexiones* Video
- *Spanish on the Internet*
- Spanish Dictionary

In addition to the components for student use or use in the classroom and lab, *Conexiones* offers the following components especially for instructors:

- Annotated Instructor's Edition
- Instructor's Audio CD
- Instructor's Resource Manual

- *Salón de profesores* on the *Conexiones* Website
- Testing Program (Print) / Computerized Testing Program (PC and Mac)

Student Text or Student Audio CD Package

Conexiones is available for purchase with or without a student audio CD that contains recordings of the *A escuchar* listening activities contained in each chapter. A copy of the student audio CD is included in the complete audioprogram that is provided free of charge for departmental language labs.

Workbook/Lab Manual

Workbook

The organization of the Workbook parallels that of the main text and it also provides a useful review for students at any time. The Workbook offers further practice of each chapter's vocabulary and grammatical structures through form-based exercises including sentence-building activities, completion exercises, fill-ins, and realia-based activities. Reading and writing skills are developed in a series of interesting and personalized activities that ask students to draw on each chapter's vocabulary, grammatical structures, and theme. Additional activities encourage students to make connections and comparisons with the Hispanic world.

Lab Manual

The Lab Manual activities are used in conjunction with the Audioprogram recordings of listening comprehension passages. Listening strands include recordings of authentic conversations, interviews, announcements, news reports, and so on. A variety of comprehension-check and information-processing activities follow each listening passage. Answers to these activities are found at the end of the Workbook/Lab Manual.

Workbook Answer Key

A separate Answer Key to the workbook activities is available for instructors who want students to check their own work.

E-Workbook/E-Lab Manual

The *Conexiones* E-Workbook and E-Lab Manual provides interactive, electronic versions of the print Lab Manual and print workbook. The online versions, similar in content to the print versions, offer students an engaging, interactive environment for completing the *Conexiones* Lab Manual and Workbook activities including true-false, matching, multiple choice, fill-in-the blank, and open-ended questions. Students can access the *audio* for the E-Lab Manual exercises via the Internet. Discrete point exercises are self-graded while open-ended questions can be e-mailed to instructors.

Audioprogram

The *Conexiones* Audioprogram consists of CDs or cassettes. These include listening cassettes to accompany the Lab Manual, and the student CD or cassette containing recordings of the in-text *A escuchar* activities.

Conexiones Website (www.prenhall.com/conexiones)

The *Conexiones* Website contains a wealth of practice and expansion exercises for students as well as a resource section for instructors. Each chapter of the Website complements its corresponding chapter of the text, and contains automatically graded exercises that practice and reinforce the vocabulary, grammar, and cultural information in each chapter. Guided Web activities help students explore authentic Spanish language Websites and further explore the cultural materials presented in each chapter. A new section of the Website, *¡A explorar!* includes link-based activities from the textbook that take the student to a wealth of Spanish-language Websites for linguistic and cultural discovery.

Conexiones Video

The *Conexiones* Video presents authentic clips from Spain and Latin America. For each chapter, there are two or three interesting video segments that expand on the chapter themes, providing authentic listening practice and a basis for class discussion, while further engaging students with the peoples and cultures of the Spanish-speaking world.

Conexiones Video CD-ROM

The NEW *Conexiones* Student Video CD-ROM contains the entire *Conexiones* video and is designed to allow students to work with the video at their own pace and complete the pre- and post-viewing activities. The Student Video CD-ROM gives students unlimited access to the video and allows students to move through the video easily, playing the video with or without the video script, and setting bookmarks for reference within the video. The accompanying video activities are crafted to develop listening, comprehension, and pronunciation skills.

Annotated Instructor's Edition

Marginal notations in the Annotated Instructor's Edition include responses to convergent activities, teaching tips, and hints on effective classroom techniques.

Additional notations include tapescripts for the *A escuchar* sections and notes for expanding on in-class activities.

Instructor's Audio CD

A CD containing recordings of the songs included in the *Ritmos* section of each chapter.

Instructor's Resource Manual

The Instructor's Resource Manual contains sample course syllabi, suggestions for lesson plans and assignment of supplements, and guidance on integrating the Website into the course. Further sections provide information on additional audio and video resources for the instructor.

Testing Program (Print) / Computerized Testing Program (PC and Mac)

The Testing Program consists of a series of quizzes, chapter tests, and midterm and final examinations, all of which are contextualized according to the textbook's themes. Each test employs a variety of techniques and formats to evaluate students' progress and assimilation of chapter material, and, using the Computerized Testing Program, instructors can mix, match, and modify testing materials according to their needs.

Acknowledgments

The Second Edition of **Conexiones** is the result of careful planning between us and our publisher, and ongoing collaboration with students and you—our colleagues—who have been using the First Edition since **Conexiones** was published. We are indebted to all those people whose ideas, suggestions, and criticisms have helped shape this program. The authors and publishers would especially like to acknowledge and thank the following people:

Marta Antón, IUPUI

Lucrecia Artalejo, Northeastern Illinois University

Deborah Baldini, University of Missouri–St. Louis

Judy Berry-Bravo, Wichita State University

Herbert J. Brandt, IUPUI

Jeffery Bruner, West Virginia University

Judy Collier, Goucher College

G. Ronald Freeman, California State University

Carmen González Román, University of Maryland at College Park

James A. Grabowska, Minnesota State University, Mankato

Mark Harpring, University of Kansas

Joseph R. Hoff, MacMurray College

Mary C. Iribarren, University of New Mexico

María C. Lucas-Murillo, Black Hawk College

Linda McMannes, Baylor University

Ann M. Ortiz, Campbell University

Patricia Pedroza, Keene State College

Luciano C. Picanço, Davidson College

Vicente Rodríguez-Ortega, University of Iowa

Richard A. Seybolt, University of Minnesota, Duluth

Eileen H. Shields, College of Charleston

Oscar U. Somoza, University of Denver

Stacy Southerland, University of Central Oklahoma

Rosa Stewart, University of Victoria, Canada

Jorge W. Suazo, Georgia Southern University

Lourdes Torres, University of Kentucky

Gayle Vierma, University of Southern California

Tanya S. Wilder, Washington State Community College

We are indebted to our friends and colleagues at Prentice Hall, especially Julia Caballero for her dedication, insight, and thoughtful advice throughout the editorial process of the second edition, and to Rosemary Bradley, prior Editor-in-Chief, for her encouragement in both the first and second editions of *Conexiones*. We would also like to thank the many people at Prentice Hall who contributed their ideas, efforts, and publishing experience to the Second Edition of *Conexiones*. Heather Finstuen, Media Editor, for all her great work on the Website; Meriel Martínez, Assistant Editor, for her efficient and careful work in managing the preparation of the ancillary program; Meghan Barnes, Editorial Assistant, for her hard work and efficiency obtaining reviews and attending to many administrative details. Furthermore, we would like to sincerely thank Phil Miller, Publisher, Modern Languages, for his support and commitment to the success of the text; Bob Hemmer, Senior Acquisitions Editor, for his encouragement and enthusiasm for the project, Rolando Hernández, Director of Marketing; Stacy Best, Marketing Manager; and the Prentice Hall Sales Directors for their creativity and efforts in coordinating marketing and promotion for the new edition. Authors want also to thank Harriet C. Dishman, Production Editor; Gloria Oswald, Assistant Production Editor; Grisel Lozano-Garcini, Copy Editor; and Priscila Baldovi and Teresa Triana, Proofreaders, for their careful and professional work.

We are grateful, as well, to the College of Arts and Sciences and the Department of Romance Languages at the University of Cincinnati for supporting and recognizing the value of this project. We thank the graduate students, instructors, and professors at the University of Cincinnati, particularly Alison Garrard, Alonso Cáceres, Noris Rodríguez, Cristina Kowalski, María Paz Moreno, Txetxu Aguado, Carlos Gutiérrez, and Connie Scarborough, for their reactions to materials and their support throughout. We thank Camille and Alexis Bacon for offering undergraduate perspectives on many of the materials and activities. We also thank the instructors and undergraduate students of the SILC Program, Pitzer College, for their enthusiastic participation and testing of many of the activities. We are grateful to Aitor Bikandi Mejías, Saint Louis University in Madrid; Francisco Jiménez, Santa Clara University; and Raquel Mejías, Instituto Tecnológico de Estudios Superiores de Monterrey, Campus Monterrey, for their insights and advice. Most importantly, we thank our friends and families for their patience and support, as ever.

Conexiones is dedicated to Eddy, Elena Allen, Lauren, Lindsey, Will, Wayne, Alexis, Camille, Chris, Ozzie and Jackie Rey.

Eduardo Zayas-Bazán
Susan M. Bacon
Dulce M. García

Conexiones

P

¡Hagamos conexiones!

Los estudiantes de hoy se
conectan a través de la red
informática.

¡Hagamos conexiones!

¿Sabías que el español que estás aprendiendo será una de las destrezas más importantes en tu futuro profesional? No importa lo que estés estudiando... psicología, medicina, derecho, educación, negocios, ciencias, ¡lo que sea!... ¡saber español te llevará más lejos!

El español, después del inglés, es el idioma que más se habla en los Estados Unidos, y el segundo idioma que más se habla en el mundo. A principios del año 2000 las cadenas hispanas de televisión, *Univisión* y *Telemundo*, dieron a conocer un estudio llevado a cabo por investigadores de la Universidad de la Florida y de la Universidad de Miami. Según este estudio, las personas que hablan y escriben español, además de inglés, en el condado de Miami-Dade, en San Antonio, en Jersey City y en otras ciudades de la nación, tienen mejores posibilidades de encontrar empleo más rápidamente. Además, según este estudio, los empleados bilingües en inglés y en español ganan un promedio de $7.000 más en estas ciudades que las personas que sólo hablan inglés. Muchos expertos prevén que el resto de la nación mostrará estadísticas similares, sobre todo en los estados con mayores concentraciones de hispanos como Nueva York, la Florida, Texas y California. Según Jeff Sparshott, director de comunicaciones de la Cámara de Comercio Mexicoamericana con sede en Washington, D.C., «las compañías que no emplean personal bilingüe en inglés y en español pueden calificar el costo en oportunidades perdidas de hacer negocios así como en dólares». En algunas ciudades de los Estados Unidos, como Los Ángeles y San Diego, sobre todo en el campo de servicio público, se ofrecen bonos anuales (algunos hasta de $5.000) para el personal que hable inglés y español.

Debido a la internacionalización de la economía, cada día se hace más y más esencial hablar otros idiomas además del inglés. Como se sabe, el español se habla en 19 países de nuestro continente además de en España, en Guinea Ecuatorial y en los Estados Unidos, donde actualmente residen más de 35 millones de hispanohablantes. Es por esta razón que muchas de las compañías estadounidenses, sobre todo hoy con la red informática (*Internet*), se proponen expandir sus intereses a nivel global. Emplear personal bilingüe, sobre todo en inglés y español, es crucial para poder competir en un mercado internacional. Algunos expertos en mercadeo y otras profesiones opinan que emplear personal bilingüe es más que una ventaja en el siglo XXI: es, y será cada vez más, una necesidad.

Actividades

👥 P-1 Sus estudios y sus metas. A continuación verán algunos campos de estudio y algunas profesiones relacionadas con ellos. Conversen entre Uds. para decidir cuáles de estas profesiones tienen necesidad de personal bilingüe y expliquen por qué.

MODELO: *Los ingenieros que trabajan en empresas internacionales necesitan poder comunicarse con sus colegas. Hoy en día hay oportunidades para hacer internados en empresas norteamericanas que tienen fábricas en otros países.*

Áreas de concentración	Profesiones
Artes plásticas o gráficas	pintor/a, escultor/a, diseñador/a
Banca y finanzas	banquero/a, asesor/a, financiero/a
Ciencias	científico/a, técnico/a
Ciencias sociales	psicólogo/a, sociólogo/a, político/a
Comunicaciones	asesor/a, periodista, reportero/a, locutor/a
Contabilidad	contador/a
Derecho	abogado/a, asistente legal, secretario/a legal
Educación	profesor/a, decano/a, rector/a, maestro/a
Ingeniería	ingeniero/a
Informática	programador/a
Medicina	médico/a, enfermero/a, técnico/a, investigador/a
Música	músico/a, compositor/a, director/a, solista
Negocios y ventas	comerciante, vendedor/a

👥 P-2 El español en su futuro. Conversen entre ustedes sobre cómo figura el español en su futuro profesional. Pueden usar las preguntas a continuación como guía.

1. ¿Para qué profesión te preparas?
2. ¿Dónde vivirás cuando termines tus estudios?
3. ¿Hay muchos hispanohablantes en ese lugar?
4. ¿Tendrás oportunidades para trabajar en el extranjero?
5. ¿Conoces a alguien en tu campo que utilice el español en su trabajo?
6. ¿Has usado el español en tu trabajo o en tu vida personal?

Saludos y presentaciones

Hay muchas maneras de saludarnos, de abrir la conversación y de cerrarla.
A continuación tienes algunas expresiones que te pueden ser útiles en una conversación. Practícalas cada vez que te encuentres con un/a compañero/a de clase.

Para saludarse	Para presentar un tema	Para cerrar la conversación	Para despedirse
¿Qué hay?	¿Sabes qué?	Pues, me tengo que ir...	Nos vemos.
¿Qué pasa?	A que no sabías que...	¡Mira la hora!	Nos estaremos viendo.
¿Cómo andas?	Oye, ...	Bueno, es hora.	Hasta la próxima.
¿Qué tal?	Mira, te quería contar...	Bueno, me voy.	Cuídate.
¿Qué novedad hay?	¿Has oído lo de...?		Adiós.
¿Qué hay de nuevo?			Te llamo mañana.
Hola, guapo/a.			Chau.
¿Dónde es la fiesta?			Hasta luego.
¿Qué cuentas?			Hasta pronto.

P-3 Salúdense. Con dos o más compañeros/as salúdense, abran la conversación y cuéntense alguna novedad. No olviden darse la mano, una palmada en
la espalda o un beso en la mejilla (*cheek*). A continuación tienen algunos posibles
temas.

- sus clases y sus profesores
- sus amigos
- su familia
- sus pasatiempos favoritos

P-4 Una invitación. Túrnense para invitarse a hacer algo este fin de
semana. Abran la conversación, expliquen lo que quieren hacer y quiénes estarán,
el día, la hora, etc. Luego cierren la conversación.

La tecnología

El «hardware»

LA PANTALLA

EL RATÓN

EL DISCO DURO

EL DISQUETE

EL TECLADO

El «software»

el archivo (*file*)
el correo electrónico
el enlace (*link*)
el gusano (*worm*)
el hipervínculo (*hyperlink*)
el icono
la hoja electrónica
el módem
la página de la red
el procesador de palabras
el programa de antivirus
la red informática (mundial)
el salón de conversación
el virus

Las acciones

archivar
bajar (*to download*)
borrar
conectarse
copiar
cortar y pegar
(des)conectarse
diseñar
escribir
fallar (*to fail*)
guardar
hacer un (doble) «clic»
marcar
procesar palabras
programar
recibir

P-5 ¿Cómo se hace? Ordenen estas acciones para explicar cómo se usa la computadora para bajar información de la red y usarla en una investigación que tengan que hacer.

_____ Abre tu procesador de palabras.

_____ Desconéctate del servicio de la red.

_____ Entra a la dirección de la página que quieres.

_____ Conéctate con el servicio de la red por tu módem.

_____ Marca el texto que quieres copiar.

_____ Vuelve a tu documento para trabajar en el texto.

_____ Haz un «clic» en el ratón para copiarlo.

_____ Haz un doble «clic» en el icono que representa el hipervínculo que quieres.

_____ Sal de la red.

_____ Pega el texto.

P-6 ¿Para qué la usan? Aquí tienen varios usos de la computadora. Conversen entre Uds. para ver cuáles usan Uds. y los usos que tienen en común. ¿Cuáles son los más importantes, en su opinión?

- procesar palabras
- manejar sus finanzas
- usar un programa de estadísticas
- programar
- mandar mensajes por correo electrónico

- buscar información en la red
- diseñar una página en la red
- jugar
- buscar recursos en la biblioteca

👥 P-7 La tecnología. Cada día la tecnología es más importante. Túrnense para explicarse sus experiencias con estos fenómenos tecnológicos y los beneficios o problemas que han tenido con ellos.

1. recibir un virus o un programa antivirus
2. entrar en un salón de conversación
3. diseñar una página en la red
4. borrar un documento importante
5. recibir un gusano en un mensaje electrónico
6. hacer una investigación por la red
7. no funcionar un componente del «hardware»

Cuéntame...

Siempre es interesante contarnos un poco sobre nuestras experiencias e intereses. Cuando hablamos del pasado, solemos usar el pretérito y el imperfecto. Las actividades a continuación te refrescarán estos tiempos verbales.

👥 P-8 Antes de venir a la universidad. Túrnense para comentar sus experiencias e intereses antes de venir a la universidad. Pueden usar el imperfecto y las preguntas a continuación como guía.

- dónde vivías
- qué pasatiempos tenías
- con quiénes pasabas tu tiempo libre
- cuáles eran tus clases favoritas

P-9 Un mensaje de correo electrónico. Escríbele un mensaje a un/a compañero/a de clase explicando lo que hiciste durante las últimas vacaciones. Usa el pretérito e incluye la información a continuación.

- dónde estuviste
- qué hiciste
- a quién viste
- cuándo volviste a la universidad
- cómo lo pasaste

👥 P-10 En la universidad. Es útil repasar los procedimientos que son particulares al contexto universitario. Trabajen juntos para emparejar estas acciones y terminología con su significado.

_____ 1. matricularse
_____ 2. darse de baja
_____ 3. la materia
_____ 4. el título
_____ 5. la maestría
_____ 6. el doctorado
_____ 7. la conferencia
_____ 8. la beca
_____ 9. el seminario
_____ 10. ingresar

a. dos o más años de estudios de posgrado
b. lo que se recibe al graduarse
c. inscribirse en un curso
d. un curso académico
e. dejar el curso
f. el acto de iniciarse en una organización
g. una clase pequeña en la que participan todos
h. un discurso dado por una persona
i. cinco o más años de estudios de posgrado
j. un premio monetario que ayuda a pagar los estudios

1

El arte de contar

Comunicación

◆ Describing in the past
◆ Narrating in the past

Estructuras

◆ The preterit tense
◆ The imperfect tense
◆ Preterit vs. imperfect

Cultura

◆ Los juglares medievales
◆ Las artes literarias precolombinas
◆ **Ritmos:** Celtas Cortos—
   Cuéntame un cuento
◆ **Imágenes:** Paloma Hinojosa—
   El cuento
◆ **Páginas:** Eduardo Ponce—
   Cuéntame un cuento

Taller

◆ *Una narración en el pasado*

A explorar

◆ *El pueblo inca*
◆ *Los cuentos que me contaron*
◆ *Cuentos de ayer, cuentos de hoy*
◆ *Celtas Cortos*
◆ *Leyendas fascinantes*

¿Te gusta escuchar cuentos o prefieres contarlos? ¿Cuál es tu cuento favorito? ¿Por qué? ¿De qué trata?

Narraciones populares tradicionales

A todos nos gusta escuchar un buen relato y apreciamos mucho a los amigos que saben contar bien una historia. Desde que el mundo es civilizado, hay diferentes tipos de narraciones; tres de las más antiguas son: el chiste, la fábula y la leyenda. A continuación encontrarás sus descripciones y ejemplos de cada una.

El chiste

Narración muy breve que contiene un juego de palabras o de conceptos que nos hace reír.

Chiste 1. Había una vez un perrito que se llamaba Borrador. Un día se rascó y desapareció.

Chiste 2. ¿Qué le dijo el timbre al dedo? ¡Si me tocas, grito!

Chiste 3. Un día se cayó una manzana del árbol y sus compañeras comenzaron a reírse.

«Te caíste, ¡ja, ja, ja!, te caíste, ¡ja, ja, ja!»

«Cállense, inmaduras (*immature; unripe*)», les gritó la manzana desde el suelo.

La fábula

Narración literaria que al final nos da una enseñanza útil o moral y en la que muchas veces aparecen animales personificados.

El perro y la gula (*glutony*)

Cierto perro cogió entre sus dientes un gran pedazo de carne. «¡Qué magnífico!», se dijo a sí mismo el incauto animal. «Lo llevaré a casa y allí lo comeré». En el camino cruzó un arroyo, cuyas cristalinas aguas reflejaron su imagen y le hicieron ver a otro perro con una presa más grande en el hocico.

Como el animal tenía hambre, abrió la boca y se zambulló en el agua para coger el pedazo de carne del otro perro. Mas, ¡oh, desencanto!, aunque se sumergió hasta el fondo, no encontró a su rival. Entonces se dio cuenta de que su gula le había costado la pérdida de su propia presa.

Moraleja: Más vale pájaro en mano que ciento volando.

La leyenda

Narración de sucesos que puede tener toques históricos o verdaderos además de elementos tradicionales, folclóricos o maravillosos. La leyenda sirve para transmitir la cultura de una generación a otra.

El Sombrerón (leyenda guatemalteca)

El Sombrerón era un personaje pequeño que usaba un sombrero tan grande que lo cubría totalmente. Este espíritu burlón aparecía a la hora del crepúsculo con unas mulas con las cuales recorría las ciudades y los campos. Se creía que era un duende que se enamoraba de las jovencitas lindas de quince a diecisiete años. Cuando encontraba a una joven que le gustaba, amarraba sus mulas en un poste, descolgaba la guitarra que llevaba al hombro y empezaba a cantar y a bailar. Cuando no podía conquistar a la mujer de quien se enamoraba, se ponía muy triste y se le veía por las calles gimiendo con grandes lágrimas en los ojos.

A explorar

1-1 El pueblo inca. Conéctate a la página de *Conexiones* en la red informática (*http://www.prenhall.com/conexiones*) e investiga en la sección «A explorar» para descubrir la historia mítica del origen del pueblo inca.

Vocabulario primordial

la aparición	el hombro
desaparecer	la narración
enamorarse	el/la rival
el espíritu	

Vocabulario clave

Verbos

adivinar	to guess
amarrar	to tie
asustar(se)	to scare
caer(se)	to fall
coger	to catch
cruzar	to cross
descolgar	to take down
gemir	to moan
rascar	to scratch
recorrer	to travel, go over
reflejar	to reflect
sumergir(se)	to submerge
valer	to be worth
zambullir(se)	to dive; to plunge

Sustantivos

el arroyo	stream
el chiste	joke
el crepúsculo	twilight
el desencanto	disillusion
el duende	elf, ghost, goblin
el escalofrío	chill; shiver
la fábula	fable
el fantasma	ghost
el fondo	bottom
la gula	glutony
el hecho	deed
el hocico	snout
la lágrima	tear
la leyenda	legend
la moraleja	moral (of a story)
la mula	mule
el pájaro	bird

el pedazo	piece
la pérdida	loss
el poste	post
la presa	prey, catch
el personaje	character
la sombra	shadow
el suceso	event
el suelo	ground; floor
el timbre	electric bell; buzzer

Adjetivos

burlón/a	mocking
chistoso/a	humorous; witty
cristalino/a	transparent
incauto/a	incautious; unwary
personificado/a	personified
propio/a	own
útil	useful; usable

Otras palabras y expresiones

de pronto	suddenly
había una vez	once upon a time
¡ja! (interj.)	ha!

Ampliación

Verbos	Sustantivos	Adjetivos
burlarse	la burla	burlón/burlona
cruzar	la cruz; el cruce	cruzado/a
gritar	el grito	gritado/a
recorrer	el recorrido	recorrido/a
reflejar	el reflejo	reflejado/a
sospechar	la sospecha	sospechoso/a
valer	el valor	valioso/a

¡Cuidado!

solo/a, sólo, realizar, darse cuenta de

◆ **solo/a** (adj.)

El duende salió de la casa **solo**.

The elf left the house alone.

◆ **sólo** (adv.)

Hay **sólo** un personaje en esta leyenda.

There is only one character in this legend.

◆ **realizar**

El Sombrerón **realizó** su sueño de conquistar a la joven.

The Sombrerón realized (carried out) his dream of conquering the young woman.

◆ **darse cuenta de**

Me di cuenta de que era una historia de nunca acabar.

I realized it was a never-ending story.

Aplicación

1-2 Chistes, fábulas y leyendas. Identifica cuáles de estos géneros se caracterizan por las descripciones a continuación. Márcalos con **C** = chiste, **F** = fábula o **L** = leyenda.

_____ 1. En ella muchas veces se cuenta de un animal con características humanas.

_____ 2. Pueden ser muy cortos y nos hacen reír.

_____ 3. Pueden incluir toques históricos o maravillosos.

_____ 4. Tienen una moraleja.

_____ 5. Uno de sus autores más conocidos es Esopo.

_____ 6. Muchas veces el humor se encuentra en un juego de palabras.

_____ 7. Ayudan a transmitir la cultura de una generación a otra.

1-3 ¿Quiénes? Túrnense para nombrar personas, animales o historias con estas características.

MODELO: chistoso/a

El personaje que representa Steve Martin siempre es muy chistoso.

burlón/burlona   chistoso/a   gracioso/a   legendario/a   personificado/a

1-4 En familia. Completa las siguientes oraciones usando una variación de cada palabra en itálica. Si necesitas ayuda, consulta la sección llamada *Ampliación*.

MODELO: El refrán dice «Más *vale* pájaro en mano que ciento volando».
Pero ¿cuál es el _valor_ de un pájaro en mano?

1. El perro vio _____ su cara en el agua. Creía que *el reflejo* era de otro animal.
2. El viejo *recorría* el campo en busca de más leyendas y fábulas. Un día, su _____ lo llevó a un pueblo apartado.
3. Anoche los _____ del niño nos asustaron. No se sabe por qué *gritaba* tanto.
4. Cuando iban a *cruzar* la calle, notó que el amigo tenía una _____ en la cadena de oro.
5. Ese muchacho es muy *burlón*. Siempre _____ de los demás.

1-5 ¡Cuidado! Completa las oraciones con la forma correcta de una de las siguientes expresiones.

darse cuenta de	realizar	solo/a	sólo

1. Cuando el perro se vio en el agua, no _____ que era su imagen. _____ quería alcanzar la carne que tenía su rival.
2. El príncipe _____ su sueño de descubrir la identidad de Cenicienta cuando la vio _____ un día en su jardín. _____ ella podía llevar la zapatilla de cristal.
3. (Yo) _____ de que era _____ un cuento de hadas.

👥 1-6 Otras fábulas. Las fábulas suelen exagerar ciertas cualidades humanas. Aquí tienen algunos animales que se han personificado en las leyendas. Denles características según su conocimiento de las fábulas.

MODELO: *El gato es inteligente.*

el zorro	tenaz	confiable
el perro	sabio	inteligente
el cuervo	fiel	desconfiado
el mapache	estúpido	torpe
el águila	vano	orgulloso
el pato		
el gato		

👥 1-7 Otras leyendas. Una leyenda suele tener alguna base histórica, aunque se exageran los detalles por el transcurso de los años. Personajes como Davey Crockett, Daniel Boone y Johnny Appleseed han sido popularizados por las tiras cómicas y las películas. Piensen en una figura legendaria y preparen un resumen de sus hazañas (*deeds*) para luego presentárselo a la clase.

¡Así lo hacemos! Estructuras

1 The preterit tense

¿Quién fue ése?

Uses of the preterit

The preterit, one of two simple past tenses in Spanish, narrates an event or a series of events at a particular point in time and events or actions with a specified or implied beginning, end, or both. It is used to indicate:

◆ completed past actions or events

Anoche **oí** un chiste muy bueno.   *Last night I heard a very good joke.*

◆ actions that began or finished (either explicitly or implicitly)

El fantasma le **habló** a las 6:00 y   *The ghost spoke to her at 6:00 and*
  no **desapareció** hasta las 9:00.   *didn't disappear until 9:00.*

◆ abrupt changes of emotions or physical or mental states in the past

Mario se **asustó** cuando **vio** al   *Mario became (got) scared when*
  monstruo en la película.   *he saw the monster in the movie.*

◆ events that took place in an instant or in a limited period of time (whether stated or not)

El príncipe **besó** la mano de   *The prince kissed Cinderella's*
  Cenicienta.   *hand.*

El novelista **vivió** solo dos años   *The novelist lived alone for*
  para escribir su novela.   *two years to write his novel.*

◆ a series of events in a narration (to advance the plot)

El fantasma **apareció** en el espejo, *The ghost appeared in the mirror,*
se dirigió a mí y **me habló**. *turned to me, and spoke to me.*

REGULAR FORMS OF THE PRETERIT			
	tomar	**comer**	**vivir**
yo	tomé	comí	viví
tú	tomaste	comiste	viviste
Ud./él/ella	tomó	comió	vivió
nosotros/as	tomamos	comimos	vivimos
vosotros/as	tomasteis	comisteis	vivisteis
Uds./ellos/ellas	tomaron	comieron	vivieron

Aplicación

1-8 El consejero. Completa el párrafo sobre la visita de Camila a un consejero para saber cómo resolvió su dilema. Usa la forma correcta del pretérito del verbo más apropiado de la lista para cada número.

aconsejar	decidir	fijar	quedar	tomar
adivinar	entrar	llegar	salir	volver

Camila tocaba el chelo en la Sinfónica Nacional de México, pero también quería estudiar para ser ingeniera. (1)_____ consultar a un consejero para saber cuáles eran sus opciones. (2)_____ una cita con él para el lunes por la tarde. (3)_____ de su oficina a las 2:00 y (4)_____ a las 2:30. (5)_____ al consultorio y (6)_____ asiento. Cuando el consejero le habló, (7)_____ en seguida sus dudas. Le (8)_____ que estudiara ingeniería física para comprender mejor su instrumento musical y que continuara tocándolo en la sinfónica. Camila (9)_____ muy contenta con los consejos y (10)_____ a su casa para practicar el chelo.

1-9 Fantasmas. Imagínense que ustedes son fantasmas que viven en una casa y la familia acaba de enterarse de que están allí. Túrnense para hacerse y contestar las siguientes preguntas.

1. ¿Dónde apareciste primero?
2. ¿Quiénes gritaron al verte?
3. ¿Cómo reaccionaron los niños cuando te vieron en el espejo?
4. ¿Quién encendió todas las luces?
5. ¿Qué decidieron hacer los padres?
6. ¿A quién llamaron para pedir ayuda?
7. ¿Cómo trataron de comunicarse contigo?
8. ¿Qué trataste de comunicarle a la familia?

-ar with *-er/-ir* forms:

dar	di	diste	dio	dimos	disteis	dieron

ser ir }	fui	fuiste	fue	fuimos	fuisteis	fueron

The verbs below use the following pattern, with the exception of a few spelling changes. Note, there are no accents on these endings:

-e	-imos
-iste	-isteis
-o	-ieron

u in stem:

estar	estuve	estuviste	estuvo	estuvimos	estuvisteis	estuvieron
tener	tuve	tuviste	tuvo	tuvimos	tuvisteis	tuvieron
andar	anduve...					
poder	pude...					
poner	puse...					
saber	supe...					

i in stem:

hacer	hice	hiciste	hizo	hicimos	hicisteis	hicieron
querer	quise...					
venir	vine...					

-ieron → *eron:*

decir	dije	dijiste	dijo	dijimos	dijisteis	dijeron
traer	traje	trajiste	trajo	trajimos	trajisteis	trajeron
haber			hubo			

♦ When the verb **haber** means *there was/were,* always use the third person singular.

Hubo varios cuentistas en la reunión.	*There were several storytellers at the meeting.*
Hubo un cuentista en la reunión.	*There was a storyteller at the meeting.*

♦ The verbs **ser** and **ir** have the same forms in the preterit. The context will clarify the meaning.

Fuimos a oír al poeta.	*We went to hear the poet.*
Fui famoso en la otra vida.	*I was famous in my other life.*

♦ **Dar** uses the same forms as the **-er** and **-ir** verbs, but without accents.

El duende le **dio** una moneda a la señora.	*The elf gave a coin to the lady.*

Verbs with spelling changes in the preterit

◆ Verbs that end in -er and -ir preceded by a vowel (for example, **creer**, **caer**, **leer**, and **oír**) change the i ⟶ y in the third person.

-í	-imos
-iste	-isteis
-yó	-yeron

Mi abuelo **creyó** que la sombra era el fantasma de mi abuela.
Mi grandfather believed the shadow was my grandmother's ghost.

Al aparecer el fantasma, se **cayeron** los cuadros de la pared.
When the ghost appeared, the pictures fell from the wall.

Mis amigos **leyeron** *Drácula* antes de ver la película.
My friends read Dracula *before seeing the movie.*

De pronto se **oyó** un gemido horrible.
Suddenly a horrible scream was heard.

◆ Verbs that end in -car, -gar, and -zar have a spelling change in the first person singular of the preterit in order to maintain the original sound. All other forms of these verbs are conjugated regularly. Some verbs that follow this pattern are **buscar, explicar, practicar, tocar, llegar, pagar, obligar, almorzar, abrazar, comenzar,** and **empezar.**

c ⟶ qu	buscar	busqué, buscaste, buscó...
g ⟶ gu	llegar	llegué, llegaste, llegó...
z ⟶ c	almorzar	almorcé, almorzaste, almorzó...

Busqué una novela de misterio.	*I looked for a mystery novel.*
No **toqué** la guitarra.	*I didn't play the guitar.*
Llegué tarde a la conferencia.	*I arrived late to the conference.*
Pagué mucho por la colección de cuentos.	*I paid a lot for the collection of stories.*

Aplicación

1-10 Una clase de literatura policíaca. Completa el párrafo con la forma correcta del pretérito de cada verbo entre paréntesis.

La semana pasada yo (1. comenzar) _____ a estudiar literatura policíaca. La profesora invitó a un novelista a la clase y él nos (2. explicar) _____ cómo era su profesión. (3. Decir) _____ que pasaba la mayor parte de su día investigando casos antiguos que no se habían resuelto. Nos (4. dar) _____ un esquema de una novela que iba a escribir y nos (5. poner) _____ a trabajar en algunos de los detalles de su esquema. (6. Yo/practicar) _____ varios minutos escribiendo frases que describían la escena del crimen. Mis compañeros de clase (7. tener) _____ que describir a los sospechosos. Pronto (8. nosotros/darse) _____ cuenta de que no era tan fácil escribir novelas. Después de la clase no teníamos otro compromiso y (9. poder) _____ pasar más tiempo con el autor. (10. Nosotros/ir) _____ a almorzar con él al restaurante estudiantil. Todos (11. querer) _____ el especial menos yo. Como estaba tan interesado en el novelista, (yo) no (12. almorzar) _____ nada.

1-11 Una entrevista con Don Quijote. Completa el diálogo de una manera lógica con la forma correcta del pretérito del verbo de la lista más apropiado para cada número.

convertirse	hacer	ponerse	ser
darse cuenta (de)	nombrar	prometer	tomar
decidir	pedir	responder	ver
decir			

REPORTERA: Buenas tardes, Don Quijote. ¿Cuándo (1)_____ en caballero andante?

DON QUIJOTE: Bueno, señora reportera, después de leer muchos libros de héroes famosos, un buen día (2) (yo) _____ ser como ellos e ir por el mundo ayudando a todos.

REPORTERA: Después de tomar esa decisión tan importante, ¿qué (3)_____ lo primero que usted (4)_____?

DON QUIJOTE: (Yo) (5)_____ una armadura vieja que tenía, (6)_____ una lanza que tenía guardada y (7)_____ a mi caballo «Rocinante».

REPORTERA: ¿Y qué me dice usted de su famoso acompañante Sancho Panza?

DON QUIJOTE: Bueno, hermosa reportera, después de vestirme como los caballeros y de buscar mi caballo, (yo) (8)_____ que necesitaba un escudero. Entonces (yo) le (9)_____ a mi viejo amigo Sancho que me acompañara en mis aventuras por el mundo.

REPORTERA: ¿Qué le (10)_____ su amigo?

DON QUIJOTE: El buen Sancho me (11)_____ que sí; más que nada porque (yo) le (12)_____ que algún día él sería el gobernador de una isla.

REPORTERA: ¿(13)_____ usted alguna vez a su Dulcinea?

DON QUIJOTE: ¡Sí! pero no era tan bella como pensaba... ¿A usted le gustaría ser mi nueva Dulcinea?

REPORTERA: ¡Creo que ha terminado la entrevista!

1-12 ¿Qué pasó? Túrnense para contar lo que pasó en una novela o una película que cada uno/a haya leído o visto sin nombrar el título. Usen la forma correcta del pretérito de un mínimo de diez verbos de la lista. Traten de adivinar qué novela o película el/la otro/a describió.

MODELO: *El fantasma abrazó a su esposa y después desapareció.*

abrazar	empezar	llegar	querer
almorzar	estar	pagar	tocar
buscar	hacer	poner	traer
dar	leer	oír	venir
decir			

Preterit of stem-changing verbs e → i, o → u

◆ Stem-changing **-ir** verbs in the present tense also have stem changes in the preterit. The changes are **e -> i** and **o -> u** and only occur in the third person singular and plural.

	pedir (i) *to ask for*	**dormir** (u) *to sleep*
yo	pedí	dormí
tú	pediste	dormiste
Ud./él/ella	pidió	durmió
nosotros/as	pedimos	dormimos
vosotros/as	pedisteis	dormisteis
Uds./ellos/ellas	pidieron	durmieron

◆ These verbs follow a similar pattern:

divertirse (i)	preferir (i)	seguir (i)
mentir (i)	reírse (i)	sentir (i)
morir (u)	repetir (i)	servir (i)

En *El mago de Oz* **murieron** las brujas malas.

In The Wizard of Oz *the wicked witches died.*

Mi sobrino **sintió** escalofríos cuando vio la película *ET.*

My nephew got the chills when he saw the movie ET.

Aplicación

1-13 Una cena misteriosa. Contesta estas preguntas para describir una cena misteriosa, real o imaginaria. Incluye detalles misteriosos o terroríficos.

1. ¿Dónde fue la cena?
2. ¿Quién estuvo contigo?
3. ¿Qué pediste de tomar?
4. ¿Qué pidió la otra persona?
5. ¿Qué se sirvió de primer plato? ¿de segundo? ¿de postre?
6. ¿Repitieron algún plato?
7. ¿Se divirtieron mucho?
8. ¿Se rieron durante la cena?
9. ¿Se durmió alguien después de la cena?
10. ¿Cómo te sentiste al final? ¿Cómo se sintió tu compañero/a?

1-14 ¿Qué hiciste anoche? Escribe un párrafo de cinco o seis oraciones para explicar qué hiciste anoche.

1-15 ¡Un extraterrestre! Imagínense que uno/a de ustedes ha tenido un encuentro con un ser de otro planeta y el/la otro/a investiga qué ocurrió. El/La detective toma apuntes para después reportarle el incidente a la clase.

1. ¿Cuándo viste al extraterrestre por primera vez?
2. ¿Cómo llegó el extraterrestre?

3. ¿Cómo te comunicaste con el extraterrestre?
4. ¿Qué le dijiste al extraterrestre?
5. ¿Qué te contestó?
6. ¿Qué te pidió el extraterrestre?
7. ¿Cuándo se fue el extraterrestre?
8. ¿Cuándo llamaste a la policía?

1-16 El/La adivino/a. Imagínense que saben leer las palmas de las manos. Léanse las manos para adivinar cinco cosas que cada uno/a de ustedes hizo el año pasado.

MODELO: *Veo en tu mano que el año pasado hiciste un largo viaje a...*

Comparaciones

Los juglares (*minstrels*) medievales

Imagínate que vives en un pueblito del norte de España en el siglo XI. No había televisión, ni radio, ni periódicos, ni la red mundial... y, como todavía no existía la imprenta, los pocos libros que había estaban escritos a mano y eran propiedad de unos pocos ilustrados, principalmente los miembros del clero (de la iglesia), algunos nobles, y rabinos y estudiosos judíos. Entonces, ¿cómo se enteraba (*find out*) la gente de las noticias? ¿Cómo se entretenían sin una buena película, un programa de tele o sin una revista? Pues aquí es donde entraban los juglares. Estos artistas eran mucho más que personajes folclóricos que iban de pueblo en pueblo para contarles a los habitantes las cosas que ocurrían en los diferentes lugares de España. Además de «contar» las noticias del momento, también entretenían a la gente con romances, canciones, leyendas y poemas larguísimos sobre héroes o sobre cualquier otro tema (incluyendo burlas y sátiras) que memorizaban con facilidad. Los juglares se vestían de una manera muy singular para que todos los reconocieran y salieran a la plaza a escucharlos.

Hoy en día, especialmente en la Argentina, ha surgido (*emerged*) un nuevo movimiento para «resucitar» la juglaría. Hay grupos de narradores orales que cuentan historias en los bares, en las plazas y en las calles de Buenos Aires. ¿Te gustaría ser un juglar del siglo XXI?

Vamos a comparar

En Jonesborough, Tennessee, hay un *Storytelling Festival* todos los años, que se ha hecho famoso. ¿Por qué piensas que esto ha pasado? ¿En qué otros lugares de los Estados Unidos y del Canadá hay juglares o personas que entretienen al público contándole cuentos? ¿Es divertido para ti oír chistes en ciertos programas de la televisión y de la radio? ¿Por qué?

Vamos a conversar

El Festival Nacional de Cuentos. Como ya saben, en Jonesborough, Tennessee, hay un festival anual de cuentos que dura varios días. Identifiquen una tradición oral que les interese y discutan varias maneras posibles de preservarla.

The imperfect tense

Uses of the imperfect

The imperfect is the other simple past tense in Spanish.

◆ The Spanish imperfect has four common English equivalents: the simple past, the past progressive, and either "would" or "used to" + infinitive to refer to habitual actions in the past.

La vieja **contaba** sus historias.

The old woman told her stories.
The old woman was telling her stories.
The old woman would tell her stories.
The old woman used to tell her stories.

◆ The imperfect tense is used to describe a continuous past action or state, with no reference (implied or otherwise) to the beginning or end of the action. An action in the imperfect is indefinite in terms of the duration of time.

Cuando **era** niño, **tenía** un amigo imaginario.

When I was a child, I had an imaginary friend.

◆ The imperfect is used to describe repeated, habitual, or continuous actions in the past.

Cuando era niña, **leía** cuentos de hadas.

When I was a child, I used to read fairy tales.

◆ The imperfect is used to describe an action or event occurring at the same time as another event.

La vieja **contaba** la leyenda mientras nosotros la **escuchábamos** atentamente.

The old woman told the legend while we listened attentively.

◆ When one action interrupts another, the action that interrupts is expressed in the preterit and the interrupted action in the imperfect.

Leía un cuento de horror cuando **sentí** un escalofrío.

I was reading a horror story when I felt a chill.

The imperfect forms

Most verbs in the imperfect are regular.

REGULAR FORMS OF THE IMPERFECT			
	hablar	**comer**	**vivir**
yo	hablaba	comía	vivía
tú	hablabas	comías	vivías
Ud./él/ella	hablaba	comía	vivía
nosotros	hablábamos	comíamos	vivíamos
vosotros	hablabais	comíais	vivíais
Uds./ellos/ellas	hablaban	comían	vivían

◆ Only the first person plural of **-ar** verbs has a written accent mark. All **-er** and **-ir** verbs have the same imperfect endings, and all forms have a written accent mark.

◆ There are only three irregular verbs in the imperfect.

IRREGULAR VERBS IN THE IMPERFECT			
	ir	**ser**	**ver**
yo	iba	era	veía
tú	ibas	eras	veías
Ud./él/ella	iba	era	veía
nosotros	íbamos	éramos	veíamos
vosotros	ibais	erais	veíais
Uds./ellos/ellas	iban	eran	veían

◆ Only the first-person plural forms of **ir** and **ser** have a written accent mark; all forms of **ver** require an accent mark.

◆ The imperfect of the verb **ir** plus the infinitive is used to express immediate future in the past, especially if the action (whether implicitly or explicitly) was interrupted or not completed.

Yo **iba** a escribir mi autobiografía.   *I was going to write my autobiography.*

Aplicación

1-17 Una visita con los abuelos. Kika Montesinos es una joven mexicana que vive en Puebla, una ciudad famosa por sus leyendas. Cuando visita a sus abuelos, siempre le cuentan una historia sobre su juventud. Completa la narración con la forma correcta del imperfecto del verbo más apropiado de la lista para cada número.

comer	contar	llevar	regresar	sentarse	ser	vivir
comprar	levantarse	preparar	reírse	sentirse	visitar	

Preciosa Kika, cuando yo (1)_____ en Puebla de joven, mi familia y yo siempre (2)_____ el cementerio el Día de los Muertos. Ese día, usualmente (3)_____ temprano y (4)_____ una comida grande que (5)_____ al cementerio. (6)(Nosotros)_____ pan de muerto en la panadería y bellas calaveras (*skulls*) de azúcar en la dulcería. A veces (7)_____ las calaveras en el camino. En el cementerio (8)_____ todos junto a la tumba de mis abuelos. Mis tíos y mis padres nos (9)_____ anécdotas de cuando nuestros abuelos (10)_____ jóvenes. Nosotros (11)_____ mucho de sus relatos y cuando (12)_____ a la casa (13)_____ más unidos y felices. Ahora, tú debes mantener esta tradición para que nunca te olvides de tus antepasados.

1-18 Una experiencia con E.T. Usa el imperfecto y escribe siete u ocho oraciones en las que describes el interior de la nave de un extraterrestre (ET).

MODELO: *Había una puerta pequeña...*

1-19 Cuando era más joven. Usando el imperfecto, cuéntense cinco cosas que no se atrevían a hacer cuando eran más jóvenes, pero que ahora les parecen normales. Tomen apuntes para después contárselas a la clase.

MODELO: *Cuando era más joven no me atrevía a entrar solo en un cementerio porque me daba miedo.*

1-20 Mis primeros días en la universidad. Cuéntense sus primeras impresiones de la universidad.

MODELO: *Las primeras semanas la universidad me parecía mucho más grande. Pensaba que la cafetería era enorme. No sabía cuál era el mejor lugar para estacionar el coche...*

1-21 Retorno al futuro. Imagínate que éste es el año 2010. Escribe una carta nostálgica a un/a compañero/a en la que le cuentas cómo era tu vida en el año 2001.

MODELO: *En el año 2001, cuando yo tenía... años, mi vida era muy diferente...*

A explorar

🌐 **1-22 Los cuentos que me contaron.** Conéctate a la página de www *Conexiones* en la red informática (*http://www.prenhall.com/conexiones*) e investiga en la sección «A explorar» para descubrir los cuentos que les contaban —y aún les cuentan— a los niños en España.

A ESCUCHAR

Un cuento de hadas. A continuación vas a escuchar un cuento infantil sobre un príncipe y una gata. Completa las oraciones a continuación para volver a contar la historia.

1. El príncipe _____ en un castillo grande y elegante.
2. Todo el mundo lo _____, pero él no se _____ en nadie.
3. Sólo _____ a su gata, Preciosa.
4. Preciosa _____ grande, mansa y hermosa.
5. Un día el joven le _____ a Preciosa que _____ casarse con ella.
6. Un hada le _____ su deseo.
7. Pero en la celebración de la boda, la hermosa novia _____ un ratón. Y todo lo demás es historia.

Enrique Jaramillo Levi nació en Colón, Panamá, en 1944. Aunque ha escrito también teatro y poesía, a Jaramillo se le considera uno de los grandes cuentistas de la literatura centroamericana contemporánea. En 1998 el profesor Edward Waters Hood, de Northern Arizona University, le hizo la siguiente entrevista.

En torno al cuento

EWH: ¿Cómo describirías el arte del cuento y tu afición artística por él?

EJL: El cuento es un género escrito en prosa, generalmente breve, con una gran economía de lenguaje, con pocos personajes, con un tema central. Julio Cortázar decía que en el cuento la descripción era a la fotografía lo que la narración era a la filmación. Pero en el fondo no hay un cuento si no hay un suceso; el cuento tiene que contar algo. Pero no se puede tampoco quedar en la pura anécdota porque entonces es un simple relato, una simple narración, y no toda narración o relato es un cuento. El cuento es una forma de calar profundamente en un momento excepcional, de una circunstancia o simplemente de la vida de alguien, y el resultado de eso es, si el cuento es bueno, un cambio en el lector: lo transforma, le da un conocimiento, una experiencia que lo hace diferente. Estoy hablando de los buenos cuentos, insisto. Para saber lo que un cuento es, hay que leer cuentos.

EWH: ¿Y cuándo es bello el cuento?

EJL: Un cuento bello es un cuento lírico, es un cuento donde hay mucho trabajo con el lenguaje, donde se usan metáforas, comparaciones y otras figuras retóricas. Los cuentos más imaginativos suelen ser los cuentos poéticos, porque la única forma de expresar el vuelo de la imaginación es a través de un lenguaje más elevado, más trabajado, más elaborado. Si yo lo que quiero hacer es que me describan la realidad, yo voy afuera y la miro, o le tomo una foto o la filmo. La literatura debe ser capaz de mirar no sólo la fachada sino lo que está detrás de la fachada, la parte oculta de la realidad, y revelársela primero a uno mismo como creador, y después al lector. Dice Onetti —una de mis grandes influencias latinoamericanas— si yo supiera (*if I knew*) cómo van a terminar mis historias, ¿para qué las escribo? Si yo supiera a dónde conducen mis historias, tampoco las escribiría. Onetti escribe para descubrir lo que sabe y a mí me pasa igual. No tengo jamás la menor idea de hacia dónde va mi cuento. A mí me pasa una cosa muy curiosa, no soy una persona que preparo tramas y argumentos en mi cabeza. Dejo que una cosa me lleve a otra y a otra y a otra. Como en los ejercicios que pongo a mis estudiantes en los talleres. Si yo le digo a un alumno, «la primera frase va a ser, 'La mujer mira lánguidamente por la ventana'», ya tienes una historia. ¿Por qué lánguidamente? ¿Hacia dónde mira? ¿Qué ve? ¿Dónde está? ¿Cómo es la ventana? ¿De dónde viene? Todo eso y más puedes desarrollarlo y así vas escribiendo el cuento.

Vocabulario primordial

la anécdota	el símbolo
elaborado/a	la narración
elevado/a	la poesía
la luna	poético/a
la metáfora	retórico/a

Vocabulario clave

Verbos

arrastrar	to drag
aullar	to howl
calar	to penetrate
conducir	to lead; to conduct
contar (ue)	to tell, relate
desarrollar	to develop
enloquecer	to go crazy
esconder(se)	to hide
filmar	to film
gruñir	to grunt; to growl
quedar	to remain
relucir	to shine; to glow
revelar	to reveal
rondar	to roam
soler (ue)	to have the custom of
tapar	to cover

Sustantivos

la afición	inclination; fondness
el argumento	plot (of play or story)
el asombro	amazement
el bosque	forest
el callejón	alley
la fachada	façade
el género	genre
el hada (f.)	fairy
el lector	reader
el personaje	character
el relato	story, narration
el ruido	noise

Adjetivos

capaz	capable
desconsolado/a	heartbroken
grueso/a	thick
oculto/a	hidden
profundo/a	deep

Otras palabras y expresiones

afuera	outside
a través	through
echar a correr	to start running
en torno	pertaining to; around
pasar igual	to be the same
tener sentido	to make sense

Ampliación

Verbos	Sustantivos	Adjetivos
contar	el cuento	contado/a
desarrollar	el desarrollo	desarrollado/a
describir	la descripción	descrito/a
filmar	la filmación	filmado/a
leer	el/la lector/a; la lectura	leído/a
narrar	el/la narrador/a; la narración	narrado/a

¡Cuidado!

dejar, dejar de

◆ **dejar**

Dejé mi libro de poesía en mi coche.	I left my book of poetry in my car.

◆ **dejar de** + *inf.*

¿**Dejaste de leer** historias de amor?	Did you stop reading love stories?

◆ **dejar** + *inf.*

Mi madre no me **dejaba leer** las tiras cómicas.	My mother didn't let me read the comics.

Aplicación

1-23 El arte de contar. Contesta las siguientes preguntas de acuerdo con la información de la entrevista con Enrique Jaramillo Levi.

1. ¿Cuáles son las características de un cuento?
2. ¿Qué metáfora usa para comparar la «descripción» y la «narración»?
3. ¿Cuál es la diferencia entre «cuento» y «anécdota»?
4. ¿Cómo reacciona el lector cuando lee o escucha un buen cuento?
5. ¿Cuándo es bello un cuento?
6. ¿Cuál es la diferencia entre una foto y la literatura?
7. Cuando Jaramillo empieza a escribir un cuento, ¿sabe cómo va a terminar?
8. ¿Cuál es la diferencia entre escribir un trabajo de investigación y un cuento?

1-24 ¿Qué se relaciona con un cuento? Escribe todo lo que se relacione con un cuento, su forma, su contenido y sus elementos estilísticos.

MODELO: *Un cuento tiene un comienzo y un final...*

1-25 En familia. Completa las siguientes oraciones usando una variación de cada palabra en itálica. Si necesitas ayuda, consulta la sección llamada *Ampliación.*

MODELO: La <u>filmación</u> de esa escena duró varios días. El director insistió en *filmarla* en la lluvia.

1. ¡Papi, *cuéntame* un _____!
2. Si quieres *desarrollar* bien tus personajes necesitas una trama bien _____ también.
3. El _____ tiene control sobre lo que *lee*.
4. Por lo general, los escritores _____ en el tiempo pasado, pero hay *narraciones* también en el presente.
5. Queremos personajes ricos, bien _____. *La descripción* viene no sólo por sus características sino también por su conducta.

👥 1-26 La pura verdad. Háganse preguntas indiscretas y confesiones con las expresiones **dejar, dejar de + infinitivo** y **dejar + infinitivo**.

MODELO: (dejar) E1: *¿Cuándo fue la última vez que dejaste tu cartera en casa?*
E2: *La dejé ayer porque no la necesitaba.*
E2: *¿Cuándo dejaste de fumar?*
E1: *...*

👥 1-27 Cuentos infantiles y no tan infantiles. Conversen entre ustedes para nombrar algunos cuentos que les gustaban de niños y que todavía recuerdan. ¿Por qué les gustaban? Trabajen juntos/as para preparar un cuento para contarle a la clase.

👥 1-28 Cuentos y películas. Piensen en un cuento o novela que se haya hecho película. ¿Cuáles son las diferencias entre los dos géneros? ¿Qué versión prefirieron? Hagan un pequeño resumen de la trama para la clase.

¡Así lo hacemos! Estructuras

3 Preterit vs. imperfect

Había luna llena cuando de pronto apareció una bruja que volaba en una escoba... un lobo empezó a aullar.

◆ In Spanish, the use of the preterit or imperfect reflects the way the speaker views the action or event being expressed. The preterit conveys a specific time frame in which an action took place whereas the imperfect expresses the ongoing nature or repetition of actions, or simply describes people, objects, or situations.

◆ When the preterit and imperfect are used together, the imperfect describes the surroundings or what was happening while the preterit expresses the action that takes place.

Todo **estaba** oscuro. A lo lejos unos perros **aullaban**. **Metí** la llave, **abrí** la verja y **me encontré** en un bello jardín.

Everything was dark. In the distance some dogs were barking. I entered the key, opened the iron gate, and found myself in a beautiful garden.

◆ When one action interrupts another, the action that is interrupted (was going on) is expressed in the imperfect and the interrupting action is expressed in the preterit.

Caminaba hacia la gran casa cuando alguien me **tapó** la boca y me **arrastró** hacia los árboles.

I was walking toward the great house when someone covered my mouth and dragged me toward the trees.

◆ The preterit and imperfect used in the progressive forms emphasize an action in progress. Unlike the more common imperfect progressive, the preterit progressive implies the action has ended.

El perro le **estuvo aullando** a la luna hasta que lo metí en la casa.

The dog was howling at the moon until I put him in the house.

Mis amigos y yo **estábamos charlando** en el jardín cuando oímos un ruido muy extraño.

My friends and I were chatting in the garden when we heard a strange noise.

Preterit	Imperfect
1. completed actions	1. background/description
El detective **resolvió** el caso. *The detective solved the case.*	Todos **escuchaban** al cuentista con interés y asombro. *Everyone listened to the storyteller with interest and amazement.*
2. beginning/end	2. ongoing
El fantasma **entró** al agua y **desapareció**. *The ghost entered the water and disappeared.*	Mientras **estábamos** escondidos detrás de un árbol, **veíamos** a los enamorados discutiendo. *While we were hidden behind a tree, we watched (were watching) the lovers quarreling.*
3. series of completed actions	3. habits
Me acerqué al monstruo, **vi** su cara y **grité**. *I approached the monster, saw his face, and screamed.*	Todas las noches, durante mi paseo, **inventaba** historias de amor. *Every night, during my stroll, I invented love stories.*
4. time frame/weather event	4. time/weather as background
El fantasma **rondó** la casa por 200 años. *The ghost roamed the house for 200 years.* Ayer **llovió** todo el día. *Yesterday it rained all day.*	**Eran** las dos de la tarde y **llovía** mucho. *It was two in the afternoon and it was raining hard.*
5. mental, emotional, physical changes	5. mental, emotional, physical conditions
La bruja **se convirtió** en princesa. *The witch turned herself into a princess.* La mujer **enloqueció** al ver al espíritu. *The woman went crazy upon seeing the spirit.*	**Era** muy alta y bella. *She was very tall and beautiful.* La pobre **estaba** completamente desolada. *The poor thing was absolutely heartbroken.*

Aplicación

1-29 Los novios: Una leyenda mexicana. Aquí tienes una versión breve de una leyenda que explica la formación de los volcanes Popocatéptl e Ixtaccíhuatl. Completa la historia con la forma correcta del imperfecto o pretérito de cada verbo entre paréntesis.

Había una vez un guerrero valiente que (1. llamarse) _____ Popocatéptl. Él (2. estar) _____ locamente enamorado de la hermosa princesa Ixtaccíhuatl. Y ¡cielos! ella también lo (3. amar) _____ a él. Todas las tardes (4. reunirse) _____ en los jardines del palacio del emperador y (5. hablar) _____ de su amor y de su futuro. (6. Tener) _____ grandes planes para casarse y vivir felices toda su vida. Pero el destino no es tan generoso. Un día, el emperador (7. llamar) _____ a todos sus guerreros y les (8. decir) _____ que eligieran al más valiente para encabezar una misión difícil. Todos los otros guerreros (9. gritar) _____ el nombre de Popocatéptl. El emperador le (10. decir) _____ que si volvía victorioso de la batalla, le daría la mano de su hija Ixtaccíhuatl. Los guerreros (11. abandonar) _____ el palacio y (12. estar) _____ meses en el campo de batalla, pero al fin (13. salir) _____ victoriosos. Sin embargo, (14. haber) _____ un guerrero enemigo de Popocatéptl que también (15. amar) _____ a Ixtaccíhuatl. Ese canalla (*scoundrel*) (16. volver) _____ al palacio del emperador algunos días antes que Popocatéptl. Le (17. explicar) _____ al emperador que Popocatéptl había muerto en la batalla y que él (18. ser) _____ el más valiente de todos. El emperador (19. ponerse) _____ triste por la muerte de Popocatéptl, pero (20. decidir) _____ cumplir su promesa y darle la mano de su hija. Durante las bodas, la princesa, llena de tristeza, (21. desmayarse) _____ y (22. morirse) _____ con el nombre de su amante en los labios. En ese momento (23. aparecer) _____ Popocatéptl. Cuando (24. ver) _____ a su amada muerta, la (25. levantar) _____ en sus brazos y la (26. llevar) _____ a las montañas más altas. La (27. poner) _____ en un lecho de flores y se arrodilló a su lado. Después de un tiempo, los dioses les (28. tener) _____ lástima y los (29. convertir) _____ en volcanes. Hasta ahora, Ixtaccíhuatl se queda dormida, pero Popocatéptl todavía tiembla de vez en cuando porque llora por su amor perdido.

1-30 ¿Qué hacías cuando...? Piensa en cinco momentos importantes de tu vida y escribe una descripción breve de lo que hacías, dónde estabas o cómo eras cuando ocurrieron.

MODELO: *Tenía cinco años cuando mi familia compró una casa nueva y nos mudamos.*

1-31 Nuestra otra vida. Inventen una vida pasada juntos/as. ¿Qué o quiénes eran? ¿Cómo eran? ¿Qué hicieron? ¿Qué cosas les pasaron? Luego, cuéntenselo todo a la clase.

1-32 Un cuento de hadas. Sigan las indicaciones para recrear y contar un cuento que recuerden de su niñez.

- ¿Cuándo era?
- ¿Quiénes eran los personajes?
- ¿Cómo eran?
- ¿Qué pasó?
- ¿Cómo se resolvió?

1-33 Un informe sensacional. Lean el siguiente informe que apareció en una revista popular. Luego, inventen uno suyo.

¡Aparición increíble en el callejón de los enamorados!

Hace varios días una joven pareja estaba sola en su automóvil en un lugar apartado de la ciudad que es popular entre los enamorados. Estaban conversando sobre los eventos del día (se supone) cuando de repente apareció una sombra de algo (no sabían si era animal, persona u otra cosa) que salía del bosque. Era grande (medía más de 7 pies), y estaba cubierto de piel gruesa, como un oso. Sin embargo, no era un oso porque tenía unos grandes ojos amarillos que relucían en la oscuridad. Al ver la aparición, los jóvenes pusieron su coche en marcha y quisieron escaparse del lugar. Pero la criatura se lo impidió y empezó a gruñir. Luego, trató de abrir la puerta del automóvil por la fuerza. Los jóvenes se escaparon por la otra puerta y echaron a correr. La criatura no los siguió. Aparentemente, sólo quería escuchar sus discos compactos.

En su relato, pueden incluir estos detalles:

- el nombre del periódico en que va a aparecer
- cómo era el lugar
- quiénes estaban
- qué hora era
- qué pasó
- cómo se resolvió

Las artes literarias precolombinas

En la América precolombina había tres grandes culturas indígenas: la maya, la azteca y la inca. Los mayas tenían un importante teatro ritual, y hoy se conserva el drama *Rabinal Achi*. La obra más famosa de los mayas es el *Popol Vuh*, conocida como la biblia maya; sus narraciones describen la religión, la mitología, la cosmogonía* e historia de este pueblo.

Los aztecas también tenían un teatro ritual dedicado al dios Quetzalcóatl. En su lengua náhuatl escribieron poesía lírica como los *Cantos de Netzahualcoyotl,* y épica como el «Canto de cosas de México». Además, dejaron para la posteridad narraciones en prosa como el *Códice Ramírez.*

La literatura inca era sólo oral, ya que no conocían la escritura. Gracias a los cronistas españoles, conservamos varios cantares y algunos poemas líricos. El más conocido es el poema épico «Himno de Manko Capac». Los incas tenían unos cantores profesionales llamados *haravecs,* que en las fiestas populares recitaban poemas. De todas estas manifestaciones literarias precolombinas, el teatro ritual fue lo más notable.

Vamos a comparar

¿Qué manifestaciones literarias dejaron los indígenas de los EE.UU. y del Canadá? ¿Existía una gran cultura indígena en los EE.UU. y en el Canadá? ¿Te parece interesante la cultura precolombina? ¿Por qué?

Vamos a conversar

👥 **Las artes literarias de ahora.** Identifiquen dos o tres novelistas contemporáneos y varias de sus novelas más populares. Entonces hablen sobre por qué les gustan o no.

*Concepción sobre el origen del mundo.

Different meanings: Preterit vs. imperfect

◆ Certain Spanish verbs change meanings in the preterit due to the focus on the beginning of the action or the effort put forth.

Preterit: initiation and effort	*Imperfect: ongoing action (no particular beginning or end)*
conocer	
La **conocí** en una lectura de poesía.	**Conocía** a varios escritores.
I met her at a poetry reading. (beginning of knowing her)	*I used to know (was acquainted with) several writers.*
poder	
Pudo acercarse a su amada sin temblar.	**Podía** hablar con el anciano todos los días.
He managed to approach his loved one without trembling. (could and did—effort put forth)	*She could talk to the old man every day. (had the ability and/or opportunity, no reference to a specific effort or incident)*
no poder	
No pudo acostumbrarse a la soledad.	No **podía** acostumbrarse a la oscuridad.
He couldn't (failed to) get used to the loneliness. (a specific effort and failure implied)	*He couldn't get used to the dark. (no reference to a specific effort or failure)*
querer	
Quiso asustarme.	**Quería** asustarme.
She tried to scare me. (wanted and acted upon it)	*She wanted to scare me. (no reference to effort or success)*
no querer	
La pareja **no quiso** hablar con la criatura.	**No querían** hablar con la cuentista.
The couple refused to talk to the creature. (acted upon the desire not to)	*They didn't want to talk to the storyteller. (but perhaps did)*
saber	
Supimos que él era un brujo.	**Sabíamos** que era un extraterrestre.
We found out he was a wizard. (beginning of knowing about it)	*We knew that he was an extraterrestrial.*
tener	
Tuve una carta muy pertubadora.	Mi mamá **tenía** talento para adivinar el futuro.
I received (beginning of having) a disturbing letter.	*My mom had a talent for guessing the future.*
tener que	
El paciente **tuvo que** contarme su sueño.	Lourdes **tenía** que superar la pérdida de su trabajo.
The patient had to tell me his dream. (he acted upon it)	*Lourdes had to get over losing her job. (and has not done it yet)*
costar	
Mi libro de estilística **costó** $50.	El libro de estilística **costaba** $50.
My stylistics book cost $50. (and I bought it)	*The stylistics book cost (was) $50. (implies not bought)*

Aplicación

1-34 La leyenda de los volcanes. Completa la conversación con la forma correcta del pretérito o imperfecto del verbo más apropiado para cada número.

conocer	costar	poder	querer	saber	tener

LUCI: Yo no (1)_____ la leyenda de los volcanes. ¡Me fascinó!

HÉCTOR: Yo tampoco. (2)_____ la oportunidad de escucharla ayer por primera vez.

LUCI: No (3)_____ que tenía origen en la mitología azteca.

HÉCTOR: Me interesa mucho saber más. Fui a la librería porque (4)_____ comprar un libro de leyendas, pero (5)_____ demasiado y no lo compré.

LUCI: Creo que en la biblioteca hay algunos libros buenos. (6)_____ encontrar uno que me gustó mucho.

HÉCTOR: ¿(7)(Ellos)_____ más de uno?

LUCI: Sí, encontré varios.

1-35 Preguntas discretas e indiscretas. Cada uno/a prepara una lista de ocho preguntas para entrevistar a un personaje famoso. Luego, alternen el papel del entrevistador/a y el del personaje famoso. Usen el pretérito y el imperfecto de los siguientes verbos en las preguntas.

conocer	costar	(no) poder	(no) querer	saber	tener (que)

MODELO: (a Garrison Keillor*) *¿Cuándo supo Ud. que quería ser cuentista?*

1-36 Un logro (*achievement*) personal. Usando algunos de los verbos a continuación, cuéntense experiencias en las que hayan superado (*overcome*) dificultades para lograr una meta personal. Háganse preguntas sobre cómo se sentían durante el proceso.

conocer	(no) poder	(no) querer	saber	tener (que)

MODELO: *Desde niña, quería jugar al béisbol en el mismo equipo que mi hermano mayor. Cuando ingresé a la preparatoria, quise jugar en el equipo del colegio, pero el entrenador no quiso dejarme jugar por ser una muchacha. Mi hermano y yo supimos que en otra escuela sí podían jugar las muchachas, y tuvimos que cambiar de colegio para jugar juntos en el mismo equipo.*

---

*Cuentista de Minnesota. Es conocido por su programa de radio, *A Prairie Home Companion*.

Conexiones

Los sueños, ¿una narración interior? ¿Cómo son las imágenes de un sueño? A diferencia del recuerdo de un acontecimiento o de una narrativa típica, un sueño no siempre tiene sentido. Trabajando en parejas, cuéntense sueños que hayan tenido y ayúdense a interpretarlos. ¿Tienen algunas imágenes o eventos en común?

A explorar

1-37 Cuentos de ayer, cuentos de hoy. Conéctate a la página de **www** *Conexiones* en la red informática (*http://www.prenhall.com/conexiones*) e investiga cómo los cuentos para los niños de hoy son diferentes a los de los niños de las generaciones anteriores.

A ESCUCHAR

El asno (*donkey*) y el perrito. Las fábulas normalmente terminan con una moraleja. Escucha ésta y apunta la moraleja al final. Luego identifica cuál(es) de los personajes hacía(n) las acciones a continuación.

¿Quién(es)?

_____ trabajaba   _____ estaba contento

_____ brincaba   _____ movía la cola

_____ recibía premios   _____ fue castigado

_____ tenía celos   _____ se enojó

¿Cuál es la moraleja?

¿Cuál es la vocación de cada uno de estos personajes?

¡Así lo expresamos!

Ritmos

Celtas Cortos

L os Celtas Cortos es un grupo de jóvenes españoles
que mezclan sonidos celtas y otros ritmos tradicionales y folclóricos europeos con el rock y el pop.
El grupo nació a mediados de los ochenta en España.
Su primer álbum se tituló «Salida de Emergencia», y
desde entonces estos talentosos chicos han cosechado
muchos triunfos con sus conciertos por Europa y sus
demás grabaciones. La canción «Cuéntame un cuento»
se encuentra en el álbum del mismo título.

A explorar

1-38 Celtas Cortos. Conéctate a la página de *Conexiones* en la red
informática (*http://www.prenhall.com/conexiones*) e investiga en la sección
«A explorar». Allí encontrarás la historia de los Celtas Cortos, un grupo de rock
español que combina los ritmos modernos con la música celta tradicional.

Cuéntame un cuento

Cuéntame un cuento
y verás qué contento
me voy a la cama
y tengo lindos sueños.

5 Pues resulta que era un rey
que tenía tres hijas
las metió en tres botijas°   *jugs*
y las tapó con pez°   *tar*
y las pobres princesitas
10 lloraban desconsoladas
y su padre les gritaba
que por favor se callaran
las princesas se escaparon
por un hueco° que existía   *hole*
15 que las llevó hasta la vía
del tren que va para Italia
y en Italia se perdieron
y llegaron a Jamaica
se pusieron hasta el culo°   se... bailaron hasta que no pudieron más
20 de bailar reggae en la playa
bailando en la playa estaban
cuando apareció su padre
con la vara de avellano°   vara... *wooden stick*

en la mano amenazando
25 fue tras ellas como pudo y
tropezó con la botella
que tenía genio dentro
que tenía genio fuera
les concedió tres deseos
30 y ahora felices estamos
y colorín colorado
este cuento se ha acabado.

Y resulta que este rey
que tenía tres hijas
35 las metió en tres botijas
y las tapó con pez.

Cuéntame un cuento
la enanita° junta globos   *dwarf*
la que vuela por los aires
40 la que nos seduce a todos.
Cuéntame un cuento
el del ratoncito Pérez
que te deja cinco duros°   *monedas de 5 pesetas*
cuando se te cae un diente.

45 Cuéntame un cuento
que ya creo que estoy soñando
cuéntame un cuento
con música voy viajando.

Cuéntame un cuento
50 que todavía no es tarde
cuéntame un cuento
que la noche está que arde.°   *bright*

1-39 Impresiones. Contesta las siguientes preguntas sobre la canción.

1. ¿Qué impresión te da esta canción? ¿Es alegre o triste? ¿Optimista o pesimista? ¿Por qué?
2. ¿Cuál es el punto de vista de los cantantes? ¿De los oyentes?
3. Compara los cuentos que menciona con algunos que hayas oído en tu juventud. ¿Son más o menos violentos?
4. ¿Cómo eran los cuentos que te gustaba escuchar antes de acostarse cuando eras niño/a?

Imágenes
Paloma Hinojosa

A Paloma Hinojosa se le considera una de las pioneras del arte neo-impresionista español. Empezó a pintar en la década de los setenta y hoy es una figura importante dentro del panorama plástico europeo. Ha ganado varios premios por sus obras, las cuales se caracterizan por la sensación de paz y de sosiego que producen. Para ella el arte es una manifestación impulsiva, no irracional, del sentimiento humano.

Paloma Hinojosa, *El cuento,*
Óleo 196 x 160 cm.

Perspectivas e impresiones

1-40 Describe la escena.

- Describe exactamente las figuras y objetos que ves en este cuadro.
- Usa tu imaginación para explicar la relación entre los personajes, su estado de ánimo, el cuento que se lee, etc.
- Crea tu propio cuento sobre este cuadro.

MODELO: *Había una vez una muchacha que se llamaba...*

Páginas
Eduardo Ponce

Eduardo A. Ponce nació en España en 1966. Es Licenciado en Informática y se especializó en Sistemas Físicos. Trabaja como profesor de enseñanza secundaria en La Algaba (Sevilla). Siempre se ha interesado en la influencia de las nuevas tecnologías en la sociedad actual. Desde su adolescencia ha sido lector aficionado a la ciencia ficción. Escribió sus primeros relatos durante su primer año universitario y desde entonces no ha dejado de hacerlo.

Antes de leer

Los primeros párrafos de un cuento a menudo nos dan una idea de lo que viene después: el tema, el tono, los personajes y la trama. Lee con mucho cuidado las primeras líneas para orientarte y anticipar.

1-41 Una idea global. Lee las diez primeras líneas del cuento y subraya las palabras que presenten el tema del cuento. ¿Cuáles son? ¿Cómo es el tono del cuento? ¿Qué palabras o frases transmiten el tono? ¿Cuál es la relación entre las dos personas? ¿Qué edad tendrán? ¿Cómo lo sabes? ¿Qué será el «aparato» que se menciona en la línea 7? ¿Por qué crees que tiene que consultar al médico? Mientras lees el cuento, piensa en qué época tiene lugar.

Cuéntame un cuento

—Cuéntame un cuento, papá —dijo la niña mientras apretaba con sus frágiles dedos la pellejosa° mano del padre—. Uno de flores, y con animales.

—Ya es tarde. Debes descansar, mañana tienes que levantarte temprano, porque tienes que ir a ver al doctor Martín.

5 —¡Por favor! —se quejó—. Ayer me tuve que dormir sola. Mamá no sabe contar cuentos tan bonitos como los tuyos —hizo una pausa intencionada, y miró de reojo° a su padre—. Me da miedo dormirme sin el aparato° puesto.

—A mí también me daba miedo, y aquí me ves —le respondió el padre en tono conciliador—. Te contaré uno cortito, pero me tendrás que prometer que cerrarás 10 los ojos y te dormirás pronto. Si no lo haces, mañana en la consulta, tendrás los ojos cansados y el médico se enfadará contigo.

—¡Prometido, prometido! —y cerró los ojos, y guardó silencio esperando a que su padre comenzara.

—Había una vez, en un lugar muy, muy lejano, un hombre llamado Yock. Yock 15 tenía una mujer, Rega, con la que se había casado muchos años atrás, y con la que era muy feliz. Una mañana, Yock se levantó temprano, y sin hacer ruido, tratando de no despertar a Rega, salió de la cabaña en la que vivía. Aún no se había levantado el sol, pero en el horizonte ya se vislumbraba un tenue resplandor anaranjado°. Yock aspiró el aire lentamente, dejando que penetrara poco a poco, hasta su última 20 célula°. Entornó sus ojos y se tumbó sobre la húmeda hierba, que empezaba a mostrar las primeras gotas de rocío°. El cielo era añil° y una ligera brisa, fresca y suave, le acariciaba...

—¿Qué es una brisa, papá? —lo interrumpió la niña—. ¿Un animal?

—No es un animal, es como el viento pero...

25 —¿Qué es el viento?

—Ya lo aprenderás en el colegio —y se acercó a la cara de ella, aspiró un poco de aire, y sopló flojito°.

wrinkled

de... out of the corner of her eye
device; machine

un... a glimpse of an orange radiance
cell
dew / dark blue

sopló... softly blew some air

—¿Por qué me echas aire? —y abrió los ojos, mirando interrogativamente a su padre.

30 —La brisa es parecida, pero el aire que lleva es mucho más puro que el mío, y te da en todo el cuerpo, y se te mecen° los cabellos...

se... *gently ruffles*

—¿Te enseñaron eso en el colegio?

—Sí. Pero tú ya lo sabes ahora. ¿Puedo seguir?

—Sigue —y volvió a cerrar los ojos de nuevo°.

de... *otra vez*

35 —Estaba en... —comenzó a decir el padre.

—El cielo era añil, y una brisa, fresca y suave le acariciaba... —completó ella.

—Y una brisa, fresca y suave le acariciaba sus orejas, y por el interior de sus oídos, se deslizaba el susurrante despertar° del nuevo día. Y fue entonces cuando lo escuchó. Al principio no atinaba con° el origen del ruido, pero luego se fue dando

40 cuenta de que se trataba de un relincho°. Un relincho de un caballo —y la niña se preguntó qué sería un relincho, pero no abrió los ojos, y siguió escuchando. —Se incorporó° y dirigió sus ojos hacia donde provenía el sonido. Y entonces lo vio. Pero no era un caballo. Yock no podía creérselo. Ante sus ojos, sus desnudos ojos, se alzaba majestuosa la estili-

awakening
no... *he couldn't figure out*
neigh

sat up

45 zada figura de un unicornio. Un unicornio azul —hizo una pausa y

50 comentó en un tono más pedagógico—: un unicornio es como un

55 caballo pero con un afilado, recto y espiralado cuerno° en el centro de su

60 cabeza, a medio

espiralado... *spiral horn*

camino entre los ojos y las orejas —y retornó nuevamente a la entonación dramática de su relato. —Un unicornio azul, salvo su pecho, donde el azul se difuminaba° dejando en el medio una pequeña mancha blanca. Sobre sus ojos, orejas, cuello° y lomo,° descansaba una suave y larga crin° blanca, muy blanca. Su cola, también

65 muy larga, no era menos sedosa° y blanca que la crin. Y entonces el unicornio dejó de relinchar,° y miró serenamente a Yock. Yock se acercó con paso entrecortado y lento, sin creerse aún lo que veía, y preguntándose si no sería todo un simple sueño. Y rozó° con sus dedos la crin, y comprendió que no podía estar soñándolo, pues nunca antes había tocado nada tan suave como aquello. Y Yock subió a él, y aga-

70 rrándose a la crin cerró los ojos y deseó cabalgar° sobre el mar, y sentir el agua salada sobre su rostro. Y Yock sintió en ese instante que el animal galopaba,° ¡galopaba sobre el mar! ¡Yock había deseado eso mismo hacía un momento, y el unicornio había leído su mente! Yock decidió no preguntarse si soñaba o era realidad. Prefería sentir ese instante que tal vez no duraría más que una fracción de segundo.

se... *faded away*
neck
back / mane
soft
neighing

stroked

ride
was galloping

75 Pero el unicornio cabalgó y cabalgó. A veces, cuando parecía que el animal se cansaba, si es que realmente podía cansarse un ser con cualidades tan extrañas, paraba, emitía un par de relinchos y se mantenía inmóvil y silencioso por unos

took the opportunity instantes. Entonces Yock aprovechaba° y miraba a su alrededor, y veía un mar lleno
waves / cliffs de vida, mil olas° rompiendo contra los acantilados, ° cientos de aves danzando
80 grácilmente sobre su cabeza, y en el horizonte, un sol amarillo dibujando un millón
destellos... silver sparks de destellos plateados° sobre las crestas de las olas.

tenue... thin fog Y cabalgó, y cabalgó. Y el horizonte se fue envolviendo en una tenue niebla° gris.
Y el sol dejó de brillar. Las olas se extinguieron poco a poco. El animal paró. Exhaló
polluted un poco del viciado° aire que empezaba a introducirse paulatinamente por su
nariz / heave 85 hocico,° y manteniendo un esforzado escorzo,° el animal miró a Yock. Y Yock vio
tristeza, compasión, dolor y reproche en sus ojos, sintió ganas de llorar. Descendió
mud de su lomo y bajo sus pies sintió un barro° frío y húmedo.

«No me preguntes a mí» dijo Yock. «No fui sólo yo». Y la mirada del unicornio fue
disappearing desdibujándose° de sus ojos, y después su sedosa crin, y después..., nada. Yock
90 escuchó un relincho sordo y grave, y comprendió que no volvería a ver más al
unicornio azul, de crin blanca y larga cola. Y sus ojos se fueron sumiendo en la
sumiendo... sinking penumbra,° y Yock llamó a Rega, primero con un susurro,° luego, tras pronunciar
in the twilight / whisper repetidas veces su nombre en todas direcciones, gritó con todas sus fuerzas mientras
en sus labios sentía ya las cálidas lágrimas de su lamento. Yock sintió que moría.

95 Y entonces un agua fría, casi helada, golpeó su cara salvajemente, abrió los
= observó / cubo... empty ojos y ante sí atisbó° la figura de su mujer con un cubo vacío° entre sus manos y
bucket con una preocupada expresión en su cara. «¿Se puede saber qué estabas soñan-
do? No parabas de decir mi nombre, ¡Rega,
Rega, Rega!». Se acercó cariñosa-
100 mente él, y le dijo «Estoy aquí,
siempre he estado a tu lado.
No me importa que me
hayas despertado, y te
recuerdo que no será tan
get rid 105 fácil librarte° de mí».
Yock se incorporó sobre
la cama, había casi
amanecido y dijo:
«Salgamos afuera,
110 demos un paseo junto a
la playa, escuchemos el
mar, démonos un baño y
dejemos secar nuestros
cuerpos sobre la arena».
115 Rega le dio un beso y salieron.
Mientras se encaminaban hacia la
playa, Yock observó como, casi
footprints paralelas a ellos, se dibujaban unas huellas°
carne... goose bumps de cascos de caballo sobre la arena. A Yock se le puso la carne de gallina,° miró
120 de reojo a Rega y la estrechó fuertemente en sus brazos.

special visors or goggles La niña dormía plácidamente. Con mucho cuidado le desprendió los holovisores,°
andando... tiptoeing los colocó sobre la mesita de noche y salió de la habitación andando de puntillas.°

—¿Ya se ha dormido? —preguntó ella, acostada ya en la cama. Deberías quitarle la costumbre de contarle un cuento todas las noches. Cuando no estás me toca a mí,° y yo no sé inventarme tantas cosas como tú. Y si no hay cuento, no es capaz de dormirse.

me... it's my turn

—Pronto dejará de necesitar los cuentos. El próximo año irá al colegio, y entonces no necesitará tanto de nosotros, y empezará a tener sus propios «sueños», y deseará otros cuentos en los que creer. Y sus ojos se acostumbrarán a la oscuridad que los envuelve cada vez que se quitan los holovisores. Duérmete tú también.

Él se quitó la ropa, graduó° la temperatura de la cápsula que rodeaba° la cama y se acostó. Apagó la luz y depositó sus holovisores sobre la mesita de noche, junto a los de su mujer. Entornó los ojos y se preparó para el merecido descanso. Y pensó entonces en el unicornio azul, y en el mar, y en la tierra que habían dejado atrás hacía muchas generaciones en busca de un nuevo planeta donde poder respirar de nuevo el aire puro, y donde pudiera correr esa ligera, fresca y suave brisa que muy probablemente, Arcoiris, su hija, no conocería jamás, encerrada como él en la naveciudad° Nueva Esperanza para el resto de sus vidas, abrigando la simple ilusión° de que algún día una de las generaciones siguientes pudiera volver a ver un cielo añil, un sol naranja (o tal vez más) sobre el horizonte...

adjusted / surrounded

spaceship-city
hope

Yock se volvió hacia° su compañera.

se... turned toward

—Rega, cuéntame un cuento.

Pero Rega dormía ya profundamente.

Después de leer

1-42 Ordena los acontecimientos. Pon estos acontecimientos en orden cronológico.

_____ Pero los seres humanos no la cuidaban.

_____ Después de miles de años se había destruido el mundo.

_____ Y a contárselo a la próxima generación.

_____ Había todo tipo de criaturas que vivían en la Tierra.

_____ Las otras criaturas, incluso el unicornio, se quedaron en la Tierra y allí perecieron.

_____ Los seres humanos se fueron en busca de otro planeta donde pudieran vivir.

_____ El hombre fue condenado a revivir la catástrofe en sus sueños.

_____ El unicornio también la habitaba.

_____ Se iba contaminando la atmósfera de la Tierra.

1-43 Temas de discusión.

1. ¿En qué momento se dieron cuenta de que el papá contaba un acontecimiento verdadero?
2. ¿Cuáles son las cosas que indican que el cuento tiene lugar en el futuro en vez del pasado?
3. ¿Qué tendrá la hija que necesita consultar al médico?
4. ¿Cuál será el motivo del papá para contar este relato en vez de uno inventado?

1-44 Había una vez... Túrnense para inventar un relato. Cada persona continúa el relato donde termina la persona anterior.

MODELO: E1: *Había una vez un dinosaurio que se llamaba Samuel.*

E2: *Vivía en una tierra que estaba llena de hierba, flores y otros animales más pequeños que él.*

E3: *Vivía feliz, hasta que un día...*

A explorar

1-45 Leyendas fascinantes. Conéctate a la página de *Conexiones* en la red informática (*http://www.prenhall.com/conexiones*) e investiga en la sección «A explorar». Ahí encontrarás una página de web titulada, «Leyendas fascinantes sobre las calles de México».

Taller

Una narración en el pasado

1. **Examinar.** Vuelve a leer los primeros párrafos de «Cuéntame un cuento» e identifica los usos del imperfecto y del pretérito. ¿Para qué sirve cada tiempo verbal en esta narración?

2. **Escoger.** Escoge uno de los siguientes temas para elaborar una narración y sigue los pasos para desarrollarla.

   • una experiencia de tu juventud
   • un cuento de hadas
   • una leyenda
   • un sueño o una pesadilla (*nightmare*) que hayas tenido
   • una película de fantasía
   • un cuento original

3. **Crear la escena.** Usa el imperfecto para escribir tres o cuatro oraciones que describan la escena. Incluye tus impresiones del ambiente, los participantes, el tiempo, lo visual y lo sentido.

4. **Inventar los sucesos.** Usa el pretérito para narrar lo que pasó, qué hicieron los participantes, cómo reaccionaron, etcétera. Usa las siguientes expresiones para dar continuidad a la acción.

al día (mes, año) siguiente	de pronto	entonces
al final	de repente	finalmente
al mismo tiempo	después de que	inmediatamente
al principio	durante	tan pronto como
al rato	en seguida	

5. **Ampliar el estado psicológico, el suspenso.** Indica, al mismo tiempo que narras los sucesos, cómo se sentían los participantes, qué pensaban, qué iban a hacer, qué pensaban que iba a pasar, etcétera. Usa el vocabulario de esta lección en tu narración.

6. **Resolver.** Usa el pretérito para indicar cómo se resolvió la situación.

7. **Revisar.** Revisa el uso de los tiempos verbales y la concordancia de sustantivos y verbos, adjetivos y artículos en tu narración.

8. **Compartir.** Intercambia tu trabajo con el de un/a compañero/a. Mientras leen las narraciones, hagan comentarios y sugerencias sobre el contenido, la estructura y la gramática.

9. **Entregar.** Pasa tu trabajo a limpio, incorporando las sugerencias de tu compañero/a y entrégaselo a tu profesor/a.

2

La tecnología y el progreso

Comunicación

- Discussing world issues of today and tomorrow
- Describing people and things
- Predicting future occurrences
- Expressing hopes and doubts

Estructuras

- Uses of *ser*, *estar*, and *haber*
- The future tense
- The Spanish subjunctive in noun clauses

Cultura

- El movimiento ecológico costarricense
- La lucha contra la contaminación en México, D. F.
- **Ritmos:** La Monja Enana—*Bajo tierra*
- **Imágenes:** Antonio Berni—*Juanito en la laguna*
- **Páginas:** José Ruibal—*Los mutantes*

Taller

- Expresar tu opinión

A explorar

- *Las empresas y el medio ambiente*
- *El arte y el progreso*
- *La contaminación*
- *Canción contra la contaminación*
- *El mundo futuro*

¿Qué asocias con la palabra tecnología? ¿Y con progreso? ¿Cuáles son algunas de las ventajas y desventajas del progreso?

EL DR. CARLOS SALVADOR ES UN EXPERTO EN CONTAMINACIÓN AMBIENTAL. UN PERIODISTA LO ENTREVISTA SOBRE ESTE TEMA TAN CRUCIAL PARA EL FUTURO DEL MUNDO.

ENTREVISTADOR: Dr. Salvador, según su opinión, ¿qué puede hacer la tecnología para mejorar el medio ambiente?

DR. SALVADOR: Muchas cosas, pero el problema es que nos preocupan más las cosas más inmediatas como divertirnos en la universidad, encontrar un buen trabajo o buscar la felicidad, sin darnos cuenta de que el medio ambiente es crucial en nuestro futuro bienestar y que para ello debemos invertir en nueva tecnología.

ENTREVISTADOR: ¿A qué llama usted contaminación?

DR. SALVADOR: La contaminación implica una alteración de la pureza de cualquiera de los elementos que constituyen nuestro planeta. Es uno de los gravísimos problemas que ha traído la civilización. Hasta hace tres décadas, todavía no se preveían las terribles consecuencias de la contaminación sobre la vida en todo el mundo.

ENTREVISTADOR: ¿Cuáles son las causas más importantes de la contaminación ambiental?

DR. SALVADOR: Lo que más influye en la contaminación del aire son las industrias y los vehículos por la cantidad de petróleo que consumen. Esta combustión da origen al monóxido de carbono, al plomo y a algunos otros gases que representan un grave peligro para todo lo que es la vida del planeta: vida humana, vida animal y vida vegetal.

Además, como la temperatura de la Tierra está subiendo, se cree que los océanos aumentarán de 80 a 90 centímetros su nivel, produciendo la inundación de muchísimas zonas costeras, con el consecuente desplazamiento de la población y la pérdida de las industrias que están en las costas. La sequía se agravaría y la desertificación afectaría cada vez a zonas más extensas, con repercusiones en la agricultura y, consecuentemente, en la producción de alimentos a nivel mundial. ¡Se imaginan qué tragedia todo esto sería! Nos quedaríamos sin playas, tendríamos que racionar los alimentos, la vida como la conocemos cambiaría radicalmente.

Por otro lado, la contaminación ambiental por el plomo es también otro fenómeno muy grave. El consumo de gasolinas de baja calidad produce en las personas alteraciones de la sangre y, en los niños, daño cerebral y menor capacidad intelectual. Si a esto sumamos otros factores propios de poblaciones tercermundistas, como la malnutrición y la deficiente educación, los resultados son impactantes.

ENTREVISTADOR: Doctor, muchos ya entienden algo de la contaminación externa pero se les olvida la que existe dentro de nuestros hogares o lugares de trabajo. ¿Puede usted dar un ejemplo?

DR. SALVADOR: El cigarrillo constituye uno de los factores de más alto índice de contaminación con grave perjuicio, no sólo para las personas que fuman, sino para las que están a su alrededor, produciendo una serie de enfermedades que van desde el cáncer pulmonar, el enfisema, el infarto cardíaco y la bronquitis, hasta daños a los niños que están en gestación de madres que fuman. Éstos reciben inocentemente los efectos del tabaco con sus más de cuatro mil tóxicos, incluyendo la nicotina, que es una sustancia altamente adictiva. En mi casa cuando comenzamos a tener hijos, mi esposa y yo decidimos dejar de fumar, y créame, para nosotros fue bien difícil, pero queríamos que nuestros hijos crecieran en un ambiente sano y por eso lo dejamos.

ENTREVISTADOR: ¿Cuáles son las consecuencias de la contaminación en el organismo?

DR. SALVADOR: La contaminación aérea, por el clásico *smog,* es muy importante en algunas ciudades e implica un aumento de la tasa de enfermedades respiratorias.

La alternativa es: o controlamos la contaminación, o para nuestros hijos, aún más para nuestros nietos, la situación será muy difícil, ya que los problemas de salud llegarían a límites insostenibles y la supervivencia de algunas especies peligraría. ■

Vocabulario primordial

el aluminio	el enfisema
el asma	las especies en peligro
la atmósfera	de extinción
la bronquitis	la lluvia ácida
el cáncer pulmonar	el monóxido de carbono
la contaminación	el océano
la destrucción	el oxígeno
el dióxido de carbono	el petróleo
la energía eléctrica,	el plástico
nuclear, solar	el uranio

el medio ambiente	environment
el nivel	level
el plomo	lead
la selva	jungle
la sequía	drought

Adjetivos

ambiental	environmental
dañino/a	damaging
nefasto/a	disastrous
potable	safe to drink

Otras palabras y expresiones

alrededor	around
sobre	on, over

Vocabulario clave

Verbos

dañar	to damage
desechar	to throw away
desperdiciar	to waste
extinguir	to extinguish
prevenir (ie)*	to prevent
quemar	to burn
rescatar	to rescue

Sustantivos

el acero	steel
la basura	trash
la capa de ozono	ozone layer
el carbón	coal
el cartón	cardboard
la ceniza	ash
el combustible	fuel
el cristal	glass
el efecto invernadero	greenhouse effect
la fábrica	factory
el humo	smoke
el infarto cardíaco	heart attack
la madera	wood
la materia prima	raw material

Ampliación

Verbos	Sustantivos	Adjetivos
conservar	la conservación	conservado/a
contagiar	el contagio	contagioso/a
contaminar	la contaminación,	contaminado/a
	el contaminante	
dañar	el daño	dañino/a, dañado/a
deforestar	la deforestación	deforestado/a
desechar	el desecho	desechado/a
destruir (y)	la destrucción	destruido/a
proteger	la protección	protegido/a
purificar	la purificación	puro/a, purificado/a
reciclar	el reciclaje	reciclado/a
rescatar	el rescate	rescatado/a
secar	la sequía	seco/a

*como venir

Aplicación

2-1 ¿Qué es la contaminación? Según el Dr. Salvador, ¿cuáles de las siguientes oraciones caracterizan la contaminación? Indica si cada oración es cierta (C) o falsa (F) y corrige las oraciones falsas.

_____ 1. La contaminación es un problema que sólo afecta los países en vías de desarrollo.

_____ 2. La causa más importante de la contaminación es el automóvil.

_____ 3. El plomo producido por la combustión de petróleo es especialmente peligroso para el desarrollo intelectual de los niños.

_____ 4. Según el Dr. Salvador, la contaminación sólo se encuentra fuera de nuestras casas y fuera de los edificios donde trabajamos.

_____ 5. La adicción al cigarrillo es un problema principalmente para los fumadores.

_____ 6. El enfisema es una enfermedad de los pulmones.

_____ 7. Según el Dr. Salvador, el problema de la contaminación se resolverá para el año 2005.

2-2 El origen, el uso y el efecto. ¿Cuál es su origen y uso, y qué efecto tienen estos productos de nuestra civilización?

MODELO: el petróleo

> *Es un producto de la tierra. Se usa para producir combustible para los coches y otras máquinas. El humo del petróleo contamina el aire y destruye la capa de ozono.*

1. el humo	3. el plástico	5. el uranio	7. los desechos industriales
2. el carbón	4. la madera	6. la lluvia ácida	8. la sequía

2-3 En familia. Completa las siguientes oraciones usando una variación de cada palabra en itálica. Si necesitas ayuda, consulta la sección llamada *Ampliación*.

MODELO: La tuberculosis es una enfermedad *contagiosa*. La tos de una persona con tuberculosis nos puede _contagiar_ .

1. En la fabricación de productos químicos hay que *desechar* las sustancias que no sirven. Es necesario filtrar los _____ para que no contaminen el medio ambiente.

2. Los *contaminantes* causan mucho daño en la salud de la gente joven. Pueden _____ el aire, el agua y la tierra.

3. Muchas ciudades tienen un programa obligatorio de *reciclaje*. Hay camiones especiales que recogen las latas, el papel y el cristal para llevarlos a _____.

4. En la Florida hay una campaña de _____ de animales en peligro de extinción. Cada año se *rescatan* más de cien panteras negras.

5. Muchas sustancias químicas contribuyen a la *destrucción* de la capa de ozono. Se dice que para el año 2010 el área encima del Polo Sur estará totalmente _____.

6. En Costa Rica hay un movimiento para detener _____ de las montañas. Las regiones *deforestadas* son menores ahora que en años anteriores.

7. En muchas partes del mundo es necesario *purificar* el agua, por eso venden agua _____ en botella.

👥 **2-4 Causas y consecuencias.** Expliquen las causas y las consecuencias de estos problemas ambientales.

MODELO: En algunos países del tercer mundo todavía se usa gasolina con plomo.

E1: *Eso es porque la gasolina con plomo cuesta menos que la gasolina sin plomo.*

E2: *Esta gasolina con plomo es dañina, especialmente para los niños.*

1. Las ciudades grandes tienen *smog*.
2. Los árboles que rodean la Ciudad de México están muriéndose.
3. Muchos jóvenes fuman cigarrillos.
4. El costo del seguro médico ha subido muchísimo durante la última década.
5. Las ciudades de las naciones tercermundistas son cada vez más grandes.
6. Muchas familias tienen más de un coche.
7. En los Estados Unidos, Canadá e Inglaterra hay restricciones sobre las campañas publicitarias del tabaco.
8. Hay cada vez más casos de asma infantil en las ciudades grandes.

A explorar

🌎 **2-5 Las empresas y el medio ambiente.** Conéctate a la página de
www *Conexiones* en la red informática (*http://www.prenhall.com/conexiones*) e investiga en la sección «A explorar» para descubrir lo que algunas empresas hacen por el medio ambiente en México.

👥 **2-6 ¿Cuánto dura la basura?**
Diseñen un cartel con un lema publicitario y un dibujo para ilustrar la importancia de reciclar y conservar. Les puede servir la información a continuación para incluir en su cartel.

👥 **2-7 El abogado del diablo.**
Monten una campaña negativa dando razones convincentes para no implementar la conservación del medio ambiente. Pueden incluir razones económicas, sociales, políticas y/o personales.

¿CUÁNTO DURA LA BASURA?

●●●

Pedazo de papel	2 – 4 semanas
Tela de algodón	1 – 5 meses
Pedazo de madera	13 años
Lata de hojalata	100 años
Plástico	450 años
Botella de cristal	más de 500 años

¡Por eso deben reciclar! ... porque reciclar es un proceso simple que puede ayudar a resolver muchos de los problemas creados por la forma en que vivimos. La utilización de productos reciclados disminuye el consumo de energía, genera menos CO_2 y produce menos lluvia ácida, logrando que se reduzca el efecto invernadero. Si quieren un mundo más limpio y saludable, además de reciclar deben:

➤ Reducir la cantidad de desperdicios
➤ No mezclar los desperdicios
➤ Reducir el uso de productos tóxicos
➤ Usar productos de materiales reciclados
➤ Evitar el uso de productos en latas de aerosol
➤ Participar en actividades de reciclaje en la comunidad, la escuela y el trabajo

1 Uses of *ser*, *estar*, and *haber*

El agua es la vida.

Use *ser*:

◆ with a noun or pronoun that identifies the subject.

Juan **es** químico.	*John is a chemist.*
Nosotros no **somos** fumadores.	*We are not smokers.*

◆ with adjectives or nouns that identify the nationality, religious and political affiliations, or occupation of the subject.

Somos científicos.	*We are scientists.*
Los misioneros **eran** mormones.	*The missionaries were Mormons.*
Mi hermana **es** bióloga.	*My sister is a biologist.*

◆ with adjectives to express characteristics of the subject such as size, color, and shape.

La selva amazónica **es** inmensa.	*The Amazon jungle is immense.*
El petróleo **es** negro.	*Oil is black.*
El mundo **es** redondo.	*The world is round.*

◆ with the preposition **de** to indicate origin or possession, and to tell what material something is made of.

Evelio **es de** Guatemala.	*Evelio is from Guatemala.*
Las bolsas de plástico **son de** Luisa.	*The plastic bags are Luisa's.*
El tanque **es de** acero.	*The tank is made of steel.*

◆ to indicate where and when events take place.

La conferencia **fue** en el auditorio.	*The conference was in the auditorium.*
Las entrevistas **son** a las ocho.	*The interviews are at eight.*

- to express dates, days of the week, months, and seasons of the year.

  Era viernes, 12 octubre de 2001.   *It was Friday, October 12, 2001.*

  Es verano y hace mucho calor.   *It's summer and it's very hot.*

- to express time.

  Son las cinco de la tarde.   *It's five o'clock in the afternoon.*

  Era la una de la mañana.   *It was one in the morning.*

- with the preposition **para** to tell for whom or for what something is intended.

  ¿Para quién es el tanque de oxígeno?   *For whom is the oxygen tank?*

  Es para el señor Ramírez.   *It's for Mr. Ramírez.*

- in impersonal expressions.

  Es importante hacer la investigación.   *It's important to do the research.*

  Es alarmante que en México haya tanta contaminación.   *It is alarming that there is so much pollution in Mexico.*

- with a past participle to express the passive voice. (Notice that in the passive voice, the subject is acted upon by a person or persons introduced by **por**, and that the past participle agrees in gender and number with the subject.)

  Las playas **fueron contaminadas por** el pueblo.   *The beaches were contaminated by the people.*

  El parque **fue limpiado por** los estudiantes.   *The park was cleaned by the students.*

Use *estar:*

- to indicate the location of objects and persons.

  El agujero de la capa de ozono **está** sobre el Polo Sur.   *The hole in the ozone layer is over the South Pole.*

  Los científicos **están** allí para estudiarlo.   *The scientists are there to study it.*

◆ with progressive (**-ndo** form) constructions.

La fábrica petroquímica **estaba reciclando** sus desechos.

The petrochemical factory was recycling its waste.

¡Qué peste! La fábrica papelera **está quemando** algo.

What a smell! The paper factory is burning something.

◆ with adjectives to express a physical or mental/emotional state or condition of the subject.

El agua **está fría** para ser agosto.

The water is cold for August.

El paciente **estaba deprimido** cuando lo aislaron.

The patient was depressed when they isolated him.

◆ with a past participle to describe the resultant condition of a previous action.

La playa **está contaminada**.

The beach is contaminated.

Los peces **están muertos**.

The fish are dead.

◆ to express change from the norm, whether perceived or real.

Estás muy flaca. ¿Comes bien?

You're (you look) thin. Are you eating well?

El profesor **está** muy simpático hoy.

The professor is (being/acting) very nice today.

◆ Some adjectives have different meanings when used with **ser** or **estar**.

WITH **SER**	ADJECTIVE	WITH **ESTAR**
to be boring	**aburrido/a**	*to be bored*
to be good, kind	**bueno/a**	*to be good (tasting), in good condition*
to be funny	**divertido/a**	*to be amused*
to be clever	**listo/a**	*to be ready*
to be bad, evil	**malo/a**	*to be sick, ill*
to be handsome	**guapo/a**	*to look handsome*
to be pretty	**bonito/a**	*to look pretty*
to be ugly	**feo/a**	*to look ugly*
to be smart, lively	**vivo/a**	*to be alive*

Use *haber:*

◆ as the auxiliary verb in the perfect tenses.

Nunca **he cortado** un árbol.

I have never cut a tree.

Habían recogido la basura en su calle.

They had picked up the trash in their street.

◆ in the special third-person singular form, **hay** (**había/habrá**, etc.), to signal the existence of one or more nouns (*there is/was/are/were/will be*, etc.).

Hay bosques pluviales en Ecuador.

There are rain forests in Ecuador.

Había aire puro en esa montaña.

There was pure air on that mountain.

Habrá aun más problemas ecológicos para nuestros nietos.	*There will be even more ecological problems for our grandchildren.*

♦ in the expression **hay (había/habrá) que** + *infinitive* to convey *to be necessary to . . .* or *one (we) must . . .*

Hay que conservar electricidad.	*We must conserve electricity.*
En el futuro **habrá que** iniciar un programa de reciclaje.	*In the future it will be necessary to begin a recycling program.*

Aplicación

2-8 ProIguana. Completa el anuncio con la forma correcta de **ser, estar** o **haber.**

Esta noche (1)_____ una reunión de ProIguana en el salón 28 del Centro Estudiantil. ProIguana (2)_____ una organización que trabaja para proteger el medio ambiente de los países centroamericanos. Los miembros (3)_____ estudiantes, profesores y otros que (4)_____ interesados en nuestra causa. La reunión va a (5)_____ a las 8:30. El Centro Estudiantil (6)_____ cerca del estadio y el salón 28 (7)_____ en el segundo piso. La persona que da el discurso (8)_____ la Dra. Sánchez-Blanco, quien (9)_____ la directora del programa aquí en los Estados Unidos. Todos los interesados en la protección del medio ambiente (10)_____ especialmente invitados a la reunión.

2-9 ¿Quién es? ¿Cómo es? ¿De dónde es? Piensa en una persona o un personaje muy conocido y descríbeselo/la a la clase. Usa tantos detalles como sea posible. Después, la clase tratará de adivinar quién es.

MODELO: Sandra Cisneros

Es una novelista méxicoamericana. Es de Chicago. Es muy talentosa. Es la autora de La Casa en Mango Street. *Es una de mis cuentistas favoritas.*

2-10 Impresiones. ¿Qué impresión tienen ustedes cuando ven u oyen acerca de estos problemas ecológicos por primera vez? Primero apunten sus impresiones, y luego hagan una lista de las cosas que hay que hacer para remediar cada problema.

MODELO: el aire de Ciudad de México

Está horriblemente contaminado. Es importante reducir las emisiones de los coches. Además, hay que buscar maneras de reducir la contaminación industrial.

1. la deforestación de Haití

2. los desechos nucleares
3. los peces muertos en Nueva Inglaterra
4. los derrames de petróleo
5. los incendios en las selvas del estado de Montana o de California
6. los vehículos grandes (SUV) que usan mucha gasolina
7. el efecto meteorológico llamado «El Niño»
8. los volcanes activos

2-11 ¿Dónde? ¿Cómo? Expliquen dónde están estos lugares, qué hay en ellos, por qué son famosos y/o por qué han recibido atención últimamente. Después, piensen en otro lugar y descríbanlo sin identificarlo. Cada uno/a debe tratar de adivinar el lugar que el/la otro/a describe.

MODELO: Buenos Aires

    E1: *¿Dónde está Buenos Aires?*

    E2: *Está en Argentina. Es la capital. Es una ciudad grande y cosmopolita. Hay teatros, museos, bares y buenos restaurantes. Es famosa por los barrios étnicos, la carne, el tango y las comunidades artísticas.*

1. Madrid
2. el Canal de Panamá
3. Acapulco
4. las islas Galápagos
5. Patagonia
6. los Andes
7. el río Amazonas
8. el volcán Popocatépetl

2-12 ¿Quiénes? y ¿Por qué? Inventen oraciones con los siguientes participios, según el modelo. Pueden trabajar juntos o turnarse.

MODELOS: preparando
El gobierno está preparando una campaña antitabaco.

dirigido
La campaña antitabaco está dirigida a los jóvenes.

1. desperdiciando
2. protegido
3. contaminado
4. destruido
5. purificando
6. quemado
7. conservando

2-13 Una crisis ecológica. Piensen en una crisis que haya ocurrido recientemente y explíquenla. Usen los verbos **ser, estar** o **haber** para comunicar la gravedad del acontecimiento. Todos deben contribuir con ideas y/o hacer preguntas.

MODELO: *Hubo terremotos en Centroamérica. Mucha gente murió porque quedó atrapada debajo del lodo.*

Comparaciones

El movimiento ecológico costarricense

En Latinoamérica hasta hace un par de décadas no había gran preocupación por la contaminación del aire, los ríos, los lagos y los océanos. La tala (*felling*) indiscriminada de los bosques tropicales para abrir paso a la civilización había destruido cientos de especies de plantas, animales, pájaros e insectos que contribuían al equilibrio ecológico de los bosques. Costa Rica es el país que más esfuerzo ha hecho por cambiar esta situación. El Ministerio de Recursos Naturales de Costa Rica comenzó un plan de repoblación forestal. En 1988 este Ministerio por primera vez auspició (*sponsored*) la limpieza de basura de cuatro playas en las costas del Atlántico y del Pacífico de Costa Rica. En esa ocasión más de 2.000 voluntarios, la mayoría estudiantes, recogieron la basura de estas playas. Después se formó una comisión nacional de limpieza y ahora todos los años, además de limpiarse las playas, se limpian también los parques de las ciudades. En Costa Rica se está educando a la juventud para que aprecie la naturaleza. Allí existen numerosos proyectos para el mejoramiento del medio ambiente, como la siembra (*planting*) de árboles y el reciclaje de productos de papel, cartón, vidrio, aluminio y plástico.

Vamos a comparar

¿Qué estamos haciendo en los Estados Unidos y Canadá para mejorar el medio ambiente? ¿Participan ustedes en algún programa de reciclaje? Expliquen. Muchos países hispanos piensan que los países industrializados son culpables del pobre estado del medio ambiente y creen que estos países ahora deben ayudar económicamente a la preservación de los bosques tropicales de Latinoamérica. ¿Qué opinan de esto?

Vamos a conversar

👥 **En mi opinión.** De los siguientes problemas ecológicos, decidan cuáles son los más graves para ustedes y expliquen por qué. ¿Pueden ofrecer algunas soluciones a los problemas?

- el efecto invernadero
- los desechos nucleares
- la desaparición de las especies
- los derrames de petróleo
- el bajo nivel de fertilidad
- la lluvia ácida
- el sobreuso de antibióticos
- la explotación de los recursos naturales
- el agujero en la capa de ozono
- los animales con deformaciones genéticas
- ¿otro?

A explorar

🌐 **2-14 El arte y el progreso.** Conéctate a la página de *Conexiones* en la red informática (*http://www.prenhall.com/conexiones*) e investiga en la sección «A explorar» para descubrir cómo algunos artistas hispanos expresan su preocupación por los efectos negativos del progreso en la naturaleza.

2 The future tense

¡Pronto llegaremos a Marte!

◆ The Spanish future tense, like the English *will + verb* structure, expresses what will happen in the future.

◆ The Spanish future tense is formed with the present tense endings of the verb **haber**. The silent **h** is dropped. There is only one set of endings for the **-ar, -er,** and **-ir** verbs. Note that all endings, except for the **nosotros** form, have a written accent mark.

	TOMAR	COMER	VIVIR
yo	toma**ré**	come**ré**	vivi**ré**
tú	toma**rás**	come**rás**	vivi**rás**
Ud./él/ella	toma**rá**	come**rá**	vivi**rá**
nosotros/as	toma**remos**	come**remos**	vivi**remos**
vosotros/as	toma**réis**	come**réis**	vivi**réis**
Uds./ellos/ellas	toma**rán**	come**rán**	vivi**rán**

Mañana **hablaremos** con el científico.	*Tomorrow we will talk with the scientist.*
¿**Vendrás** a la conferencia conmigo?	*Will you come to the lecture with me?*

◆ The Spanish future tense never expresses the idea of *willingness,* as does the English future.

¿Quieres ayudarme/Me ayudas a dejar de fumar?	*Will you help me stop smoking?*

◆ There are several Spanish verbs that have irregular stems in the future. The irregular stems can be grouped into three categories:

1. The future stem is different from the stem of the regular verb.

decir	**dir-**	diré, dirás...
hacer	**har-**	haré, harás...

2. The **e** of the infinitive is dropped to form the stem of the future.

haber	**habr-**	habré, habrás…
poder	**podr-**	podré, podrás…
querer	**querr-**	querré, querrás…
saber	**sabr-**	sabré, sabrás…

3. The **e** or the **i** of the infinitive is replaced by **d** to form the stem of the future.

poner	**pondr-**	pondré, pondrás…
salir	**saldr-**	saldré, saldrás…
tener	**tendr-**	tendré, tendrás…
venir	**vendr-**	vendré, vendrás…

A que ya sabías…

The future to express probability or conjecture

◆ The future tense can often express probability or conjecture in the present in Spanish.

¿Habrá truchas en ese río?
I wonder if there's trout in that river.

¿Estará contaminado el aire?
Could the air be contaminated?

Sí, **será** por el plomo de la gasolina.
Yes, it's probably because of the lead in the gasoline.

¿Habrá vida en Marte?

Aplicación

2-15 Una campaña ecológica. Completa el párrafo con la forma correcta en el futuro de un verbo adecuado de la lista.

| estar | poder | querer | ser | trabajar | vivir |

Damas y caballeros, ¿(1)_____ (nosotros) preparados para el año 2010? ¿(2)_____ posible prevenir un desastre nuclear? ¿(3)_____ (nosotros) vivir sin todas las comodidades que tenemos hoy en día? ¿(4)_____ (nosotros) encontrar la solución a la contaminación? ¿(5)_____ (ustedes) conmigo para asegurar un futuro seguro para nuestros hijos y nietos? Si todos cooperamos en esta campaña, ¡(6)_____ felices en un mundo más sano!

2-16 Promesas para el Año Nuevo. Usa el tiempo futuro para escribir una lista de tus propósitos para el próximo año.

MODELO: *Terminaré mis estudios y buscaré trabajo en una empresa que se ocupe del medio ambiente.*

2-17 Predicciones. Hagan por lo menos diez predicciones para el mundo en el año 2015 y luego preséntenlas a la clase.

MODELO: *Las clases universitarias se tomarán en casa por medio de la computadora; los estudiantes conocerán a los profesores sólo por correo electrónico y sólo verán su imagen en una pantalla.*

2-18 Profesiones para el futuro. Indiquen cuatro o cinco profesiones que serán sumamente importantes para el año 2025 y expliquen por qué. Luego, preséntenle sus conclusiones a la clase.

Profesiones con futuro
No habrá crisis para biotecnólogos, ópticos e informáticos, pero sí la notarán los futuros médicos, abogados y periodistas.

2-19 ¿Quién será? Trabajen juntos para escribir dos o más descripciones cortas de personas conocidas o de compañeros de clase. Luego, túrnense para leerlas en voz alta a toda la clase. La clase debe adivinar quiénes serán las personas descritas.

MODELO: E1: *Es un actor español muy guapo. Está casado con Melanie Griffith. ¿Quién será?*

E2: *Será Antonio Banderas.*

2-20 Debate. Formen equipos de tres personas y preparen la posición a favor o en contra de una de estas resoluciones.

Temas de debate
- Seremos vegetarianos para el año 2030.
- Dejaremos de usar el automóvil dentro de los próximos 25 años.
- No se permitirá la producción de ningún artículo que no sea reciclable.

El canal del consumidor. Este canal se dedica a vender artículos para el consumo doméstico y servicios para los consumidores. ¿Comprarás...? Escucha los anuncios e indica si te interesan según el contexto dado.

Comprensión

1. ¿Comprarás esta computadora si...?

___ es tu primera computadora y no sabes usarla
___ quieres sólo una computadora para que tus hijos pequeños jueguen con sus videojuegos
___ trabajas en casa y envías tu correspondencia y documentos por correo electrónico
___ te gusta conocer el mundo a través de la red informática
___ tienes una colección de discos digitales

2. ¿Vivirás en este lugar si...?

___ padeces de asma
___ tienes problemas en la rodilla
___ te gusta ir al teatro y a los buenos restaurantes
___ te fascinan las vacas y otros animales
___ te gusta caminar a tu trabajo que se encuentra en el centro de la ciudad

3. ¿Te inscribirás en esta universidad si...?

___ te gusta el contacto personal con tus profesores
___ vives muy lejos de la universidad
___ no te gusta la tecnología
___ te pones nervioso/a cuando tienes que hablar en público
___ no tienes mucho dinero en efectivo

👥 **¿Y tú?** Vuelve a escuchar los tres anuncios y explícale a un/a compañero/a por qué te interesa o no el artículo o servicio.

EL CENTINELA

Futurólogos anuncian nuevas predicciones para mediados de siglo

La vida en 2050

Los futurólogos no son psíquicos ni tienen habilidades sobrenaturales; por el contrario, son científicos y sociólogos que basan sus predicciones en el estado de la ciencia y la sociedad actuales y de su evolución a través del tiempo.

Según estos profetas de la ciencia, un día normal del año 2050 comenzará con un saludable desayuno que incluirá huevos y carnes producidos a base de la manipulación de moléculas.

Todos los aparatos eléctricos y electrónicos en la casa podrán encenderse, apagarse y regularse con un sólo aparato o mando a distancia; desde la lavadora hasta el horno, de modo que la ropa estará limpia y la comida estará lista y caliente al llegar del trabajo.

La realidad virtual nos permitirá visitar cualquier lugar en segundos o «visitar» a un amigo al otro lado del mundo. Los avances en la cibernética nos permitirán vivir experiencias auténticas mucho más emocionantes que las reales y sin riesgo (*risk*) alguno.

Los ciudadanos podrán votar desde la comodidad de sus casas por medio de la computadora o el mando a distancia de sus televisores. Se establecerá una especie de «teledemocracia», donde muchos de los asuntos políticos se decidirán por cable o fibra óptica.

El futurólogo alemán Gerd Gerken anuncia también muchos cambios en la sociedad. Según él, el matrimonio será cosa del pasado para dar paso a parejas cambiantes. Ya no existirá eso de «hasta que la muerte nos separe» y se podrá cambiar de parejas según cambie la personalidad.

La prensa escrita desaparecerá casi por completo y todo material impreso será reemplazado por pequeños aparatos digitales.

Asimismo, las cadenas televisivas, tales como las conocemos hoy, desaparecerán. La programación de la televisión será «a la carta», o totalmente personalizada, y se podrá adaptar a las preferencias y a los gustos de cada televidente.

En cuanto al mundo del trabajo, Gerken afirma que la jornada laboral será de sólo 20 horas a la semana. Más y más personas trabajarán desde sus casas gracias a la computadora que, para entonces, será mucho más sofisticada.

Con respecto a la salud, los futurólogos ven el año 2050 con optimismo. Para mediados de este siglo, habrá anillos que controlarán la salud. También pronostican mejoras para muchos males que afectan el cerebro gracias al implante de chips electrónicos. Glen Hiemstra, anfitrión del sitio web *futurist.com*, señala al respecto: «una vez que se llegue a los 50 años, se tendrá un 90% de posibilidades de vivir hasta los 100». Michio Kaku, profesor universitario, también anuncia el fin del envejecimiento para entonces.

Controlar la división del ADN podría también evitar muchas enfermedades contraídas mientras nos encontramos todavía en el vientre materno. Los «diseñadores de bebés» podrían reproducir los rasgos físicos de Brad Pitt, el talento de Barbara Streisand para el canto o la habilidad de Picasso para la pintura.

Vocabulario primordial

la computadora/el
  ordenador (España)
el disco compacto
la impresora

el radar
la radiación
el satélite

Campos (y profesiones) importantes en el futuro

la astrofísica (el/la astrofísico/a)
la bioquímica (el/la bioquímico/a)
la cibernética
la genética (el/la genetista)
la ingeniería nuclear/genética (el/la ingeniero/a...)
la microbiología (el/la microbiólogo/a)
la programación (el/la programador/a)

Vocabulario clave

Verbos

apagar	to turn off
encender (ie)	to turn on
predecir (i)*	to predict

Sustantivos

el ADN (ácido desoxirribonucleico)	DNA
el aparato	device
el envejecimiento	aging
la jornada laboral	workday
los mediados	half-way through
el ocio	leisure time
la onda	(radio) wave
el rasgo	characteristic
el vientre	womb

Adjetivos

grave	serious

Ampliación

Verbos	Sustantivos	Adjetivos
agravar	la gravedad	grave
avanzar	el avance	avanzado/a
construir (y)	la construcción	construido/a
convertir	la conversión	convertido/a
desaparecer	la desaparición	desaparecido/a
fabricar	la fabricación	fabricado/a
predecir (i)	la predicción	predicho/a
prever	la previsión	previsto/a

¡Cuidado!

Calidad, cualidad

Calidad and cualidad are both cognates of the English word *quality*, but have different meanings.

◆ calidad *quality* as in a measure of worth

Todo depende de la calidad de
  los materiales.

*Everything depends on the quality of
  the materials.*

◆ cualidad *quality* as in characteristic of a person or thing

Su dedicación es la cualidad que
  más admiro en él.

*His dedication is the quality I most
  admire in him.*

*como decir

Aplicación

2-21 Nuevas predicciones. Lee rápidamente los tres primeros párrafos del artículo y contesta las siguientes preguntas para concretar las ideas más importantes.

1. ¿Qué es un futurólogo?
2. Busca varias predicciones que hacen.
3. ¿Para cuándo se realizarán las predicciones?
4. ¿Cómo cambiarán las relaciones entre las personas?
5. ¿Cuál será el medio de comunicación más dominante?
6. En tu opinión, ¿son predicciones optimistas o pesimistas?

2-22 Información clave. Vuelve a leer rápidamente el artículo y subraya todos los cognados que encuentres. Usa algunos de los cognados para resumir en dos o tres oraciones el tema del artículo.

2-23 Las conclusiones del futurólogo. Las siguientes preguntas se relacionan con las opiniones del señor Gerken. Contesta las preguntas según el artículo.

1. ¿Cómo controlaremos lo que vemos en la televisión?
2. ¿Por qué no será necesario estar en casa para encender el horno, por ejemplo?
3. ¿Qué efecto tendrá la revolución cibernética en la familia?
4. ¿Cómo votaremos en las elecciones?
5. ¿Cómo diseñaremos a nuestros hijos?
6. ¿Cómo será la semana laboral? ¿Cuántas horas trabajaremos y dónde?
7. ¿Qué implica la reducción de horas para la remuneración?
8. ¿Cómo nos afectará la salud?
9. Según los futurólogos, ¿cómo afectarán los avances médicos en el envejecimiento?

2-24 En familia. Completa las siguientes oraciones usando una variación de cada palabra en itálica. Si necesitas ayuda, consulta la sección llamada *Ampliación*.

MODELO: El gobierno *ha agravado* la crisis del medio ambiente porque ha permitido más excavaciones de petróleo. Ignora <u>la gravedad</u> de la contaminación de los mares.

1. Durante la época de la colonia española, miles de indígenas fueron *convertidos* al catolicismo. A veces _____ no fue voluntaria.
2. Muchas partes de los automóviles norteamericanos son _____ en México. Se *fabrican* en las maquiladoras.
3. Los estadistas *predicen* que para el año 2005, los hispanos serán el mayor grupo minoritario de los Estados Unidos. Vamos a ver si _____ es cierta.
4. En Guatemala, Chile y Argentina todavía se habla de los *desaparecidos*. Ellos _____ durante las guerras sucias de sus países.
5. *Hemos avanzado* mucho en el tratamiento del cáncer y otras enfermedades graves. Estos _____ se deben a la rigurosa investigación científica.

2-25 ¿Es calidad o cualidad? Completa cada oración con la forma correcta de **calidad** o **cualidad**.

MODELO: La buena educación depende de la <u>calidad</u> de los profesores.

1. La durabilidad es la _____ de los productos hechos en Alemania.
2. La simpatía es una de las _____ de mi madre.
3. La generosidad es una de las _____ más apreciadas.
4. Hay muchos vinos chilenos de alta _____.
5. Los materiales de los reactores nucleares tienen que ser de buena _____.
6. Es evidente que la honestidad no es una _____ de todos los políticos.

2-26 En su opinión. Escojan dos de las predicciones de los futurólogos y discutan sus opiniones sobre ellas. Luego, presenten sus ideas a la clase.

2-27 ¿Qué es? Describan diferentes aparatos, diciendo para quiénes, dónde y para qué sirven, pero sin identificarlos. Túrnense para describir y adivinar. Pueden usar aparatos de la lista u otros. (Refiérete a la Lección Preliminar si necesitas ayuda.)

MODELO: E1: *Sirve para procesar palabras, ordenar información, calcular y mantener bases de datos. Se usa en todas partes, en la oficina, en casa, en el laboratorio.*

E2: *la computadora/el ordenador*

1. la pantalla
2. el ratón
3. el disquete
4. la impresora
5. el satélite
6. el teclado
7. el disco duro
8. el radar

2-28 Yo no viviría sin... De las condiciones o situaciones que siguen, elijan 2 ó 3 que consideren las más importantes para ustedes personalmente y para la sociedad en general. Túrnense para explicar por qué.

MODELO: *Para mí, es sumamente importante porque... Para la sociedad, es importante porque...*

una semana laboral de sólo 20 horas
un programa de ocio organizado en mi trabajo
un trabajo que se puede hacer en casa
un matrimonio estable
tiempo libre con los amigos
éxito en mi trabajo
los avances de la ingeniería genética
información de la red informática
protección contra las ondas de radiación
aislamiento de los demás

2-29 Abandonados en una nave espacial. Ustedes han sido abandonados en el espacio y tienen que aterrizar en el planeta Marte. Elijan diez artículos de la lista y decidan el orden de su importancia para sobrevivir o volver a la Tierra. Luego, justifíquenle a la clase sus selecciones y el orden de importancia que tienen.

una computadora
algunos discos compactos
una caja de cerillos o fósforos (*matches*)
una impresora
una radio
un radar
algunos programas de realidad virtual
unos audífonos
algunas células de plantas de frijoles
un periódico
un televisor
un satélite
agua por un año para dos personas
un metro cúbico de tierra
un aparato para purificar el aire
un tanque de oxígeno
suficientes alimentos para poder subsistir por un mes

3 **The Spanish subjunctive in noun clauses**

A clause is a string of words containing a subject and a conjugated verb. A main (or independent) clause stands alone and expresses a complete idea. A subordinate (or dependent) clause cannot stand alone and depends on the main clause to complete its message. Sentences with a main clause and a subordinate clause are called complex sentences, with the subordinate clause functioning as a noun, adjective, or adverb. The subjunctive mood often occurs in subordinate clauses.

◆ A noun clause is used as the direct object or subject of the verb, or as the object of a preposition.

Necesito **la computadora.** (direct object = noun)
Necesito **la computadora nueva.** (direct object = noun phrase)
Necesito **que Ud. me dé su computadora.** (direct object = noun clause)

main clause . . .	**que...**	dependent noun clause
(subject + verb)		(different subject + verb in subjunctive)

◆ The subjunctive is not automatically used in subordinate noun clauses. The present subjunctive, like the present indicative, expresses actions or states in the present or near future. Unlike the indicative, which expresses real/factual actions or states, the subjunctive describes hypothetical situations, that is, actions or states that may or may not be real/factual, or that are "conditioned" by the emotive perception or attitude of the speaker or subject. Compare the following complex sentences with noun clauses:

Indicative	**Subjunctive**
Sabemos que **limpian** la playa hoy.	Recomendamos que **limpien** la playa hoy.
Dicen que el aparato **está** dañado.	Temen que el aparato **esté** dañado.
Es verdad que el ocio **es** beneficioso.	Es posible que el ocio **sea** beneficioso.

- The sentences that use the indicative in the noun clause present the ideas as fact: *we know, they say, it's true.* The subjunctive is required in the contrasting sentences due to the ideas established in the main clauses: *we recommend* (but it may not happen), *they fear* (emotive conditioning of situation, no certainty expressed), and *it's possible* (not certain).

The present subjunctive of regular verbs

- The present subjunctive is based on the first-person singular form of the present indicative: drop the -**o** and add the appropriate subjunctive endings. Note that -**ar** verbs have an **e** with the present subjunctive endings, while -**er** and -**ir** verbs have an **a**. Some people find it helpful to think in terms of "opposite vowel," with **a** being the opposite of **e** and **i**.

hablar	hable	→	habl + e	hable
comer	come	→	com + a	coma
vivir	vive	→	viv + a	viva

The chart shows the present subjunctive forms of regular verbs. Note that the endings of -**er** and -**ir** verbs are identical.

	HABLAR	COMER	VIVIR	PENSAR	DECIR
yo	hable	coma	viva	piense	diga
tú	hables	comas	vivas	pienses	digas
Ud./él/ella	hable	coma	viva	piense	diga
nosotros/as	hablemos	comamos	vivamos	pensemos	digamos
vosotros/as	habléis	comáis	viváis	penséis	digáis
Uds./ellos/ellas	hablen	coman	vivan	piensen	digan

- With verbs that are irregular in the **yo** form of the present indicative (except verbs whose first person indicative ends in -**oy**), use the irregular **yo** form to form the subjunctive.

| tener: tengo | → | tenga, tengas, tenga, tengamos, tengáis, tengan |
| ver: veo | → | vea, veas, vea, veamos, veáis, vean |

- Note that -**ar** and -**er** stem-changing verbs, just as in the indicative, change in all forms *except* **nosotros** and **vosotros.**

| pensar | → | piense, pienses, piense, pensemos, penséis, piensen |
| querer | → | quiera, quieras, quiera, queramos, queráis, quieran |

- For -**ir** stem-changing verbs, the unstressed **e** changes to **i**, and the unstressed **o** changes to **u** in the **nosotros** and **vosotros** subjunctive forms.

| sentir | → | sienta, sientas, sienta, sintamos, sintáis, sientan |
| dormir | → | duerma, duermas, duerma, durmamos, durmáis, duerman |

- Verbs whose infinitives end in -**car**, -**gar**, and -**zar** have spelling changes in the present subjunctive.

-**car**:	c	→	**qu**	buscar	→	busque, busques, busque, busquemos, etc.
-**gar**:	g	→	**gu**	llegar	→	llegue, llegues, etc.
-**zar**:	z	→	**c**	empezar	→	empiece, empieces, etc.

Verbs with irregular present subjunctive forms

◆ Six verbs have irregular present subjunctive forms:

dar	estar	haber	ir	saber	ser
dé	esté	haya	vaya	sepa	sea
des	estés	hayas	vayas	sepas	seas
dé	esté	haya	vaya	sepa	sea
demos	estemos	hayamos	vayamos	sepamos	seamos
deis	estéis	hayáis	vayáis	sepáis	seáis
den	estén	hayan	vayan	sepan	sean

Subjunctive vs. indicative in noun clauses

◆ The subjunctive is used in noun clauses when the main clause expresses wishes, preferences and recommendations, emotions or feelings, and doubt or denial.

Insisto en que **destruyas** la evidencia.	*I insist that you destroy the evidence.*
Nos alegramos de que **puedas** ver el satélite.	*We are glad that you are able to see the satellite.*
Es bueno que **investiguen** las emisiones de esa fábrica.	*It's good that they're investigating the emissions from that factory.*
El ingeniero **niega** que la especie **desaparezca.**	*The engineer denies that the species will disappear.*

◆ The following expression in a main clause can trigger the subjunctive in a subordinate noun clause. Can you think of others?

Willing

decir	desear	esperar	mandar	ojalá
permitir	preferir	prohibir	querer	recomendar

Emotion

alegrarse	sentir	temer	tener miedo

Doubt and denial

dudar	negar	no creer	no estar seguro

Impersonal expressions

es bueno	es difícil	es dudoso	es fácil
es increíble	es interesante	es malo	
es mejor	es (im)posible	es probable	

◆ The subject of a subordinate noun clause must be different from the subject of the main clause except after expressions of doubt or denial. If there is only one subject, use an infinitive rather than a subordinate clause.

El político quiere que destruyamos la evidencia.	*The politician wants us to destroy the evidence.*
El político quiere destruir la evidencia.	*The politician wants to destroy the evidence.*
Dudo que llegue tarde hoy, pues salgo temprano.	*I doubt I'll be late today as I'm leaving early.*

◆ When there is no doubt about an action or event, use the indicative in the noun clause to convey certainty or conviction. Expressions of certainty or conviction in the main clause may be **estar seguro, creer, pensar, ser evidente**, etc.

Estoy seguro que la planta **purifica** el agua.	*I am sure that the plant purifies the water.*
Creo que el río **está** contaminado.	*I believe that the river is contaminated.*
Es evidente que la limpieza **ha ayudado**.	*It's evident that the clean-up has helped.*

◆ Note that when an expression of certainty or conviction is negated in the main clause, the subjunctive is used in the subordinate clause. Conversely, a speaker may negate an expression of doubt or denial in the main clause to convey certainty or conviction, and so use the indicative in the subordinate clause.

No creo que **haga** calor mañana.	*I don't think it'll be hot tomorrow.*
No niego que **hace** calor, pero no me gusta el aire acondicionado.	*I don't deny that it's hot, but I don't like air conditioning.*

◆ However, the speaker can reveal underlying feelings, suspicions, or opinions by using the subjunctive or indicative when the opposite may be expected.

Como ecologista **no niego** que las compañías petroleras **hagan** todo lo posible para proteger la vida marítima.	*As an ecologist, I don't deny that the oil companies may do all that is possible to protect marine life.*

Aplicación

2-30 El futuro cibernético. Completa el párrafo con la forma correcta del subjuntivo del verbo apropiado para cada oración. Subraya la cláusula principal de cada oración y explica por qué exige el subjuntivo.

aprender	ir	pensar
comprar	mandar	tener

Es necesario que nosotros (1)_____ en cómo vamos a trabajar y vivir dentro de los límites del ciberespacio. Primero, es urgente que todos (2)_____ computadora, módem e impresora. Segundo, es lógico que (3)_____ una impresora rápida y de color. Tercero, vale la pena que (4)_____ a procesar palabras y a usar el correo electrónico. Para el próximo siglo es probable que no (5)_____ a trabajar a una oficina, sino que (6)_____ el trabajo desde la casa por vías electrónicas.

2-31 Desafío. Rétense con las formas y el uso del subjuntivo. Combinen sujetos y verbos para crear oraciones lógicas o absurdas. Pueden crear oraciones afirmativas o negativas.

MODELO: E1: *tú / dormir*

E2: *Quiero que tú duermas ocho horas esta noche.*

nosotros	empezar	traer
tu profesor/a	conocer	yo
morir	mi familia	hacer
construir	salir	los ingenieros
los industriales	fabricar	ver
tú	buscar	ser
el gobierno	venir	nosotros

Comparaciones

La lucha contra la contaminación en México, D.F.

El Distrito Federal de México, nombre formal de Ciudad de México, es una de las mayores metrópolis del mundo con más de 26.000.000 de habitantes. Está situada en un valle y rodeada de montañas que no permiten que el viento disperse el aire sobre la ciudad. Sus fábricas y los cientos de miles de vehículos que circulan por sus calles producen monóxido de carbono y otros gases. Estos gases nocivos quedan atrapados sobre la ciudad y la convierten en una de las ciudades más contaminadas del planeta.

Periódicamente ocurren inversiones térmicas, fenómeno por el cual desciende el aire frío e impide que los gases nocivos se eleven y desaparezcan. En esas ocasiones no hay suficiente oxígeno, lo cual a veces ha dado como resultado la muerte de personas, pájaros y animales domésticos.

El gobierno ha tratado de resolver esta situación con una serie de medidas para disminuir el tráfico de automóviles. Por ejemplo, en México, D.F. los autos llevan calcomanías (*stickers*) de distintos colores que indican los días en que el auto puede o no puede usarse. También se está estudiando la posibilidad de construir gigantescos ventiladores alrededor de la ciudad para dispersar el *smog*.

Vamos a comparar

¿Qué tipo de contaminación hay en la ciudad o pueblo donde viven? ¿Qué hacen ustedes para mejorar esta situación? ¿Cómo es el transporte público en su comunidad? ¿Creen que en los Estados Unidos y en Canadá usamos los automóviles demasiado? ¿Por qué?

Vamos a conversar

¿Cuál es la mejor solución? Aquí tienen algunas opciones para reducir el nivel de los gases nocivos del aire. Decidan entre ustedes cuál puede ser la más beneficiosa, la más económica y la más aceptable para la gente de su región.

____subir los impuestos sobre la gasolina
____prohibir la construcción de fábricas
____invertir dinero para desarrollar combustibles nuevos
____prohibir el uso de vehículos *SUV*
____mejorar los medios de transporte público
____¿otra?

A explorar

2-32 La contaminación. Conéctate a la página de *Conexiones* en Internet (*http://www.prenhall.com/conexiones*) e investiga en la sección "A explorar" para descubrir los diferentes aspectos de la contaminación en México.

👥 **2-33 ¿Qué quieren?** A veces no queremos las mismas cosas que, por ejemplo, nuestros padres o nuestros amigos. Hablen de lo que ustedes quieren y lo que quieren sus padres y sus amigos.

MODELO: *Quiero viajar mucho y conocer el mundo. Mis padres quieren que (yo) tenga éxito en mis estudios, que me gradúe a tiempo y que siga estudios de posgrado. Mis compañeros quieren que yo los acompañe todas las noches y que lo pasemos bien.*

2-34 Las predicciones del futurólogo Gerd Gerken. Comenta las siguientes predicciones transformándolas de hechos ciertos a unos menos probables. Utiliza algunas de estas frases verbales para indicar menos certidumbre.

MODELO: *Según el Sr. Gerken, el matrimonio no existirá como institución para el año 2015.*

Sin embargo, yo no creo que el matrimonio deje de existir.

No creo que…	Prefiero que…
Quiero que…	Deseo que…
Dudo que…	Niego que…
Espero que…	Insisto en que…
Temo que…	

1. Votaremos por medio de las computadoras.
2. No leeremos libros ni revistas.
3. Todos tendremos computadoras multimedia.
4. Pagaremos por todos los programas de televisión.
5. No habrá estabilidad matrimonial.
6. Viviremos nuestras fantasías por la cibernética.
7. Las papeletas serán electrónicas.
8. La gente le prestará más atención al trabajo que a la familia.
9. Trabajaremos un promedio de 30 horas semanales.
10. Viajaremos por el ciberespacio.

👥 **2-35 Creo, no creo…** Haz una lista de seis o más predicciones y opiniones que tengas para la próxima década y luego compara tu lista con la de tu compañero/a. ¿Tienen algunas predicciones en común? ¿En cuáles difieren de opinión? Usen frases de la lista u otras para presentar sus opiniones.

MODELO: *Creo firmemente que algún día viviremos en la Luna, pero no pienso que mis hijos quieran vivir allí.*

alegrarse	desear	(no) estar seguro/a	opinar
considerar	(no) dudar	gustar	preferir
(no) creer/pensar	esperar	negar	sugerir

🌐 **2-36 Una carta al editor.** En la red informática encontrarás varios perió-
www dicos publicados en español. Busca un artículo en uno de ellos y escribe una carta al editor en la que expreses alguna opinión. Cuidado con el uso del indicativo o del subjuntivo al expresar tu opinión. Algunas organizaciones que tienen sitio en la red son *El País* (*www.elpais.es*), *La Opinión* (*www.laopinion.com*), *CNN en español* (*www.cnnenespanol.com*) y *Grupo de Diarios en Español* (*www.gda.com*).

👥 **2-37 La deforestación de la selva.** Explíquense la crisis ilustrada en este gráfico. Luego, sugieran algunas soluciones al problema. Preparen un argumento expresando sus opiniones, dudas y deseos para después presentárselo a la clase.

La deforestación —arriba— influye en el cambio climático al alterar ciclos vitales del ecosistema. A la izquierda, los efectos simulados de la tala tropical: la selva —gráfico izquierdo— acaba convertida en pasto —derecho.

Conexiones

Selva y ciudad. En las grandes ciudades del mundo, especialmente en los países que están en vías de desarrollo *(developing nations),* la población crece cada día más rápidamente. ¿Cuáles son los efectos de esto en términos del espacio, la vivienda *(housing)*, el consumo en general, el transporte, etcétera?

A ESCUCHAR

Noticias de Pazverde. A continuación vas a escuchar un noticiero de la organización Pazverde y la situación de los manglares *(mangroves)* en un país latinoamericano. Contesta brevemente las preguntas que siguen.

1. ¿De qué país informa el noticiero?
2. ¿Cuál es uno de sus productos importantes?
3. ¿Qué ha ocurrido con los manglares?
4. ¿Qué es el síndrome *Taura*?
5. ¿Que ha hecho la industria para aliviar el problema?
6. ¿Cómo ha respondido Pazverde?

Ritmos
La Monja Enana

Este nuevo grupo español ha sacado su nombre de un cuento de ciencia ficción en el que un grupo de músicos orbita alrededor del planeta Plutón. Después de ser abandonados en el espacio mantienen contacto con la Tierra a través del radiotelescopio Hubble. *Bajo tierra* es una canción con visión futurística que describe cómo se siente una persona que no sabe qué pasa en el mundo exterior.

Bajo tierra

Llevo veinte años aquí encerrado
no puedo salir.
No sé si la guerra ha terminado
o se han olvidado de mí.
5 Para no estar solo y tener compañía
me hicieron un robot.
Ahora se ha quedado sin baterías
y no me da calor.
Como un topo°, sin nadie alrededor.   *mole*
10 Bajo el suelo, como un topo
sin ver la luz del sol.

2-38 El golpe de estado. En esta canción una persona vive debajo de la tierra porque ha habido una guerra o golpe de estado. En tu opinión, ¿cuáles son las causas de una posible guerra o golpe de estado? ¿Cuáles son algunas soluciones que tú podrías ofrecer para evitar una guerra?

2-39 Una rebelión. ¿Han tenido experiencia con alguna situación peligrosa? ¿Conocen a alguien que haya estado en una guerra o en algún otr tipo de rebelión? ¿Qué han hecho para refugiarse? Túrnense para explicar lo que les ha pasado.

Imágenes
Antonio Berni

Antonio Berni nació en Rosario, Santa Fe, Argentina en 1905. Viajó extensamente por Europa donde descubrió las vanguardias plásticas contemporáneas, especialmente el arte surrealista. Se puede admirar su prolífi obra en algunos de los museos más importantes del mundo.

Perspectivas e impresiones

2-40 La realidad y la imaginación. Describan lo que ven en el cuadro y expliquen cuáles son las causas de esta situación. ¿Qué relación hay entre el tema del cuadro y la actitud de una sociedad que lo desecha todo (*"throw-away society"*)?

A explorar

2-41 Canción contra la contaminación. Conéctate a la página de *Conexiones* en la red informática (*http://www.prenhall.com/conexiones*) e investiga en la sección «A explorar». Allí encontrarás una canción sobre la contaminación de uno de los grupos de rock en español más importantes en Latinoamérica.

2-42 Los pasos de la contaminación. Cada uno/a hace un dibujo para ilustrar la cadena de actividades y productos que contribuyen a la contaminación y las consecuencias de esta cadena para la sociedad. Después, expliquen sus dibujos. Es posible que haya diferencias entre la manera en que cada uno/a conceptualiza el proceso.

Antonio Berni, *Juanito en la laguna,* Óleo y collage s/madera 1974—160 x 105 cm. Ruth Bencázar Galería de Arte.

MODELO: el petróleo → el motor → la industrialización → ...

Páginas
José Ruibal

José Ruibal, dramaturgo español contemporáneo, se destaca como uno de los iniciadores del llamado teatro subterráneo que surgió durante la década de 1960. En esos años, el gobierno español censuraba las obras de teatro. En 1951, Ruibal, como muchos de sus contemporáneos, había salido de España para trabajar como periodista en Buenos Aires. La acción de sus obras suele situarse en un lugar y en un tiempo diferentes a la España de mediados del siglo XX, pero no hay duda que su mayor preocupación es la actualidad española. Alguna vez dijo Ruibal, burlándose de los censores del gobierno de Francisco Franco, que gracias

a la censura, él y otros dramaturgos tuvieron que desarrollar su imaginación e inventar nuevas técnicas, enriqueciendo así el teatro español. Algunos de los temas comunes en las obras de Ruibal son la autoridad, la represión, la libertad y el individuo frente a la sociedad.

Antes de leer

👥 **2-43 En anticipación.** Hablen de algunas complicaciones de la vida que la tecnología hace más fácil. Luego, indiquen los problemas que esa misma tecnología causa y expliquen cuál es más importante: el problema que la tecnología resuelve o el que causa.

MODELO: *El coche es un ejemplo de una invención que facilita la vida. Sin embargo, su motor contamina, causa accidentes y es difícil de mantener.*

A explorar

🌐 **2-44 El mundo futuro.** Conéctate a la página de *Conexiones* en Internet www (*http://www.prenhall.com/conexiones*) e investiga en la sección «A explorar». Ahí encontrarás una canción sobre el mundo futuro de uno de los grupos de pop-rock más exitosos de España.

Estrategias de lectura

Las características del género de una obra literaria y alguna información sobre los personajes te ayudan a entender su contenido. Contesta estas preguntas antes de empezar la lectura.

1. ¿De qué género literario es esta obra: poesía, narrativa, drama o carta?
2. ¿Cuántos personajes hay?
3. ¿Quiénes son?
4. ¿Cuál crees que será el conflicto?
5. ¿Cómo piensas que se resolverá?
6. ¿Qué crees que es un mutante y quiénes serán los mutantes en esta obra?

Los mutantes

Personajes:
HOMBRE
MUJER

Una piedra inmensa se ilumina. Bajo ella, aplastados°, HOMBRE y MUJER conviven. El espacio es mínimo y se mueven con enorme dificultad. Allí, apretujados°, aparecen, en miniatura, todos los aparatos de la vida moderna, coche incluido, invadiendo todos los rincones libres.   *crushed*   *squeezed together*

5 (HOMBRE *hace movimientos mecánicos sobre una máquina electrónica invisible de la que, por momentos, se percibe el sonido.* MUJER *pone en marcha° algunos de los electrodomésticos que le ayudan en las tareas de la casa. Luego enciende la televisión y crece el volumen musical.*)   pone... enciende

HOMBRE: (*sin dejar de trabajar*)

Sí, soy feliz. Voy a ser padre. Era lo único que me faltaba para ser totalmente dichoso°. No me puedo quejar°, la vida me sonríe. Mi mujer es un sol, un sol hogareño°. Y no lo parecía. Cuando me casé era una señorita frívola. Soñaba con viajar y viajar, pero se ha acoplado° perfectamente a mi vida.

MUJER: (*revolviendo° entre los objetos*)

¡Estoy harta! Todo el día entre monstruos eléctricos. Me van a matar. En cualquier momento soy noticia: «Ama de casa electrocutada.» ¡Qué horror! Y ahora, para colmo°, voy a tener un hijo, aquí, en este hogar sin espacio para jugar. ¡Sol, sol, quiero sol!

HOMBRE:

Este año no podrá ser. Tengo muchísimo trabajo. Me han ascendido. Manejo una máquina electrónica que ha costado un dineral° a la empresa. Con ella llevo el control de la producción. Mis jefes me estiman muchísimo. Me han subido el sueldo. Me han animado para que cambie de modelo de coche. Claro que para venir al trabajo utilizo el Metro. Viajo apretujado, pero llego puntualmente. Al cruzar la ciudad, el tráfico está imposible.

MUJER:

¡Sol, sol! ¡Necesito sol! Si no tomo sol, el hijo que crece dentro de mí no será una persona. Será un gusano° pálido.

HOMBRE: (*en una tienda, pero sin haber cambiado de sitio*)

¡Por favor! Despácheme° pronto. Tengo que volver al trabajo. Quiero una lámpara de rayos solares. No se trata de mí. Eso mismo, un regalo para mi mujer. Sí, envuélvala en un papel vistoso°. No, este año no podemos ir a la playa. Desde luego. No es por dinero. Es por algo que no se puede comprar: la falta de tiempo. Yo estoy siempre ocupado. Para colmo, la empresa acaba de comprar un ordenador electrónico y sólo yo sé manejarlo. Sí, tuve que hacer unos cursillos. Pero compensa el esfuerzo, se paga muy bien ese trabajo.

(*Coge el paquete.*)

¿Y la lámpara cómo funciona? Entendido, sólo darle a la llave°. Supongo que dará buen resultado. ¡Lo mismo que el sol! ¡Increíble! La técnica es prodigiosa.

MUJER: (*Las cosas se le caen encima.*)

¡Socorro°, me aplastan! ¡Mi hijo, mi hijo!…¡Ay…!

HOMBRE:

Está dormida. Claro, el embarazo°. Se fatiga muchísimo. Menos mal que le he comprado el lavaplatos superautomático.

(*Le pone encima el paquete de la lámpara.*) Cuando se despierte se llevará una agradable sorpresa. Será como si tuviera el sol en casa. ¡Sol a domicilio! Eso la compensará del veraneo. Todavía no le he dicho que este año no podremos ir al mar. La lámpara hará el milagro de conformarla. Hoy la técnica hace milagros.

MUJER: (*inconsciente*)

¡Aire…, aire…!

(HOMBRE *hace funcionar el ventilador.*)

¡Sol…, sol! ¡Quiero sol…!

Marginal glosses:

feliz / *to complain*
de la casa
ajustado

rummaging

para… to top it all

mucho dinero

worm

Atiéndame

bonito

darle… *turn the knob*

¡Ayuda!

pregnancy

(HOMBRE *abre el paquete y enciende la lámpara.*)

HOMBRE:

55 Está soñando con su hijo; con nuestro hijo. Pero todavía faltan dos meses. Será un niño feliz. No sufrirá las privaciones que yo padecí. Crecerá sano y robusto. Le atenderán los mejores pediatras. Irá a los mejores colegios. Sabrá idiomas. Estudiará… Sí, especialista en algo… En algo provechoso. Ganará todo el dinero con muchísima facilidad.

60 MUJER: (*Despertando. Se retuerce° con dolores espasmódicos.*)   Se... *she twists*
Va a nacer. Va a nacer. Le aplastarán. (*Trata de quitarse objetos de encima. Tira la lámpara. Después con dificultad, el ventilador. Pero otros aparatos se le caen encima.*)
¡Oh, esto es horrible!

(*Mientras aparta unos objetos, van cayendo otros. Parecen estar animados y la vencen.°*)   la... *they defeat her*
65 Se morirá aplastado. ¡Estos malditos trastos° no le dejan nacer!   maldito... *cursed pieces of junk*

HOMBRE:

Tan pronto nazca, ya se encontrará en un hogar civilizado donde nada le faltará. Le compraré juguetes, muchísimos juguetes.

(*Echa juguetes dentro, sobre la mujer también.*)

70 Todos los juguetes imaginables. Tendrá todos los juguetes que yo no he podido tener.

MUJER: (*Con gran esfuerzo hace un movimiento violento y la parte inferior de su cuerpo asoma al exterior de la piedra. Los objetos, mezclados con los juguetes, forman una barrera entre ella y* HOMBRE.)
75 Va a nacer. Me siento mejor. ¡Oh!…¡Oh!…¡Oh!…

(*llanto del recién nacido*)

HOMBRE: (*al teléfono, pero sin dejar su ritmo mecánico*)
¡Cómo! ¿Que he tenido un hijo? No es posible. Faltan todavía dos meses. ¿Un accidente? Póngame con mi mujer. ¡Oh! Está dormida. ¿Cómo, inconsciente? No

puedo salir ahora. La máquina está funcionando. Si la dejo sola, se arruinará toda la producción. Iré tan pronto termine; ahora me es imposible.

MUJER:

Ya ha nacido. ¡Qué alegría! Y ha nacido fuera de aquí. Será libre. Crecerá al viento y al sol. No, no puedo verlo. Pero lo siento°. Lo siento como cuando estaba dentro de mí. Le oigo llorar al aire libre. ¡Soy feliz! (*como en sueños*) Jugará con el sol…, el viento…, las estrellas…, el mar…, la luna…, los árboles…, la arena…, el cielo azul…, la lluvia…

lo... I feel him (the baby)

HOMBRE: (*Tiene un sonajero° eléctrico.*)

No lo encuentro. (*Busca entre objetos y juguetes.*) ¿Estará fuera? ¡Qué horror! Ha nacido fuera de aquí. Tendré que ir a buscarle. Fuera se morirá. El sol puede quemar su piel. Es muy fina la piel de un recién nacido. ¿Y si se moja°? Seguro que coge un catarro. Tengo que tenerle aquí dentro. Fuera no le protege nadie. Allí crecerá a la intemperie° y sin ley. No. No quiero que sea un salvaje ni un inadaptado social. ¡Eso no! Me traería un montón de complicaciones. He trabajado toda mi vida como un animal para ser feliz. Tengo un hogar donde no falta de nada. Mi hijo podrá vivir sin complicaciones. Quiero conservar todo esto para él. Se trata de mi hijo. Tiene que crecer aquí. Fuera es el caos. El desorden. Tengo que hacer algo para que venga. Es urgente. Puede coger una infección o una peste°. Eso mismo… Avisaré a la policía.

baby rattle

se... gets wet

a... outdoors, exposed to the weather

plague

(*llanto del recién nacido*)

MUJER: (*La luz desciende.*)
¡No! ¡No!

(*Suena un disparo° en un lugar indefinido.*)

Suena... *a shot is heard*

Después de leer

2-45 ¿Cómo lo interpretas tú?

1. ¿Qué simboliza la piedra en este drama?
2. ¿Por qué no llevan nombre los personajes?
3. ¿Cuál es el problema desde el punto de vista del hombre? ¿de la mujer?
4. ¿Qué simboliza el sol para la mujer?
5. ¿Por qué no quiere el hombre que el hijo nazca fuera de su casa?
6. ¿Con qué personaje te identificas más? ¿Por qué?
7. ¿Conoces otra obra, drama o novela que trate un tema similar? ¿Qué tienen en común?

2-46 Un resumen. Escribe un resumen del contexto, los personajes, el argumento (*plot*) y la resolución del drama.

👥 **2-47 Una sesión con el/la psicólogo/a.** Dos compañeros/as harán el papel de psicólogo/a y cliente. El/La cliente (el hombre, la mujer o el hijo de **Los mutantes**) explicará el problema; el/la psicólogo/a tratará de ayudarle a resolverlo.

Taller

Expresar tu opinión: Procesos

1. **Idear.** Piensa en algo que consideres un problema para ti y la sociedad en que vives.

2. **Completar.** Completa esta oración en español.
   Yo creo firmemente que…
   MODELO: *Yo creo firmemente que los medios de comunicación, especialmente la televisión, afectan negativamente nuestro desarrollo intelectual.*

3. **Abrir el tema.** Usando tu opinión como base, escribe una oración para plantear el problema y para atraer el interés del lector.
   MODELO: *Para el año 2025 los que sepan leer serán una minoría privilegiada en nuestra sociedad.*

4. **Explicar y respaldar.** Escribe cinco o seis oraciones para explicar por qué esto es un problema. Incluye razones específicas.

5. **Sugerir.** Escribe cinco o más recomendaciones para explicar qué hay que hacer para solucionar el problema.

6. **Resumir.** Escribe tres o cuatro oraciones para resumir el problema y su solución.

7. **Cerrar.** Escribe una oración para convencer al público de la crisis y concluir tu ensayo.

8. **Revisar la comunicación.** Vuelve a leer tu composición. ¿Son lógicas tus opiniones?

9. **Revisar la mecánica.**
   ____ ¿Has incluido una variedad de vocabulario?
   ____ ¿Has incluido algunas acciones usando el futuro?
   ____ ¿Has usado bien el subjuntivo y el indicativo?
   ____ ¿Has verificado la concordancia y la ortografía?

10. **Compartir.** Cambia tu ensayo por el de un/a compañero/a. Mientras lees la composición de tu compañero/a, comenta sobre el contenido, la estructura y la gramática. ¿Ha cumplido bien los procesos de escribir? Incluye una evaluación de la comunicación y otra de la mecánica.

11. **Pasar a limpio.** Pasa tu ensayo a limpio, incorporando las sugerencias y correcciones de tu compañero/a.

3

Los derechos humanos

Comunicación

- Discussing human rights
- Discussing foreign policy
- Reacting to issues

Estructuras

- The subjunctive with impersonal expressions
- Direct and indirect object pronouns and the personal *a*
- *Gustar* and similar verbs

Cultura

- Las arpilleras chilenas y las madres de la Plaza de Mayo
- Rigoberta Menchú y el indigenismo guatemalteco
- **Ritmos:** Ramón Orlando —*América sin queja*
- **Imágenes:** Carlos Alonso —*Manos anónimas*
- **Páginas:** Armando Valladares —*No importa, llevaré por ti...* Miguel Hernández —*El herido*

Taller

- *Crear poesía*

A explorar

- *El proyecto Desaparecidos*
- *Después de la guerra, la paz*
- *Mujeres en la lucha*
- *Más sobre Rigoberta Menchú*
- *Más arte y más música por los derechos humanos*

¿Dónde tendrá lugar esta manifestación? ¿Quiénes se manifiestan? ¿Por qué crees que protestan?

La *Declaración Universal de los Derechos Humanos* contiene un preámbulo y 30 artículos. A continuación aparece una selección editada de los artículos de la *Declaración*.

Declaración Universal de los Derechos Humanos

La Asamblea General de las Naciones Unidas proclama la presente Declaración de los Derechos Humanos como ideal común por el que todos los pueblos y naciones deben esforzarse, a fin de que tanto los individuos como las instituciones, inspirándose constantemente en ella, promuevan, mediante la enseñanza y la educación, el respeto a estos derechos y libertades, aseguren, por medidas progresivas de carácter nacional e internacional, su reconocimiento y aplicación universales y efectivos, tanto entre los pueblos de los Estados Miembros como entre los territorios colocados bajo su jurisdicción.

ARTÍCULO 1
Todos los seres humanos nacen libres e iguales en dignidad y derechos y, dotados como están de razón y conciencia, deben comportarse fraternalmente los unos con los otros.

ARTÍCULO 3
Todo individuo tiene derecho a la vida, a la libertad y a la seguridad de su persona.

ARTÍCULO 4
Nadie será sometido a esclavitud ni a servidumbre; la esclavitud y la trata de esclavos están prohibidas en todas sus formas.

ARTÍCULO 5
Nadie será sometido a torturas ni a penas o tratos crueles, inhumanos o degradantes.

ARTÍCULO 9
Nadie podrá ser arbitrariamente detenido, preso ni desterrado.

ARTÍCULO 11
Toda persona acusada de delito tiene derecho a que se presuma su inocencia mientras no se pruebe su culpabilidad, conforme a la ley y en juicio público en el que se le hayan asegurado todas las garantías necesarias para su defensa.

ARTÍCULO 12
Nadie será objeto de ingerencias arbitrarias en su vida privada, su familia, su domicilio o su correspondencia, ni ataques a su honra o a su reputación. Toda persona tiene derecho a la protección de la ley contra tales ingerencias o ataques.

ARTÍCULO 13
1 Toda persona tiene derecho a circular libremente y a elegir su residencia en el territorio de un Estado.
2 Toda persona tiene derecho a salir de cualquier país, incluso del propio, y a regresar a su país.

ARTÍCULO 14
En caso de persecución, toda persona tiene derecho a buscar asilo, y disfrutar de él, en cualquier país.

ARTÍCULO 17
1 Toda persona tiene derecho a la propiedad, individual y colectivamente.
2 Nadie será privado arbitrariamente de su propiedad.

ARTÍCULO 18
Toda persona tiene derecho a la libertad de pensamiento, de conciencia y de religión.

ARTÍCULO 19
Todo individuo tiene derecho a la libertad de opinión y de expresión; este derecho incluye el de no ser molestado a causa de sus opiniones, el de investigar y recibir informaciones y opiniones, y el de difundirlas, sin limitación de fronteras, por cualquier medio de expresión.

ARTÍCULO 20
Toda persona tiene derecho a la libertad de reunión y de asociación pacíficas.

ARTÍCULO 21
1 Toda persona tiene derecho a participar en el gobierno de su país, directamente o por medio de representantes libremente escogidos.
2 Toda persona tiene el derecho de acceso, en condiciones de igualdad, a las funciones públicas de su país.
3 La voluntad del pueblo es la base de la autoridad del poder público; esta voluntad se expresará mediante elecciones auténticas que habrán de celebrarse periódicamente, por sufragio universal e igual y por voto secreto u otro procedimiento equivalente que garantice la libertad del voto.

ARTÍCULO 23
Toda persona tiene derecho al trabajo, a la libre elección de su trabajo, a condiciones equitativas y satisfactorias de trabajo y a la protección contra el desempleo.

ARTÍCULO 24
Toda persona tiene derecho al descanso, al disfrute del tiempo libre, a una limitación razonable de la duración del trabajo y a vacaciones periódicas pagadas.

ARTÍCULO 25
Toda persona tiene derecho a un nivel de vida adecuado que le asegure, así como a su familia, la salud y el bienestar, y en especial la alimentación, el vestido, la vivienda, la asistencia médica y los servicios sociales necesarios; tiene asimismo derecho a los seguros en caso de desempleo, enfermedad, invalidez, viudez, vejez y otros casos de pérdida de sus medios de subsistencia por las circunstancias independientes de su voluntad.

ARTÍCULO 26
Toda persona tiene derecho a la educación. La educación debe ser gratuita, al menos en lo concerniente a la instrucción elemental y fundamental. La instrucción elemental será obligatoria. La instrucción técnica y profesional habrá de ser generalizada; el acceso a los estudios superiores será igual para todos, en función de los méritos respectivos.

ARTÍCULO 29
1 Toda persona tiene deberes respecto a la comunidad puesto que sólo en ella puede desarrollar libre y plenamente su responsabilidad.
2 En el ejercicio de sus derechos y en el disfrute de sus libertades, toda persona estará solamente sujeta a las limitaciones establecidas por la ley con el único fin de asegurar el reconocimiento y el respeto de los derechos y libertades de los demás, y de satisfacer las justas exigencias de la moral, de orden público y del bienestar general en una sociedad democrática.

Vocabulario primordial

la cárcel	la libertad
degradante	la propiedad
el derecho	la represión
la dignidad	el sufragio universal
la duración	la tortura
gratuito/a	la vivienda
la inocencia	

Vocabulario clave

Verbos

detener	to detain
difundir	to disseminate
disfrutar	to enjoy
escoger (j)	to choose
exigir (j)	to demand
promover (ue)	to promote

Sustantivos

la alimentación	nourishment; feeding
el asilo	(political) asylum
el bienestar	well-being
el delito	crime
el esfuerzo	effort
la esclavitud	slavery
el juicio	trial
el nivel de vida	standard of life
la servidumbre	servitude
el trato	treatment
la vejez	old age
la violación	rape

Adjetivos

desterrado/a	exiled (from one's country)
preso/a	imprisoned

Otras palabras y expresiones

dar por sentado	to assume
los demás	the rest
mediante	through
por medio de	through
puesto que	as, since

Ampliación

Verbos	Sustantivos	Adjetivos
arrestar	el arresto	arrestado/a
asaltar	el asalto	asaltado/a
asesinar	el asesinato	asesinado/a
atacar	el ataque	atacado/a
culpar	la culpa, la culpabilidad	culpable
ejecutar	la ejecución	ejecutado/a
encarcelar	la cárcel	encarcelado/a
explotar	la explotación	explotado/a
matar	la matanza	matado/a
oprimir	la opresión	oprimido/a
perseguir (i, í)	la persecución	perseguido/a
reprimir	la represión	reprimido/a
violar	la violación	violado/a

Aplicación

3-1 Un esquema. Lee rápidamente la selección de la *Declaración Universal de los Derechos Humanos* y categoriza las garantías y protecciones según su aspecto positivo o negativo.

MODELO: SE GARANTIZA...   SE PROTEGE DE...
                la vida   la esclavitud

3-2 En familia. Completa las siguientes oraciones usando una variación de cada palabra en itálica. Si necesitas ayuda, consulta la sección llamada *Ampliación.*

MODELO: Las tropas federales *asaltaron* a los rebeldes. El <u>asalto</u> duró más de tres días.

1. En El Salvador, el Padre Romero fue *asesinado* por una facción derechista. Se dice que el _____ tuvo la protección del gobierno.
2. El juez declaró _____ al político. Lo *culpó* de haber violado los derechos de los ciudadanos.
3. En muchos países la mujer está *oprimida*. Hay que erradicar la _____ para que se respete este importante derecho humano.
4. En Algeciras, una facción conservadora _____ a todos los habitantes de un pueblo. Fue una *matanza* injusta y cruel.
5. Si el juez permite la *ejecución* del prisionero, será _____ a la medianoche.
6. En algunos países todavía *se explota* a los niños que trabajan en la industria textil. Estos jóvenes _____ nunca podrán recibir una buena educación.
7. En las guerras las mujeres son víctimas de _____ . Estas mujeres son *violadas* por hombres en los dos lados del conflicto.

3-3 Asociaciones. Refiérete a *¡Así lo decimos!* para buscar palabras que asocies con estos conceptos. Luego úsalas en una o más oraciones relacionadas con lo que haya pasado recientemente en el mundo.

MODELO: la inocencia: el juicio, no culpable, la libertad

       En el <u>juicio</u> se declaró <u>no culpables</u> a los que protestaron contra la política del gobierno y los pusieron en <u>libertad</u>.

1. la esclavitud
2. la alimentación
3. el asilo
4. la libertad
5. la violación

3-4 Los derechos humanos. Expliquen y/o den ejemplos de los principios que identificaron en 3-1. ¿Por qué son importantes?

MODELO: la educación

       Es el derecho de poder recibir gratis la instrucción básica. Es importante porque uno necesita la educación para poder ganarse la vida, participar en la política, tener una vida feliz...

3-5 ¿Por qué? Según Amnistía Internacional, se han restringido los derechos humanos en los siguientes países. Da ejemplos de casos en cada país. (Para más información, consulta la página de la organización en la red informática: *www.amnesty.org*.)

MODELO: China

Se dice que los prisioneros políticos chinos son maltratados. Reciben poca comida y no les permiten tener mucho contacto con su familia.

1. Israel
2. África del Sur
3. Irán
4. Chile
5. Paquistán
6. Bosnia y Herzegovina
7. Colombia
8. los Estados Unidos

3-6 Para la mujer. En muchos países la mujer ha sufrido persecución o discriminación simplemente por ser mujer. Esta discriminación puede manifestarse en las normas de comportamiento, de vestir, del trabajo, de la natalidad, de la sexualidad, de la asistencia médica, del sufragio, etcétera. Den ejemplos de las diferencias de trato de los hombres y las mujeres en diferentes aspectos de la vida. (Para más información, consulten la página de Amnistía Internacional en la red informática.)

3-7 Los dedicados a la paz y a los derechos humanos. Muchas personas y organizaciones se destacan por sus esfuerzos para mejorar la condición humana. En pequeños grupos, nombren y describan a una o más de estas personas u organizaciones. Utilicen expresiones del *Vocabulario primordial*.

MODELO: *Óscar Arias, el presidente de Costa Rica, ganó el Premio Nobel de la Paz en 1987 por sus esfuerzos en Centroamérica. Quiso eliminar la persecución, la represión y la opresión política de todos los ciudadanos.*

3-8 Un lema nuevo para Amnistía Internacional. Éste es el lema de Amnistía Internacional. Explica qué simboliza. Luego diseña otro lema como alternativa.

A explorar

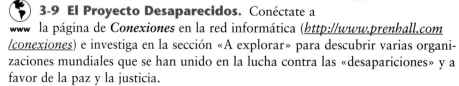

3-9 El Proyecto Desaparecidos. Conéctate a www la página de *Conexiones* en la red informática (*http://www.prenhall.com/conexiones*) e investiga en la sección «A explorar» para descubrir varias organizaciones mundiales que se han unido en la lucha contra las «desapariciones» y a favor de la paz y la justicia.

¡Así lo hacemos! Estructuras

1 The subjunctive with impersonal expressions

◆ Impersonal expressions of necessity, doubt, probability, opinion, denial, pity, and uncertainty require the subjunctive in noun clauses that have an expressed subject. Some common impersonal expressions that require the subjunctive are given below.

es bueno	es horrible	es una lástima	es posible
es difícil	es importante	es lógico	es preciso
es dudoso	es imposible	es malo	es probable
es extraño	es increíble	es mejor	es raro
es fácil	es indispensable	es necesario	es urgente

Es extraño que no **interroguen** a los estudiantes.	*It's strange that they don't interrogate the students.*
Es urgente que todos **podamos** disfrutar del tiempo libre.	*It's urgent for all of us to be able to enjoy free time.*

◆ The indicative is used when an impersonal expression conveys certainty or conviction.

Es verdad que la dignidad del individuo **es** lo más importante.	*It's true that the dignity of the individual is the most important.*
Es cierto que el sufragio universal **es** un derecho.	*It's certain that universal suffrage is a right.*
Es evidente que **tengo** el derecho a la libertad de expresión.	*It's evident that I have the right to freedom of expression.*
Es seguro que el juicio **terminará** pronto.	*It's certain that the trial will end soon.*
Es obvio que **promovemos** la justicia social.	*It's obvious that we promote social justice.*

◆ However, when expressions of certainty or conviction are negated, they require the subjunctive because they now convey uncertainty or denial.

No es cierto que **vayamos** a encarcelar al culpable.	*It's not true that we're going to incarcerate the guilty one.*
No es seguro que el gobierno **apoye** los derechos humanos en todos los países.	*It's not certain that the government supports human rights in all countries.*

◆ Use the infinitive when the dependent clause has no expressed subject.

Es difícil asegurar la paz.	*It's difficult to assure peace.*
Es preciso desarrollar programas de salud.	*It's necessary to develop health programs.*

Aplicación

3-10 Un juicio en la Corte Mundial. Completa el diálogo entre los abogados y el juez usando expresiones impersonales. No repitas ninguna.

ABOGADA: Señor Juez, estamos aquí para protestar contra el trato de prisioneros políticos en las cárceles peruanas. (1)_____ que empiecen a recibir atención médica y buena alimentación.

ABOGADO: Señor Juez, y mi estimada colega de Amnistía Internacional, (2)_____ que se pidan estas atenciones y son precisamente las que ellos reciben. Sin embargo, (3)_____ que mantengamos la seguridad de nuestro país. Estos criminales son terroristas que amenazan el bienestar de nuestro pueblo. (4)_____ que ustedes no quieren que se repita el secuestro de la Embajada Japonesa. Si permitimos entrar a médicos a la cárcel, (5)_____ que los prisioneros lo vean como una oportunidad de escaparse.

JUEZ: Estimados señores de la corte, entiendo la posición de las dos partes. No obstante, considero que (6)_____ que estos prisioneros, hombres y mujeres, reciban el trato médico que merecen como seres humanos. (7)_____ que ustedes hagan planes inmediatamente para remediar este asunto. Y para garantizar la seguridad del país, (8)_____ que representantes de Amnistía Internacional participen en el plan. ¿Entendido?

ABOGADA: Señor Juez, estamos muy dispuestos a hacer todo lo posible en este caso. (9)_____ que todos los peruanos estén protegidos.

ABOGADO: Señor Juez, comparto la misma opinión de mi estimada colega. (10)_____ que encontremos una solución justa a este dilema.

3-11 Cartas al editor. Estos comentarios han aparecido en las páginas editoriales del periódico. Escribe tu opinión sobre algunos y añade más información si puedes.

MODELO: Es importante buscar soluciones diplomáticas a los conflictos.

Estoy de acuerdo. Es importante que nuestros representantes busquen soluciones diplomáticas a los conflictos.

1. Es preciso tener protección contra el desempleo.
2. Es terrible encontrar casos de esclavitud en nuestro país.
3. Es fácil tener opiniones, pero no hacer nada.
4. Es mejor tener ciertos deberes con la comunidad.
5. Es malo ignorar la evidencia.
6. Es urgente tener elecciones auténticas.
7. Es importante respetar los derechos humanos.
8. Es difícil creer a los terroristas.
9. Es necesario educar a los pobres.

A explorar

3-12 Después de la guerra, la paz. Conéctate a la página de
www *Conexiones* en la red informática (*http://www.prenhall.com/conexiones*)
e investiga en la sección «A explorar» para descubrir qué se debe hacer para
reconstruir un país cuando por fin alcanza la paz después de una guerra.

3-13 En este siglo. Usa expresiones impersonales para expresar lo que piensas
de cada una de las siguientes afirmaciones. Explica tus opiniones.

MODELO: En este siglo, la Corte Mundial resolverá todos los casos de abuso de
los derechos humanos.

*Es muy dudoso que los resuelvan todos porque no todos los países
respetan las decisiones de la Corte.*

1. Se eliminarán las prisiones.
2. Se abolirá la pena de muerte.
3. Habrá vivienda y comida suficiente para todos.
4. Disfrutaremos de un largo período de paz.
5. Todos tratarán de respetar y tolerar a los demás.
6. Se garantizará el seguro médico a todos.
7. Se eliminará la corrupción en los países civilizados.
8. No habrá desempleo.
9. Todos los trabajadores tendrán vacaciones pagadas.

3-14 Un caso de derechos humanos. Busquen un caso actual que la
Corte Mundial esté considerando o que haya considerado recientemente. Ahora,
imagínense que uno/a de ustedes es el/la juez y que los demás son los abogados.
Usen expresiones impersonales para preparar sus argumentos.

Comparaciones

Las arpilleras chilenas y las Madres de la Plaza de Mayo

En 1974, durante el segundo año de la dictadura militar del general Augusto Pinochet, unas madres chilenas se reunieron en un taller y empezaron a crear arpilleras, bellos tapices (*tapestries*) de distintos colores y tamaños que denunciaban las violaciones de los derechos humanos en Chile. Al principio era sólo un grupo pequeño de madres que buscaban a sus hijos desaparecidos. Pronto las arpilleras comenzaron a llamar la atención internacional, y grupos de solidaridad en Europa y los Estados Unidos las exhibieron y vendieron.

A principios de la década de 1980, un grupo de madres en Argentina comenzó a reunirse en la Plaza de Mayo en Buenos Aires para protestar en contra del maltrato y la desaparición de sus hijos bajo el gobierno militar. Como las madres chilenas, estas señoras argentinas llevaban y mostraban telas, en este caso pañuelos bordados con los nombres de sus familiares perdidos, para concienciar al público y para insistir en que el nuevo gobierno buscara la justicia. Tanto las arpilleras de las madres chilenas como los pañuelos bordados de las madres argentinas son un testamento gráfico de la lucha por los derechos humanos y un recordatorio de los horrores sufridos por mucha gente.

Vamos a comparar

¿Puedes pensar en algún tipo de arpilleras o bordados que hayan hecho las madres en los Estados Unidos o Canadá?

Vamos a conversar

👥 **El *AIDS Quilt*.** En los últimos años, el *AIDS Quilt* ha sido importante para concienciar al pueblo norteamericano sobre la crisis del SIDA. Diseñen una arpillera para protestar o concienciar sobre una situación que les parezca crítica. Preséntenle y explíquenle su diseño a la clase. Traten de incluir expresiones impersonales como **es importante, es indispensable,** etc.

A explorar

3-15 Mujeres en la lucha. Conéctate a la página de *Conexiones* en la red informática (*http://www.prenhall.com/conexiones*) e investiga en la sección «A explorar» para descubrir lo que dos grupos de mujeres están haciendo en Argentina y en Chile para que la gente tome conciencia del fenómeno de «los desaparecidos» y los derechos humanos en general.

A ESCUCHAR

Derechos Human Rights. Escucha la selección y contesta brevemente las preguntas a continuación.

1. ¿Qué medio de comunicación utiliza la organización *Derechos Human Rights*?
2. ¿Cuál es uno de sus propósitos?
3. ¿A qué se opone DHR?
4. ¿Qué proporciona DHR a través de la red informática?
5. ¿Para qué está lista DHR?
6. ¿En qué grupo se interesa especialmente?

Vuelo con impacto

Myrka Dellanos, una de las presentadoras del popular programa de Univisión *Primer impacto*, viajó a Honduras con su esposo David Matthews. Myrka es embajadora de la organización humanitaria *Save the Children*. El motivo de su viaje fue conocer al niño Salvador Reyes, de seis años, a quien patrocina por $24 al mes. A continuación nos cuenta con sus propias palabras los detalles y la emoción de su visita.

PRIMER DÍA

Cuando llegamos al aeropuerto de Tegucigalpa me sorprendí al ver un grupo de niños con un gigantesco cartel que decía «Bienvenida Myrka». No lo podía creer. Todos me dieron un abrazo y un beso, y desde ese momento supe que iba a ser un viaje muy lindo. Primero tomamos un helicóptero por 45 minutos hasta llegar al pueblo de La Esperanza. Desde el aire, en medio de tanta belleza natural vimos cómo las carreteras fueron destruidas por el huracán Mitch, que arrasó el país en 1998. Después viajamos en camioneta hasta San Fernando, donde vive Salvador, el niño al que patrocino. Salvador se veía emocionado. Me acerqué y me abrazó con sus bracitos alrededor de mi cuello. Lo cargué y le di muchos besos. ¡Qué sensación tan increíble! Su padre estaba detrás de él, con lágrimas en los ojos, y su joven madre y sus otros cuatro hermanitos. Entré en su humilde hogar. El padre me mostró una

foto de la casa que tenían antes, con piso de tierra, donde cada vez que llovía dormían en el lodo. Me dijo que gracias a mi patrocinio ahora tenían una casita con piso de cemento. La gente no sabe lo que $24 al mes pueden hacer en la vida de un niño.

SEGUNDO DÍA

Visitamos a la primera dama del país, Mary Flake de Flores, una norteamericana que ha vivido la mayor parte de su vida en Honduras. Conversamos sobre la labor de *Save the Children* y le regalé una pañoleta diseñada por los niños del proyecto alrededor del mundo, que se colocó inmediatamente sobre los hombros. Luego visitamos una colonia en las afueras de Tegucigalpa, donde los niños me esperaban con un programa de canciones y bailes dedicados a la amistad. Más tarde visitamos un centro de capacitación que estaba inaugurando *Save the Children* y tuve la oportunidad de cortar la cinta.

TERCER DÍA

Regresamos a Miami llenos de fuertes emociones. Recordábamos a los pequeñitos que habíamos conocido, principalmente a Salvador y a su familia. Me regalaron un cuadro, con mi rostro pintado y un texto que dice, «Nuestro agradecimiento es más fuerte que Mitch». Nos fuimos sabiendo que volveríamos.

—Myrka Dellanos

Vocabulario primordial

la belleza   regresar
inaugurar

Vocabulario clave

Verbos

acercarse	to approach
arrasar	to raze
cargar	to hold in one's arms
colocar	to place
mostrar	to show
patrocinar	to sponsor
regalar	to give as a present
sorprenderse	to be surprised

Sustantivos

el agradecimiento	gratitude
la amistad	friendship
la camioneta	station wagon, pick-up truck
la carretera	road, highway
el cartel	poster
la cinta	ribbon
la colonia	housing development
el hogar	home
el lodo	mud
la pañoleta	shawl
el patrocinio	sponsorship
el/la pequeñito/a	small child
el/la presentador/a	host/ess
el rostro	face

Adjetivos

bienvenido/a	welcome
diseñado/a	designed
humilde	humble

Otras palabras y expresiones

las afueras	outskirts
el centro de capacitación	work training center
la primera dama	first lady
el piso de tierra	earthen floor

Ampliación

Verbos	Sustantivos	Adjetivos
acercarse	la cercanía	cercano/a
diseñar	el diseño	diseñado/a
inaugurar	la inauguración	inaugurado/a
mostrar	la muestra	mostrado/a
patrocinar	el patrocinio	patrocinado/a
sorprenderse	la sorpresa	sorprendido/a

¡Cuidado!

quedar, quedarse

◆ **quedarse** *to stay* (in a place)

José **se quedó** en Chile hasta 1986.

◆ **quedar** *to become, remain* (with an adjective)

Laura **quedó** triste con la noticia.

◆ **quedar** *to be located* (coll. = **estar**)

La casa **queda** cerca de la estación de trenes.

Aplicación

⬜ 🎧 🌐

3-16 Información clave. Lee rápidamente el artículo para buscar esta información.

1. la profesión de Myrka Dellanos
2. la organización en que participa
3. el país que visitó
4. cómo fue recibida cuando llegó
5. el desastre natural que destruyó gran parte del país
6. la cantidad que paga al mes para patrocinar a un niño
7. el nombre de la primera dama de Honduras
8. lo que Myrka le regaló a la primera dama
9. cómo era el programa de los niños de la colonia que visitaron
10. lo que sabía Myrka al final del viaje

3-17 Con más detalle. Lee el resto del artículo y resume brevemente las impresiones de Myrka Dellanos sobre su visita.

3-18 ¡Quédate aquí! Completa cada oración con la forma correcta de **quedar(se)** según el contexto. Si necesitas ayuda, consulta la sección llamada *¡Cuidado!*

Myrka (1)_____ una semana en Honduras. Después de su visita, ella (2) _____ muy entusiasmada; los niños (3) _____ tristes al verla salir. Salvador dijo, «Señorita Dellanos, (4)_____ (usted) con nosotros un día más». Pero ella tenía que volver a Miami donde (5)_____ su casa y su trabajo.

3-19 En familia. Completa las siguientes oraciones usando una variación de cada palabra en itálica. Si necesitas ayuda, consulta la sección llamada *Ampliación*.

MODELO: Hay muchas casas elegantes en *las cercanías* de la ciudad. Los pueblos
           cercanos tienen casas más humildes.

1. Quiero *mostrarte* qué ha hecho Myrka Dellanos para ayudar a los niños hondureños. Sus esfuerzos son una pequeña _____ de las posibilidades que hay.
2. En noviembre *se inaugura* un nuevo programa que beneficia a los afectados por los desastres naturales. La _____ de este programa será importante en los países en vías de desarrollo.
3. Esta colonia fue *diseñada* por un arquitecto famoso. El _____ es un buen ejemplo de cómo construir una colonia protegiendo la naturaleza.
4. Cuando Myrka visitó Honduras, se quedó muy _____. *Se sorprendió* de que los niños le prepararan un cartel dándole la bienvenida.
5. Se puede *patrocinar* a un niño por $24 al mes. Este _____ beneficia mucho al niño y a su familia.
6. Al final del viaje, Myrka *se acercó* a Salvador, que era el niño que estaba más _____ a ella, y le dio un beso en la cara.

3-20 Más grande que Mitch. Los niños comparan su agradecimiento con un huracán. Expliquen cuáles son algunos de los beneficios que los niños reciben del patrocinio de la organización *Save the Children*.

3-21 Una causa suya. Decidan entre Uds. una causa que les gustaría patrocinar. Conversen sobre estos detalles y explíquenselos a la clase.

- el nombre de la organización
- sus metas
- cómo van a participar en ella
- los beneficios sociales y personales que van a recibir de su participación
- los problemas que puede tener la organización
- cómo van a darle publicidad a la causa
- cómo van a obtener dinero para lograr las metas de la causa

3-22 Otros que trabajan por la justicia social. Los jesuitas y otros grupos religiosos y humanitarios son conocidos por sus labores en el campo de la justicia social. Investiga qué grupos hay en tu universidad, ciudad o estado y preséntale a la clase información sobre dos de estos grupos.

Direct and indirect object pronouns and the personal *a*

The direct object pronoun

◆ A direct object is the noun that generally follows and is affected directly by the verb.

La presentadora carga **al niño**.

The hostess carries the child.

Los damnificados reciben **ayuda** de la Cruz Roja.

The victims receive help from the Red Cross.

◆ Note that the direct object can be either a person (**el niño**) or an object (**la ayuda**).

◆ Direct object nouns are often replaced by direct object pronouns. The chart below shows the forms of the direct object pronouns.

DIRECT OBJECT PRONOUNS			
SINGULAR		**PLURAL**	
me	*me*	nos	*us*
te	*you (informal)*	os	*you (informal)(España)*
lo	*you (masculine), it, him*	los	*you (masculine), them*
la	*you (feminine), it, her*	las	*you (feminine), them*

◆ Direct object pronouns agree in gender and number with the noun to which they refer.

El gobierno quiere mostrar **su apoyo**.	*The government wants to show its support.*
El gobierno quiere **mostrarlo**.	*The government wants to show it.*
No veo a **los patrocinadores** en la reunión.	*I don't see the sponsors in the meeting.*
No **los** veo.	*I don't see them.*

◆ Direct object pronouns are usually placed immediately before the conjugated verb.

¿Ves **la colonia**?	*Do you see the housing development?*
Sí, **la** veo.	*Yes, I see it.*

◆ In constructions with the infinitive or the present progressive forms, the object pronoun may either precede or be attached to the infinitive or the present participle (-**ndo** form). Note the use of a written accent when attaching the direct object pronoun to the present participle.

Vamos a patrocinar **a una niña**.	*We're going to sponsor a child.*
Vamos a patrocinar**la**. ⎫ La vamos a patrocinar. ⎭	*We're going to sponsor her.*
Estoy leyendo **el informe**.	*I'm reading the report.*
Estoy leyéndo**lo**. ⎫ **Lo** estoy leyendo. ⎭	*I'm reading it.*

◆ In negative sentences, the direct object pronoun is placed between the **no** and the conjugated verb. It may also be attached to the infinitive or to the present participle.

No **los** vamos a mostrar. ⎫ No vamos a mostrar**los**. ⎭	*We're not going to show them.*

The personal *a*

◆ When the direct object is a specific person or persons, an **a** precedes the noun in Spanish. This is known as the personal **a**. Remember that **a** + **el** contract to form **al**.

El periodista entrevistó **a** la primera dama.	*The journalist interviewed the first lady.*
La organización patrocinó **a** 15.000 niños este año.	*The organization sponsored 15,000 children this year.*
El partido político seleccionó **al** candidato para presidente.	*The political party selected the candidate for president.*

◆ The personal **a** is required before every specific human direct object in a series, and before the indefinite expressions **nadie** and **alguien**. It is not used to introduce hypothetical persons.

La organización ayuda tanto **a** los padres como **a** los niños.	*The organization helps the parents as much as the children.*
Después de la reunión no encontramos **a** nadie en el salón.	*After the meeting, we didn't find anyone in the room.*
Queremos un presidente democrático y honrado.	*We want a democratic and honest president.*

◆ When the interrogative **quién(es)** requests information about the direct object, the personal **a** precedes it.

¿**A** quiénes están cargando los hombres?	*Who are the men carrying?*

◆ The personal **a** is not normally used with the verb **tener.**

Tenemos un patrocinador muy generoso.	*We have a very generous sponsor.*

The indirect object and indirect object pronouns

Le quité los cigarrillos hace dos días.

◆ An indirect object indicates to/for whom a noun/action is given/carried out, or from whom something is bought, borrowed, or taken away. The following chart shows the forms of the indirect object pronouns.

INDIRECT OBJECT PRONOUNS			
SINGULAR		**PLURAL**	
me	*(to) me*	nos	*(to) us*
te	*(to) you (familiar)*	os	*(to) you (familiar) (España)*
le	*(to) you (formal)* *(to) him / it (masculine)* *(to) her / it (feminine)*	les	*to you (formal)* *to them (masculine)* *to them (feminine)*

- The indirect object pronouns are identical to the direct object pronouns, except for the third-person singular and plural.

- Indirect object pronouns agree in number with the noun to which they refer. There is no gender agreement.

Le acabo de dar un abrazo (**al niño**).	*I've just given him a hug (to the child).*
El pequeñito **le** mostró su casa (**a la señora**).	*The child showed his house (to the woman).*

- The indirect object pronoun is normally used even when the indirect object noun is expressed. These forms are called redundant or repetitive object pronouns and have no equivalent in English.

Les escribo una carta a **los periodistas**.	*I write a letter to the journalists.*
Le daremos una donación **a la causa**.	*We'll give a contribution to the cause.*

- Indirect object pronouns follow the same rules of placement as the direct object. Note the use of a written accent when attaching the indirect object pronoun to the present participle (**-ndo** form).

Le mostré (a ella) una foto del niño.	*I showed her a photo of the child.*
Te doy las firmas que tengo.	*I'll give you the signatures that I have.*
El niño **no le** regaló su foto.	*The child didn't give her his photograph.*
El joven **me** quiere mostrar su escuela. El joven quiere mostrar**me** su escuela.	*The young man wants to show me his school.*
Te estoy dando consejos. Estoy dándo**te** consejos.	*I'm giving you advice.*

- The familiar plural form **os**, corresponding to **vosotros**, is used only in Spain. In Hispanic America, **les** is used as the plural of **te**. **Les** is the form that we will use in this text.

Los niños **os** pidieron una foto vuestra. (*Spain*) Los niños **les** pidieron una foto suya. (*Latin America*)	*The children asked you for your picture.*

Aplicación

3-23 Una experiencia curiosa. Completa la carta con el pronombre de objeto directo o indirecto, la **a** personal, o una X, si no se necesita nada.

Querida Antonia:

(1)_____ escribo para contar_____(2) sobre una experiencia que tuve durante mi visita a tu país. (3)_____ tuve una noche poco antes de volver a casa. Primero estuve en la capital donde conocí (4)_____ jefe de nuestra empresa. (5)_____ visité en su casa en una colonia cerca del centro. Después cuando estaba en mi coche de camino a mi hotel, de repente vi (6)_____ un automóvil que venía hacia mí. Cuando (7)_____ vi, me di cuenta que íbamos a chocar, y así fue. Afortunadamente, nadie se lastimó, pero el otro señor (8)_____ dijo que no tenía seguro y que no podría pagar_____(9) la multa a la policía. (10)_____ aseguré que no (11)_____ iba a culpar por el accidente y que mi seguro pagaba los daños de mi coche. En ese momento vi (12)_____ una luz brillante. El señor del accidente y su coche desaparecieron y en su lugar encontré un sobre lleno de dinero. (13)_____ puse en mi bolsillo y todavía (14)_____ tengo guardado en mi maleta. ¿Quién sería el señor y por qué (15)_____ dio el dinero?

👥 **3-24 Una experiencia suya.** Túrnense para contar una experiencia curiosa que hayan tenido. No se olviden de usar pronombres de objeto directo e indirecto y la **a** personal cuando sea necesario.

Double object pronouns

◆ When both a direct and an indirect object pronoun are used together in a sentence the indirect object pronoun precedes the direct object pronoun.

Te traigo la lista ahora.	*I'll bring you the list now.*
Te la traigo ahora.	*I'll bring it to you now.*

◆ The indirect object pronouns **le** (*to you, to her, to him*) and **les** (*to you, to them*) change to **se** when they appear with the direct object pronouns **lo, los, la, las.**

El periodista **les** dio el nombre del patrocinador.	*The journalist gave them the name of the sponsor.*
El periodista **se lo** dio.	*The journalist gave it to them.*

♦ As with single object pronouns, double object pronouns may be attached to an infinitive or to a present participle. In this case, the order of the pronouns is maintained and an accent mark is added to the stressed vowel of the verb. They may also be placed before the conjugated verb.

Joven, ¿puede traer**me** las firmas de los signatarios?	Young man, can you bring me the signatures of the signatories?
Enseguida voy a traér**selas**. Enseguida **se las** voy a traer. }	I'll bring them to you right away.
¿El delegado **nos** está preparando la lista de las participantes?	Is the delegate preparing (for) us the list of the participants?
Sí, está preparándo**nosla**. Sí, **nos la** está preparando. }	Yes, he's preparing it for us.

Aplicación

3-25 En una junta organizadora. Completa este diálogo con pronombres de objeto directo e indirecto, y con la **a** personal según el contexto.

CLAUDIA: Bueno, Ramiro. Mañana es la inauguración de la campaña para recaudar fondos para nuestra causa. ¿Tienes los panfletos para repartir?

RAMIRO: Sí, Claudia. (1) _____ recogí esta tarde. Esta noche voy a ver (2) _____ Manolo para dar_____ (3) Mañana llego temprano y (4) _____ voy a repartir entre la gente.

CLAUDIA: La campaña en la televisión empieza a primera hora en el programa Primer impacto. (5) _____ han anunciado en el periódico, pero no (6) _____ saben todos todavía. Si vamos a tener éxito, tiene que participar todo el mundo. Manolo, ¿por qué no preparas un anuncio para la radio también? ¿ (7) _____ pueden difundir a partir de la medianoche? Cuando veas (8) _____ Francisca, di_____ (9) que (10) _____ anuncie cada hora durante toda la noche.

MANOLO: De acuerdo, Claudia. (11) _____ _____explicaré bien a Francisca. Ella es muy responsable. Además, por ser cuñada del presidente, (12) _____ van a escuchar. Seguramente la gente (13) _____ mostrará su apoyo.

CLAUDIA: ¿A qué hora es la reunión con el presidente?

RAMIRO: Esperamos ver_____ (14) al mediodía como (15) _____ ha avisado su secretario. La presentadora y Francisca llegarán en helicóptero y (16) _____ recogeremos para la visita con el presidente.

CLAUDIA: Bueno, todo está en orden. ¡Mañana comienza la campaña! Y con su ayuda, amigos, una nueva época para los niños del mundo.

3-26 Una entrevista con Myrka Dellanos. Completa la entrevista usando dos pronombres de objeto.

PERIODISTA: Señorita Dellanos, sabemos que su visita fue muy interesante y tenemos algunas preguntas para usted. ¿Les dio los libros que llevó a los niños hondureños?

MYRKA: _____

PERIODISTA: ¿Las familias le mostraron sus casas?

MYRKA: _____

PERIODISTA: ¿El alcalde le dio la llave de la ciudad de Tegucigalpa?

MYRKA: _____

PERIODISTA: ¿Usted le regaló la pañoleta a la primera dama de Honduras?

MYRKA: _____

PERIODISTA: ¿Y ella le dio la bienvenida a Honduras?

MYRKA: _____

3-27 Los derechos humanos. Vuelve a leer la *Declaración* y escoge cinco de los derechos para explicar según el modelo.

MODELO: la libertad de expresión

Este derecho nos lo da la Declaración porque es importante poder expresar nuestra opinión sin temer represalias.

3-28 Amnistía Internacional entrevista a un/a jefe/a de estado. Escojan un país que esté en violación de los derechos humanos según Amnistía Internacional y preparen entre ocho y diez preguntas para hacerle al/a la jefe/a de estado. Luego, túrnense con otro grupo para hacer los papeles de miembro de Amnistía Internacional y jefe de estado.

MODELO: E1: *Señor/a Presidente/a, ¿por qué no nos permite visitar a los prisioneros políticos?*

E2: *Les doy permiso para visitarlos, pero ellos no quieren verlos a ustedes.*

3-29 Una causa importante. Imagínate que eres miembro de una organización que necesita fondos para una causa importante. Escribe una carta de ocho a diez líneas para explicar el propósito de la organización y por qué solicitas donaciones. Puedes empezar la carta con una variación de lo siguiente:

MODELO: *Estimado colega (amigo, compañero, etc.):*
Quiero explicarle un poco sobre una organización que va a tener mucha influencia en el siglo XXI...

3-30 Una reunión de *Save the Children*. Expliquen todo lo que tienen que hacer para organizar una reunión que va a tener lugar en su universidad el próximo año.

MODELO: E1: *Tengo que reservar un salón para doscientas personas. Necesito reservarlo ahora porque hay varias reuniones en mayo.*

E2: *Yo tengo que hacer carteles para anunciar las horas y los temas de las conferencias. Los voy a hacer esta tarde.*

Rigoberta Menchú y el indigenismo guatemalteco

Rigoberta Menchú nació en Chimel, una pequeña aldea de la provincia de El Quiché en las montañas del noroeste de Guatemala en 1959. Sus padres eran indios quichés que trabajaban en plantaciones de café o algodón. Cuando el gobierno militar y los terratenientes (*landowners*) trataron de sacar a los quichés de la poca tierra en que vivían, su padre, Vicente Menchú, empezó una serie de peticiones y protestas para que les dieran a los indígenas los títulos de propiedad de esas tierras. Por esas actividades fue arrestado y estuvo en prisión en varias ocasiones.

En 1980, Vicente murió junto con otros 38 indios en un incendio que ocurrió en la Embajada de España, donde se encontraban protestando contra las violaciones de los derechos humanos de los indígenas. En 1981, la madre de Rigoberta fue secuestrada, violada, torturada y asesinada. Poco después, Rigoberta tuvo que exiliarse en México.

En un viaje a Francia se reunió con la antropóloga Elisabeth Burgos-Debray y le dictó su autobiografía, *Yo... Rigoberta Menchú,* que fue publicada en 1984. El libro, que describe su trágica historia y la vida mi-serable del pueblo indígena guatemalteco, atrajo la atención del mundo.

En 1992, Rigoberta Menchú recibió el Premio Nobel de la Paz y usó el dinero ($1.200.000) para comenzar la fundación Rigoberta Menchú y así continuar luchando por los derechos de los indígenas. Debido a sus esfuerzos, las Naciones Unidas declararon 1993 el Año Internacional de las Poblaciones Indígenas.

Recientemente Rigoberta ha estado en las noticias porque se ha cuestionado si todo lo que cuenta en su libro es verdad. Rigoberta ha aceptado que usó el testimonio de otras víctimas para construir su propia historia de la guerra civil de Guatemala.

Vamos a comparar

¿Qué piensan de la vida de Rigoberta Menchú? ¿Creen que las poblaciones indígenas de los Estados Unidos o del Canadá han tenido sufrimientos similares? ¿Por qué? ¿Cómo creen que se podría mejorar la situación de los quichés de Guatemala? ¿Qué cosas específicas se podrían hacer en los Estados Unidos para mejorar la situación de los indígenas que viven aquí? ¿Creen que es válido exagerar o mentir por una causa noble?

Vamos a conversar

El premio Nobel de la Paz. Investiguen a una persona honrada por este prestigioso premio y las circunstancias en que se le ha otorgado. Preparen una entrevista del/de la premiado/a y preséntensela a la clase.

A explorar

3-31 Más sobre Rigoberta Menchú. Conéctate a la página de *Conexiones* en la red informática (*http://www.prenhall.com/conexiones*) e investiga en la sección «A explorar» para conocer más sobre Rigoberta Menchú y su labor por los derechos de los indígenas.

3 *Gustar* and similar verbs

¿Te gustó el resultado de las elecciones?

◆ The verb **gustar** expresses preferences, likes, and dislikes. **Gustar**, however, is not directly equivalent to the English verb *to like*. Literally, it means *to be pleasing* (to a person).

Me gusta la libertad.	*I like liberty. (Liberty is pleasing to me.)*
A Rigoberta Menchú **le gustan** los gobiernos democráticos.	*Rigoberta Menchú likes democratic governments. (Democratic governments are pleasing to her.)*

◆ **Gustar** is most often used in the third-person singular or plural forms, **gusta** and **gustan**. It is also accompanied by an indirect object pronoun to express the idea that object(s) or person(s) are pleasing to someone. (That someone is an indirect object.)

Nos gustó el discurso pacifista del delegado.	*We liked the delegate's pacifist speech.*
No me gustan ni las dictaduras de derecha ni las dictaduras de izquierda.	*I don't like either right- or left-wing dictatorships.*

◆ To express the idea that one likes to do something, use the singular form of **gustar** with an infinitive or series of infinitives.

Nos gustaba siempre votar temprano.	*We always liked to vote early.*
Me gusta patrocinar y ayudar a un niño.	*I like to sponsor and help a child.*

◆ Other verbs used like **gustar**:

caer bien	*to like (a person)*
caer mal	*to dislike (a person)*
encantar	*to love (colloquial; lit., to be enchanting)*
faltar	*to lack, miss (lit., to be lacking)*
fascinar	*to be fascinated by (lit., to be fascinating)*
hacer falta	*to need (lit., to be needed)*

impresionar	*to be impressed (lit., to be impressive)*
interesar	*to be interested in (lit., to be interesting)*
molestar	*to be a bother (lit., to be bothersome)*
parecer	*to seem*
quedar	*to have remaining, left over (lit., to be remaining)*

◆ Be careful when using the verb **gustar** to express likes and dislikes related to people. In Spanish, **gustar** is used with people to express the idea that you feel attracted to a person in a physical sense.

| **Me gusta** María Luisa. | *I like María Luisa. (I am attracted to her.)* |
| A muchos votantes **les gustan** los políticos jóvenes. | *Many voters like young politicians. (They are attracted to them.)* |

◆ To say that you like or dislike someone because of the way that the person behaves or acts, Spanish-speakers frequently use the expressions **caer bien** and **caer mal**.

| **Nos cae bien** la presentadora. | *We like the talk show hostess. (She's a great person.)* |
| **Me caen mal** los tiranos. | *I don't like tyrants. (I can't stand them.)* |

◆ Use **gustar** when referring specifically to qualities or defects of a person.

| **Me gusta** cómo escribe el periodista. | *I like how the journalist writes.* |
| No **le gustan** las personas inflexibles. | *She doesn't like inflexible persons.* |

◆ When referring to food, use **gustar** to express that a certain food is pleasing or not pleasing, and the verb phrase **caer bien** or **caer mal** to express that the food agrees or does not agree with someone.

| **Me gusta** la carne de cerdo, pero no **me cae bien**. | *I like pork, but it doesn't agree with me.* |
| **Nos gustan** las sopas que cocina mamá porque siempre **nos caen bien**. | *We like the soups that mother cooks because they always agree with us.* |

Aplicación

3-32 Un plan estratégico. Completa el monólogo con pronombres de objeto indirecto y verbos que tengan sentido según el contexto. (Usa verbos como **gustar**.)

Compañeros y compañeras, lo que voy a decirles quizás no les va a gustar pero (a mí) no (1) _____ avisarles que tenemos que pensar seriamente en el futuro de esta organización. (A mí) (2) _____ que hemos esperado demasiado tiempo para hacer algunos cambios radicales. Primero, (a nosotros) no (3) _____ muy bien el director de la compañía. A nosotros (4) _____ sus anuncios y circulares (*memos*). Además, (a él) (5) _____ las peleas entre los empleados. (A nosotros) (6) _____ un líder fuerte, alguien que sepa actuar en beneficio de la organización. (A mí) (7) _____ servirles a ustedes como su nueva jefa. Por lo tanto, (a mí) (8) _____ saber su opinión de mi candidatura.

3-33 Me cae bien/me cae mal. Hagan una lista de diez políticos o grupos políticos conocidos. Háganse preguntas sobre qué tal les caen.

MODELO: E1: *¿Qué tal te caen los liberales?*

E2: *Este año me caen mal. Me parece que han creado leyes que cuestan mucho, y no les importa aumentar los impuestos. Pero tampoco me impresionan los conservadores porque se dejan influenciar más por el sector comercial que por lo que quiere el pueblo.*

3-34 No tienen razón. Divídanse en grupos a favor o en contra de estas declaraciones para debatirlas ante la clase. (Algunos tendrán que apoyar posiciones con las que no estén de acuerdo.)

1. Algunos de los derechos humanos no son aplicables al Tercer Mundo.
2. A los políticos en general les interesa más el poder que la gente.
3. Hay que respetar diferencias culturales en la aplicación de los derechos humanos.
4. Algunos de los derechos humanos no se aplican a los niños.
5. Las organizaciones humanitarias, como *Save the Children* o la Cruz Roja deben recibir apoyo financiero del gobierno.

3-35 Me parece una excelente idea... Escribe una carta al editor de un periódico para expresar tu opinión sobre cualquier causa humanitaria. Usa expresiones como **gustar, parecer, fascinar, impresionar**, etcétera.

3-36 Eres editor/a. Contesta la carta al editor que escribió un/a compañero/a.

A ESCUCHAR

Un noticiero hondureño. Escucha el noticiero que procedió de Tegucigalpa después de la visita de Myrka Dellanos. Completa la información que falta a continuación.

1. La visita duró...
2. Visitó lugares como...
3. Se reunió con...

4. Después se sintió...
5. Su visita ha recibido...

Conexiones

Entre la espada y la pared. En cualquier guerra un soldado tiene que obedecer a su general, aunque a veces las órdenes pueden ir en contra de sus convicciones personales. ¿Conoces un caso en que un soldado (u otra persona) no haya obedecido a un superior y luego haya sufrido las consecuencias? ¿Cuáles eran las circunstancias y qué pasó?

¡Así lo expresamos!

Ritmos

Ramón Orlando

R amón Orlando es uno de los grandes intérpretes y compositores de merengue de la República Dominicana. Una de sus canciones más populares es «El venao» (1995), la cual causó un gran furor en Puerto Rico y en toda Latinoamérica. La canción «América sin queja», del álbum del mismo título, trata con gran ironía varios de los problemas que sufren las sociedades latinoamericanas. El cantautor también está considerado como uno de los mejores pianistas del Caribe. ¡Hasta ha tocado el piano con los dedos de los pies en público! Ramón Orlando ha presentado conciertos en todo el mundo y ha grabado muchos álbumes, todos con mucho éxito.

3-37 Nuestro continente. Piensa en los mayores problemas que sufren muchas personas en el continente americano. Haz una lista de los 6 problemas que tú consideres más importantes.

América sin queja

Coro: Olé, olé lei
cuenta más,
ay, dime...

Paisito mío tan lindo
5 de ti yo nunca me olvido
pues tú no tienes la culpa
de que todos seamos ricos.

 Coro
Donde pa'° darte una visa   para
10 la visa que dan los gringos
te regalan el pasaporte
y un pasaje a Puerto Rico.

 Coro
Aquí nunca mueren niños
15 por la falta de alimento°   *food*
y abunda la cultura
no existen analfabetos°.   *illiterate people*

 Coro
Todos los latinos
20 sufrimos del mismo mal
mucho billete°, cero hambre,   dinero
y nadie se mete° en nuestra administración se... *gets involved*
no otro idioma, no señor.

	Y queja° ninguna no hay	*complaint*
25	la barriga° llena, sí, sí	*belly*
	el bolsillo lleno e'° papeleta°.	de / billetes; dinero en efectivo (R.D.)

Coro
estamos de risa, fiesta y fiesta

	Y queja ninguna no hay	
30	buenos hospitales sí, sí	
	medicina gratis pa' to'° el mundo.	todo

Coro
para que nadie muera del susto°   *fear*

	Y queja ninguna no hay	
35	no existe la mafia sí, sí	
	no hay analfabeto en absoluto.	

Coro
estudia to' el mundo, nadie es bruto°   *dumb, stupid*

	Y queja ninguna no hay	
40	no hay gobierno malo sí, sí	
	América libre y soberana.	

Coro
hacemos lo que nos dé la gana°   *whatever we want*

¡Embuste!°, americano   mentira

3-38 ¿Qué piensas? Contesta las siguientes preguntas según tu propia interpretación de la canción.

1. ¿Es verdad o mentira lo que dice el cantante?
2. ¿Cuáles crees tú que sean las frases más irónicas?
3. ¿Qué piensas que signifique el título? ¿Es o no irónico?
4. Explica qué significa «paisito». ¿Piensas que es irónico? ¿Cariñoso? ¿Por qué?
5. ¿Cuáles, según la canción, son los problemas más graves en Latinoamérica?
6. ¿A quién o a qué culpa el cantante por estos problemas?
7. ¿Qué quisiera obtener el cantante para Latinoamérica?
8. ¿Qué significa para ti la última frase de la canción?
9. ¿Por qué usa la ironía?

3-39 Ramón Orlando. Hay varios sitios en la red que hablan de Ramón Orlando y de su música. Conéctate a la red para ver las imágenes y escuchar otras canciones suyas. ¿Hay algún artista norteamericano/a con quien lo comparas? ¿Por qué?

 ## Imágenes
Carlos Alonso

Carlos Alonso nació en Mendoza, Argentina, en 1929. Es pintor, dibujante y grabador. Estudió arte en la Universidad Nacional de Cuyo. Entre muchos proyectos, ilustró la segunda parte de *Don Quijote de la Mancha*, cuya primera parte había ilustrado Salvador Dalí. En 1959 ilustró el famoso poema gauchesco *Martín Fierro* y continuó ilustrando libros populares por varios años. Como pintor, Alonso ha ganado varios premios importantes y hoy es considerado uno de los más grandes de Argentina por su extraordinario sentido del color y la composición, y sobre todo, por sus temas de impacto social y político.

Perspectivas e impresiones

3-40 Observen el cuadro. Comenten estos elementos del cuadro.

1. los colores y el efecto que tienen
2. la censura
3. las víctimas y los culpables
4. el mensaje sociopolítico

3-41 Otras imágenes. En la red informática, una enciclopedia o un manual de arte, busca el cuadro de otro pintor latinoamericano que haya usado el arte como protesta social y preséntaselo a la clase.

A explorar

3-42 Más arte y más música por los derechos humanos. Conéctate a la página de *Conexiones* en la red informática (*http://www.prenhall.com/conexiones*) e investiga en la sección «A explorar» para conocer más arte y más música por los derechos humanos.

Manos anónimas, 1982/83, Acrílico s/tela, 102 x 76 cm.

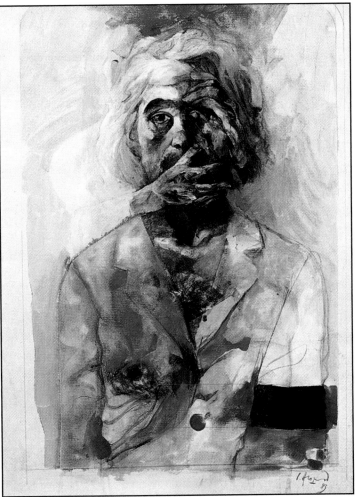

Páginas
Armando Valladares

El poeta Armando Valladares nació en Cuba en 1937. Después de ser detenido en 1960, pasó 22 años en las cárceles políticas de la Cuba comunista de Fidel Castro. Su error había sido ser funcionario (*a public official*) del gobierno revolucionario y oponerse al control del poder por los marxistas. Su rechazo en la prisión a los planes de rehabilitación política, así como el mantenimiento de sus convicciones frente a la represión en la prisión le traerían represalias brutales, palizas (*beatings*), torturas y confinamiento. Valladares es uno de los sobrevivientes de los trabajos forzados en la prisión de Isla de Pinos. Allí vio asesinar a muchos de sus compañeros. La campaña mundial por su liberación en la que participaron Amnistía Internacional, los PEN CLUBS, gobiernos e intelectuales culminó con la petición del presidente francés François Mitterrand a Castro, y fue liberado en octubre de 1982. Armando Valladares ha escrito tres poemarios —*Desde mi silla de ruedas, El corazón con que vivo y Cavernas del silencio*. Su biografía, *Contra toda esperanza* (*Against All Hope*), fue publicada en España en 1985 por Plaza & Janés Editores, y en los EE.UU. en 1986 por Alfred A. Knopf. A continuación puedes leer uno de sus poemas más conocidos.

Antes de leer

👥 **3-43 En anticipación.** Hagan una lista de lo que ustedes piensan que una persona extrañe más cuando está en la cárcel. Su lista puede incluir objetos, personas y conceptos.

MODELO: E1: *Estando en la cárcel, se tiene que extrañar a la familia y las actividades en casa.*

E2: *También me parece que se tiene que extrañar a los amigos y las actividades comunitarias.*

Estrategias de lectura

Un poema usa imágenes y símbolos para comunicar su mensaje. Lee rápidamente el primer poema en busca de palabras que te ayuden a captar el tono. ¿Qué sustantivos, adjetivos y colores comunican el estado de ánimo del poeta?

No importa, llevaré por ti...

A mi sufrida madre, a todas las madres

No importa que tampoco este año
permitieran
que tu beso alegrara mi tristeza.
Los juguetes grandes
de mis horas azules
han ascendido por las rejas°   *prison bars*
y las han hecho florecer de amor.
Hace siete años madre
que no tenemos un abrazo,
que no te dejan ni de lejos verme
pero piensa en las rosas blancas
de las lápidas° sin nombres   *tombstones*
en las tumbas sin cruces.
Cuba está sembrada°   *sown*
de cadáveres de otros hijos
que no pudieron ver a sus madres
madres enloquecidas
madres inconsolables.
No habrá jamás para ellas
rosas en ese día...
Yo volveré a verte
pero no podré como antes
esperarte de pie para el abrazo   *Due to several hunger strikes to protest prison conditions,*
estaré en mi silla de ruedas°   *Valladares became temporarily paralized, unable to walk.*
mas° no estés triste   *but*
piensa que llevaré
por ti
una rosa roja°
en mi pecho.

En Cuba era tradicional en el Día de las Madres, que los hombres llevaran una rosa blanca si la madre estaba muerta y una rosa roja si la madre estaba viva.

Después de leer

3-44 ¿Cómo lo interpretas tú?

1. ¿A quién(es) se dirige el poema y en qué ocasión?
2. ¿Qué simbolizan la rosa blanca y la rosa roja para el poeta? ¿Qué simbolizan para ti?
3. ¿Crees que su mamá todavía vive? ¿Por qué?

Antes de leer

A Miguel Hernández se le considera uno de los poetas españoles más importantes del siglo XX. Gran parte de su poesía está dedicada a la paz y a la libertad. El poeta nació en 1910 en Orihuela, un pueblo de Alicante, España. Era hijo de un pastor y durante la niñez ayudaba a

su padre en los trabajos del campo. Aunque sólo recibió educación formal hasta los catorce años, este poeta se convirtió en erudito porque leía constantemente. Hernández comenzó a escribir sus primeros versos en el campo. Al comienzo de la guerra civil española se alistó en el ejército republicano. Con la derrota de la República, fue encarcelado y condenado a muerte. Murió en la cárcel de Alicante, el 28 de marzo de 1942. Entre sus varios poemarios está *El hombre acecha* (1939), en el que se encuentra «El herido».

3-45 Una metáfora. El poeta emplea un árbol como metáfora para describir su sufrimiento, muerte y renacimiento. Empareja los elementos para ver la conexión entre los dos seres vivos.

_____	1. la sangre	a.	el tronco
_____	2. los pies	b.	las hojas
_____	3. las piernas	c.	las ramas
_____	4. la carne	d.	la madera
_____	5. los brazos	e.	la savia
_____	6. las manos	f.	las raíces

El herido (fragmento)

Para la libertad sangro°, lucho, pervivo°   *I bleed / I go on living*
Para la libertad mis ojos y mis manos,
como un árbol carnal° generoso y cautivo°,   *de carne / prisionero*
doy a los cirujanos°.   *surgeons*

5   Para la libertad siento más corazones
que arenas° en mi pecho, dan espuma° a mis venas   *grains of sand / foam*
y entro en los hospitales y entro en los algodones°   *cotton fields*
como en las azucenas°.   *fields of lilies*

Porque donde unas cuencas vacías amanezcan°   cuencas... *empty holes appear with*
10   ella° pondrá dos piedras de futura mirada,   *the morning sun* / libertad
y hará que nuevos brazos y nuevas piernas crezcan
en la carne calada°.   carne... *blood-soaked flesh*

Retoñarán aladas de savia° sin otoño   Retoñarán... *wings of sap will sprout*
reliquias de mi cuerpo que pierdo en cada herida°,   *wound*
15   porque soy como el árbol talado° que retoño,   *felled*
aún° tengo la vida.   *todavía*

3-46 La libertad. Conversen sobre lo que significa para ustedes **la libertad** y los sacrificios que harían por ella. Pueden incluir lo concreto tanto como lo abstracto.

MODELO: E1: *Para mí la libertad es el derecho de votar.*

E2: *Para mí es el poder salir de mi país y volver cuando quiero.*

Taller

Crear poesía

La poesía puede expresar los sentimientos más sencillos tanto como los más profundos. Puede ser individual o colectiva. Siguiendo el modelo, trabaja solo/a o con un/a compañero/a para crear un poema original.

1. **Idear.** Piensa en **un** concepto, imagen u objeto que consideres importante, interesante o curioso.

2. **Describir.** Describe el concepto (imagen u objeto) con **dos** adjetivos.

3. **Expandir.** Escribe **tres** participios presentes para describir acciones relacionadas con el concepto.

4. **Desarrollar.** Escribe una frase de **cuatro** palabras para desarrollar o modificar el tema. (Los artículos y los pronombres de objeto no cuentan en las cuatro palabras.)

5. **Resumir.** Con **una** sola palabra, resume o cierra el poema.

Paz

regional, mundial

alcanzándose, escapándose, desapareciéndose

¡qué frágil la raza humana!

perdida.

6. **Compartir.** Intercambia tu poema con el de un/a compañero/a. ¿Cada uno/a comunicó bien sus ideas? Háganse una evaluación del mensaje del poema y otra de la estructura.

4

El individuo y la personalidad

Comunicación

- Talking about yourself and others: personality and routines
- Describing people, things, and situations
- Telling what has happened

Estructuras

- Reflexive constructions
- Agreement, form, and position of adjectives
- The past participle and the present perfect tense

Cultura

- El arte de la conversación y la simpatía
- El qué dirán
- **Ritmos:** Me enveneno de azules—*Vidas paralelas*
- **Imágenes:** Frida Kahlo—*Las dos Fridas*
- **Páginas:** Julia de Burgos—*A Julia de Burgos*

Taller

- *Una autodescripción*

A explorar

- *La naturaleza de la personalidad*
- *La inteligencia emocional*
- *¿Qué debo hacer?*
- *¿Qué es la creatividad?*
- *El mundo interior de Frida Kahlo*

¿Qué tipo de personalidad te atrae? ¿Qué tipo te fastidia? ¿Por qué?

«Creo que al fin estoy madurando y tengo momentos en los que me pregunto si lo que quiero es lo que necesito».

Fernando Ciangherotti,
actor mexicano

«La vida es un taxi. Tú eres el chofer».

Luis Enrique,
cantante nicaragüense

«La edad tiene su atractivo. Una no debe pensar que los mejores años pasaron».

Lupita Ferrer,
artista venezolana de 52 años

«Si me preguntas cuál es un día sin importancia, te diré que no lo tengo, porque para mí todos los días son importantes».

Alejandro Sanz,
cantante español

«Tengo mucha confianza en mí mismo y soy perfeccionista en mi trabajo».

Nicholas González,
actor tejano

«Soy bastante rebelde y en ocasiones empujo las cosas hasta los límites. Pero también soy muy respetuoso. Luchar por lo que se quiere, y vencer grandes obstáculos, es muy padre en la vida».

Ari Telch,
actor mexicano

«Vivo dedicada a mi arte, tengo mucho trabajo y eso es lo que quiero hacer en este momento. Por ahora no tengo tiempo para pensar en una relación o formar una familia».

Penélope Cruz,
actriz española

«Aunque soy una mujer de personalidad fuerte, cuando me enamoro me entrego 100 por ciento. Cuando estoy alegre, estoy bien alegre, cuando estoy triste, estoy bien triste».

María Conchita Alonso,
actriz cubana

«Tenemos que hacer cosas pequeñas, día a día, para mejorar el mundo y mejorar nuestras vidas».

Dra. Antonia Novello,
puertorriqueña,
ex-cirujana general
de EE.UU.

«Para el éxito no hay fórmulas, pero para el fracaso sí».

Roberto Gómez B.,
cómico mexicano

Vocabulario primordial

agresivo/a	optimista
astuto/a	serio/a
egoísta	tímido/a

Vocabulario clave

Verbos

acostumbrarse (a)	to get used to
apoyar	to support (emotionally)
arreglar	to fix
empujar	to push
entregarse	to devote oneself wholly; to surrender
luchar	to fight
portarse bien (mal)	to behave (to misbehave)
relajarse	to relax
vencer	to defeat, to overcome

Sustantivos

la autoestima	self-esteem
el bufete	law office
el carácter	personality
el complejo	complex
la confianza	confidence
el éxito	success
el fracaso	failure
la meta	goal, aim
el trastorno	upset (mental or physical)
la vergüenza	embarrassment

Adjetivos

alterado/a	upset
bondadoso/a	good-natured
desenvuelto/a	outgoing
despreocupado/a	carefree
dichoso/a	happy
exitoso/a	successful
grosero/a	nasty, vulgar
honrado/a	honest
malvado/a	evil
malhablado/a	foul-mouthed

mentiroso/a	lying
maniático/a	compulsive
rudo/a	rough
vicioso/a	having a bad habit or vice

Ampliación

Verbos	Sustantivos	Adjetivos
afligir	la aflicción	afligido/a
aislar	el aislamiento	aislado/a
alterar	la alteración	alterado/a
desilusionar	la desilusión	desilusionado/a
dominar	el dominio, la dominación	dominado/a
equilibrar	el equilibrio	equilibrado/a
fracasar	el fracaso	fracasado/a
mentir (ie, i)	la mentira	mentiroso/a
rebelarse	la rebeldía, la rebelión	rebelde
recordar	el recuerdo	recordado/a
tranquilizar(se)	la tranquilidad	tranquilo/a

¡Cuidado!

Cognados falsos

◆ **soportar** *to put up with, tolerate*

¡No **soporto** a un hombre tan grosero!	I can't stand such a nasty man!

◆ **apoyar** *to support*

Mis amigos siempre me **apoyan** en mis decisiones.	My friends always support me in my decisions.

◆ **el recuerdo** *memory, as in remembrance*

Tengo muy buenos **recuerdos** de mi niñez.	I have good memories of my childhood.

◆ **la memoria** *memory; the capacity to remember*

¡Mi **memoria** es excelente! Puedo recordar mi primer número de teléfono.	My memory is excellent! I can remember my first telephone number.

Aplicación

4-1 ¿Quién es? De las autodescripciones de la sección *¡Así es la vida!*, identifica a las personalidades con las siguientes cualidades. ¿Cuál se parece más a ti? ¿Por qué?

1. serio/a
2. agresivo/a
3. egoísta
4. independiente
5. desenvuelto/a
6. con una gran autoestima
7. astuto/a
8. dichoso/a

4-2 ¿Quiénes? Usa cada uno de los siguientes adjetivos para describir a personajes históricos o literarios del presente o del pasado, y explica por qué eran o son así.

MODELO: egoísta: *María Antonieta, la esposa de Luis XIV, fue una persona muy egoísta. Creía que los pobres que no tenían pan podían comer torta.*

1. maniático/a
2. rebelde
3. rudo/a
4. agresivo/a
5. mentiroso/a
6. malhablado/a
7. grosero/a
8. tímido/a

4-3 ¡Cuidado! Completa el diálogo con la forma correcta de las expresiones que siguen.

apoyar	la memoria	el recuerdo
el apoyo	recordar	soportar

LUISA: ¡Qué mala (1)_____ tengo! Ni (2)_____ el nombre de ese hombre que está con Gracia.

PABLO: Yo sí lo (3)_____, pero es un malvado y no lo (4)_____.

LUISA: ¿Por qué dices eso? Si no (5)_____ mal, él la (6)_____ mucho.

PABLO: No es verdad. ¿Recuerdas cuando todos estábamos en Cancún el año pasado? Gracia le pidió (7)_____ cuando perdió su bolsa, pero él no la ayudó en nada.

LUISA: Bueno, no insistas. Mira, siempre voy a tener buenos (8)_____ del tiempo que tú y yo pasamos juntos en Cancún, pero la historia de Gracia y ese hombre no me interesa y ni me acuerdo de ella.

PABLO: Es verdad que tienes una (9)_____ muy mala. ¿No (10)_____ que cuando estábamos allí me dijiste que no (11)_____ ni el sol ni el calor?

LUISA: De acuerdo. Pero siempre los (12)_____ son más lindos que la realidad.

4-4 Un consejo. Lee la siguiente carta que un padre le escribió a su hijo y complétala con la forma correcta del verbo más apropiado para cada número.

acostumbrarse	portarse	relajarse
apoyar	recordar	vencer

Caracas, 3 de octubre de 2002

Querido Toño:

¡Ojalá que todo vaya bien en la universidad y que (1)_____ bien en tus clases y con tus amigos! Tu mamá y yo sabemos que es difícil (2)_____ a una vida independiente, pero debes (3)_____ que siempre te vamos a (4)_____ con nuestros consejos y amor. No te olvides que aunque es bueno (5)_____, es importante ser dedicado para (6)_____ las dificultades y salir bien en la vida.

Un beso de,

tu padre

4-5 En familia. Completa las siguientes oraciones usando una variación de cada palabra en itálica. Si necesitas ayuda, consulta la sección llamada *Ampliación*.

MODELO: En su adolescencia el joven *se rebeló* contra toda autoridad. Su rebeldía le costó todas sus amistades.

1. Ese _____ me dijo que era rico. Ahora niega haberme *mentido*.
2. Hay que establecer un *equilibrio* en todo lo que hagas. Tienes que tener una vida bien _____.
3. Gracias por _____ al niño. Por fin duerme *tranquilamente*.
4. Fue una gran *desilusión* para el candidato no ganar las elecciones. Espero que ahora esté menos _____.
5. La señora ha vivido sola por más de veinte años y ahora se siente totalmente _____. *Se ha aislado* de todos sus amigos.
6. El accidente *alteró* a los niños, pero luego el policía los calmó. Ahora la mamá es la persona que está _____.
7. ¿*Recuerdas* los veranos que pasamos en la playa con mis primos? Tengo _____ muy vívidos de esos tiempos agradables.
8. Los trágicos resultados de la explosión *afligieron* mucho a los habitantes de la ciudad. Aun los que no viven allí sienten mucha _____.

👥 **4-6 El desafío.** Escojan cuatro personas de la política, del cine o de la televisión sin revelar las identidades. Luego, túrnense para describir a cada persona sin decir el nombre mientras el/la que escucha trata de adivinar el nombre de la persona descrita.

👥 **4-7 Cápsula personal.** Escriban su filosofía personal en cuanto a la vida, el amor, el trabajo, etc., usando el *¡Así es la vida!* como modelo. Después, compartan y comenten sus cápsulas.

4-8 El éxito. ¿Qué significa el éxito para ustedes? ¿Cómo logran sus sueños? Comparen sus puntos de vista con los de otros miembros del grupo para ver si tienen filosofías similares o diferentes en cuanto a este tema. ¿Qué creen que tienen en común con los de la generación de sus padres?

A explorar

4-9 La naturaleza de la personalidad. Conéctate a la página de *Conexiones* en la red informática (*http://www.prenhall.com/conexiones*) e investiga en la sección «A explorar» para aprender sobre la naturaleza de la personalidad.

4-10 ¿Cómo descubrir a un mentiroso? Lean el siguiente artículo y luego hablen de las mentiras y de los mentirosos.

¿Cómo descubrir a un mentiroso?

De acuerdo con el famoso psicólogo Dr. Paul Ekman, de la Universidad de California, «la mayoría de los mentirosos tienen éxito con sus mentiras porque nadie quiere hacer el esfuerzo que se requiere para descubrirlos». Pero, ¿en qué consiste este esfuerzo? Si quieres descubrir a un mentiroso, sólo tienes que observarlo detenidamente mientras habla. ¡Su actitud y expresión te dirán la verdad sobre sus mentiras!

Probablemente, estás hablando con un mentiroso si...

- su respiración es rápida y agitada, y si respira profundamenta cuando lo confrontas.
- al confrontarlo, se muestra sorprendido o sobresaltado.
- sus ojos se fijan en los tuyos prolongadamente, como para fingir una «mirada sincera».
- mira el reloj varias veces mientras habla, se ajusta los lentes o se alisa la ropa.
- se toca la punta de la nariz con los dedos.
- levanta las cejas (esto indica una reacción de sorpresa si lo sorprenden en un descuido o contradicción).

- se corrige varias veces y da demasiadas explicaciones que no has pedido.
- al confrontarlo, inclina o dobla el cuerpo.
- cuando no está hablando aprieta los labios.
- se toca la cara, particularmente cerca de la boca.
- cruza y descruza las piernas varias veces durante la conversación (así gana tiempo y alivia el estrés).

1. Describan algunas circunstancias en las que es aceptable mentir para no ofender a otra persona.

2. Den ejemplos y justifiquen circunstancias en las que es conveniente no decir toda la verdad.
3. Expliquen cómo se portan las personas cuando mienten.
4. Escriban una lista de los gestos que hace el mentiroso de acuerdo con el artículo e identifiquen los que han visto en personas mentirosas.
5. Túrnense para contar una historia verdadera o falsa y averigüen si pueden descubrir al/a la mentiroso/a.

Comparaciones

El arte de la conversación y la simpatía

El arte de la conversación se considera importante entre los hispanos, muchos de los cuales son excelentes conversadores. Aprenden a conversar desde muy pequeños sentados a la mesa a la hora de comer con sus familiares. Es muy común hacer el almuerzo y la cena en familia y tener sobremesas (conversación mientras todos están sentados alrededor de la mesa) que duran hasta una hora. En estas sobremesas, los niños escuchan las conversaciones de los mayores y a una edad temprana empiezan a participar en ellas. Así aprenden desde muy jóvenes a expresarse con fluidez y gracia.

Otra cualidad muy admirada entre muchos hispanos es el ser simpático. Una persona agradable no sólo tiene una conversación amena, sino que sabe ganarse a los demás con su tacto y optimismo. Lo contrario a la persona simpática es una persona antipática. El antipático tiene una personalidad problemática que desagrada a las otras personas. A la persona antipática o inoportuna se le da el adjetivo de «pesado/a» (*heavy*), en contraposición a la persona simpática o agradable que es «ligera» porque le cae bien a todo el mundo. Es muy común que los amigos y conocidos se burlen a espaldas de ellos/ellas (*make fun of them behind their backs*) con apodos despectivos (*derogatory*) como «puente roto» (no

se puede pasar [*you can't stand him/her*]), «chorro de plomo» (*gush of lead; stick in the mud;* i.e., *extremely heavy*) y «triple feo/a», si la persona además no es físicamente atractiva.

Vamos a comparar

¿De qué temas les gusta conversar a ustedes? ¿Tienen amigos que son buenos conversadores? ¿Cuáles son para ustedes las características de una persona simpática? ¿Y de una persona antipática? ¿Tienen la costumbre de la sobremesa en sus familias?

Vamos a conversar

👥 **La hora de comer.** Conversen entre ustedes sobre lo que hacen o no durante la hora de comer. Lean las acciones que siguen y digan con qué frecuencia (siempre, a veces, muy poco, nunca) las hacen.

- leer
- conversar con amigos o con miembros de la familia
- trabajar
- ver la televisión
- escuchar música
- escuchar las noticias o un partido en la radio
- estudiar o hacer la tarea
- ¿otra?

¡Así lo hacemos! Estructuras

1 Reflexive constructions

El barbero *se afeita.*

El barbero *afeita* al cliente.

Reflexive pronouns

A reflexive construction is one in which the subject both performs and receives the action expressed by the verb. The verb in a reflexive construction is always accompanied by a reflexive pronoun.

SUBJECT PRONOUNS	REFLEXIVE PRONOUNS	VERB
yo	me (*myself*)	lavo
tú	te (*yourself*)	lavas
Ud./él/ella	se (*yourself/himself/herself*)	lava
nosotros	nos (*ourselves*)	lavamos
vosotros	os (*yourselves*)	laváis
Uds./ellos/ellas	se (*yourselves/themselves*)	lavan

◆ As with the object pronouns, reflexive pronouns are placed immediately before the conjugated verb, or attached to the present participle (**-ndo**) or the infinitive.

Me lavo las manos.[1]   *I wash my hands.*

El joven está peinándo**se**.
El joven **se** está peinando.   *The young man is combing his hair.*

Julia va a maquillar**se** ahora.
Julia **se** va a maquillar ahora.   *Julia is going to put her makeup on now.*

---

[1]When talking about parts of the body and articles of clothing, use the definite article rather than the possessive.

Reflexive verbs

◆ Verbs that describe personal care and daily habits or routines are often reflexive.

Me voy a acostar tarde.	*I'm going to bed late.*
Elena **se maquilla** antes de ir a la oficina.	*Elena puts makeup on before going to the office.*
Lávate los dientes después de comer.	*Brush your teeth after you eat.*

A que ya sabías...

El esmero personal y la rutina diaria

◆ The following are some personal care and daily routine verbs. Can you remember others?

acostarse (ue)	dormirse (ue, u)	peinarse
afeitarse	ducharse	ponerse
bañarse	lavarse	secarse
cepillarse	levantarse	quitarse
despertarse (ie)	maquillarse	vestirse (i, i)

◆ In Spanish, verbs that express feelings, moods, and changes in conditions or emotional states are often reflexive. In English these ideas are expressed with verbs like to get or to become, or non-reflexive verbs.

Me alegro de verte.	*I am happy to see you.*
Mis amigos **se enojan** si pierden.	*My friends get (become) angry if they lose.*
Luis **se enamoró de** Ana.	*Luis fell in love with Ana.*
Ayer **nos divertimos** en la fiesta.	*Yesterday we had fun at the party.*
No **me acuerdo de** eso.	*I don't remember that.*
Me olvido de todo cuando estoy afligido.	*I forget everything when I'm upset.*
Marcelo **se enfermó.**	*Marcelo got (became) sick.*
A veces **me peleo** con Paco.	*At times I fight with Paco.*

◆ The reflexive structure can be used with almost any transitive verb (a verb that takes a direct object) to indicate or emphasize something one does to or for him/herself.

Compro un libro.	*I buy a book.*
Me compro un libro.	*I buy myself a book.*
Leí una novela rosa.	*I read a romance novel.*
Me leí una novela rosa.	*I read a romance novel to myself.*

◆ Some verbs change meanings when used with a reflexive pronoun.

NONREFLEXIVE		REFLEXIVE	
acostar	*to put to bed*	acostarse	*to go to bed*
dormir	*to sleep*	dormirse	*to fall asleep*
enfermar	*to make sick*	enfermarse	*to become sick*
ir	*to go*	irse	*to go away, to leave*
levantar	*to lift*	levantarse	*to get up*
llamar	*to call*	llamarse	*to be called (named)*
llevar	*to wear, carry*	llevarse	*to get along (with someone)*
poner	*to put, to place*	ponerse	*to put on, to become*
quitar	*to remove*	quitarse	*to take off*
vestir	*to dress*	vestirse	*to get dressed*

Reciprocal actions

◆ The plural forms of reflexive verbs can express reciprocal actions, things done *to each other* or *to one another*. To distinguish a reciprocal from a reflexive action, the phrases **el uno al otro** (reciprocal) and **a nosotros/vosotros/sí mismos** (reflexive) may be used.

Antonio y Cleopatra **se querían** muchísimo (el uno al otro).	*Antony and Cleopatra loved each other very much.*
Ellos **se veían** (el uno al otro) todos los días.	*They saw each other every day.*
Los niños **se vistieron** (a sí mismos).	*The children dressed themselves.*

Aplicación

4-11 Amelia, la niñera. Amelia, una niñera (*nanny*), habla con la señora de la casa. Completa su conversación con el pronombre reflexivo apropiado para cada número. ¡Ojo! No se necesita el pronombre en todos los casos.

LA SEÑORA: Amelia, ¿por qué estás cansada? ¡No (1)_____ haces más que ver la televisión todo el día!

AMELIA: Pero, señora, ¡no es verdad! A las cinco de la mañana (2)_____ levanto. (3)_____ lavo y (4)_____ pongo la ropa y (5)_____ voy a la cocina a preparar_____(6) un café. Después de tomar _____(7) el café, les (8)_____ preparo el desayuno a los niños. A las seis y media los (9)_____ despierto, y mientras ellos (10)_____ lavan, (11)_____ arreglo su habitación. Entonces les (12)_____ sirvo el desayuno y después yo (13)_____ limpio la cocina. Los niños y yo (14)_____ vamos al parque a jugar y (15)_____ cansamos mucho. ¡Casi no tengo tiempo libre para relajar_____(16)!

LA SEÑORA: Ahora (17)_____ entendemos, Amelia. Mañana puedes llevar a los niños a la playa y así pasar un rato agradable allí.

4-12 Una vida real. Completa el párrafo con la forma correcta del presente de indicativo del verbo más apropiado de la lista para cada número. Recuerda usar el pronombre reflexivo cuando sea apropiado.

duchar(se)	levantar(se)	traer
hablar	llegar	vestir(se)
ir	reunir(se)	volver
irse	salir	

Felipe de Borbón es el hijo del rey Juan Carlos I de España. En el verano (1)_____ a las diez de la mañana cuando su sirviente le (2)_____ el desayuno. Después de desayunar, (3)_____ y (4)_____. Luego, él y sus amigos (5)_____ a montar a caballo por el campo. A las dos de la tarde ellos (6)_____ a la casa de verano a almorzar. Por la tarde, todos (7)_____ y por la noche (8)_____ en uno de los bares famosos. Allí toman cervezas, (9)_____ de la política y los deportes, y a eso de las diez de la noche (10)_____ a casa a cenar. A las once de la noche Felipe (11)_____ a una discoteca con sus amigos a bailar. Felipe muchas veces no (12)_____ a su casa hasta la madrugada. ¡Es una vida real!

4-13 ¿Cómo es tu vida? Describe un día típico. Usa verbos reflexivos para explicar tu rutina diaria y verbos recíprocos para describir tus relaciones con otras personas. Compara tu vida con la del príncipe de España.

4-14 En la empresa internacional. Uds. tienen una empresa de coches de alquiler. Preparen una lista de lo que ustedes esperan que sus empleados hagan y no hagan para llevarse bien. Usen verbos reflexivos recíprocos como en el modelo a continuación.

MODELO: *Los empleados deben respetarse. No deben contarse chismes.*

«Escucho». El doctor Francisco Garza es un psicólogo que tiene un programa de radio en una ciudad grande y cosmopolita. Cuando los radioyentes lo llaman, él trata de darles consejos para resolver sus problemas. Lee las siguientes frases y luego escucha las llamadas que recibe el doctor Garza. Mientras escuchas, indica a quién describe cada oración: **C:** Carlos o **R:** Rosario.

MODELO: *Es relativamente joven.* ___**C**___

_____ 1. Le molesta el humo.	_____ 5. Es soltero/a.
_____ 2. Es inseguro/a.	_____ 6. Se siente solo/a.
_____ 3. Es tímido/a.	_____ 7. Se queja de los demás.
_____ 4. Vive con su familia.	_____ 8. Tiene problemas en el trabajo.

¿Cuál es tu opinión? Vuelve a escuchar el programa de radio y los consejos del doctor Garza. ¿Qué opinas de sus consejos? ¿de su personalidad? Explica tu opinión con ejemplos de lo que dice y su estilo de tratar a los radioyentes.

A explorar

4-15 La inteligencia emocional. Conéctate a la página de *Conexiones* **www** en la red informática (*http://www.prenhall.com/conexiones*) e investiga en la sección «A explorar» para aprender sobre tu inteligencia emocional.

SEPA SI ES UN «BUSCAEMOCIONES»

El psicólogo Marvin Zuckerman, de la Universidad de Delaware, EE.UU., ha estudiado a los individuos que sienten atracción hacia las emociones fuertes, a los que él llama thrillseekers. Según sus investigaciones, se ha detectado en su sangre la falta de monoaminaoxidasa (MAO), enzima que tiene un importante papel en las transmisiones neuronales y en la química del cerebro. Para Zuckerman, los thrillseekers tienen características comunes. Si contesta a este cuestionario, podrá descubrir si usted es uno de ellos.

1 A la hora de elegir un trabajo prefiero
   a) que se tenga que viajar mucho.
   b) que se desarrolle en el mismo lugar.

2 a) Realizar muchas actividades en un día me da una inyección de energía.
   b) No soporto los días estresantes.

3 a) Me aburre ver siempre las mismas caras.
   b) Me gusta intimar con la gente que trato todos los días.

4 a) En mi sociedad ideal cada uno tiene que sentirse seguro y a salvo.
   b) Me gustaría vivir en un período convulso de la historia.

5 a) Me gusta mucho hacer cosas que producen miedo.
   b) Las personas prudentes evitan las actividades peligrosas.

6 a) No me gustaría que me hipnotizaran.
   b) Me encantaría tener la experiencia de ser hipnotizado.

7 a) El fin de la vida es disfrutarla al máximo y tener muchas experiencias.

   b) Lo más importante de la vida es tener paz y felicidad.

8 a) No me gustaría tirarme en paracaídas.
   b) Saltar desde un avión, con paracaídas, es emocionante.

9 a) Penetro poco a poco en el agua fría.
   b) Es muy divertido entrar corriendo en el agua fría del mar.

10 a) Cuando estoy de vacaciones, siempre prefiero comer y dormir bien.
   b) Me gusta el camping.

11 a) Mis amigos expresan sus emociones incluso cuando están deprimidos.
   b) Me encanta la gente equilibrada.

12 a) Una buena pintura es la que impresiona nuestros sentidos.
   b) El arte debería conferir paz y seguridad.

13 a) Las personas que conducen motos tienen a veces deseos inconscientes de causarse daño.
   b) Siento un gran placer al conducir una moto.

RESULTADOS

Anótese un punto por cada una de estas respuestas: 1a, 2a, 3a, 4b, 5a, 6b, 7a, 8a, 9b, 10b, 11a, 12a y 13b.
Súmelos y busque el lugar que le corresponde en uno de estos cinco grupos.

- De 1 a 3 puntos: deseos muy bajos de buscar sensaciones fuertes.
- De 4 a 5 puntos: bajos.
- De 6 a 9 puntos: medios.
- De 10 a 11 puntos: altos.
- De 12 a 13 puntos: muy altos.

¡Así lo decimos! Vocabulario

Vocabulario primordial

el cerebro	inseguro/a
la conciencia	el vicio
la costumbre	

Vocabulario clave

Verbos

arrepentirse	to repent
emocionarse	to get excited; to be touched or moved
engañar	to deceive
equivocarse	to make a mistake
experimentar	to experience, to experiment
intentar	to try
obsesionarse	to become obsessed
sonrojarse	to become red
superar	to overcome

Sustantivos

el amor propio	pride, self-respect
la conducta	behavior
el estado de ánimo	mood
la manía	compulsive habit
el placer	pleasure
el/la sinvergüenza	rascal; scoundrel
los valores morales	morals

Adjetivos

acomplejado/a	having a mental complex (often inferiority)
afligido/a	upset
apasionado/a	passionate
avergonzado/a	ashamed; embarrassed
enajenado/a	alienated, absent
ingrato/a	ungrateful
inquieto/a	restless
ordenado/a	organized
presumido/a	presumptuous, conceited
reprimido/a	repressed
sensible	sensitive

sumiso/a	submissive
tenaz	tenacious
terco/a	stubborn
valiente	courageous
vanidoso/a	vain, conceited

Adverbios

dentro	inside (abstract)
fuera	outside (abstract)

Otras palabras y expresiones

el qué dirán	what people will say
hacer trampa	to cheat

Ampliación

Verbos	Sustantivos	Adjetivos
emocionarse	la emoción	emocionado/a
engañar	el engaño	engañado/a
estresar	el estrés	estresado/a
experimentar	la experiencia, el experimento	experimentado/a
influir (y)	la influencia	influido/a
empeorar	empeoramiento	peor, empeorado/a
mejorar	el mejoramiento	mejor, mejorado/a
obsesionarse	la obsesión	obsesionado/a
razonar	la razón	razonado/a
tener valor	el valor	valiente

¡Cuidado!

Pero, sino, and sino que

Pero, sino, and **sino que** mean *but* in the following contexts.

◆ Use **pero** when the second part of the sentence does not correct the first part.

Marta es competente **pero** insegura.	*Marta is competent but insecure.*

◆ Use **sino** when the first part of the sentence is negative, and the second part is a noun, adjective, adverb, or prepositional phrase that corrects the same in the first part.

No soy incompetente **sino** desordenada.	*I'm not incompetent, but (rather) disorganized.*
No intentó hablar con la secretaria **sino** con el jefe.	*She didn't try to talk to the secretary but (rather) with the boss.*

◆ Use **sino que** instead of **sino** if the second part of the sentence has a new verb.

Juan Manuel no baila en las fiestas **sino que** canta y habla mucho.	*Juan Manuel doesn't dance at parties, but (instead) he sings and talks a lot.*

Aplicación

4-16 ¿Qué información? Vuelve a leer el artículo de *¡Así es la vida!* para contestar las siguientes preguntas.

1. ¿Quién hizo el estudio? ¿Dónde se hizo?
2. ¿Qué significa la palabra «buscaemociones»?
3. ¿Qué les hace falta a las personas que son buscaemociones?
4. ¿Eres un/a buscaemociones según el cuestionario? Explica por qué estás o no estás de acuerdo con el resultado.

4-17 El resultado. Trabaja con un/a compañero/a para comparar los resultados del cuestionario y decidir si están de acuerdo o no con ellos. Apoyen sus puntos de vista con ejemplos de las actividades que buscan y/o evitan.

4-18 Los vicios. Todos tenemos pequeños vicios. Cuéntense uno o dos de sus vicios y después traten de convencerse de que los vicios no son tan malos.

MODELO: E1: *Mi vicio es ver una telenovela todas las tardes. Mi favorita es* El hospital general, *y si me pierdo un episodio, me siento malhumorado/a.*

E2: *Entiendo. Es muy fácil entrar en la historia e identificarse con los personajes.*

4-19 En familia. Completa las siguientes oraciones usando una variación de cada palabra en itálica. Si necesitas ayuda, consulta la sección llamada *Ampliación.*

MODELO: El rector quiere hacerlo *mejor.* El rector quiere __mejorar__ el trato de los estudiantes.

1. El rector tiene una gran _____ en la universidad. El rector *influye* en muchas de la decisiones administrativas.
2. Para ciertos administradores es una *obsesión* tomar todas las decisiones. Uno en particular está totalmente _____ con el presupuesto de la universidad.
3. La situación económica en el sistema universitario está *peor*. _____ con el cambio de administración.
4. Necesitamos una buena *razón* para cambiar de jefe de departamento. ¿Por qué no tratas de _____ con nuestros colegas?
5. Cuando la profesora Jiménez lee poesía, lo hace con mucha *emoción*. Todos los que la escuchan también _____.
6. Creo que lo que dice el decano asociado es un *engaño*. Nos sentimos totalmente _____.
7. Ese _____ del vicerrector es un desastre. No se debe permitir que él *experimente* con nuestro programa académico.
8. La conducta del profesor Martínez no es la de una persona *valiente*. Nosotros tenemos que tener _____ para decírselo.
9. Y ahora seguramente el profesor siente mucho *estrés*. Pero nosotros también estamos _____.

4-20 Una experiencia increíble. Completa las frases siguientes con **pero** o **sino (que)** e inventa una historia sobre algo que experimentaste.

- Ayer volví a casa a medianoche,...
- No entré por la puerta,...
- Una vez en casa vi una luz que salía de mi habitación,...
- Oí algunos ruidos extraños,...
- No tenía miedo,...
- Fui por el teléfono,...
- No llamé a la policía,...
- Ahora puedes preguntarme qué pasó después,...

4-21 ¿Cuándo? Explíquense cuándo se dan las siguientes situaciones.

MODELO: te emocionas

    E1: *¿Cuándo te emocionas?*

    E2: *Me emociono cuando veo a mis abuelos abrazarse. ¿Y tú?*

    E1: *Pues, yo me emociono cuando un tío me manda dinero.*

1. te obsesionas
2. haces trampa
3. te arrepientes
4. te sientes avergonzado/a
5. te sientes estresado/a
6. tu estado de ánimo está muy alto
7. estás acomplejado/a
8. te sientes especialmente sensible

4-22 ¡Explícame más! Escoge una de las situaciones que le describiste a tu compañero/a en 4-21 y escribe una breve composición con algunos detalles.

4-23 El enojo: ¿amigo o enemigo? Después de leer el artículo háganse las preguntas que siguen.

CONTROLA EL ENOJO ANTES DE QUE TE CONTROLE

Todos nos enojamos de vez en cuando. Lo importante es no dejarse controlar por esta emoción tan poderosa. ¿Cómo podemos lograrlo? Aquí te damos algunas sugerencias:

- Pregúntate por qué estás enojado/a y exprésalo de la siguiente manera: Estoy enojado/a porque...

- Reflexiona y piensa: ¿es ésta la primera vez que algo así me ha hecho enojar o existe algún patrón específico que puedo identificar?

- Busca un lápiz o una pluma y papel. NOTA: El acto físico de escribir es parte de este ejercicio, ¡no lo hagas en la computadora!

- Encuentra un lugar tranquilo y cómodo donde nada ni nadie pueda interrumpirte.

- Escribe una carta dirigida a la persona o a la situación en la que expliques por qué estás enojado.

- Describe cómo este dolor ha afectado tu vida. Escribe sobre las oportunidades que perdiste por su causa, tu depresión y la manera en que te ha afectado tu concepto de ti mismo/a.

- Escribe todo lo que has tenido que hacer y pasar desde que sucedió lo que te provocó el enojo. Escribe cualquier otra cosa que estés pensando o sintiendo en ese momento.

- Lee lo que has escrito. Si puedes, trata de leerlo en voz alta. Entonces ponlo a un lado.

- Repite todos estos pasos las veces que sea necesario hasta que te sientas mejor.

- Cuando te sientas listo/a, busca otro papel y escribe una carta en la que perdones a la persona que te hizo daño. Describe cómo vas a lidiar con este sentimiento.

- Cuando estés listo/a, echa la primera carta a la basura y pon la segunda carta en un lugar donde puedas encontrarla más tarde.

Recuerda: la meta es ser honesto/a contigo mismo/a y sacar estos sentimientos negativos de tu sistema de una manera productiva para así aliviar tu enojo. ¡Inténtalo! ¡Verás que sí funciona!

1. ¿Creen que el enojo es bueno o malo?
2. ¿En qué circunstancias se enojan?
3. ¿Qué hacen cuando se enojan?
4. ¿Qué cambios físicos experimentan cuando se enojan? ¿El corazón les palpita más rápido? ¿Se sonrojan? ¿Les duele el estómago?
5. ¿Son similares o diferentes las experiencias de ustedes?
6. ¿Han escrito cartas como se sugiere en el artículo? ¿Cómo se sienten después de poner su enojo por escrito?

4-24 Las ventajas y las desventajas. De acuerdo con el artículo de 4-23, hagan una lista de las ventajas y las desventajas del enojo.

4-25 La violencia doméstica. En los Estados Unidos las mujeres muchas veces sufren cuando los hombres se enojan. En un grupo pequeño, hablen de las causas del enojo y las maneras de tratar de controlar este problema.

A explorar

4-26 ¿Qué debo hacer? Conéctate a la página de *Conexiones* en la red informática (*http://www.prenhall.com/conexiones*) e investiga en la sección «A explorar» para aprender sobre el importante proceso de tomar decisiones.

2 Agreement, form, and position of adjectives

- Adjectives agree in gender (masculine or feminine) and number (singular or plural) with the noun or pronoun they modify.

  Julio es un hombre **desenvuelto**.   *Julio is an outgoing man.*

  Mis amigos son **dichosos**.   *My friends are happy.*

- Ending in -o: Adjectives whose masculine form ends in -o, have a feminine form ending in -a.

  El profesor está **afligido**.   *The professor is upset.*

  La estudiante también está **afligida**.   *The student is also upset.*

- Consonant, -e: Adjectives that end in -e and most adjectives that end in a consonant have the same masculine and feminine forms.

  Rigoberta Menchú es una mujer **valiente**.   *Rigoberta Menchú is a courageous woman.*

  Alejandro Sanz es un hombre **sensible**.   *Alejandro Sanz is a sensitive man.*

  Ayer conocimos a un abogado muy **capaz**.   *Yesterday we met a very capable lawyer.*

  Violeta Chamorro fue una presidenta **tenaz**.   *Violeta Chamorro was a tenacious president.*

- Plurals: Generally, adjectives follow the same rules as nouns to form the plural.

  mexicano → mexicanos   inteligente → inteligentes

  tenaz → tenaces   trabajador → trabajadores

- Nationality: Adjectives of nationality that end in a consonant add -a to form the feminine. If the adjective ends in -e or -a, the singular has only one form. Adjectives of nationality are not capitalized in Spanish.

  El comediante **español** era muy bueno.   *The Spanish comedian was very good.*

  La actriz **española** es maravillosa.   *The Spanish actress is marvelous.*

Óscar Arias es **costarricense**.	*Óscar Arias is Costa Rican.*
Tengo un amigo **vietnamita**.	*I have a Vietnamese friend.*

◆ Position, general: Limiting adjectives (numerals, unstressed possessives, indefinites, demonstratives, interrogatives) usually precede the noun or pronoun they modify, and descriptive or differentiating adjectives (size, color shape, nationality, etc.) are generally placed after the noun.

Mi novio es **cariñoso**.	*My boyfriend is affectionate.*
Julia es **una** mujer **inquieta**.	*Julia is a restless woman.*
Tenemos **muchos** recuerdos **agradables** de Pablo.	*We have many pleasant memories of Pablo.*

◆ Position, two or more adjectives: When two adjectives modify a noun, they are placed according to the above rules; when descriptive adjectives follow the noun, they are connnected by **y**.

Son **tus cuatro** amigos **rebeldes**.	*They are your four rebellious friends.*
Mi tía **generosa** vive en Los Ángeles.	*My generous aunt lives in Los Angeles.*
Nuestros amigos, **optimistas y apasionados**, creen que es hora de rebelarse.	*Our optimistic and passionate friends think it is time to rebel.*

◆ Position, known quality: When descriptive adjectives precede the noun they modify, they usually describe a known or established quality.

Las **altas** montañas de los Andes son impresionantes.	*The high Andean mountains are impressive.*
Ana es una **joven** psicóloga.	*Ana is a young psychologist.*
Rafael es mi **peor** enemigo.	*Rafael is my worst enemy.*

◆ Spelling changes: Some adjectives change spelling before the noun. **Bueno, malo, primero, tercero, uno, alguno,** and **ninguno** drop the final -o before a masculine singular noun. **Cualquiera** shortens to **cualquier** before any singular noun. **Algún** and **ningún** require a written accent.

Plácido Domingo es un **buen** cantante.	*Plácido Domingo is a good singer.*
El **tercer** consultorio es para los psicoanalistas.	*The third office is for the psychoanalysts.*
Busco **cualquier** libro sobre la autoestima.	*I'm looking for any book on self-esteem.*
Algún pintor dejó esas pinturas en la mesa.	*Some painter left those paintings on the table.*

The adjectives **grande, ciento,** and **santo** drop the final syllable in the following cases. **Grande** becomes **gran** before a masculine or a feminine noun. The meaning changes to *great*.

Eduardo es un **gran** hipnotizador.	*Eduardo is a great hypnotist.*
Tiene una oficina **grande**.	*He has a big office.*

Ciento becomes **cien** before a noun, in counting, and before the adjective **mil**. However, it remains **ciento** when it precedes numerals smaller than one hundred.

cien personas deprimidas	*one hundred depressed people*
noventa y nueve, **cien**, **ciento** uno...	*ninety-nine, one hundred, one hundred and one . . .*
cien mil dólares al año	*one hundred thousand dollars per year*
Este año he tenido **ciento** diez días estresantes.	*This year I have had one hundred and ten stressful days.*

Santo becomes **San** before the name of all masculine saints except those beginning in **Do-** or **To-**.

San Juan	*Saint John*
Santo Tomás	*Saint Thomas*

A que ya sabías...

Cambios de sentido

◆ Some adjectives change meaning depending on whether they precede or follow the noun they modify. Do you remember these? Can you remember other adjectives that change meaning under different conditions?

Before noun		After noun
certain (particular)	**cierto/a**	*certain (sure)*
darned	**dichoso/a**	*lucky, happy*
great, impressive	**grande (gran)**	*large*
half-	**medio/a**	*middle, average*
same	**mismo/a**	*(the thing) itself*
another, different	**nuevo/a**	*brand new*
unfortunate	**pobre**	*poor*
own	**propio/a**	*proper*
sheer	**puro/a**	*pure*
former, long-standing	**viejo/a**	*old, aged*

Aplicación

4-27 El doctor los escucha. Durante un día típico, el doctor tiene que escuchar varios problemas. Completa las siguientes quejas (*complaints*) con la forma correcta de un adjetivo apropiado de la lista.

afligido	enajenado	grande	malhablado	ninguno
despreocupado	feliz	ingrato	mentiroso	vicioso

INÉS: ¡Ay, doctor! Estoy tan mal. Mis nervios están para explotar. Estoy
(1)_____ porque una amiga me dijo que vio a mi novio Alejandro con

esa Lucila. ¡Lucila! Su ex-novia. Esa mujer (2)_____ ... es escandalosa, ¿sabía? Fuma muchísimo, y no sólo cigarrillos, eh, y se toma una botella de whisky todos los días. En fin, esa mujer (3)_____ (porque también anda insultando a todo el mundo) quiere quitarme a mi Alejandro. ¿Qué puedo hacer? ¡Me vuelvo loca! Le pregunté a Alejandro por qué hablaba con ella, pero es un (4)_____. ¡Me dijo que no la había visto desde hacía mucho tiempo! Alejandro y yo somos muy (5)_____ juntos. Él está muy contento conmigo y no puedo imaginarme por qué me engaña.

CARLOS: Buenas tardes, doctor. Nada ha cambiado. Sigo igual. Me siento totalmente (6)_____ del mundo, sin amigos, sin familia... nada. Mis hijos tuvieron una (7)_____ fiesta para celebrar el cumpleaños del más joven, pero no me invitaron. Llevan una vida absolutamente (8)_____. Les pago todo: los estudios, el seguro de los coches, el alquiler, ¡todo!, pero son unos (9)_____. Nunca me dicen «Gracias, papá», ni hacen (10)_____ llamada para asegurarse de que estoy bien. Nada. Nada ha cambiado.

👥 **4-28 Descríbanlos.** Túrnense para hacer descripciones de lugares, situaciones o personas con estas características.

MODELO: una gran mujer: *Eleanor Roosevelt fue una gran mujer.*

1. un hombre feliz
2. cierta persona
3. una pobre persona
4. un hombre viejo
5. una persona dichosa
6. una ciudad grande
7. aire puro
8. un nuevo coche
9. una vieja casa
10. un país pobre

4-29 Alguna información sobre el mundo hispano. Completa cada oración con la forma correcta de un adjetivo de la lista.

alguno	ninguno	santo
grande	primero	uno

1. La cultura hispana tiene una _____ presencia en el hemisferio occidental.
2. _____ José, _____ Francisco y _____ Clara son ciudades californianas con nombres hispanos.
3. _____ Domingo es la capital de la República Dominicana.
4. Hernán Cortés fue el _____ conquistador español que llegó a México.
5. No hay _____ historiador que niegue la importancia de la civilización indígena de Hispanoamérica.
6. ¿_____ estudiante de esta clase sabe cuál es el país más grande de Hispanoamérica?
7. Busca en _____ mapa de los Estados Unidos y encontrarás nombres de origen español.

4-30 Convénzanme. Túrnense para describir un lugar y convencer a su compañero/a de que lo visite o vaya a vivir allí. Usen adjetivos descriptivos y determinativos. Después de oír la descripción de cada uno, indiquen si están convencidos/as o no y expliquen por qué.

4-31 El mundo hispano. Descríbanse lugares en el mundo hispano sin decir el nombre para que el/la que escucha, trate de adivinar el lugar.

MODELO: E1: *Es una cadena de montañas altas y majestuosas que va del norte al sur de América del Sur.*

E2: *Los Andes.*

Comparaciones

«Dime con quién andas y te diré quién eres».

El qué dirán

La sociedad hispana está estructurada más rígidamente que la sociedad anglosajona. Los jóvenes desde niños aprenden de sus padres a portarse correctamente y, debido al control de los padres sobre ellos, raramente abusan de los privilegios que puedan recibir de los padres. A los jóvenes se les dice desde pequeños lo que es y no es aceptable hacer en la comunidad en que viven. Este qué dirán (*what people will say*) es un factor importantísimo en la conducta de la juventud porque se les ha enseñado que la manera de portarse puede traerle honor o desgracia a su familia. Y aunque es verdad que en todas las familias hay una oveja (*sheep*) negra y que la globalización de hoy en día causa grandes cambios en la sociedad hispana, todavía el antiguo refrán, «Dime con quién andas y te diré quién eres» describe fielmente esa presión social que persuade a los jóvenes a actuar con cierto pundonor (*integrity*).

Vamos a comparar

¿Qué tipo de presión tienen los jóvenes en los Estados Unidos y el Canadá? ¿En qué sentido hay más libertad en los Estados Unidos y el Canadá que en el mundo hispano? ¿con respecto a la familia? ¿con respecto a los amigos? ¿Les preocupa a sus familias el honor familiar? ¿sí o no? ¿por qué? ¿Es el qué dirán importante en su comunidad? Explica.

Vamos a conversar

Las reacciones de sus padres. Imagínense que Uds. son chicos de 15 años. ¿Cómo van a reaccionar sus padres en estas situaciones? ¿Hay una diferencia si son chicos o chicas?

- Quieren salir con algunos amigos que todavía no les han presentado a los padres.
- Quieren ir de camping con un grupo de jóvenes de la escuela.
- Quieren tener una fiesta una noche cuando los padres no estén en casa.

3 The past participle and the present perfect tense

Has sido siempre un sinvergüenza.

The past participle is formed by adding **-ado** to the stem of **-ar** verbs and **-ido** to the stem of **-er** and **-ir** verbs.

TOMAR	COMER	VIVIR
tom**ado** (*taken*)	com**ido** (*eaten*)	viv**ido** (*lived*)

◆ An accent mark is added to the past participle of **-er** and **-ir** verbs whose stems end in **-a, -e,** or **-o.**

caer	caído	*fallen*
creer	creído	*believed*
leer	leído	*read*
oír	oído	*heard*
reír	reído	*laughed*
traer	traído	*brought*

◆ The following verbs have irregular past participles.

abrir	**abierto**	*opened*
cubrir	**cubierto**	*covered*
decir	**dicho**	*said*
descubrir	**descubierto**	*discovered; uncovered*
escribir	**escrito**	*written*
hacer	**hecho**	*done; made*
imprimir	**impreso**	*printed*
ir	**ido**	*gone*
morir	**muerto**	*dead*
poner	**puesto**	*put, placed*
resolver	**resuelto**	*resolved*
romper	**roto**	*broken*
ver	**visto**	*seen*
volver	**vuelto**	*returned*

◆ In both English and Spanish, past participles may be used as adjectives to modify a noun. In Spanish, when the past participle is used as an adjective, it agrees in gender and number with the noun it modifies.

Esa pintura fue **hecha** en Perú.	*That painting was done in Peru.*
La catedral fue **construida** en 1560.	*The cathedral was built in 1560.*
La gente está **desilusionada**.	*The people are disillusioned.*
Las ventanas están **rotas**.	*The windows are broken.*

◆ The present perfect is a compound tense that requires two verbs. In English, the present perfect is formed with the present tense of the auxiliary verb *to have + past participle*. In Spanish, the present perfect is formed with the present tense of the auxiliary verb **haber** + *past participle*.

HABER	PAST PARTICIPLE	
yo	he	
tú	has	
Ud./él/ella	ha	tomado / comido / vivido
nosotros/as	hemos	
vosotros/as	habéis	
Uds./ellos/ellas	han	

◆ In general, the present perfect is used to refer to a past action or event that is perceived as having some bearing on the present.

Últimamente mis padres **han experimentado** muchas dificultades personales, pero hasta ahora **han logrado** superarlas.	*My parents have experienced many personal difficulties lately, but so far they've managed to overcome them.*

◆ The auxiliary verb **haber** agrees with the subject of the sentence. The past participle, however, is invariable when it forms part of the perfect tense.

¿**Has intentado** llamar a tu amiga?	*Have you tried to call your friend?*
Sí, pero no **ha estado** en casa.	*Yes, but she hasn't been at home.*

◆ The auxiliary verb **haber** and the past participle cannot be separated by another word. Object pronouns and negative words are always placed before **haber**.

¿Has conocido al señor malhumorado?	*Have you met the bad-tempered man?*
No lo he conocido todavía.	*No, I haven't met him yet.*
¿El político engañó a los votantes?	*Did the politician deceive the voters?*
Sin duda **los ha engañado**.	*Without a doubt, he has deceived them.*

◆ The verb **haber** is not interchangeable with **tener**. **Haber** means *to have* only when used as an auxiliary verb with the past participle. **Tener** means *to have* or *to own* in the sense of possession.

El rector de la universidad **tiene** pocas opciones.	*The university president has few options.*
¿**Tienes** algún vicio?	*Do you have any bad habits?*

◆ Remember that you can use the present tense of **acabar de** + infinitive in order to describe an event that *has just happened.*

El vanidoso **acaba de anunciar** su buena fortuna.

The conceited man has just announced his good fortune.

Acabo de prevenir una crisis.

I have just prevented a crisis.

Aplicación

4-32 Una escena sospechosa. Imagínate que eres detective y haces una lista de lo que encuentras en una escena que investigas. Cambia el infinitivo de cada una de las siguientes frases al participio pasado para completar tu lista.

MODELO: la comida / preparar / en la cocina

la comida preparada en la cocina

1. la mesa / poner
2. todos los libros / abrir / en la biblioteca
3. una carta / escribir / por la novia
4. algunas tazas / romper / en el piso
5. una cena / medio / comer
6. una copa de vino / servir
7. un revólver / hacer / de plata
8. un número de teléfono / apuntar / en la libreta de notas

4-33 Hecho. Ustedes hacen los preparativos para una reunión de un grupo de apoyo. Túrnense para hacerse y contestar preguntas basadas en las siguientes frases para asegurarse de que todo esté listo.

MODELO: arreglar las sillas

E1: *¿Has arreglado las sillas?*

E2: *Sí, las sillas están arregladas.* o *No, todavía no están arregladas.*

1. escribir el programa
2. enviar las invitaciones
3. invitar a Luisa
4. preparar unos sándwiches
5. comprar los refrescos
6. poner música ligera
7. cubrir el sofá viejo
8. arreglar el baño

4-34 A que nunca has... Háganse preguntas sobre experiencias que hayan tenido. Pueden usar las frases de la lista u otras que se les ocurran.

MODELO: E1: *¿Te has estresado alguna vez en esta clase?*

E2: *No, no me he estresado en esta clase, pero sí en la clase de química.*

ver una disputa entre amigos
engañar a un/a amigo/a
obsesionarse por una persona

vencer una dificultad
acostumbrarse a una situación difícil
estar equivocado/a

4-35 Relaciones interpersonales. Piense cada uno/a en una persona que ha sido muy importante en su vida. Puede ser un familiar, un/a amigo/a o un/a novio/a. Hagan listas de lo que han hecho estas personas en sus vidas. Usen las siguientes categorías: Ha hecho… (1) para hacerme feliz, (2) para enojarme, (3) para ayudarme a superar algo. Luego, compartan sus experiencias, y explíquense lo que ustedes han hecho por esas personas.

MODELO: *Mi novio me ha comprado flores muchas veces para hacerme feliz. Ha cancelado los planes algunas veces y eso me ha enojado…*

A ESCUCHAR

Una radionovela. En este episodio vas a escuchar a Encarnación quejarse y chismear sobre su familia y una amiga. Identifica de quiénes habla.

E: de sí misma
R: de su esposo Raúl
P: de su amiga Patricia

____ avergonzado/a	____ inseguro/a	____ sensible
____ egoísta	____ humilde	____ terco/a
____ disciplinado/a	____ olvidadizo/a	____ vanidoso/a
____ generoso/a	____ ordenado/a	

Conexiones

La «personalidad». Piensen en un programa de televisión conocido que tenga varios personajes. Hagan un pequeño retrato (*portrait*) psicológico de cada uno de los personajes. ¿Ha experimentado alguno de los personajes una evolución en su personalidad? Para respaldar sus descripciones, ofrezcan ejemplos de cosas que ha hecho cada personaje en episodios recientes. Presenten sus conclusiones y discútanlas con el resto de la clase.

A explorar

4-36 ¿Qué es la creatividad? Conéctate a la página de *Conexiones* en la red informática (*http://www.prenhall.com/conexiones*) e investiga en la sección «A explorar» para aprender sobre la creatividad, la imaginación y la originalidad.

¡Así lo expresamos!

Ritmos

Me enveneno de azules

Jesús García García y su hermano José forman el conjunto musical español *Me enveneno de azules*, una de las grandes revelaciones de 2001 y uno de los grupos más sobresalientes del panorama actual. «Vidas paralelas» es el segundo sencillo de este dúo de hermanos de Yecla (Murcia). Su música se caracteriza como poética y pop sincero, pastelosa (*mushy*) pero igualmente interesante.

Vidas paralelas

al principio era un juego desconocido
moldeable según la situación
con el tiempo
empezó a ser más divertido
5 pero requería más información

eh, no hay nada mejor
desafiar° al tiempo   *challenge*
adelantarle en un sprint
y poder mirar
10 las caras que se quedan
las caras que se quedan

sin embargo
llevo algo dentro que me quema°   *burns*
y es imposible
15 poderlo despistar°   quitar

son dos vidas paralelas
en un instante
una es cobarde°   le tiene miedo a todo
y la otra también

20 eh, si estáis ahí
aprovecho ahora
tengo algo que decir
si estáis ahí
escuchadme ahora
25 mis dos vidas son

una, mi corazón
que no sabe saltar
siempre se asusta
no tiene ni principio ni final

30   dos, mi cabeza
     no se llevan bien
     una apuesta° fuerte   apostar=*to bet*
     la otra no se deja convencer°   no... está de acuerdo

     pa, parapapa pa
35   mi corazón y mi cabeza no se llevan bien
     mi corazón y mi cabeza no se llevan bien

     mi corazón no sabe saltar
     siempre se asusta
     no tiene ni principio ni final
40   y mi cabeza no se llevan bien
     va pasando el tiempo
     y no se llevan bien

     con los años
     dicen que esto se cura
45   va pasando el tiempo
     y estoy cada vez peor

4-37 Vidas paralelas.

1. Explica el conflicto que siente esta persona.
2. ¿Qué papel desempeña el corazón en la vida del artista?
3. ¿Qué hace su cabeza?
4. Da un ejemplo de este conflicto en tu propia vida.
5. ¿Cuál de las dos vidas triunfa en la canción?
6. Y en tu vida, ¿gana la cabeza o el corazón?
7. Comenta la diferencia que existe entre «tener una vida paralela» y «llevar una doble vida».

4-38 La música.

Esta canción se caracteriza como música popular. Vuelve a escucharla e identifica el instrumento dominante y el número de voces. ¿El estilo se parece al de algún/a cantante norteamericano/a que conozcas? ¿A quién?

4-39 ¿Qué piensas?

Describe la personalidad de la persona retratada en esta canción con otras palabras. ¿Es una persona reprimida o libre? ¿Es sincera o mentirosa? ¿Consideras que es triste o feliz? Refiérete a *¡Así lo decimos!* para tu descripción.

 # Imágenes
Frida Kahlo

Frida Kahlo (1907–1954) fue una pintora mexicana que produjo aproximadamente doscientas pinturas. Casi todas sus obras son autorretratos o tratan sobre temas autobiográficos o feministas. La mezcla de realidad y fantasía, del mundo interior y el mundo exterior, y de la yuxtaposición de lo moderno con lo tradicional hacen de esta pintora una de las figuras más importantes del arte latinoamericano. Pasó casi toda su vida junto a su famoso esposo, el muralista Diego Rivera, y aunque se separaron por un tiempo, Frida siempre estuvo obsesionada por él.

Perspectivas e impresiones

4-40 ¿Qué opinas? Contesta las siguientes preguntas.

1. ¿Cómo explicas el título de la pintura?
2. ¿En qué se diferencian las dos Fridas?
3. Explica los elementos o colores de la pintura que son simbólicos. ¿De qué trata el simbolismo?
4. ¿Crees que hay cierta dualidad en todas las personas? ¿Por qué sí o por qué no?
5. Haz una lista de tus «dualidades» y luego trata de representarlas en un dibujo. Comparte el dibujo con el resto de la clase.

Frida Kahlo, *Las dos Fridas*, 1939, Óleo s/tela, 173.5 x 173 cm., Instituto Nacional de Bellas Artes—Museo de Arte Moderno

A explorar

4-41 El mundo interior de Frida Kahlo. Conéctate a la página de **www** *Conexiones* en la red informática (*http://www.prenhall.com/conexiones*) e investiga en la sección «A explorar» para aprender sobre la vida de esta gran pintora mexicana y para observar algunos de sus famosos autorretratos.

Páginas

Julia de Burgos

Julia de Burgos (1914–1958) fue una poeta puertorriqueña que escribió numerosos artículos periodísticos en los que abogaba por las mujeres, los negros y los trabajadores. Publicó dos colecciones de poemas: *Poema en siete surcos* (1938) y *Canción de la verdad* (1939). Vivió en Puerto Rico, en Cuba y luego en Nueva York, donde murió pobre y sola.

Antes de leer

4-42 Anticipación. Mira el dibujo. ¿Quién es la mujer del espejo? ¿Quién es la mujer que se mira en el espejo? ¿Cuál se ve más real? ¿Con cuál de las dos te identificas más?

Busca elementos de una lectura que puedan ayudarte a anticipar el tema. Lee la introducción a la lectura (o el prefacio de un libro). Toma en cuenta el título. Busca palabras del título que no entiendas en el diccionario. Si hay fotografías o dibujos, míralos y lee el texto que los acompañe. Mientras lees, las palabras familiares pueden facilitar tu comprensión de la lectura, especialmente los cognados. Al hacer estas conexiones, puedes leer sin buscar las palabras que no entiendas y luego inferir el sentido general del pasaje. Las siguientes palabras son algunos de los cognados que aparecen en el poema. ¿Cuáles reconoces?

aristocracia	esencia	humana	profundo abismo	verso
enemigo	hipocresía	murmuran	social	voz

A Julia de Burgos

Ya las gentes murmuran que yo soy tu enemiga

porque dicen que en verso doy al mundo tu yo.

Mienten, Julia de Burgos. Mienten, Julia de Burgos.

La que se alza° en mis versos no es tu voz: es mi voz   se levanta

5   porque tú eres ropaje° y la esencia soy yo;   ropa

y el más profundo abismo se tiende° entre las dos.   se extiende

Tú eres fría muñeca° de mentira social,   *doll*

y yo, viril destello° de la humana verdad.   *spark*

Tú, miel de cortesanas hipocresías° yo no;   cortesanas...
       polite hypocrisies

10   que en todos mis poemas desnudo° el corazón.   revelo

Tú eres como tu mundo, egoísta; yo no;

que todo me lo juego° a ser lo que soy yo.   todo... *I risk everything*

Tú eres sólo la grave señora señorona°;   *prim lady*

yo no; yo soy la vida, la fuerza, la mujer.

15   Tú eres de tu marido, de tu amo° yo no;   *master*

yo de nadie, o de todos, porque a todos, a todos,

en mi limpio sentir y en mi pensar me doy.

Tú te rizas° el pelo y te pintas; yo no;   *curl*

a mí me riza el viento; a mí me pinta el sol.

	dama... *housewife*
20 Tú eres dama casera°, resignada, sumisa,

atada° a los prejuicios de los hombres; yo no;

tied

que yo soy Rocinante corriendo desbocado°

runaway horse

olfateando° horizontes de justicia de Dios.

smelling

Tú en ti misma no mandas; a ti todos te mandan;

25 en ti mandan tu esposo, tus padres, tus parientes,

el cura°, la modista, el teatro, el casino,

sacerdote

el auto, las alhajas°, el banquete, el champán,

joyas

el cielo y el infierno, y el qué dirán social°.

el... social gossip

En mí no, que en mí manda mi solo corazón,

30 mi solo pensamiento; quien manda en mí soy yo.

Tú, flor de aristocracia; y yo, la flor del pueblo.

Tú en ti lo tienes todo y a todos se lo debes°,

owe

mientras que yo, mi nada a nadie se la debo.

Tú, clavada al estático dividendo ancestral°,

clavada... nailed to your past

35 y yo, un uno en la cifra del divisor social°,

un... a social misfit

somos el duelo a muerte que se acerca fatal.

Cuando las multitudes corran alborotadas°

agitadas

dejando atrás cenizas° de injusticias quemadas

ashes

y cuando con la tea° de las siete virtudes,

torch

40 tras los siete pecados°, corran las multitudes,

deadly sins

contra ti, y contra todo lo injusto y lo inhumano,

yo iré en medio de ellas con la tea en la mano.

Después de leer

4-43 ¿Cómo lo interpretas tú? Contesta las siguientes preguntas sobre el poema.

1. Explica el título del poema.
2. ¿Quién es la Julia de Burgos más «real» o «auténtica»? ¿Por qué?
3. En tus propias palabras describe cómo es la poeta en su intimidad y cómo es ella en la vida pública.
4. ¿Cuál de las «dos Julias» vence al final del poema?
5. ¿Piensas que todas las personas tienen «dos caras»? ¿Es muy diferente tu «cara social» de tu «cara personal, íntima»? ¿Cuál es diferente?
6. Compara tu interpretación de *Las dos Fridas* con la de «A Julia de Burgos».

4-44 Las dos. Hagan una lista de las palabras opuestas del poema.

MODELO: hombre/mujer

4-45 Tú... y tú. Escribe una lista de palabras opuestas que te describen. Luego, cambia tu lista por la de tu compañero/a y usa la lista de tu compañero/a para retratarlo/la según sus «dos» personalidades abajo.

MI COMPAÑERO/A...   Y MI COMPAÑERO/A

4-46 Un poema. Escribe un poema de cinco a diez líneas que contraste lo negativo y lo positivo de a tu personalidad y carácter. Vuelve a tu lista y dibujo de 4-40 para pensar en algunos contrastes.

MODELO: *No soy... sino...*

Taller

Una autodescripción: Procesos

1. **Idear.** Escribe una lista de cualidades que te describan y una lista de acciones que las ejemplifiquen. Puedes referirte a las expresiones de *¡Así lo decimos!* de esta lección.

   MODELO: Cualidades   Acciones

            compasivo/a   *Trabajo como voluntario/a en un centro para ancianos.*

2. **Introducir.** Escribe una oración con las tres cualidades más importantes que te describan al lector.

   MODELO: *Soy Sarita González y me apasiona la música. También soy aficionada a los deportes y participo en varios de ellos. Soy generosa y compasiva.*

3. **Respaldar.** Agrega varios ejemplos que respalden (*support*) estas cualidades. Utiliza las expresiones conectivas **pero, sino, aunque** y **sin embargo.**

4. **Concluir.** Escribe una oración que resuma tus cualidades y tus acciones y que sirva de conclusión.

5. **Revisar.** Vuelve a leer tu autodescripción sin pausa por su impresión general. Después, revisa la mecánica:

   _____ ¿Has incluido una variedad de vocabulario?

   _____ ¿Has verificado la concordancia y la ortografía?

   _____ ¿Has incluido participios pasados como adjetivos?

   _____ ¿Has incluido aspectos de tu rutina diaria?

6. **Compartir.** Cambia tu ensayo por el de un/a compañero/a. Mientras leen los ensayos, hagan comentarios y sugerencias sobre el contenido, la estructura y la gramática.

7. **Pasar a limpio.** Pasa tu ensayo a limpio, incorporando las sugerencias y correcciones de tu compañero/a.

5

Las relaciones personales

Comunicación

◆ Talking about family and relationships
◆ Describing and comparing people and things
◆ Predicting what will have happened and reporting what had happened

Estructuras

◆ The subjunctive vs. the indicative in adjective clauses
◆ The future perfect and pluperfect tenses
◆ Comparisons with nouns, adjectives, verbs and adverbs, and superlatives

Cultura

◆ La familia hispana tradicional y la familia moderna
◆ Algunos gestos de los hispanos
◆ **Ritmos:** La Monja Enana
  —*Cartas de amor*
◆ **Imágenes:** Pablo Picasso
  —*Madre e hijo;* María Izquierdo
  —*Madre proletaria*
◆ **Páginas:** Isabel Allende
  —*Cartas de amor traicionado*

Taller

◆ *Una carta de amor*

A explorar

◆ *El arte de la amistad*
◆ *Las decisiones en familia*
◆ *La codependencia: ¿amor o necesidad?*
◆ *Las relaciones interpersonales en las organizaciones*
◆ *Isabel Allende*

¿Cuál es la relación entre estas personas? ¿Por qué crees que están reunidas? ¿Qué papel tienen las mascotas (*pets*) en esta familia? ¿Y en la tuya?

¡Cuidado!

querer, amar

In Spanish, the verb **querer** has two meanings.

◆ **querer** + thing or activity = *to want*

Quiero un carro nuevo.	*I want a new car.*
¿Quieres jugar al tenis?	*Do you want to play tennis?*

◆ **querer** + person = *to love*

Quiero mucho a mi amiga Marcela.	*I love my friend Marcela a lot.*
Te **quiero**.	*I love you.*

The verb **amar** means to *love* someone profoundly; most often used among couples deeply in love or in the context of family relationships; but rarely used to express the love that one has for a friend, thing, or activity.

¡Cómo **amo** a mis hijos!	*How I love my children!*
Amamos muchísimo a nuestros padres.	*We love our parents a lot.*
Te **amo**, pero tú no me **amas**.	*I love you but you don't love me.*

◆ **Amar** is also commonly used in religious contexts.

amarse los unos a los otros	*to love one another*
amar a Dios	*to love God*

Aplicación

5-1 Consejos. Lee las siguientes oraciones y escribe un consejo o una sugerencia de *¡Así es la vida!* para cada una.

MODELO: Aprecio mucho a mi madre, pero casi nunca la veo porque vive lejos.

Llámala siempre que puedas y pregúntale si necesita algo.

1. Ayer Nora se enojó conmigo por nada. Su conducta últimamente es muy extraña. Creo que está deprimida otra vez.
2. ¡Mi pobre vecino! Parece que está muy enfermo y no hay nadie en su casa que lo pueda cuidar.
3. Hace muchísimo frío este invierno y sé que hay muchas familias desamparadas *(homeless)* que viven en nuestra ciudad.
4. No tengo mucho dinero para comprarles un regalo de bodas a Micaela y a Julio, pero quiero hacer algo por ellos.
5. Me siento muy sola y aislada después de la pelea con Berto. Berto me hizo enojar muchísimo, pero no quiero perder su amistad.
6. Vivo en Miami y todos los días leo en el periódico sobre la pobreza en Hispanoamérica. Me gustaría hacer algo para aliviar esta situación, pero no sé a quién dirigirme.

👥 5-2 Detalles que endulzan. En *¡Así es la vida!*, «*Detalles que endulzan la vida*» ofrece siete sugerencias para alegrar a otra/s persona/s. ¿Pueden pensar en otras? Trabajen juntos/as para escribir una sugerencia para cada una de las siguientes personas.

1. alguien que no conoces
2. un/a pariente
3. un/a amigo/a
4. el/la novio/a o el/la esposo/a
5. un/a profesor/a
6. un/a compañero/a de clase

5-3 En familia. Completa las siguientes oraciones usando una variación de cada palabra en itálica. Si necesitas ayuda, consulta la sección llamada *Ampliación*.

MODELO: La señora *sospechaba* que su esposo tenía una amante. Ahora sus *sospechas* se han hecho realidad.

1. Los novios *se acariciaban* mientras veían la película romántica. Sus _____ eran cada vez más amorosas.
2. Mi novio me pidió *disculpas* por haberme ofendido. Lo _____ porque lo amo mucho.
3. La mujer se sintió muy ofendida por la *calumnia* de su amiga. Es una gran ofensa _____ a alguien.
4. ¡No estés *celoso* de tus compañeros! Todos ustedes tienen gran mérito. Los _____ pueden causar sentimientos negativos.
5. Los *chismes* y rumores son muy destructivos. Todos conocemos a gente que es _____ .
6. Es una *molestia* tener que resolver los problemas de los demás. ¿Estás _____ conmigo?
7. Después de una *discusión* desagradable, el matrimonio decidió ver a un consejero matrimonial. Ahora, después de un año de consultas, casi no _____ nunca.
8. *Te agradezco* todas tus atenciones durante mi enfermedad. Te estoy muy _____ .

👥 5-4 ¿Qué quieres? ¿A quiénes quieres? ¿A quiénes amas?
Túrnense para contarse sobre lo que quieren, a quiénes quieren y a quiénes aman. ¿Tienen algo en común?

👥 5-5 Más allá del silencio. Imagínense que son amigos/as y uno/a de ustedes sufre un trastorno emocional profundo. Preparen una situación verdadera o inventada y luego entrevístense usando preguntas de *¡Así es la vida!* Al final, representen el intercambio ante la clase.

MODELO: E1: *Amigo/a, ¿cuál es tu problema?*

E2: *Bueno, estoy muy deprimido/a porque sospecho que mi novio/a está saliendo con otro/a.*

5-6 Las buenas relaciones. Túrnense para definir las siguientes palabras y luego cuéntense experiencias relacionadas con cada concepto. Pueden usar otra forma de la palabra en su ejemplo.

MODELO: la calumnia

Una calumnia es el acto de acusar falsamente a otra persona. En las elecciones, los candidatos a veces se calumnian.

la bondad	el compromiso	la fidelidad
los celos	la declaración	la molestia

5-7 Mejorar las relaciones. Reaccionen a las situaciones que se contaron en 5-6. Pueden darse consejos para evitar o mejorar la situación en el futuro.

5-8 No hay mal que por bien no venga. Consideren las siguientes situaciones dolorosas y túrnense para prever algo positivo que pueda resultar de cada situación.

MODELO: David se enojó cuando se enteró de que sus amigos le mintieron para no incluirlo en un viaje. Les gritó a los tres y los mandó al infierno.

Después de la reacción de David, sus amigos reconocieron que la conducta de ellos no fue correcta y ahora saben que necesitan ser más considerados con sus amigos.

1. Jaime está enamorado de su amiga Tere, pero nunca se ha atrevido a confesarle su amor. Ahora Tere sale con Alberto, un compañero de la universidad. Tere le cuenta a su amigo Jaime que se divierte mucho con Alberto y que se está enamorando de él.
2. Guillermo se siente totalmente traicionado porque su esposa Inés le confesó que ella no le ha sido fiel. Hace dos años tuvo un amante y el amante era un amigo de los dos.
3. Beatriz se siente desconsolada. Tomó por sentado que siempre estaría casada con Felipe, pero ayer su esposo de veinte años le pidió el divorcio.
4. Ana se equivocó cuando decidió confiar en Leona. Leona la hirió profundamente cuando repitió algunas de sus confidencias más íntimas a varias personas que las dos conocen.

5-9 La química y el amor. Algunos científicos opinan que el amor es poco más que una reacción a la sustancia química llamada «oxitocina», y que el paso del tiempo nos hace tolerar los impulsos químicos, y por lo tanto, perder la intensidad de la pasión y el interés romántico. Hablen de sus propias relaciones y experiencias y otros casos que ustedes conozcan. ¿Están de acuerdo con esta hipótesis?

5-10 Una telenovela. Formen un grupo pequeño para contarse un episodio de una telenovela que hayan visto. Usen expresiones de *¡Así lo decimos!* en su conversación.

1 The subjunctive vs. the indicative in adjective clauses

An adjective clause is a clause that modifies a noun. The subjunctive is used in an adjective clause when it refers to a person or object that is indefinite or does not exist. Like the noun clause, most adjective clauses are connected to the main clause with **que,** but they can also be joined with conjunctions like **donde.**

Indefinite antecedent

Busco una novia que **sea** sensible.	*I'm looking for a girlfriend who is sensitive.*
Ana necesita un amigo que le **dé** consejos.	*Ana needs a friend who will give her advice.*
Queremos ir a una isla donde **haya** playas aisladas.	*We want to go to an island where there are isolated beaches.*

Nonexistent antecedent

No veo a ningún chico que me **guste**.	*I don't see any boy that I like.*
No hay nadie aquí que se **atreva** a bailar el merengue.	*There is no one here that dares to dance the merengue.*

◆ When the dependent clause refers to a person or thing that is certain or definite, the indicative is used.

Tengo un novio que siempre **da** el primer paso para hacer las paces.	*I have a boyfriend who always takes the first step to make peace.*

Ése es el chico que me **gusta**.	*That's the boy that I like.*
Ramón es un hombre que no **puede** ser fiel.	*Ramón is a man who can't be faithful.*

◆ Note that in questions, the existence itself of the person or object is being questioned, and so the subjunctive is generally used.

¿Conoce Ud. a alguien que no **tenga** problemas?	*Do you know anyone who doesn't have problems?*
¿Hay alguien aquí que **dé** el primer paso?	*Is there anyone here who will take the first step?*

◆ There are no set expressions that trigger the subjunctive in adjective clauses, but some common phrases include the following:

Necesito (-as, -a...) [algo/a alguien] que...
Buscamos (-áis, -an...) [algo/a alguien] que...
No conozco (-es, -e...) a nadie que...
No hay nadie/nada que...

Aplicación

5-11 Una discusión entre amigos. Completa el diálogo con la forma correcta del subjuntivo o indicativo según el contexto.

ADELA: Eduardo, aquí hay varios sacos bonitos. ¿No (1. haber) _____ ninguno que te (2. gustar) _____?

EDUARDO: Adela, el rojo (3. ser) _____ muy feo. El amarillo (4. tener) _____ mangas demasiado largas. (5. Buscar) _____ uno que (6. ser) _____ apropiado para una ocasión seria, como una boda.

ADELA: Pero nosotros no (7. conocer) _____ a nadie que (8. casarse) _____ pronto. Mejor (9. comprar) _____ un saco que (10. poder) _____ llevar a una fiesta elegante. Mira éste que (11. tener) _____ cuadros azules y blancos.

EDUARDO: ¡Imposible! Jamás voy a ponerme un saco que (12. parecer) _____ para un payaso.

ADELA: ¡Ay, los hombres! No hay ninguno que (13. tener) _____ el buen gusto de una mujer.

EDUARDO: Tienes razón, pero a muchos hombres no les (14. importar) _____ vestir bien.

A explorar

5-12 El arte de la amistad. Conéctate a la página de *Conexiones* en la red informática (*http://www.prenhall.com/conexiones*) e investiga en la sección «A explorar» para descubrir los atributos que hacen de alguien un buen amigo.

Creíamos que ibas a regresar a las diez.

La familia hispana tradicional y la familia moderna

La familia hispana tradicional es muy unida. En los pueblos, la madre, que hasta hace unas décadas raramente trabajaba fuera de la casa, continúa siendo la reina del hogar. Ella es la persona que planea las comidas diarias, los horarios de los hijos y las fiestas familiares. A ella van los hijos con sus problemas, y es muchas veces la que intercede con el padre a favor de pedidos (*requests*) de los hijos. El padre, que comúnmente es el que trabaja fuera de la casa, respeta y apoya esa posición tan especial que tiene la madre dentro del núcleo familiar.

Con la globalización de la economía, en las grandes ciudades hispanas esta situación ha ido cambiando poco a poco. Muchas amas de casa, o por necesidad o por autoestima, han decidido obtener empleo fuera de la casa. Esto les ha traído a las mujeres cierta independencia económica y un cambio en su papel tradicional. Ahora la mujer moderna hispana es más feminista y liberal.

Como casi no existe el trabajo de tiempo parcial (*part-time*) en la mayoría del mundo hispano, los hijos, hasta que consiguen trabajo o terminan la universidad, dependen de los padres para sus gastos (*expenses*). Esta dependencia económica de los hijos les da a los padres cierta autoridad sobre ellos, porque tienen que acudir a los padres para cualquier necesidad económica. Como es lógico, las implicaciones de esta dependencia son grandes. Los hijos desde muy pequeños aprenden a respetar a los padres, como los padres aprendieron de sus padres. Y como es bastante común que algún abuelo o alguna tía viva en el núcleo familiar, los jóvenes aprenden de sus padres a tratar con cariño a los otros familiares en ese contacto íntimo diario, y así, desde muy pequeños, intuyen la necesidad de llevarse bien con todos los miembros de la gran familia.

Vamos a comparar

¿Cuáles son las diferencias principales entre la familia tradicional hispana y la de ustedes? ¿Piensan que ustedes dependen de sus padres tanto como el joven hispano típico? ¿Por qué? ¿Por qué creen que no hay mucho trabajo de tiempo parcial en el mundo hispano? ¿Les gustaría vivir con sus abuelos o tíos? ¿Por qué?

Vamos a conversar

👥 **Una tarjeta.** Diseñen una tarjeta para una mamá, una abuela, una suegra o una madrastra en la que expresen tres o más razones por las que ustedes les están agradecidos/as. Refiéranse a *Gracias, mamá...* de ¡*Así es la vida!* para obtener ideas.

MODELO: *Gracias, mamá, por apoyarme y darme ánimo...*

5-13 No hay nadie, ninguno/a... Usen la lista de frases para formar oraciones y contradecirse según el modelo. Pueden inventar otras situaciones o características, si quieren.

MODELO: E1: *No hay nadie que no chismorree de vez en cuando.*

E2: *No es cierto. Liliana es una mujer que no chismorrea nunca.*

- dar por sentado la fidelidad
- disculpar a un/a esposo/a infiel
- prestar atención al/a la profesor/a durante toda la clase
- perdonar una calumnia
- dormir tranquilamente durante un huracán

5-14 Los amigos ideales. Explíquense qué cualidades buscan en un/a amigo/a ideal. Luego, descríbanse lo que buscan en un/a novio/a, un/a esposo/a, un/a hijo/a, un/a hermano/a y en un/a profesor/a ideal.

MODELO: *Busco un/a amigo/a que me respete, que no me ponga a prueba, que no me hiera y que me quiera como soy.*

5-15 Los programas favoritos. ¿Qué programas de televisión les gustan y por qué? Explíquense sus preferencias.

MODELO: *Me gustan mucho los programas cómicos porque prefiero escaparme de la realidad cuando veo la televisión.*

5-16 Consejos. En grupos de tres, imagínense que son dos novios/as, o amigos/as y un/a consejero/a. Los novios/as (amigos/as) le explican al/a la consejero/a por qué se enojan. El/la consejero/a les aconseja qué hacer.

MODELO: AMIGO/A1: *Doctor, el problema es que quiero un/a amigo/a que no sea dominante, pero no encuentro a nadie que me respete como persona.*

AMIGO/A2: *¡No es verdad que trate de dominarte! Además, te respeto mucho.*

DOCTOR/A: *Un momento. ¡Cálmense!...*

5-17 Un regalo. Túrnense para hacer los papeles de un/a cliente que necesita comprar un regalo y el/la dependiente/a que lo/la ayuda. Primero, el/la cliente debe escoger una persona y un regalo de las listas, y luego preguntarle al/a la dependiente/a si tiene el regalo que busca. Al final, pueden inventar sus propios regalos y personas.

MODELO: novia/ramo de flores: tener rosas blancas y lirios rosados

E1: *Necesito comprar unas flores para mi novia. ¿Tiene usted un ramo que tenga rosas blancas y lirios rosados?*

E2: *No, lo siento. No tengo ningún ramo que tenga rosas blancas, pero puedo arreglarle uno que tenga rosas rosadas y lirios blancos.*

Personas	Regalos
novio/a o esposo/a	muñeca: hablar y llorar
padre o madre	reloj: tener números grandes
amigo/a	anillo: costar entre quinientos y seiscientos dólares
secretario/a	coche de segunda mano: tener un motor bueno pero no ser caro
jefe/a	
hermanito/a	perfume: ser ligero y tener un aroma a flores
hijo/a	camión (*truck*) de juguete: hacer ruidos y tener puertas que se abren
abuelo/a	corbata de seda: ser conservadora pero moderna
	cajita de chocolates: tener una variedad de bombones guantes: calentar bien las manos pero no ser gruesos

A explorar

5-18 Las decisiones en familia. Conéctate a la página de *Conexiones* www en la red informática (*http://www.prenhall.com/conexiones*) e investiga en la sección «A explorar» para descubrir cómo deben ser las relaciones entre los miembros de una familia para mantenerse unida.

A ESCUCHAR

Los amores de Lulú. Aquí tienes una escena de una telenovela popular. Lulú y Carlos son novios. En este momento, están sentados en un sofá y se dicen las intimidades típicas de dos jóvenes que se aman profundamente. Identifica el personaje que se describe a continuación.

L: **Lulú** (la novia)

C: **Carlos** (el novio)

D: **Diana** (la ex-novia)

_____ 1. se siente inseguro/a   _____ 5. confía en su novio/a

_____ 2. tiene celos   _____ 6. su mamá está enferma

_____ 3. dice que es fiel   _____ 7. quiere hacer las paces

_____ 4. se siente calumniado/a   _____ 8. quiere olvidar el pasado

EL ESPACIO PERSONAL

La mayoría de los hispanos son seres sociales que necesitan menos espacio personal que los anglosajones. Al hispano le encanta estar con otras personas y sus diversiones favoritas como bailar, ir al club, pasear por el parque, jugar juegos de azar (*games of chance*), los deportes, etcétera, lo ponen en contacto con otras personas. El hispano ve el contacto físico como algo natural. Los amigos de ambos sexos cuando se encuentran en la calle se dan la mano, se besan, se tocan los brazos o se dan palmadas en la espalda; también es común que los hombres y las mujeres se abracen cuando se saludan.

¡Fuera fobia!

Omar R. Goncebat, Agencia Efe

El padre del sicoanálisis, Sigmund Freud, ayudó a muchos a superar sus temores, pero padeció sus propios miedos: el médico austríaco sufrió de angustia ante los trenes. Entre el 5 y el 10 por ciento de las personas que acuden a una consulta de siquiatría lo hacen por alguna fobia similar; un trastorno que aparece en un mayor número de mujeres que de varones.

Para evadirse del temor, escape de todas las circunstancias que puedan producirlo y evite todas aquellas situaciones que puedan estar relacionadas con la situación u objeto que teme.

Para el sicopedagogo Bernabé Tierno, «las fobias pueden aparecer como consecuencia de una experiencia negativa o traumática en el pasado; por ejemplo, una persona que estuvo a punto de ahogarse cuando era niño puede padecer en el futuro una fobia a todas las situaciones relacionadas con el agua». También puede haber cierta influencia familiar en algunas fobias, ya que «los padres pueden transmitir sus miedos a sus hijos al servirles de ejemplo, y las personas que viven en un ambiente donde se enseña a temer a todo y a no afrontar las situaciones y temores, es probable que desarrollen algún tipo de fobia». Para el doctor Tierno, «la diferencia entre el miedo racional y la fobia es que el primero sirve para protegernos y se produce ante hechos concretos que nos ponen en peligro real o posible, mientras que la segunda es adquirida, no tiene razón de ser y surge a pesar de que nuestro sentido común nos indica que no hay que temer».

Por otra parte, según el famoso doctor español Juan Antonio Vallejo-Nágera, el tratamiento de la neurosis fóbica es siempre la sicoterapia (a través del diálogo y el análisis entre el paciente y el terapeuta, hasta superar el conflicto síquico), ya que los medicamentos tranquilizantes, sólo alivian temporalmente.

Vocabulario primordial

abrazarse	la fobia
descortés	inmaduro/a
excéntrico/a	privado/a
extrovertido/a	el sicoanálisis

Vocabulario clave

Verbos

acudir (a)	to come (to)
afrontar	to confront
ahogarse	to drown
dominar	to control
evitar	to avoid
padecer	to suffer
surgir	to appear; to emerge

Sustantivos

la angustia	anguish
el caparazón	outer shell
el comportamiento	behavior
el gesto	gesture
el/la grosero/a	vulgar
la inseguridad	insecurity
el/la sinvergüenza	rascal, scoundrel
el/la terapeuta	therapist
el varón	male

Adjetivos

adquirido/a	acquired
ambos/as	both
callado/a	quiet
consentido/a	spoiled
humillante	humiliating
malcriado/a	spoiled
tacaño/a	stingy

Otras palabras y expresiones

a pesar de	in spite of
es decir	that is
¡fuera!	get out!, out with . . . !

Ampliación

Verbos	Sustantivos	Adjetivos
apasionarse	la pasión	apasionado/a
beneficiarse	el beneficio	beneficiado/a
divorciarse	el divorcio	divorciado/a
separarse	la separación	separado/a
unirse	la unión	unido/a

Aplicación

5-19 El/La grosero/a. Nuestro comportamiento determina cómo los demás nos perciben y categorizan. Explica cómo cada una de las siguientes personas se comporta y luego describe una experiencia asociada con esa idea.

MODELO: el/la grosero/a

Es una persona malhablada. No les tiene respeto a los demás. Algunas personalidades de la radio son a veces groseras.

1. el/la excéntrico/a
2. el/la callado/a
3. el/la sinvergüenza
4. el/la consentido/a
5. el/la malcriado/a
6. el/la tacaño/a
7. el/la inseguro/a
8. el/la que necesita mucho espacio personal

5-20 En familia. Completa las siguientes oraciones usando una variación de cada palabra en itálica. Si necesitas ayuda, consulta la sección llamada *Ampliación*.

MODELO: Es una pareja muy <u>unida</u>. Su *unión* ha durado años.

1. *Se beneficiaron* de una relación abierta y franca. Son muchos los _____ de una buena amistad.
2. Poco a poco desarrollaron una gran *pasión*. Pasaron juntos muchas noches _____.
3. Por fin celebraron su *unión* nupcial. _____ un sábado a las dos de la tarde en la Iglesia de Santo Tomás.
4. Pero después de algunos años *se separaron*. Fue una _____ muy dolorosa para los dos.
5. Finalizaron *el divorcio* el mes pasado. Ahora son como muchos que están _____ y casi no se hablan.

5-21 ¿Cómo son sus amigos? Túrnense para describir a dos de sus mejores amigos. Luego, hagan una lista de las cualidades que estos amigos tienen en común. Comparen su lista con las de otros grupos.

5-22 Consejos. ¿Qué consejos le dan a un/a amigo/a que sufre de alguna fobia? Refiéranse a *¡Así es la vida!* y usen expresiones de *¡Así lo decimos!* Aquí tienes algunas fobias comunes:

- la acrofobia (las alturas)
- la hidrofobia (el agua)
- la claustrofobia (los espacios cerrados)
- la agorafobia (los espacios extensos, abiertos)
- la fobia de los exámenes
- el miedo escénico (fobia a hablar en público)

5-23 Un caso excepcional. Hoy en día, aunque haya mucha información negativa sobre el matrimonio y la familia, hay casos excepcionales de familias unidas, parejas felices y amor eterno. ¿Conoces alguno? Piensa en un ejemplo en tu familia o en la comunidad y preséntaselo a la clase. Explica por qué opinas que es excepcional.

2 The future perfect and pluperfect tenses

The future perfect

> ¿Habrá entendido lo que le dije?

The future perfect is used to express an action which *will have occurred* by a certain point in time. Form the future perfect with the future of the auxiliary verb **haber** + *past participle*.

PRESENT ────────────────┬──────────┬─────────────► FUTURE

                                  1. enviar   irse
                                    2. hablar   leer
                                    3. decir   venir

1. Mis padres **habrán enviado** la tarjeta postal antes de irse a México.
   My parents will have sent the postcard before leaving for Mexico.

2. Cuando la lea, **habré hablado** con ellos por teléfono.
   When I read it, I will have talked to them on the telephone.

3. Me **habrán dicho** que vendrán a visitarme.
   They will have told me that they will come to visit me.

	FUTURE	PAST PARTICIPLE
yo	habré	
tú	habrás	
Ud./él/ella	habrá	tomado/comido/vivido
nosotros(as)	habremos	
vosotros(as)	habréis	
Uds./ellos/ellas	habrán	

¿**Habrás hablado** con el psicólogo para esta tarde?

Will you have talked with the psychologist by this afternoon?

No, no **habré hablado** con él hasta mañana a las diez.

No, I will not have talked with him until tomorrow at 10:00.

◆ The future perfect can also be used to express probability or conjecture about what may have happened in the past, yet has some relation to the present.

¿**Se le habrá declarado** a Estela ya?

I wonder if he has proposed to Estela yet.

¿**Habrán afrontado** a su rival?

I wonder if they have confronted their rival.

The pluperfect

Había estado esperándote sin tomarme un trago.

The pluperfect is used to refer to an action or event that occurred before another past action or event. Compare the following sentences with the time line.

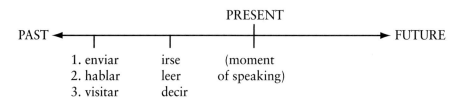

PRESENT

PAST ◄──────┬──────────┬──────────┬──────────► FUTURE

1. enviar   irse   (moment
2. hablar   leer   of speaking)
3. visitar decir

1. Mis padres **habían enviado** la tarjeta postal antes de irse a México.
   My parents had sent the postcard before leaving for Mexico.

2. Cuando yo la leí, ya **había hablado** con ellos por teléfono.
   When I read it, I had already spoken with them on the telephone.

3. Me dijeron que **habían visitado** la capital.
   They told me that they had visited the capital.

◆ Like the present perfect tense, the pluperfect is a compound tense. It is formed with the imperfect tense of **haber** + *past participle*.

	IMPERFECT	PAST PARTICIPLE
yo	había	
tú	habías	
Ud./él/ella	había	tomado / comido / vivido
nosotros(as)	habíamos	
vosotros(as)	habíais	
Uds./ellos/ellas	habían	

Mis hermanos **habían dominado** la conversación toda la noche.	*My brothers had dominated the conversation the whole evening.*
Ambrosio siempre **había tenido** buenas relaciones con Carmen.	*Ambrosio had always had good relations with Carmen.*
Me dijo que **había venido** a la fiesta a bailar.	*She told me that she had come to the party to dance.*

◆ Remember that in compound tenses nothing may be inserted between the auxiliary **haber** and the past participle; **haber** must agree with the subject, and the past participle is invariable.

Ana siempre me **había caído** bien.	*I had always liked Ana.*
Tu novio nunca **había sido** posesivo.	*Your boyfriend had never been possessive.*

Aplicación

5-24 Resoluciones de una introvertida. Completa la carta en que Luisa decide ser más extrovertida. Usa la forma correcta del verbo más apropiado de la lista para cada número y usa el futuro perfecto.

alquilar	enamorarse	hacer	ir
conocer	explicar	invitar	preparar

Para el año que viene me imagino que yo (1)_____ un nuevo apartamento en un barrio más divertido. (2)_____ a un mínimo de cinco personas nuevas. Las (3)_____ varias veces a mi casa, y les (4)_____ la cena. Les (5)_____ que soy una persona introvertida pero que estoy haciendo grandes esfuerzos para quitarme el caparazón. Me (6)_____ miembro de un club atlético y (7)_____ por lo menos una vez a la semana. ¡No (8)_____, porque creo que eso es demasiado rápido en un solo año!

5-25 La comunicación. ¿De qué deben hablar los novios antes de comprometerse? Explíquense qué temas importantes (cinco cada uno/a) habrán resuelto (o que su hijo/a habrá resuelto) con su novio/a antes de comprometerse.

MODELO: *Ya habremos hablado sobre nuestras relaciones con nuestros padres.*

A explorar

5-26 La codependencia: ¿amor o necesidad? Conéctate a la página **www** de *Conexiones* en la red informática (*http://www.prenhall.com/conexiones*) e investiga en la sección «A explorar» para descubrir lo que implica la codependencia.

5-27 Resoluciones. Muchas personas hacen resoluciones periódicamente, por ejemplo en Año Nuevo o para un cumpleaños. Escriban individualmente cinco resoluciones que quieran o necesiten hacer, y luego compártanlas y hablen de cómo las pueden cumplir.

5-28 Para el año 2010. En grupos de cuatro, hagan ocho predicciones de lo que habrá ocurrido para el año 2010 y explíquense por qué estas cosas habrán ocurrido.

MODELO: *Para el año 2010 no habremos resuelto todavía las elecciones del año 2000. Pienso esto porque los críticos y los historiadores las van a seguir estudiando siempre.*

5-29 Ya lo había hecho. Piensa en los siguientes acontecimientos u otros que se te ocurran y explica lo que ya habías hecho (o lo que habían hecho otras personas) ese día o antes de ese día.

MODELO: *Antes de mi último cumpleaños, había estudiado tanto para los exámenes que me había olvidado de mi cumpleaños. Pero al llegar a mi apartamento, descubrí que mis amigos habían planeado una fiesta sorpresa.*

- el primer beso
- la primera cita
- un cumpleaños importante
- la primera clase universitaria
- la graduación de la secundaria
- una gran discusión o pelea con un/a amigo/a, novio/a o pariente

5-30 Antes de venir a esta universidad. Hablen de cosas que habían hecho o no antes de venir a la universidad. Empiecen con la siguiente lista de actividades y luego añadan sus propias ideas.

MODELO: E1: *Antes de venir a esta universidad, no había tenido novio/a.*

E2: *Yo sí, conocí a mi primer/a novio/a en la escuela secundaria cuando tenía quince años.*

- tener novio/a
- casarse
- enamorarse
- divorciarse
- escribir un poema de amor
- resolver un problema con un/a amigo/a

3 Comparisons with nouns, adjectives, verbs and adverbs, and superlatives

Comparisons of equality

Tengo tantos caramelos como tú.

◆ In Spanish, use the **tanto/a(s)... como** construction to make comparisons of equality of nouns (e.g., *as much affection as; as many friends as*). Note that **tanto/a(s)** is an adjective and agrees in gender and number with the noun or pronoun it modifies.

tanto/a(s) + noun + como

Mi tía da **tantos** consejos **como** mi madre.	*My aunt gives as many pieces of advice as my mother.*
Mi padre tiene **tanta** paciencia **como** tu padre.	*My father has as much patience as your father.*

◆ Comparisons of equality of adjectives (e.g., *as nice as*) and adverbs (e.g., *as slowly as*) are made with the **tan... como** construction. **Tan** is an adverb and so is invariable.

tan + adjective/adverb + como

La Dra. Cisneros es **tan** callada **como** su esposo.	*Dr. Cisneros is as quiet as her husband.*
Carlos se declaró **tan** suavemente **como** un poeta.	*Carlos proposed as smoothly as a poet.*

◆ Make comparisons of equality of verbs (e.g., *plays as much as*) with **tanto como**. **Tanto** in this context is an adverb and is invariable.

> verb + **tanto como** + subject of second (implied) verb

María del Carmen apoya a los demás **tanto como** su mamá.	*María del Carmen supports others as much as her mother does.*
Mis amigos hispanos se dan la mano **tanto como** nosotros.	*My Hispanic friends shake hands as much as we do.*

Comparisons of inequality

◆ When the comparison is unequal, use **más/menos... que** for nouns, adjectives, and adverbs. Use **más/menos que** after verbs.

> **más/menos** + adjective/adverb/noun + **que**

México es **más** grande **que** Perú.	*Mexico is bigger than Peru.*
Perú está **más** lejos de aquí **que** México.	*Peru is farther from here than Mexico.*

> verb + **más/menos** + **que**

Yo sufro **más que** tú.	*I suffer more than you (do).*

◆ If the measure of the comparison is a number, substitute **de** for **que**.

En una versión de la leyenda, don Juan tiene **más de** diez hijos ilegítimos.	*In one version of the legend, don Juan has more than ten illegitimate children.*

A que ya sabías...

◆ Some Spanish adjectives have both regular and irregular comparative forms.

adjective	regular form	irregular form	
bueno/a	más bueno/a	mejor	*better, best*
grande	más grande	mayor	*bigger, biggest*
joven	más joven	menor	*younger, youngest*
malo/a	más malo/a	peor	*worse, worst*
pequeño/a	más pequeño/a	menor	*smaller, smallest*
viejo/a	más viejo/a	mayor	*older, oldest*

◆ **Mejor** and **peor,** which occur more often than the regular forms, are used to describe quality and performance related to both people and objects. **Más bueno que** and **más malo que** usually refer to moral, ethical, and behavioral qualities. Note these examples.

El promedio de Lucinda es **mejor que** el de su hermana.

Lucinda's average is better than her sister's.

Luisa es **más buena que** Lucho.

Luisa is nicer than Lucho.

◆ **Más grande** and **más pequeño** are often used to refer to size, while **mayor** and **menor** refer primarily to age.

La Ciudad de México es **más grande que** Nueva York.

Mexico City is bigger than New York City.

José Antonio es **mayor que** Laura.

José Antonio is older than Laura.

Superlatives

◆ The superlative (the most, the greatest, the worst, etc.) in Spanish is expressed with the definite article and **más** or **menos.** Note that the preposition **de** is the Spanish equivalent of *in* for this structure.

el/la/los/las (noun) + **más/menos** + adjective + **de**

Luisito es **el más grosero de** la clase.

Luisito is the most vulgar one in the class.

◆ When a noun is used with the superlative, the article precedes the noun in Spanish.

Lucrecia es **la** persona **más solitaria** **de** la universidad.

Lucrecia is the most solitary person at the university.

Aplicación

5-31 La variedad hispana. Completa la descripción del mundo hispano usando comparaciones y superlativos apropiados y lógicos.

El mundo hispano es una entidad sumamente variada. Primero que todo, hay (1)_____ (2)_____ trescientos cincuenta millones de hispanohablantes, y esto no incluye las grandes comunidades hispanas en los Estados Unidos donde (3)_____ (4)_____ 35 millones de personas se consideran hispanohablantes. Los pueblos indígenas han contribuido mucho a la civilización hispana, pero desgraciadamente sus idiomas no son (5)_____ conocidos hoy en día (6)_____ antes. Sin embargo, hay un movimiento (7)_____ fuerte (8)_____ nunca para conservar algunos de los que todavía no han desaparecido.

Hay mucha variedad topográfica y climática. En algunos países hay gran actividad volcánica. En el Ecuador hay (9)_____ volcanes activos (10)_____ en muchos otros países del mundo. Hay muchos ríos importantes, como el Amazonas, que es (11)_____ ancho y (12)_____ largo (13)_____ el río Misisipí. Hay importantes puertos: Montevideo, Antofagasta, Guayaquil. Guayaquil es (14)_____ grande (15)_____ Antofagasta. Por su ubicación cerca de la línea ecuatorial, hace (16)_____ calor en Guayaquil (17)_____ en Montevideo.

Punta Arenas es la ciudad (18)_____ sureña (*southern*) (19)_____ continente sudamericano. La Paz, Bolivia es la capital (20)_____ alta (21)_____ mundo. La Ciudad de México es la capital (22)_____ poblada (23)_____ mundo. El lago Titicaca es el lago navegable (24)_____ alto (25)_____ mundo. El Canal de Panamá es una de las vías de comercio (26)_____ importantes (27)_____ mundo. Hay muchas más cosas que se podrían mencionar, ¡pero ahora te toca a ti!

5-32 La familia. Vuelve al artículo sobre la familia hispana de *Comparaciones* (pág. 152) para hacer comparaciones entre la familia hispana y la familia norteamericana en general o tu propia familia. Puedes hablar de las familias tradicionales o de las modernas. Considera los diferentes papeles dentro de la familia. Incluye comparaciones de igualdad, de desigualdad, superlativos y números.

5-33 Comparaciones. Túrnense para hacer comparaciones basadas en la siguiente información.

MODELO: más excéntrico/a que Steve Martin

Creo que Jim Carrey es más excéntrico que Steve Martin.

1. menor que tú
2. más groseros que los Simpsons
3. mayor que el/la profesor/a
4. tan callado/a como tu mejor amigo/a
5. tan tacaño/a como Scrooge

6. más sinvergüenza que un/a político/a
7. baila tan divinamente como Gloria Estefan
8. canta mejor que Willie Nelson

👥 **5-34 Están orgullosos/as.** Es natural sentir orgullo de su universidad o de su ciudad. Preparen una pequeña descripción comparativa de un lugar que conozcan y luego preséntensela a la clase. Traten de incluir un superlativo también.

MODELO: *Nos gusta mucho esta universidad, aunque es más pequeña que otras. Tiene menos de diez mil estudiantes, pero nunca hay más de veinte estudiantes en una clase. Para nosotros, es la mejor universidad del estado.*

👥 **5-35 El record Guinness.** Hagan individualmente listas de diez cosas, personas, acontecimientos o lugares superlativos. Luego desafíense para ver si el/la otro/a los puede nombrar.

MODELO: E1: *¿Cómo se llama el edificio más alto del mundo?*
E2: *La torre de Sears en Chicago es la más alta del mundo.*
E1: *No, ahora hay edificios más altos que la torre de Sears.*

Comparaciones

¡Hay muchas personas!

¡Vamos a comer!

¡Me olvidé! o ¡Se me olvidó!

¡Un momento, por favor!

¡Adiós! (España)

¿Tienes dinero?

¡Te voy a castigar!

¡Qué tacaño/a eres!

¡Vamos a beber un trago!

Algunos gestos de los hispanos

El hispano cuando habla es muy expresivo con los gestos de la cara, del cuerpo y de las manos. Aquí tienen varios dibujos con los gestos hispanos más comunes.

Vamos a comparar

¿Qué gestos usamos en los Estados Unidos y en el Canadá? ¿Cómo indicamos silencio? ¿Cómo indicamos que tenemos calor, sed, hambre? ¿Cómo decimos adiós? ¿Cómo indicamos que estamos enamorados, contentos o tristes? ¿Es natural usar gestos? ¿Por qué?

Vamos a conversar

👥 **Hablar sin palabras.** Practiquen estos gestos entre Uds. para ver si pueden identificarlos sin usar palabras.

👥 **5-36 Más matrimonios que nadie.** Lean el artículo e intercambien sus opiniones. Luego traten de ver el caso desde estas otras perspectivas.

1. la perspectiva moral ética o religiosa
2. la social
3. la feminista
4. la machista
5. la económica

Más matrimonios que nadie

Giovanni Vigliotti, un italiano que trabajaba en un mercado de pulgas y viajaba por toda Europa vendiendo antigüedades, fue convicto y encarcelado por bigamia múltiple en 1983 en una corte de Turín, ya que —a lo largo de 20 años de viajes— se casó con 105 mujeres en diferentes paises de Europa, con las que tuvo más de 200 hijos. Con razón se habla tanto de los famosos "latin lovers". Aunque, hoy en día se dice que el príncipe Zabid de Qatar tiene 612 esposas legales, y como no puede recordar el nombre de todas, les hace llevar números en la ropa cuando están en el harén de su palacio. Cuando le preguntaron por qué se casaba tantas veces, el príncipe contestó: "Porque me encantan las ceremonias nupciales y comer pastel de bodas".

Conexiones

La pareja modelo. Piensen en una pareja famosa de la historia, del cine o de la literatura que ejemplifique la pareja perfecta. Defiendan a su pareja ante el resto de la clase, citando los aspectos de su relación que la hacen ejemplar, por ejemplo la pasión o el respeto mutuo. ¿Es posible una relación perfecta?

A ESCUCHAR

Diez buenas razones para casarse (según David L). A continuación escucharás las diez mejores razones para casarse, según un humorista popular de la televisión hispana. Indica si cada razón beneficia más al hombre (H) o a la mujer (M).

_____ 10.   _____ 5.
_____ 9.   _____ 4.
_____ 8.   _____ 3.
_____ 7.   _____ 2.
_____ 6.   _____ 1.

Vuelvan a escuchar la lista y anoten las razones más importantes para Uds. ¿Pueden añadir razones a la lista?

A explorar

🌐 **5-37 Las relaciones interpersonales en las organizaciones.**

www Conéctate a la página de *Conexiones* en la red informática (*http://www.prenhall.com/conexiones*) e investiga en la sección «A explorar» para aprender sobre las relaciones interpersonales en el lugar de trabajo.

¡Así lo expresamos!

Ritmos
La Monja Enana

En la lección 2 ya has conocido a este grupo de pop español. «Cartas de amor» es una de las canciones del primer CD, *Pídeme un deseo*. Éste ha sido uno de los debuts más esperados del año. En este primer disco presentan seis temas de tecno-pop ochentero y burbujeante para deleite de sus admiradores.

5-38 Una carta misteriosa. Imagínate que has recibido una carta de un/a admirador/a secreto/a. ¿Cómo reaccionas? ¿Quién sería la primera persona en quien pensarías? ¿Por qué? ¿Te sientes honrado/a o amenazado/a? ¿Quieres conocer a la persona o prefieres mantener el misterio? ¿Respondes a la carta o la tiras a la basura?

Cartas de amor

Cartas de amor en mi buzón
cartas de amor sin dirección
Nunca sabré quién las mandó
debe tratarse de un error
5 Cartas con sello de color
escritas con rotulador°   *felt-tipped pen*
Yo me imagino a su autor
andando por la habitación
buscando una solución
10 para acabar con la tensión
mirando dentro del buzón
sin encontrar contestación
No hay explicación para tal error
Abro mi buzón y una carta o dos
15 Cartas de amor en mi buzón
cartas de amor sin dirección
Nunca sabré quién las mandó
debe tratarse de un error
Cartas con sello de color
20 escritas con rotulador
Cartas de amor
Cartas de amor
Cartas de amor
Cartas de amor
25 No hay explicación para tal error
Abro mi buzón y una carta o dos

5-39 ¿Qué significa para ustedes? Discutan el significado de esta canción. Hablen de los siguientes temas.

1. el posible autor y el posible destinatario
2. el tipo de relación que aparentemente describe la canción
3. el tono, si es optimista o pesimista
4. el resultado futuro de esta relación
5. las acciones que debe tomar la cantante para resolver su dilema
6. un caso semejante que conozcan en la vida real o en la ficción

Imágenes
Pablo Ruiz y Picasso

Pablo Ruiz y Picasso (1881–1973) nació en Málaga, España, pero durante la Guerra Civil española se expatrió a Francia donde se destacó como pintor, escultor y diseñador de escenas teatrales. Se conoce, con Georges Braque, como el creador de un movimiento artístico, el cubismo. Su obra es tan enorme y ha tenido tanta influencia en el arte moderno que se le considera uno de los genios más importantes del siglo XX.

Pablo Picasso, *Madre e hijo*, Spanish Art Institute of Chicago

María Izquierdo

María Izquierdo (1902–1956) nació en San Juan de los Lagos, Jalisco, México. Sus temas se inspiran en motivos populares, que incluyen naturalezas muertas, alacenas (*niches*) con dulces, juguetes y retratos. Se observa su preferencia por los colores fuertes y vivos de los juguetes, la cerámica policromada y las piñatas características de la plástica popular.

María Izquierdo, *Madre proletaria*, 1944, Óleo s/tela, 75 x 105 cm., Colección particular

Perspectivas e impresiones

👥 **5-40 ¿Cómo se comparan?** Vean los cuadros de Picasso y de Izquierdo, y contrasten los siguientes elementos. Traten de usar expresiones comparativas.

1. sus colores
2. su tema
3. su estilo
4. su mensaje

Páginas
Isabel Allende

Aunque Isabel Allende nació en Perú, sus raíces son chilenas y es sobrina del antiguo presidente Salvador Allende. Se exilió con su familia en Venezuela después del golpe de estado en Chile en el cual murió su tío. Durante su vida ha viajado extensamente y ha escrito varias novelas, colecciones de cuentos y una memoria. Su primera novela, *La casa de los espíritus,* fue interpretada en el cine por Meryl Streep, Glenn Close y Jeremy Irons. Hoy en día se le considera una de las escritoras latinoamericanas más importantes. Típicamente en sus obras se encuentra una figura femenina fuerte y una crítica de las instituciones sociales y políticas. Ahora vive en California, donde sigue escribiendo. Su obra más reciente se titula *Retrato en sepia.*

Antes de leer

5-41 ¿Creen en el destino? ¿Creen que en esta vida hay una sola persona que sea su pareja perfecta? ¿Es posible enamorarse por correspondencia? ¿Tienen experiencia con un romance por cartas o por correo electrónico? Conversen sobre alguna experiencia personal o de un/a conocido/a suyo/a.

MODELO: *Una vez conocí a una muchacha con quien mantuve una relación por carta...*

5-42 Cómo escribir cartas de amor. A través de la historia, las cartas de amor han sido estimadas y valoradas como una manera importante de mantener una relación amorosa. Hoy en día, muchas personas usan la red informática para explorar las relaciones personales. Comparen la carta romántica tradicional con el mensaje electrónico. ¿Cuál les parece el mejor, el más económico, etcétera?

Estrategias de lectura

Es más fácil entender las frases complicadas si reconoces la estructura básica de la oración: el sujeto, la frase verbal y los complementos. En español el orden y la posición de las palabras puede complicar este proceso. Para identificar la estructura básica, busca e identifica las partes no esenciales de la oración: las frases preposicionales, las cláusulas subordinadas, etcétera. Una vez que entiendas la oración básica, puedes formar otras oraciones simples con la información de las partes «no esenciales» de la oración original.

MODELO: Cada seis meses recibía una breve nota de su tío Eugenio recomendándole que se portara bien y honrara la memoria de sus padres, quienes habían sido dos buenos cristianos en vida y estarían orgullosos de que su única hija dedicara su existencia a los más altos preceptos de la virtud, es decir, entrara de novicia al convento.

Recibía notas de su tío.

El tío le recomendaba que se portara bien y que honrara la memoria de su padres.

Los padres habían sido buenos cristianos.

Los padres estarían orgullosos si su hija entrara al convento.

Cartas de amor traicionado

La madre de Analía Torres murió de una fiebre delirante cuando ella nació y su padre no soportó la tristeza y dos semanas más tarde se dio un tiro de pistola en el pecho. [...] Su hermano Eugenio administró las tierras de la familia y dispuso del destino de la pequeña... *huérfana*°. Hasta los seis años Analía creció *aferrada*° a las faldas de un ama india en los cuartos de servicio de la casa de su tutor y después, apenas tuvo edad para ir a la escuela, la mandaron a la capital, interna en el Colegio de las Hermanas del Sagrado Corazón, donde pasó los doce años siguientes. [...]

orphan / tied

Cada seis meses recibía una breve nota de su tío Eugenio recomendándole que se portara bien y honrara la memoria de sus padres, quienes habían sido dos buenos cristianos en vida y estarían orgullosos de... su única hija... (¡por eso esperaba que ella se dedicara a ser monja!) Pero Analía le hizo saber desde la primera insinuación que no estaba dispuesta a... ello. Sospechaba que sus acciones estaban motivadas por la *codicia*° de las tierras, más que por la lealtad familiar. [...] Cuando Analía cumplió dieciséis años, su tío fue a visitarla al colegio por primera vez. [...]

greed

—Veo que las Hermanitas han cuidado bien de ti, Analía —comentó el tío revolviendo su taza de chocolate—. Te ves sana y hasta bonita. En mi última carta te notifiqué que a partir de la fecha de este cumpleaños recibirás una suma *mensual*° para tus gastos, tal como lo *estipuló*° en su testamento mi hermano, que en paz descanse.

cada mes / escribió

—¿Cuánto?

—Cien pesos.

—¿Es todo lo que dejaron mis padres?

—No, claro que no. Ya sabes que la hacienda te *pertenece*°, pero la agricultura no es tarea para una mujer. [...] Yo lo he hecho todos estos años y no ha sido tarea fácil, [...] pero se lo prometí a mi hermano en su última hora y estoy dispuesto a seguir haciéndolo por ti.

es tuya

—No deberá hacerlo por mucho tiempo más, tío. Cuando me case me haré cargo de mis tierras.

—¿Cuando se case, dijo la chiquilla? Dígame, Madre, ¿es que tiene algún *pretendiente*°?

novio

—Ella es la única alumna que nunca sale de vacaciones y a quien jamás le han mandado un regalo de Navidad —dijo la *monja*° en tono seco.

nun

—Yo no soy hombre de mimos°, pero le aseguro que estimo mucho a mi
sobrina y he cuidado sus intereses como un padre. Pero tiene usted razón, Analía
necesita más cariño, las mujeres son sentimentales.

Antes de treinta días el tío se presentó de nuevo en el colegio, pero en esta
oportunidad no pidió ver a su sobrina, se limitó a notificarle a la Madre Superiora
que su propio hijo deseaba mantener correspondencia con Analía y a rogarle que
le hiciera llegar las cartas a ver si la camaradería° con su primo reforzaba los lazos°
de la familia.

Las cartas comenzaron a llegar regularmente. Sencillo papel blanco y tinta
negra, una escritura de trazos° grandes y precisos. Algunas hablaban de la vida en
el campo, de las estaciones y los animales, otras de poetas ya muertos y de los
pensamientos que escribieron. [...] Al principio no las contestaba, pero al poco
tiempo no pudo dejar de hacerlo. [...] Creció la intimidad entre los dos y pronto
lograron ponerse de acuerdo en un código secreto con el cual empezaron a hablar
de amor. Analía Torres no recordaba haber visto jamás a ese primo que se firmaba
Luis, porque cuando ella vivía en casa de su tío el muchacho estaba interno en un
colegio en la capital. Estaba segura de que debía ser un hombre feo, tal vez
enfermo o contrahecho°...

La correspondencia entre Analía y Luis Torres duró dos años, al cabo de los
cuales la muchacha tenía una caja de sombrero llena de sobres y el alma
definitivamente entregada°. El día en que cumplió dieciocho años la Madre
Superiora la llamó... porque había una visita esperándola. [...] Cuando entró en la
sala y estuvo frente a él necesitó varios minutos para vencer la desilusión. Luis
Torres... era un hombre bien plantado°, con un rostro° simpático, la boca todavía
infantil, una barba° oscura y bien cuidada, ojos claros... pero vacíos° de expresión.
Se parecía un poco a los santos de la capilla, demasiado° bonito.

Desde el primer día de casada Analía detestó a Luis Torres. [...] Combatió sus
sentimientos con determinación, primero descartándolos° como un vicio y luego,
cuando fue imposible seguir, ignorándolos. [...] Luis era gentil y hasta divertido a
veces. Ella misma admitía que con un poco de buena voluntad de su parte podía
encontrar en esa relación cierta felicidad, al menos tanta como hubiera obtenido
tras un hábito de monja. No tenía motivos precisos para esa... extraña repulsión
por el hombre que había amado por dos años... sin conocer. [...] Luis nunca
mencionaba las cartas y cuando ella tocaba el tema, él le cerraba la boca con un
beso rápido y alguna observación ligera sobre ese romanticismo tan poco
adecuado a la vida matrimonial, en la cual la confianza, el respeto, los intereses

affection

companionship / ties

strokes

deformed

el... *her soul (heart)
belonged to him*

bien... *guapo / cara
beard / empty
too*

dismissing them

comunes y el futuro de la familia importaban mucho más que una correspondencia... de adolescentes. [...]

Los esposos Torres vivían en la propiedad adquirida por el padre de Analía... Legalmente Luis era el administrador del fundo, pero en realidad era el tío Eugenio quien cumplía esa función, porque a Luis le aburrían los asuntos del campo. [...]

El nacimiento de un hijo no mejoró en nada los sentimientos de Analía por su marido. [...] Después de dar a luz°, ella se instaló en otra habitación... Cuando el hijo cumplió un año y todavía la madre cerraba con llave la puerta de su aposento° y evitaba toda ocasión de estar a solas con él, Luis decidió que ya era tiempo de exigir un trato más considerado y le advirtió a su mujer que más le valía cambiar de actitud, antes que rompiera la puerta a tiros°. Ella nunca lo había visto tan violento. Obedeció sin comentarios. En los siete años siguientes la tensión entre ambos aumentó de tal manera que terminaron por convertirse en enemigos solapados°, pero eran personas de buenos modales° y delante de los demás se trataban con una exagerada cortesía. Sólo el niño sospechaba el tamaño de la hostilidad entre sus padres y despertaba a medianoche llorando, con la cama mojada°. [...]

Analía le enseñó a su hijo los rudimentos de la escritura y la aritmética y trató de iniciarlo en el gusto por los libros. Cuando el niño cumplió siete años Luis decidió que ya era tiempo de darle una educación más formal... y quiso mandarlo a un colegio en la capital, a ver si se hacía hombre..., pero Analía se le puso por delante° con tal ferocidad, que tuvo que aceptar una solución menos drástica. Se lo llevó a la escuela del pueblo, donde permanecía de lunes a viernes... Los sábados por la mañana iba el coche a buscarlo para que volviera a casa hasta el domingo. [...] Tres meses después llegó con su boleta de notas y una breve carta del profesor felicitándolo por su buen rendimiento. Analía la leyó temblando y sintió por primera vez en mucho tiempo. Abrazó a su hijo conmovida°, interrogándolo sobre cada detalle, cómo eran los dormitorios, qué le daban de comer, si hacía frío por las noches, cuántos amigos tenía, cómo era su maestro. Pareció mucho más tranquila y no volvió a hablar de sacarlo de la escuela. [...]

En una noche de pelotera° en el pueblo, Luis Torres, que había bebido demasiado, se dispuso a hacer piruetas en un caballo ajeno° para demostrar su habilidad de jinete° ante un grupo de compinches° de taberna. El animal lo lanzó al suelo y de una patada° le reventó los testículos. Nueve días después Torres murió aullando° de dolor... A su lado estaba su mujer, llorando de culpa° por el amor que nunca pudo darle y de alivio° porque ya no tendría que seguir rezando para que se muriera. Antes de volver al campo con el cuerpo en un féretro para enterrarlo en su propia tierra, Analía se compró un vestido blanco y lo metió al fondo de su maleta. [...] Al término de la ceremonia el tío Eugenio le propuso a su nuera que le cediera° las tierras y se fuera a vivir de sus rentas a la ciudad, donde el niño terminaría su educación y ella podría olvidar las penas del pasado.

—Porque no se me escapa, Analía, que mi pobre Luis y tú nunca fueron felices —dijo.

—Tiene razón, tío. Luis me engañó desde el principio.

—Por Dios hija, él siempre fue muy discreto y respetuoso contigo. Luis fue un buen marido. Todos los hombres tienen pequeñas aventuras, pero eso no tiene la menor importancia.

—No me refiero a eso, sino a un engaño irremediable.

—No quiero saber de qué se trata°. En todo caso, pienso que en la capital el niño y tú estarán mucho mejor. [...] Yo me haré cargo de la propiedad...

Margin glosses (left column):

75 — dar... *giving birth*

habitación

80 — rompiera... *shot the door open*

secretos / *manners*

85 — *wet*

90 — *she opposed it*

95 — emocionada

100 — *ruckus*

se... *he began to do pranks*
riding on a borrowed horse /
horseman / compañeros
kick / *moaning* / de... *of guilt*
105 — *relief*

ceder=dar

110

115

de... *what it is all about*

120 　　—Me quedaré aquí. Mi hijo se quedará también, porque tiene que ayudarme en el campo. [...] Por fin esta tierra es sólo mía. Adiós, tío Eugenio.

　　En las primeras semanas Analía organizó su nueva vida. [...] Cuando sintió que tenía todas las riendas° bajo control buscó su vestido blanco en la maleta, lo planchó con esmero°, se lo puso y... se fue en su coche a la escuela del pueblo,
125 llevando bajo el brazo una vieja caja de sombreros.

　　Analía Torres esperó en el patio que la campana° de las cinco anunciara el fin de la última clase de la tarde...

　　—Muéstrame tu aula°, quiero conocer a tu maestro —dijo ella. Era una sala grande y de techos altos, con mapas y dibujos de biología en las paredes. [...] Al
130 fondo, en un escritorio sobre una plataforma, se encontraba al maestro. El hombre levantó la cara sorprendido y no se puso de pie, porque sus muletas° estaban en un rincón, demasiado lejos para alcanzarlas sin arrastrar la silla. [...]

　　—Soy la madre de Torres —dijo porque no se le ocurrió algo mejor.

　　—Buenas tardes, señora. Aprovecho para agradecerle los dulces y las frutas que
135 nos ha enviado.

　　—Dejemos eso, no vine para cortesías. Vine a pedirle cuentas° —dijo Analía colocando° la caja de sombreros sobre la mesa.

　　—¿Qué es esto?

　　Ella abrió la caja y sacó las cartas de amor que había guardado, todo ese
140 tiempo. Por un largo instante él paseó la vista sobre aquel cerro° de sobres.

　　—Usted me debe once años de mi vida —dijo Analía.

　　—¿Cómo supo que yo las escribí? —balbuceó él° cuando logró sacar la voz que se le había atascado° en alguna parte.

　　—El mismo día de mi matrimonio descubrí que mi marido no podía haberlas
145 escrito y cuando mi hijo trajo a la casa sus primeras notas, reconocí la caligrafía. Y ahora que lo estoy mirando no me cabe ni la menor duda, porque yo a usted lo he visto en sueño desde que tengo dieciséis años. ¿Por qué lo hizo?

　　—Luis Torres era mi amigo y cuando me pidió que le escribiera una carta para su prima no me pareció que hubiera nada de malo. Así fue con la segunda y la
150 tercera; después, cuando usted me contestó, ya no pude retroceder. Esos dos años fueron los mejores de mi vida, los únicos en que he esperado algo. Esperaba el correo.

　　—Ajá.

　　—¿Puede perdonarme?
155 　　—De usted depende —dijo
Analía pasándole las muletas.
El maestro se colocó° la
chaqueta y se levantó.
Los dos salieron al bullicio°
160 del patio, donde todavía no
se había puesto el sol.

her affairs
cuidado

bell

classroom

crutches

Vine... *I came to ask for an explanation* / poniendo

hill

balbuceó... *he babbled*
se... *had gotten stuck*

se... se puso

hustle and bustle

Después de leer

5-43 ¿En qué orden? Completa los acontecimientos de esta historia y luego ordénalos en orden cronológico.

MODELO: _1_ Se mueren los _padres_ de Analía.

_____ Analía pasa doce años en un _____ donde recibe su educación formal.

_____ Pero poco a poco Analía _____ de Luis. Ellos elaboran un código _____ para que no se entere la madre superiora.

_____ El matrimonio entre los dos es una gran _____.

_____ El tío arregla _____ entre Analía y su hijo Luis.

_____ El tío de Analía cuida a la huérfana en su casa hasta que tiene la edad de empezar _____.

_____ Una noche, Luis _____ y se muere en un accidente.

_____ Viven en la misma _____, pero con poca intimidad.

_____ El tío la ve poco. Analía sospecha que se interesa menos en ella que en _____ que heredó de su padre.

_____ El niño estaba _____ en la escuela del pueblo.

_____ Después del funeral, se pone _____ y va a visitar la escuela de su hijo.

_____ Allí, se encuentra con el maestro y le da _____.

_____ Nace un _____. Analía lo enseñó a escribir y a contar.

_____ Al principio, ella no _____ las cartas.

_____ Analía le dice a su _____ que ella se hará cargo de su propiedad.

5-44 ¿Cómo son? Describan la personalidad de los personajes de este cuento. ¿Con quién se identifican más? ¿Por qué?

Analía   Luis Torres   el maestro   la monja   el tío

5-45 Póngalo en escena. Representen estas escenas del cuento.

Analía y su tío cuando él la visita en el convento
Analía y Luis Torres en su primer encuentro
Analía y su tío después de la muerte de Luis Torres
Analía y el maestro en su primer encuentro

A explorar

5-46 Isabel Allende. Conéctate a la página de *Conexiones* en la red informática (*http://www.prenhall.com/conexiones*) e investiga en la sección «A explorar» para aprender más sobre la vida y la obra de la famosa escritora chilena.

Taller

Una carta de amor

Aquí tienes la oportunidad de crear una correspondencia en que practiques el arte de escribir cartas de amor o de afecto. Escribe una carta de amor o de afecto a una persona imaginaria (o verdadera). Luego, intercambia la carta con la de un/a compañero/a para escribir una carta de respuesta.

1. **Idear.** Piensa en una persona que admiras y haz una lista de por qué.

2. **Saludar.** Comienza la carta usando uno de los siguientes saludos.

   Mi (muy/más) querido/a...
   Adorable...
   Mi corazón...
   Amor de mi vida...

3. **Abrir el tema.** Declárale tu amor.

4. **Elaborar.** Explica por qué lo/la amas. Incluye una descripción de la persona. Trata de usar comparativos y superlativos. Sugiere una reunión o un favor muy especial, o pídele una respuesta rápida a la carta.

5. **Resumir.** Resume las razones por las que le escribes esta carta de amor.

6. **Concluir.** Cierra la carta con una frase cariñosa. Luego, fírmala con un nombre inventado.

   el/la que te admira (quiere/desea),
   tu admirador/a secreto/a,
   tu esclavo/a,
   recibe un fuerte abrazo de,
   eres el/la dueño/a de mi corazón,

7. **Revisar.** Revisa la mecánica de tu carta.
   * ¿Has incluido una variedad de vocabulario?
   * ¿Has usado bien las cláusulas adjetivales? (No hay nadie que...)
   * ¿Has usado bien las expresiones comparativas?
   * ¿Has revisado la ortografía y la concordancia?

8. **Intercambiar.** Intercambia tu carta con la de un/acompañero/a para contestárselas. Mientras las contestan, deben hacer comentarios y sugerencias sobre el contenido, la estructura y la gramática.

9. **Entregar.** Pasa tu carta original a limpio, incorporando las sugerencias de tu compañero/a y entrégasela a tu profesor/a.

6

El mundo del espectáculo

Comunicación

- Discussing entertainment
- Giving orders
- Talking about actions that are pending on time or circumstances
- Expressing wishes and possibilities

Estructuras

- The subjunctive vs. indicative in adverbial clauses
- Commands (formal and informal)
- The subjunctive with *ojalá, tal vez,* and *quizá(s)*

Cultura

- El tango
- El arte flamenco
- **Ritmos:** Mecano —*El cine*
- **Imágenes:** Amalia Mesa-Bains —*Ofrenda por Dolores del Río*
- **Páginas:** Ernesto Cardenal —*Oración por Marilyn Monroe*

Taller

- *Una escena dramática*

A explorar

- *Dos joyas del mundo del espectáculo hispanoamericano*
- *Todo sobre la guitarra*
- *Guía del ocio en Argentina*
- *Pedro Almodóvar y sus películas*
- *La vida de Marilyn Monroe*

Cuando vas al teatro, ¿prefieres ver una obra dramática, una pieza musical, un ballet o una película? ¿Por qué?

EL ESPAÑOL QUE CONQUISTÓ HOLLYWOOD

Con su carisma, con su enorme talento, y con su pelo negro y unos ojos muy expresivos, Antonio Banderas ha conquistado al público norteamericano y de todo el mundo. Pero, ¿quién es verdaderamente este gran actor?

Su nombre completo es José Antonio Domínguez Banderas. Nació en Málaga, España, el 10 de agosto de 1960. Cuando era joven, Antonio quería ser jugador profesional de fútbol, pero cuando tenía 14 años se fracturó un pie y decidió estudiar arte dramático. Mientras estudiaba, Antonio se mantenía económicamente trabajando como camarero y como modelo de anuncios publicitarios.

A los 19 años, Banderas se mudó a Madrid y pasó mucho trabajo hasta que en 1986 fue aceptado como miembro del prestigioso Teatro Nacional de España. Fue en este lugar donde conoció al famoso director de cine Pedro Almodóvar, quien quedó muy impresionado con el talento del joven actor. Con Almodóvar de director actuó en *Laberinto de pasiones* (1982), *Matador* (1986), *La ley del deseo* (1987), y la que le dio fama internacional. *Mujeres al borde de un ataque de nervios* (1988). Con esta última película y con la siguiente, *Átame* (1990), Hollywood comenzó a fijarse en él.

Según el propio Antonio, su llegada a Hollywood fue como un «accidente». Él lo atribuye a las películas que hizo con Almodóvar, las cuales empezaron a conocerse en los círculos profesionales de los Estados Unidos. Sin embargo, para Antonio no fue fácil, ya que tuvo que tomar clases intensivas de inglés, pues no lo hablaba cuando llegó a los Estados Unidos.

Su debut en el cine norteamericano fue en 1992 con el papel de un joven músico cubano en la película *The Mambo Kings,* pero no fue hasta su participación en la película ganadora del Óscar, *Philadelphia* (1993), con Tom Hanks, cuando el público norteamericano verdaderamente «se enamoró» de Antonio Banderas.

Durante la filmación de la película *Two Much* (1995), Antonio y su co-estrella, Melanie Griffith, comenzaron una relación romántica que terminó en matrimonio en 1996. Más tarde, en 1997, Antonio hizo su debut musical junto a Madonna en *Evita* y sorprendió al público con su talento como cantante. En 1998, Antonio obtuvo un enorme éxito con su interpretación del Zorro en la película de aventuras *The Mask of Zorro* (1999), junto con el gran actor Sir Anthony Hopkins.

Es quizá por su humildad, por su perseverancia y dedicación y, sobre todo, por su actitud abierta para interpretar todo tipo de papeles, que Antonio tiene ya más de 50 películas en su haber.

Según Antonio Banderas, las oportunidades para los actores hispanos en Hollywood dependen mucho de los actores mismos, de la integridad con la que representen a sus países, a su cultura y a su pueblo. Cada vez más los actores latinos están entrando con mayor empuje en el círculo del gran cine de Hollywood.

Hoy Antonio sigue en la pantalla grande haciendo grandes películas y gozando del respeto y de la admiración del público norteamericano y del mundo entero.

Vocabulario primordial

el anuncio comercial
el autógrafo
la balada
el/la camarógrafo/a
el canal
el/la cantante
el/la concertista
el/la conductor/a
el coro
los efectos especiales
la melodía
la mezcla
el micrófono
la película...
  cómica
  de aventuras
  de ciencia-ficción
  de horror
  de misterio
  de suspenso
  de vaqueros
  erótica
  extranjera

romántica
los programas de televisión
la comedia
los dibujos animados o los
  muñequitos
el documental
el noticiero
el programa de variedades
el reportaje
la serie dramática
la serie policíaca
la telenovela
los videos musicales
el/la protagonista
la publicidad
la sinfonía
el/la televidente,
  el/la telespectador/a
la televisión...
  por cable
  en vivo
  en blanco y negro
la videograbadora

Otras palabras y expresiones

a lleno completo	to a full house
dar a conocer	to make known
pasar trabajo	to have a difficult time

Ampliación

Verbos	Sustantivos	Adjetivos
actuar	la actuación	actuado/a
bailar	el baile	bailable
competir (i, i)	la competición, la competencia	competitivo/a
componer	la composición; el/la compositor/a	compuesto/a
entretener (ie)	el entretenimiento	entretenido/a
tener fama	la fama	famoso/a
innovar	la innovación	innovador/a
opinar	la opinión	opinado/a
patrocinar	el patrocinio, el/la patrocinador/a	patrocinado/a
perder (ie)	la pérdida	perdido/a
producir (zc)	el producto	producido/a
sacrificar	el sacrificio	sacrificado/a
transmitir	la transmisión	transmitido/a

Vocabulario clave

Verbos

afinar	to tune
conmover (ue)	to move (emotionally)
disparar	to fire (a gun)
interpretar	to interpret (a role, a song)
jubilarse	to retire

Sustantivos

la cadena	network
la carrera	career
el certamen	contest
el empuje	energy; push
el espectáculo	show (business)
la grabación	recording
el guión, el libreto	script
el pueblo	nation; people
la temporada	season

¡Cuidado!

entrar, excitante/emocionante

◆ In Spanish, when you enter a place, use the preposition **a** or **en** after the verb **entrar**. **En** is used in Spain and some areas of Latin America; **a** is used in many Latin American countries.

El director entró **en** el teatro temprano.	*The director entered the theater early.*
Los estudiantes entraron **al** cine haciendo mucho ruido.	*The students came into the cinema making a lot of noise.*

◆ The word **excitante** in Spanish means *to inspire a feeling of passion*. If you want to say *exciting* in the sense of *touching* or *thrilling*, say **emocionante**.

La película fue muy **emocionante**.	*The movie was very exciting.*

Aplicación

6-1 Datos específicos. Apunta la siguiente información sobre Antonio Banderas. Puedes volver a leer el artículo si quieres.

1. su nacionalidad
2. el director con quien trabajaba en su tierra natal
3. un desafío lingüístico que tuvo en los Estados Unidos
4. una de sus cualidades personales
5. las oportunidades que tienen los actores latinos en las películas de Hollywood

6-2 ¿Quién es Antonio Banderas? Haz una lista de lo que sabías de Antonio Banderas antes de leer el artículo. ¿Cuáles de sus películas has visto? ¿Cómo se llama su esposa? Compara tu lista con la de un/a compañero/a de clase.

6-3 En familia. Completa las siguientes oraciones usando una variación de cada palabra en itálica. Si necesitas ayuda, consulta la sección llamada *Ampliación*.

MODELO: Antonio Banderas *ha actuado* en más de cuarenta películas. Su <u>actuación</u> en *The Mambo Kings* lo dio a conocer al público norte-americano.

1. El merengue y la cumbia son dos *bailes* populares del Caribe. Además, la música y el ritmo son muy _____.
2. La *opinión* de la crítica tiene gran influencia en el éxito de una obra. Por ejemplo, cuando un crítico de cine _____ que *Todo sobre mi madre* era una película excelente, esa película se hizo muy popular en los EE.UU.
3. Todos los años en Buenos Aires hay una *competencia* para seleccionar la mejor pareja de bailadores de tango. Muchos son bailadores casi profesionales que pasan horas preparándose para _____.
4. En México, los mariachis cantan baladas y corridos tradicionales para *entretener* a los turistas. Es realmente _____ sentarse en una plaza, tomar una cerveza y escucharlos cantar.
5. Algunas de las películas del director Pedro Almodóvar *han innovado* el cine español. Se dice que Almodóvar es un director verdaderamente _____.
6. Los productores de jabón tienen fama de *patrocinar* las telenovelas en los Estados Unidos. Algunas llevan años con el mismo _____.
7. La muerte del actor mexicano Anthony Quinn fue una gran _____ para sus admiradores. Sin embargo, su impactante imagen no *se pierde* nunca.

6-4 ¡Fue emocionante! Escribe un párrafo sobre una experiencia emocionante que hayas tenido asistiendo a un espectáculo. Explica por qué te emocionó. ¿Fue por los actores? ¿el escenario? ¿la música?

MODELO: *El año pasado asistí a un concierto de Carlos Santana. Todo me emocionó: el ambiente, la música, los aplausos. Después, cuando salíamos del estadio, vimos a Santana y le pedimos su autógrafo. Fue realmente emocionante.*

👥 **6-5 Películas.** Éstos son algunos títulos en español de películas que ustedes probablemente conocen. ¡A ver si saben de qué películas se trata! Contesten las siguientes preguntas sobre algunas. ¿Quiénes actuaron en la película? ¿Quién fue el director/la directora? ¿Qué tipo de película es? ¿Qué efectos especiales hay en la película? ¿Tuvo mucho éxito? ¿Ganó algún premio? ¿Qué opinan de la película, la interpretación de los papeles y la dirección?

El extraterrestre	*Belleza americana*
Tiburón	*Amistades peligrosas*
Mentes peligrosas	*Cazadores del arca perdida*
La dama y el vagabundo	*Los muchachos no lloran*
Misión imposible	*La guerra de las galaxias*
Las reglas de la vida	*Los reyes del mambo tocan canciones de amor*

👥 **6-6 Las ventajas y las desventajas.** Hagan una lista de las ventajas y las desventajas de cada profesión. Incluyan los aspectos intelectuales, monetarios y personales.

MODELO: *Lo bueno de ser concertista es que uno/a sabe mucho sobre música, tiene amigos con los mismos intereses y, si es bueno/a, gana mucho dinero. Pero hay que practicar mucho para ser bueno/a; y es difícil mantener una buena vida familiar cuando hay que viajar tanto. Además, los instrumentos musicales cuestan mucho.*

- actor/actriz de teatro
- violinista
- director/a de cine
- camarógrafo/a
- cantante
- conductor/a de orquesta
- patrocinador/a de telenovelas
- compositor/a
- escritor/a de documentales

6-7 Una carta de un/a admirador/a. Escríbele una carta a una estrella que admires. Cuéntale qué películas has visto, qué papeles te han gustado, y por qué lo/la admiras. Ofrécele algún consejo para el futuro y exprésale tus esperanzas para el futuro de su carrera. Luego, intercambia tu carta con la de un/a compañero/a y escríbele una respuesta.

👥 **6-8 Una serie nueva.** Escriban el concepto de una serie para la televisión. Incluyan sus ideas para el título, los personajes, la trama, los actores, etcétera. Usen las siguientes preguntas como guía.

1. ¿Qué tipo de serie es?
2. ¿Cómo serán los episodios? ¿autónomos o con argumentos interrelacionados y continuos?
3. ¿Cuál será el tono del programa?
4. ¿Cómo será de innovador el programa? Hagan una lista de las novedades.
5. ¿Habrá uno o dos protagonistas o habrá varios papeles y grupos de personajes?

¡Así lo hacemos! Estructuras

1 The subjunctive vs. indicative in adverbial clauses

No veré esa película a menos que me acompañes.

Conjunctions that always require the subjunctive

The following conjunctions are always followed by the subjunctive when they introduce a dependent clause because they express purpose, intent, condition, or anticipation. The use of these conjunctions presupposes that the action described in the subordinate clause is uncertain or has not yet taken place.

a fin de que	*in order that*
a menos (de) que	*unless*
antes (de) que	*before*
con tal (de) que	*provided (that)*
en caso de que	*in case*
para que	*in order that, so that*
sin que	*without*

El coro tiene que cantar más alto **para que** todos lo **escuchen** mejor.

The choir has to sing louder so everyone can hear them better.

No hablaré con la actriz **a menos que** me lo **pidan.**

I will not speak with the actress unless they ask me.

El camarógrafo no se enojará **con tal que** no lo interrumpas.

The cameraman will not get angry provided that you don't interrupt him.

Llevaré el libreto **en caso de que vea** al productor.

I will take the script in case I see the producer.

Debemos encender las luces **antes de que llegue** el público.

We ought to turn on the lights before the public arrives.

◆ When there is no change in subject, there is no dependent clause and the following prepositions are used with the infinitive.

a fin de	en caso de
a menos de	para
antes de	sin
con tal de	

La temporada será más larga este año **a fin de** complacer a la directora.

The season will be longer this year in order to please the director.

No podemos afinar los instrumentos **sin** tener el permiso del primer violinista.

We can't tune our instruments without the permission of the first violinist.

La grabación fue en Inglaterra **para** poder grabar con la orquesta sinfónica de Londres.

The recording was in England in order to be able to record with the London Symphony.

Conjunctions with either subjunctive or indicative

Continuaremos practicando cuando terminen de hablar.

The following conjunctions introduce time, place, or manner clauses and require subjunctive when you can't speak with certainty about an action that has not yet taken place. The uncertainty is often conveyed by a future tense in the main clause.

cuando	*when*	hasta que	*until*
después (de) que	*after*	luego que	*as soon as*
(a)donde	*(to) where*	mientras que	*as long as*
como	*how*	según	*according to*
en cuanto	*as soon as*	tan pronto como	*as soon as*

El entrevistador hablará con el conductor **cuando tenga** tiempo.	*The interviewer will talk with the conductor when he has time.*
Los aficionados seguirán al conjunto musical **después de que salga**.	*The fans will follow the musical group after it leaves.*
La pianista tocará el piano **en cuanto pueda**.	*The pianist will play the piano as soon as she can.*
Graba la telenovela **hasta que termine** el episodio.	*Tape the soap opera until the episode ends.*

◆ If the action in the main clause is habitual or has already happened, use the present or past indicative in the subordinate clause.

Siempre fue tímida **hasta que tomó** un curso de arte dramático.	*She was always timid until she took a course in drama.*
Esta actriz siempre actúa **según** le **pide** el director.	*This actress always acts the way the director asks her to.*

Aunque no me ames, siempre te tendré en mi corazón.

◆ Use the subjunctive with the conjunction **aunque** (*even if, although, even though*) to convey uncertainty. To express certainty or refer to a completed event, use the indicative.

Aunque vea la telenovela, no te diré lo que pasó.	*Even if I see the soap opera, I will not tell you what happened.*
No me gusta ese tipo de programa, **aunque es** muy buena la serie policíaca.	*I don't like that type of program, although it is a very good police series.*
Aunque detesta el rap, mi novia lo escucha para complacerme.	*Although she detests rap, my girlfriend listens to it in order to please me.*

Aplicación

6-9 Los amoríos de Lulú. Aquí tienes una descripción de una escena para una telenovela. Complétala con conjunciones adverbiales o preposiciones lógicas de la lista a continuación. Es posible usar una conjunción adverbial o preposición más de una vez.

antes de (que)	mientras que
aunque	para que
cuando	tan pronto como
en cuanto	

Hay dos personas paradas en la escena que están abrazadas y una tercera escondida detrás de una cortina. (1)_____ levantar el telón, aparece una cuarta persona que se sienta en el sofá. (2)_____ se levanta el telón, empieza a tocar un violín romántico en el fondo. (3)_____ los novios se dan cuenta de la presencia de la cuarta persona, dejan de abrazarse. La mujer se levanta rápidamente (4)_____ su novio también pueda levantarse. El otro, detrás de la cortina espía (5)_____ los demás se pelean. (6)_____ parezca imposible, el que está detrás de la cortina saca una pistola y dispara. La mujer cae muerta, los dos otros se abrazan, y baja el telón. Todos aplauden (7)_____ salgan los actores. Pero, (8)_____ salen los tres, se apagan las luces y se escucha un grito horrendo. ¿Lulú está realmente muerta...? Lo sabrán ustedes la semana que viene (9)_____ se presente nuevamente *Los amoríos de Lulú*.

6-10 ¿Qué hacemos esta noche? Túrnense para sugerir diferentes actividades para esta noche. Al contestar, siempre traten de complacer al/a la otro/a. Usen las siguientes preguntas y otras parecidas que inventen. Usen expresiones como **adonde, donde, como, cuando, según, aunque**, etc.

MODELO: E1: *¿Adónde vamos esta noche?*

E2: *Iremos adonde tú quieras.*

1. ¿Dónde hacemos la fiesta?
2. ¿Cómo vamos?
3. ¿Cuándo salimos?
4. ¿Hasta qué hora nos quedamos?
5. ¿Dónde comemos?
6. ¿Cuándo regresamos?

6-11 Los planes del/de la director/a de cine. Eres director/a de cine y haces planes para tu próxima película que se filmará en Cabo San Lucas, México. Completa las oraciones de una manera lógica. ¡Recuerda usar la forma correcta del verbo y tu imaginación!

MODELO: *Saldremos para Cabo San Lucas a las ocho de la noche con tal que el avión no esté demorado.*

1. Mi secretaria me acompañará a menos que...
2. No llevaremos seis camarógrafos aunque...

3. Vamos a tener una reunión con el personal que trabajará en la película en cuanto…
4. Hablaré con el alcalde de Cabo San Lucas a fin de que…
5. Llevaremos a nuestros propios cocineros en caso de que…
6. Contrataremos extras mexicanos antes de que…
7. Tendremos que hacer las comidas en la playa cuando…
8. Filmaremos en Cabo San Lucas donde…
9. Tendremos una gran fiesta después que…
10. Volveremos a los Estados Unidos tan pronto como…

6-12 La entrevista. Imagínense que uno/a de Uds. es un/a reportero/a que le hace preguntas a un/a joven actor/actriz sobre sus planes y sueños. Deben formar preguntas con conjunciones adverbiales. Representen la entrevista ante la clase. Usen las acciones a continuación para hacer las preguntas.

- casarse
- viajar por todo el mundo
- jubilarte siendo joven
- trabajar en Europa
- hacer películas en Nueva York
- dirigir una película
- actuar en una obra de teatro
- fundar una organización caritativa
- apoyar una causa para mejorar el ambiente
- trabajar con un actor/una actriz o director/a especial

MODELO: E1: *¿Vas a casarte cuando encuentres un hombre/una mujer que te guste?*

E2: *Ya encontré al hombre/a la mujer que me gusta, pero no quiero casarme hasta que tengamos tiempo para conocernos mejor.*

El tango

El tango es el baile típico de Argentina. Se comenzó a bailar a fines del siglo XIX. Los expertos de este baile original dicen que los pasos *(steps)* deben improvisarse de acuerdo con la música y, como en otros bailes sociales, el hombre debe comunicarle a su compañera cada paso y movimiento. Al principio, el tango se bailaba al estilo «canyengue», con el hombre abrazando fuertemente a la mujer, las rodillas un poco dobladas y la mirada de la pareja hacia abajo. La mano izquierda del hombre estaba más baja y a veces en un bolsillo *(pocket)* y la mujer tenía la mano derecha igual o en su cintura *(waist)*. El baile se distinguía por sus pasos complicados y las piernas a veces entrelazadas *(intertwined)*. En 1940 Carlos Estévez revolucionó el tango. A Estévez se le conocía por el apodo de Petróleo, por su pelo engominado *(lacquered)* y sus rápidos y resbaladizos *(slippery)* pasos. En el estilo petróleo la pareja baila más separada, con una postura más recta y distinguida, con la mirada al frente y dando vueltas con un estilo más elegante.

Los porteños, como les llaman a los argentinos de Buenos Aires, van a bailar tangos a salones de baile donde los bailes comienzan a las once de la noche y duran hasta las cuatro de la madrugada (muy temprano por la mañana).

El más famoso de los cantantes de tango fue el argentino Carlos Gardel, que murió hace varias décadas en un accidente de avión. El gobierno del presidente Carlos Menem declaró su casa patrimonio histórico nacional, y la compañía argentina de discos Odeón acaba de reeditar viejos temas de Gardel en un nuevo disco.

Hoy en día el tango está de moda en todas partes del mundo. Por ejemplo, hay varias revistas dedicadas exclusivamente al tango. La *Canadian Broadcasting Corporation* ha emitido tres programas dedicados al tango. En España hay un programa, «Mano a mano con el tango», que se emite en las 21 estaciones que componen Radio Voz. En las escuelas de Buenos Aires se les enseña a los niños el tango, y fue en esta ciudad donde el director español Carlos Saura hizo la película *Tango,* su cuarto musical después de *Carmen, El amor brujo* y *Sevillanas.* Si les interesa saber más sobre el tango, pueden obtener información a través de la red informática.

Vamos a comparar

¿Han oído algún tango en español o en inglés? Si no, pregúntenles a sus padres, a sus abuelos o a algunos amigos de su generación si ellos han oído alguno. ¿Qué instrumentos musicales predominan? ¿Hay un lugar en su ciudad donde den clases de tango? ¿Qué bailes o ritmos norteamericanos se pueden comparar con el tango? ¿Hay estaciones de radio en los Estados Unidos y el Canadá que toquen un solo tipo de música? ¿Por qué creen que este tipo de música es popular? ¿Qué música o baile les gusta y por qué?

Vamos a conversar

Los bailes. De estos bailes, ¿cuáles conocen y cuáles les gusta mirar o bailar? ¿Cuál es el más bailable para Uds.?

	lo conozco	lo miro	lo bailo
1. el tango	——	——	——
2. el merengue	——	——	——
3. la cumbia	——	——	——
4. el cha cha chá	——	——	——
5. el flamenco	——	——	——
6. la rumba	——	——	——
7. la lambada	——	——	——
8. el *swing*	——	——	——

A explorar

6-13 Dos joyas del mundo del espectáculo hispanoamericano.
www Conéctate a la página de *Conexiones* en la red informática (*http://www .prenhall.com/conexiones*) e investiga en la sección «A explorar» para aprender sobre la Orquesta Sinfónica de Puerto Rico y el Ballet Folclórico de México.

A ESCUCHAR

Juan Luis Guerra. Juan Luis Guerra es un cantante dominicano que se conoce por todo el mundo. A continuación, escucharás cómo se hizo famoso.

Comprensión. Indiquen si las siguientes oraciones son ciertas (C) o falsas (F), y luego corrijan las falsas.

_____ 1. Juan Luis Guerra revolucionó el merengue.

_____ 2. El merengue y la salsa son iguales.

_____ 3. El tango se había convertido en la música tropical más popular.

_____ 4. Juan Luis Guerra se viste de negro.

_____ 5. Guerra había estudiado en un conservatorio de música.

_____ 6. Juan Luis es puertorriqueño.

_____ 7. Guerra tiene más de 40 años.

_____ 8. Guerra es muy generoso con lo que ha ganado.

Resumir. Escribe un pequeño párrafo para resumir la información que oíste sobre Juan Luis Guerra. Puedes volver a escuchar la narración si quieres.

¡Los más calientes!

Ricky Martin

Su nombre es Enrique Martín Morales. Nació en 1971 en Hato Rey, Puerto Rico.

Ricky fue uno de los integrantes del grupo juvenil «Menudo» y tiene una trayectoria artística como actor además de cantante. Desde 1991 comenzó su carrera de solista, la cual culminó en su interpretación de la canción titulada «La copa de la vida» durante la ceremonia de clausura de la Copa Mundial de Fútbol en 1998. Esta presentación alcanzó una audiencia de más de mil millones de personas en todo el mundo. Luego consolidó su fama mundial con su primer disco en inglés y el gran éxito de «Livin' la vida loca» en 1999. Ricky continúa cosechando triunfos en todo el mundo por su talento, originalidad y extraordinaria simpatía. Este gran artista nunca se olvida de su tierra. Siempre ha sido muy generoso con sus compatriotas puertorriqueños, ayudando a los más necesitados.

Enrique Iglesias

Enrique Iglesias Preysler es uno de los hijos del famoso artista de la canción romántica, Julio Iglesias.

Enrique nació en España en 1975, pero ha vivido y estudiado en la ciudad de Miami desde los siete años, después del divorcio de sus padres. Desde que escribió y grabó su primer álbum en 1995, este joven artista ha ganado muchos premios a escala internacional por sus méritos profesionales, incluyendo un *Grammy*. Hoy Enrique Iglesias sigue triunfando en todo el mundo con sus canciones y su estilo tan personal.

Christina Aguilera

Christina Aguilera nació en Nueva York en 1980, pero creció en la ciudad de Pittsburgh. Su padre es de Ecuador y su madre es norteamericana-irlandesa. Christina se presentó por primera vez a escala nacional en Estados Unidos a los nueve años en el popular programa «Buscando estrellas». También participó desde los doce años junto con Britney Spears

en el show de Walt Disney «El Nuevo Club de Mickey Mouse». A través de ese programa captó la atención de los ejecutivos de la RCA, quienes le dieron un contrato cuando tenía quince años. Su primer disco fue un gran éxito, y la impulsó a ganar un *Grammy* como la «nueva cantante del año» en 2000. Cantando en inglés y en español, Christina se ha convertido en una de las cantantes más populares de los Estados Unidos y del mundo, puesto que ha rejuvenecido el espíritu del género pop en los adolescentes.

Marc Anthony

Su nombre es Marco Antonio Muñiz. Nació en 1969 en la ciudad de Nueva York

y sus padres son puertorriqueños.

De niño, Marc escuchaba a su padre cantando ritmos latinos en reuniones familiares, y él fue la influencia definitiva en el compositor y cantante musical que Marc Anthony es hoy. Antes de grabar su primer álbum en inglés en 1999, Marc Anthony era ya un ídolo de la salsa, siendo el único de sus contemporáneos que se ha presentado en el Madison Square Garden de Nueva York a lleno completo. Muchos artistas del calibre de Tito Puente Jr., Loui Vega y Rubén Blades le han dado el honor de abrir sus conciertos y han grabado algunas piezas musicales con él. Marc Anthony es también un gran actor.

Jennifer López

Nació en 1970 en el Bronx, Nueva York, de padres puertorriqueños. Después de ser bailarina en el show televisivo americano «In Living Color» y de tener papeles pequeños en varias películas, Jennifer consiguió el papel más importante de su carrera (por el cual ganó un premio *Golden Globe* como mejor actriz) en *Selena*. En 1998 obtuvo la admiración de los críticos con *Out of Sight*. En

1999 su carrera de cantante se consolidó con un super contrato con la importante compañía Sony y su primer álbum, *On the 6*. Su belleza latina, su voz y su talento como actriz y bailarina han hecho de Jennifer López una de las artistas mejor cotizadas tanto en los Estados Unidos como en el resto del mundo. Jennifer ha actuado y continúa actuando en importantes películas de Hollywood y cosechando éxitos como cantante.

Vocabulario primordial

Algunos instrumentos musicales

el acordeón
el bajo
la batería
el clarinete
la flauta
la guitarra
la trompeta
el órgano
el sintetizador
el tambor
el violín

En relación con los espectáculos

el acto
la audición
el boleto, el billete, la entrada
el/la dramaturgo/a
el escenario
el/la ídolo
el intermedio
el maquillaje
la orquesta
los subtítulos

Sustantivos

el cantautor	*singer-songwriter*
la cartelera	*entertainment section of newspaper*
el conjunto	*band; ensemble*
el/la locutor/a	*(radio/TV) announcer*
las palomitas de maíz	*popcorn*
la reseña	*critical review*
el sencillo	*single (record)*
la trayectoria	*path*

Ampliación

Verbos	Sustantivos	Adjetivos
aplaudir	el aplauso	aplaudido/a
colaborar	la colaboración	colaborador/a
contratar	el contrato	contratado/a
ensayar	el ensayo	ensayado/a
estrenar	el estreno	estrenado/a
ganar	la ganancia, el/la ganador/a	ganado/a
triunfar	el triunfo	triunfal

Vocabulario clave

Verbos

compartir	*to share*
cosechar	*to gather (reap)*
doblar	*to dub*
donar	*to donate*
ensayar	*to rehearse*
estrenar	*to premier*
tratar de	*to deal with, be about*

¡Cuidado!

al principio/al final, jugar/tocar, parecer/lucir, puesto que/desde

◆ Use **al principio/al final** to express *at* or *in the beginning/end*.

Al principio no entendía el argumento pero **al final** de la película todo tenía sentido.	*In the beginning I didn't understand the plot, but at the end of the movie everything made sense.*

◆ Remember that **jugar** means *to play a game/sport* and **tocar** means *to play a musical instrument* (also *to touch* and *to knock*).

Mi hijo es muy talentoso: sabe **jugar** muy bien al ajedrez y **toca** el violín como Paganini.	*My son is very talented: he knows how to play chess very well, and he plays the violin like Paganini.*

◆ **Parecerse a** means *to look like*. **Parecer** before an adjective, adverb, or subordinate clause means *to seem*. **Lucir bien/mal**, on the other hand, refers to appearance in the context of dress or clothing.

Manuel **se parece** a Antonio Banderas.	*Manuel looks like Antonio Banderas.*
Parece que cancelaron la función.	*It seems that they cancelled the performance.*
Marta **luce** muy **bien** con ese vestido.	*Marta looks good in that dress.*

◆ **Puesto que** means *since* or *because of*, but when *since* refers to a point in time, use **desde**.

Puesto que yo no tengo dinero, no podré ir al concierto.	*Since I don't have money, I won't be able to go to the concert.*
Gloria Estefan ha dado varios conciertos **desde** su accidente.	*Gloria Estefan has given several concerts since her accident.*

A explorar

6-14 Todo sobre la guitarra. Conéctate a la página de *Conexiones* en la red informática (*http://www.prenhall.com/conexiones*) e investiga en la sección «A explorar» para aprender sobre este maravilloso instrumento musical.

Aplicación

6-15 ¿Quién será? Identifica a quién(es) se refieren esas descripciones y luego amplía un poco la información. Puede haber más de una persona.

Christina	Enrique	Jennifer	Marc Anthony	Ricky

MODELO: Vive en Miami.

Enrique nació en España pero luego se mudó a Miami cuando se divorciaron sus padres.

1. Actúa, baila y canta.
2. Siempre oía música en las fiestas familiares.
3. Tenía como amigos a otros ratoncitos.
4. Empezó su carrera cantando con un grupo de jóvenes.
5. Ha vivido en el extranjero.
6. Recibió mucha atención tras su actuación en la ceremonia de clausura de la Copa Mundial.
7. Es neoyorquino/a.
8. Recibió atención tras representar a una cantante tejana.
9. Ella es un ídolo para los jóvenes.
10. Les dona dinero a los necesitados de su país.

6-16 ¿Qué sabías? Antes de leer el artículo, ¿qué sabías de cada artista? ¿Puedes nombrar algunas de sus canciones o películas? Haz una lista de lo que ya sabías y compárala con la de un/a compañero/a de clase.

6-17 En familia. Completa las siguientes oraciones usando una variación de cada palabra en itálica. Si necesitas ayuda, consulta la sección llamada *Ampliación*.

MODELO: Jon Secada y Gloria Estefan *han colaborado* en muchas grabaciones.
Su _colaboración_ ha resultado en varios éxitos musicales.

1. La orquesta *ha ensayado* la sinfonía varias veces, pero el conductor todavía no está satisfecho. Esta noche va a haber otro _____.
2. El dramaturgo está nervioso porque *estrena* su obra esta noche. _____ va a ser a las ocho en punto.
3. ¿Cuánto *habrá ganado* Antonio Banderas por su última película? Sus _____ deben ser considerables.
4. Por su éxito en *Los reyes del mambo tocan canciones de amor,* Banderas recibió otros *contratos* para hacer películas en los Estados Unidos. Lo acaban de _____ para otra película de acción.
5. Marc Anthony *ha triunfado* en varias categorías: latina, rock, pop y soul. Comparte sus _____ con la gente que vive en su barrio de Nueva York.
6. Cuando Enrique Iglesias comienza los conciertos, el público lo _____ por varios minutos. Los *aplausos* son siempre largos y calurosos.

6-18 ¡Cuidado! Completa la conversación con la forma correcta de una expresión lógica de la lista.

al final	lucir
al principio	parecer
desde	puesto que
jugar	tocar

LUCINDA: ¿Sabes, Lucinda? Carmen y Roberto están juntos (1)_____ el año pasado. (2)_____ no creíamos que fuera a durar, pero mira, ¡qué milagro!

MARIELA: Y Carmen (3)_____ tan contenta cuando están en público. Sería un rumor que su relación estuviera en peligro.

LUCINDA: No te creas, Mariela. Ellos (4)_____ con la opinión pública. (5)_____ que todavía riñen cuando están solos. No creo que Carmen se quede con él, (6)_____ él tiene tan mala fama con las mujeres. Ya veremos qué pasa (7)_____.

6-19 Programas de televisión. Éstos son los títulos de algunos programas de televisión en español. ¡A ver si saben de qué programas se trata! Contesten las siguientes preguntas sobre algunos de ellos. ¿Qué tipo de programa era? ¿En qué década era popular? ¿Tenía mucha violencia o poca? ¿Quiénes eran los protagonistas? ¿Siguen estos actores en la televisión?

«Viaje a las estrellas»
«La mujer maravilla»
«El hombre nuclear»
«La mujer biónica»

«Gasparín, el fantasma amigable»
«Mi bella genio»
«Me casé con una bruja»
«Los duques de la suerte»

6-20 Un conjunto. Preparen una descripción completa de un conjunto (¡pero sin nombrarlo!) en la que incluyan la siguiente información: el número de miembros, su aparencia física, algunos detalles personales de los miembros, los instrumentos musicales que tocan, su estilo y algunos títulos. Luego preséntensela a la clase para que adivine el nombre del conjunto. Finalmente, expliquen por qué les gusta su música o no.

6-21 El precio de la fama. Todos admiramos a las superestrellas, pero pensamos poco en cómo la fama les afecta la vida. Después de leer este artículo, piensen en una persona que haya tenido alguno(s) de los problemas que se mencionan, y el efecto que esto haya tenido en sus relaciones personales, financieras o profesionales.

¿Te gustaría ser famoso o famosa? ¡Piénsalo dos veces!

El precio de la fama puede ser muy alto. ¿Vale la pena? Piensa que, en realidad, no tienes vida privada. No puedes hacer nada sin tomar una serie de medidas especiales, como disfrazarte, andar con guardaespaldas, hacer reservas con una identidad falsa, etc. Es muy posible que el estrés de ser vigilado todo el tiempo termine haciendo que te aísles y te separes del mundo. Los periódicos imprimen a diario todo lo que dices y haces (¡y también lo que no dices y no haces!). Todo el mundo sabe lo que compras, qué películas ves, qué pides en los restaurantes, con quién andas, los libros que lees, los videos que ves, la música que escuchas... ¡En fin, todo lo que puedas imaginar!

Mientras gozas de la fama, lo más probable es que la prensa publique mentiras sobre ti, atribuyéndoles valor de verdad. Si se te ocurre demandar a las revistas, periódicos, cadenas de radio y televisión, y portales en la red informática te pasarás la vida en la corte y pagándoles grandes sumas de dinero a abogados, además del estrés y el tiempo que te costaría todo esto.

La verdad es que cuando eres famoso la gente te observa, habla de ti y esto es comprensible, pero no siempre es fácil. ¿Te gustaría ser perseguido/a por fotógrafos que se esconden en los árboles y en todas partes para conseguir una foto tuya? ¡Y ni hablar de las personas que no te dejan caminar, comprar o cenar tranquilo pidiéndote autógrafos! Piensa también que hasta se sabría de qué enfermedades sufres, qué medicinas compras y otros aspectos íntimos de tu vida. ¡Piénsalo bien: adiós intimidad y adiós privacidad!

👥 **6-22 El teatro.** Resuman una obra de teatro que hayan visto. Incluyan una descripción de los personajes, un resumen del argumento, su estilo (drama, comedia, tragicomedia, comedia musical, ópera) y la música, pero no den el título. Preséntenle un resumen a la clase para que adivine qué obra es.

👥 **6-23 Una función importante.** Planeen una función en beneficio de una causa importante. Escriban un anuncio para el periódico en el que incluyan la siguiente información: el lugar, la fecha, la función, el programa, el grupo a quien beneficia y el costo. Al lado del anuncio, incluyan una foto o un dibujo que ilustre la función.

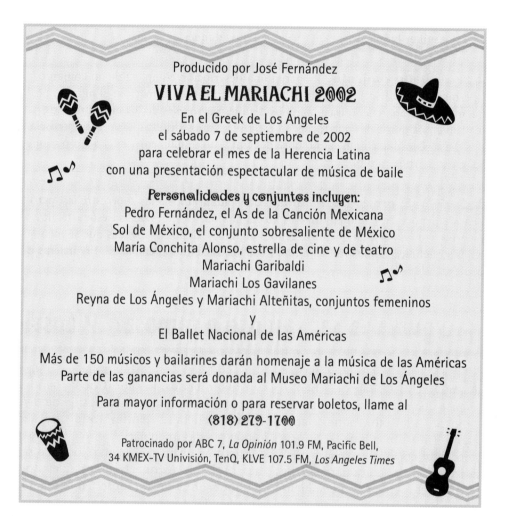

Producido por José Fernández

VIVA EL MARIACHI 2002

En el Greek de Los Ángeles
el sábado 7 de septiembre de 2002
para celebrar el mes de la Herencia Latina
con una presentación espectacular de música de baile

Personalidades y conjuntos incluyen:
Pedro Fernández, el As de la Canción Mexicana
Sol de México, el conjunto sobresaliente de México
María Conchita Alonso, estrella de cine y de teatro
Mariachi Garibaldi
Mariachi Los Gavilanes
Reyna de Los Ángeles y Mariachi Alteñitas, conjuntos femeninos
y
El Ballet Nacional de las Américas

Más de 150 músicos y bailarines darán homenaje a la música de las Américas
Parte de las ganancias será donada al Museo Mariachi de Los Ángeles

Para mayor información o para reservar boletos, llame al
(818) 279-1700

Patrocinado por ABC 7, *La Opinión* 101.9 FM, Pacific Bell,
34 KMEX-TV Univisión, TenQ, KLVE 107.5 FM, *Los Angeles Times*

2 Commands (formal and informal)

Formal

We use commands to give instructions or to ask people to do things. In Spanish, commands have different forms for formal (**usted/ustedes**) and informal (**tú/vosotros**) address.

◆ The following chart summarizes the formation of the formal commands. Note that the verbs follow the same pattern as the subjunctive. The same spelling changes (-**gar** → -**gue**; -**car** → -**que**; -**zar** → -**ce**), stem changes (e → ie; e → i; o → ue), and irregular verbs (**dar, estar, ir, saber, ser**) apply.

Llegue temprano para no tener que hacer fila.	*Arrive early so that you don't have to stand in line.*
Toque la trompeta más alto.	*Play the trumpet louder.*
Pida unas palomitas de maíz.	*Ask for some popcorn.*
Tenga paciencia en la cola.	*Be patient in line.*
Vayan al ensayo temprano.	*Go to rehearsal early.*
Sea más crítico.	*Be more critical.*

◆ Negative commands are formed by placing **no** in front of the command form.

No ponga la grabación en su caja todavía.	*Don't put the recording in its box yet.*

No escriban la reseña hasta conversar con la autora.

Don't write the critical review until talking with the author.

◆ Subject pronouns may be used with commands for emphasis. As a rule, they are placed after the verb.

Piense usted en el personaje.

You think about the character.

No hablen ustedes con el violinista.

You don't talk with the violinist.

◆ With affirmative commands, direct and indirect object pronouns must follow the command form and be attached to it. An accent mark is added to commands of two or more syllables to show that the stress of the original verb remains the same.

¿El cartel? Diséñe**melo** inmediatamente.

The poster? Design it for me immediately.

Prepáre**les** el contrato.

Prepare the contract for them.

◆ With negative commands, direct and indirect object pronouns are placed between **no** and the command form.

¿El productor? No **lo** siente allí; siéntelo aquí.

The producer? Don't sit him there; sit him here.

No **le** ponga más maquillaje a la actriz.

Don't put more makeup on the actress.

Aplicación

6-24 En el estudio de la telenovela «El corazón siempre llora».
Completa el monólogo del director con el mandato *(command)* de los verbos entre paréntesis.

Buenas tardes, señoras y señores. Con su cooperación, esta tarde vamos a filmar una escena entera de «El corazón siempre llora». Camarógrafo, (1. poner) _____ su cámara donde pueda ver todo el escenario. María, (2. arreglarle) _____ el maquillaje a la estrella y (3. peinarle) _____ el cabello. Jorge, (4. limpiarle) _____ la corbata a don José. Parece que almorzó papas con salsa de tomate. Lupita y Sara, (5. apagar) _____ las luces al fondo del escenario. Jorge, (6. traerme) _____ el guión para esta escena. Rosa María, no (7. sonreír) _____, por favor. Don José, (8. ponerse) _____ más serio. Sí, eso es. Bueno, luz, cámara, acción: Rosa María, (9. abrir) _____ la puerta lentamente, (10. entrar) _____ en la sala, (11. buscar) _____ su correspondencia, (12. encontrar) _____ la carta, (13. abrirla) _____, (14. leerla) _____, (15. gritar) _____ y (16. salir) _____ corriendo. Don José, (17. levantarse) _____ y (18. seguirla) _____. ¡Perfecto! ¡(19. Cortar) _____ e (20. imprimir) _____!

6-25 ¡No toque, por favor! En el museo siempre hay reglas para los visitantes. Intercambien mandatos afirmativos o negativos usando las acciones de la lista y otras que se les ocurran. La regla debe ser lógica.

MODELO: tocar los cuadros

   ¡No los toque, por favor!

1. fumar
2. comer
3. sentarse en el banco
4. observar los colores vivos del cuadro
5. beber
6. ponerse serio
7. comparar los estilos
8. acercarse a las esculturas

6-26 El escenario. Ustedes son responsables del escenario para un concierto de Jennifer López (u otro/a artista que conozcan). Escriban mandatos para los asistentes. Usen las siguientes sugerencias como guía.

cómo limpiar
dónde poner los instrumentos, micrófonos, etcétera
dónde colocar los audífonos, cámaras, etcétera
cómo vestir al/a la cantante

6-27 Nada personal. «Nada personal» es una telenovela popular en México que trata de la corrupción política y judicial. En 1997 fue galardonada en España como la mejor telenovela del año. Los personajes son políticos, hombres y mujeres de negocios, estrellas de cine y de televisión, etcétera. En grupos de tres o cuatro compañeros/as, inventen un episodio para la telenovela y después preséntenselo a la clase. Su diálogo debe incluir mandatos formales e informales.

6-28 El congreso y la NEA (*National Endowment for the Arts*). Ustedes son ayudantes de algunos congresistas que quieren establecer nuevas normas para la NEA. Escriban una serie de normas que ustedes estimen importantes para esta organización.

MODELO: *No donen más de un millón de dólares a una sola causa.*

6-29 En la cartelera. Busca información en la cartelera del periódico o en la red informática para aconsejar a las siguientes personas que no saben qué hacer el próximo fin de semana. Usa mandatos afirmativos y negativos para sugerirle a cada uno/a algo que le pueda interesar y algo que deba evitar.

1. **Paulina.** Es una joven estudiante que trabaja a tiempo parcial en un restaurante fino. No tiene novio serio pero tiene muchos amigos y dos o tres buenas amigas. Le gustan el teatro y el baile. Le gustan las películas serias pero para nada las cómicas.

2. **Mauricio y Felicia.** Estos recién casados volvieron de su luna de miel hace tres semanas y han vuelto a la rutina. Antes de casarse pasaban mucho tiempo en la discoteca más frecuentada de la ciudad con sus muchos amigos. Tras tres semanas en la casa juntos, ¡ya los dos tienen ganas de salir!

3. **Don Federico.** Don Federico se encuentra soltero y con dinero de sobra después de que su mujer lo dejó por un hombre más joven y más rico. Los hijos de don Federico, ya adultos, siempre le están diciendo que debe salir a conocer a otras personas. Don Federico es un poco tímido, pero muy simpático. Ha viajado mucho y aprecia las artes y el teatro tanto como un partido de fútbol.

Tú commands

Baila, mi amor.

◆ Most affirmative **tú** commands have the same form as the third person singular of the present indicative. For the negative commands use the subjunctive.

INFINITIVE	AFFIRMATIVE	NEGATIVE
comer	come	no comas
comprar	compra	no compres
escribir	escribe	no escribas
pedir	pide	no pidas
pensar	piensa	no pienses

Prepara los subtítulos al final.	*Prepare the subtitles at the end.*
Escribe, si puedes, una tragedia griega.	*Write, if you can, a Greek tragedy.*
Pide el micrófono para el concierto.	*Ask for the microphone for the concert.*
No hagas los contratos todavía.	*Don't do the contracts yet.*
No pidas más audiciones.	*Don't ask for more auditions.*
No vayas a la taquilla hasta muy tarde.	*Don't go to the box office until very late.*

◆ The following verbs have irregular affirmative command forms. The negative tú commands of these verbs use the subjunctive form.

decir	**di**	**Di** si el cartel te gusta.	*Tell (Say) if you like the sign.*
hacer	**haz**	**Haz** la proyección.	*Do the projection.*
ir	**ve**	**Ve** a la emisora.	*Go to the radio station.*
poner	**pon**	**Pon** el tambor en la mesa.	*Put the drum on the table.*
salir	**sal**	**Sal** para el teatro enseguida.	*Leave for the theater right now.*
ser	**sé**	**Sé** amable con el guitarrista.	*Be nice to the guitarist.*
tener	**ten**	**Ten** paciencia con los radioyentes.	*Be patient with the radio listeners.*
venir	**ven**	**Ven** al estudio de televisión.	*Come to the television studio.*

Vosotros commands

Most Spanish speakers in Latin America use the **ustedes** form to express both informal and formal plural commands. In Spain, however, informal plural commands are expressed with the **vosotros** commands.

Affirmative **vosotros** commands are formed by dropping the **-r** of the infinitive and adding **-d**. Negative **vosotros** commands have the same form as the second-person plural of the present subjunctive. The subject **vosotros/as,** is usually omitted for the informal plural command forms.

INFINITIVE	AFFIRMATIVE	NEGATIVE
hablar	hablad	no habléis
comer	comed	no comáis
vivir	vivid	no viváis
hacer	haced	no hagáis
pedir	pedid	no pidáis

Doblad el diálogo del inglés al español.

Dub the dialogue from English to Spanish.

Aplaudid a los músicos, por favor.

Clap for the musicians, please.

Subid al escenario por aquí.

Go up to the stage this way.

◆ The informal commands of reflexive verbs drop the final **-d** before adding the reflexive pronoun **-os**, except for **idos** (**irse**). Every **-ir** reflexive verb, with the exception of **irse**, requires an accent mark on the **i** of the stem of the verb. The negative **vosotros** command uses the subjunctive.

INFINITIVE	AFFIRMATIVE	NEGATIVE
acostarse	acostaos	no os acostéis
quererse	quereos	no os queráis
vestirse	vestíos	no os vistáis
irse	idos	no os vayáis

Idos al estreno de la obra.

Leave for the premiere of the play.

Vestíos bien para ir al concierto.

Dress well to go to the concert.

Aplicación

6-30 El rey león. Usa mandatos informales (tú, vosotros) para completar las instrucciones que la mamá les da a sus hijos antes de ver esta película popular.

Pepito, (1. dejar) _____ tu chicle en el basurero antes de entrar. No (2. mascarlo) _____ en el cine. Toño y Conchita, (3. buscar) _____ la fila 32, butacas de la «f» a la «j». (4. Sentarse) _____ y no (5. moverse) _____ . Pepito, (6. comprarles) _____ palomitas de maíz y refrescos a tus hermanos. Conchita, (7. compartir) _____ tu refresco con Toño. Pirula, (8. ponerse) _____ el suéter que pronto vas a tener frío. (9. Mirar) _____ hijos, va a empezar la película. (10. Callarse) _____ por favor. Pepito, ¡(11. sentarse) _____ ahora!

6-31 Una balada. Eres cantautor y necesitas una canción sentimental para tu próximo álbum. Escríbela con ocho o diez mandatos informales. Luego, preséntale la letra de tu canción a la clase.

MODELO: *Amor mío, por favor no te vayas...*

6-32 Consejos. ¿Qué consejos le darías a un buen amigo/una buena amiga que está por salir a buscar fortuna como concertista o actor/actriz? Escríbele una carta en la que le des algunos consejos prácticos y filosóficos para empezar esta etapa de su vida.

MODELO: *Querido Elvis:*

Ya que eres mi mejor amigo, quiero darte algunos consejos antes de que te vayas a Nashville. Primero, sé optimista…

6-33 Un tablao (*dance floor*) en Sevilla. Ustedes son bailadores de flamenco que tienen que negociar un contrato nuevo con los dueños del tablao donde bailan. Usando mandatos de vosotros, escriban una lista de sus demandas.

MODELO: *Dadnos quince minutos de descanso cada hora.*

Comparaciones

El arte flamenco

El arte flamenco es oriundo de (*native of*) la región española de Andalucía. Aunque el flamenco en su forma actual tiene sólo dos siglos, los judíos, los hindúes y especialmente los árabes, influyeron mucho en su desarrollo. Los gitanos (*Gypsies*), que llegaron a Andalucía de la India y Pakistán hace varios siglos, son los mejores exponentes de este arte original.

El flamenco es un arte individualista y espontáneo que está compuesto de tres partes: la canción, el baile y la guitarra, todo mezclado en un ritmo único y apasionante. Para ver este arte es necesario ir a un **tablao flamenco**, nombre que se le da al lugar donde se ve este espectáculo. La música está basada en el **cante jondo** (*deep song*), cuya letra describe las emociones del cantante en frases poéticas. El ritmo se lleva con palmadas (*hand-claps*), castañuelas y el zapateado (*heel-clicks*). El papel del cantante es muy importante, y aunque antes la guitarra flamenca sólo servía de acompañamiento, ahora los guitarristas flamencos como Paco de Lucía han adquirido gran fama.

Hay dos estilos de flamenco: el **jondo**, serio y profundo, que imita el llanto de los gitanos oprimidos a través de los siglos; y el **chico**, alegre, ligero y lleno de humor. El cantante con su canto sirve de inspiración al guitarrista y a los bailarines, y estos últimos llevan botas especiales con clavos (*nails*) en la suela y en el tacón para crear los complejos ritmos con sus juegos de pies.

Vamos a comparar

¿Han visto alguna vez un programa de arte flamenco? ¿Qué les impresionó más, el cantante, el guitarrista o los bailarines? ¿Qué tipo de arte en los Estados Unidos o el Canadá se puede comparar con el flamenco? ¿Por qué? El flamenco es también el nombre de un pájaro grande y rosado. ¿Qué tienen en común el baile y el animal?

Vamos a conversar

Es una cuestión de gusto. ¿Qué diferencias hay entre las preferencias por la música, el cine y el teatro de su generación y las de sus padres y de sus abuelos? ¿Es posible compartir algunos de los gustos entre generaciones? Hagan una lista de gustos que puedan compartir y otros que nunca podrán compartir.

MODELO: *Nosotros somos fanáticos del rap y del jazz. A nuestros padres les gusta el jazz, pero detestan el rap. Nuestros abuelos, en cambio, prefieren la música clásica.*

A explorar

🌐 **6-34 Guía del ocio en Argentina.** Conéctate a la página de *Conexiones*
www en la red informática (*http://www.prenhall.com/conexiones*) e investiga en
la sección «A explorar» para descubrir lo último en el mundo del espectáculo en
Argentina.

③ **The subjunctive with** *ojalá, tal vez,* **and** *quizá(s)*

Ojalá que llegue a ser una buena escritora.

◆ The expression **¡Ojalá!** entered into the Spanish language during the Arab
occupation of Spain. Its literal translation is "May Allah grant your wish," and
its actual meaning is *I hope that.* **¡Ojalá!** may be used with or without **que**,
and is followed by the subjunctive.

¡Ojalá (que) **podamos** ver la película *Carmen!*	*I hope that we can see the film Carmen!*
¡Ojalá (que) **venga** a la fiesta el cantautor!	*I hope that the singer-songwriter comes to the party.*

◆ The expressions **tal vez** and **quizá(s)**, meaning *perhaps* or *maybe,* are followed
by the subjunctive to convey uncertainty or possibility.

Tal vez vaya al estreno de la obra.	*Perhaps I'll go to the premiere of the play.*
Quizás invite a Patricia a ir conmigo.	*Maybe I'll invite Patricia to go with me.*

◆ When **tal vez** or **quizá(s)** follows the verb, use the indicative.

Vamos a oír al conjunto, **tal vez.**	*We're going to listen to the band, perhaps.*
Te **veré** en el intermedio, **quizás.**	*I'll see you in the intermission, maybe.*

Aplicación

6-35 En el ensayo del drama. Vas a ensayar una obra de teatro con un nuevo director que ha sido contratado porque el otro no resultó *(didn't work out)*. Completa la lista de las cosas que esperas que salgan mejor con este nuevo director usando la forma correcta del presente del subjuntivo.

1. Ojalá que (eliminar) _____ rápido la fricción que existe entre el dramaturgo y el actor principal.
2. Ojalá que (tener) _____ tacto con todos los miembros de la obra.
3. Ojalá que nosotros (poder) _____ empezar y terminar los ensayos a tiempo.
4. Ojalá que nos (pagar) _____ el salario puntualmente.
5. Ojalá que el productor (establecer) _____ fechas realistas para la producción.
6. Ojalá que los actores y actrices (estar) _____ satisfechos con los cambios que haga.
7. Ojalá que nos (aumentar) _____ el salario si la obra tiene éxito.
8. Ojalá que la obra (llegar) _____ a Broadway.

6-36 Tal vez lo pase bien. Vas al cine con una persona por primera vez y no sabes si vas a pasar un buen rato o no. Por eso deseas planear lo que puedes decirle. Cambia las siguientes oraciones para que expresen incertidumbre con **quizá(s)** o **tal vez**.

MODELO: Me vestiré informalmente.

Tal vez me vista informalmente. o *Quizá(s) me vista informalmente.*

1. Primero le comentaré algo sobre el tiempo.
2. Después le hablaré de mis estudios.
3. Le preguntaré de sus planes para el futuro.
4. Cuando termine la película, la/lo invitaré a tomar un refresco en el café «Carmelo».
5. Entonces le diré lo que pienso hacer este verano.
6. Más tarde le preguntaré cuáles son sus pasatiempos favoritos.
7. Y finalmente le explicaré por qué me gusta la música clásica.
8. Si somos compatibles, lo/la invitaré a bailar el próximo sábado.

6-37 Ojalá que... Hablen de cosas que desean que les ocurran en los próximos diez años. Pueden expresar esperanzas verdaderas o inventadas.

MODELO: E1: *Ojalá que me gradúe con buenas notas.*

E2: *Ojalá encuentre la pareja perfecta.*

6-38 En el año 2025. En pequeños grupos, hablen de los posibles cambios que ocurrirán en el mundo del espectáculo para el año 2025. Incluyan el cine, el teatro, la música, la radio y la televisión.

MODELO: E1: *Tal vez no tengamos películas en cines como ahora.*

E2: *Quizás todo el mundo viva sus fantasías en la realidad virtual.*

Conexiones

El artista, el espectáculo y el espectador. Hablen del espectáculo como «representación» y de lo que esto significa para el artista y el espectador. ¿Cuáles son las responsabilidades que el artista lleva con el renombre (*fame*)? Conversen sobre la influencia que tiene el espectáculo en la sociedad y lo que esto implica, con respecto a la responsabilidad y el poder, para las grandes compañías de Hollywood y los patrocinadores. ¿Piensan ustedes que los espectadores típicos ven los espectáculos con un ojo suficientemente crítico?

A ESCUCHAR

Carlos Santana: Artista con chispa. Vas a oír una biografía sobre este artista que es uno de los más duraderos de la música rock popular. Contesta brevemente las preguntas a continuación basándote en lo que escuches.

1. ¿Qué edad tiene?
2. ¿De dónde es originalmente?
3. ¿Quién tuvo influencia sobre él en su juventud?
4. ¿Qué estilo de música le fascina?
5. ¿Por qué dicen que tiene un espíritu humanitario?
6. ¿Por qué es importante su disco *Supernatural*?
7. ¿Cuál es otra prueba de su éxito musical?

¡Así lo expresamos!

Ritmos

Mecano

Mecano, nacido en los años ochenta, es uno de los mejores conjuntos españoles de pop y rock. Es un trío compuesto por una chica (Ana) y dos chicos (José y Nacho, dos hermanos). Mecano ha grabado varios discos y ha ido de gira por toda Hispanoamérica y Europa. La siguiente canción describe la experiencia de perderse en una película.

El cine

La cola de esta noche
no tiene final
dos horas confiando°   *hoping*
que no colgarán°   *won't hang*
5   dichoso cartelito°   *darned sign*
de «completo está el local»
Logré cruzar la puerta
diez duritos° van   *diez... 50 pesetas*
no me ponga delante
10 ni tampoco detrás
eterno en la pantalla está
el «visite nuestro bar»
Las luces se apagaron
esto va a empezar

15   la chica de la antorcha°   *torch*
ya ocupó su lugar
preludio de que algo
emocionante va a pasar.
Sobre la foto fija
20   de una gran ciudad
los nombres y apellidos
de los que serán
actores, directores, productores y demás.
El ruido de las fábricas al despertar
25   los olores y colores de la gran ciudad
me hicieron sentir que yo estaba allí
que estaba allí
el cuerpo de esa chica que empezó a temblar
cuando el protagonista la intentó besar
30   me hicieron sentir que yo
estaba allí
que era feliz.
Las primeras escenas de aproximación°   escenas... *close-ups*
consiguen que te metas
35   en la situación
y poco a poco se va
desarrollando la acción.
Parece que se ha producido un apagón°   *blackout*
silbidos a cabina°   silbidos... *the public whistles to the projection room*
40   tensa situación.
La chica ya estaba desnuda
cuando se cortó.
Recuperado el ritmo
ya llegó el final
45   barullo de murmullos°   barullo... *noise of murmurs*
que preguntan que ¿qué tal?
y un desfile de zombis
que abandonan el local.
Durante una hora y media
50   pude ser feliz
comiendo chocolates
y palomitas de maíz
sintiendo que era yo
el que besaba a aquella actriz.

6-39 Comprensión. Indica si las siguientes oraciones son ciertas (C) o falsas (F) según la canción. Indica en qué línea(s) de la canción se encuentra la información y luego corrige las oraciones falsas.

_____ 1. El cantante entró al cine corriendo porque llegó tarde.
_____ 2. Era una película popular.
_____ 3. Pagó diez dólares para ver la película.
_____ 4. Fue a ver una película que ocurría en una gran ciudad.
_____ 5. Los zombis invadieron la ciudad en la película.

_____ 6. El cantante comió algo durante la película.

_____ 7. La película duró dos horas.

_____ 8. Al cantante le gustó la película.

👥 **6-40 ¡Qué película!** Piensen en películas que los hayan conmovido y describan la experiencia. ¿Por qué los/las conmovieron esas películas?

A explorar

🌐 **6-41 Pedro Almodóvar y sus películas.** Conéctate a la página de
www *Conexiones* en la red informática (*http://www.prenhall.com/conexiones*) e investiga en la sección «A explorar» para descubrir el intrigante mundo del famoso director, guionista y productor de cine español Pedro Almodóvar y de sus películas.

🎨 *Imágenes*
Amalia Mesa-Bains

Amalia Mesa-Bains (1943–) es una de las artistas más cotizadas de origen chicano. Ella es también profesora, escritora y doctora en psicología. La Dra. Mesa-Bains es artista independiente y crítica cultural, y sobre todo una creadora de instalaciones artísticas, principalmente de «altares». *Ofrenda* —dedicada a Dolores del Río, una actriz mexicana muy famosa— es una obra representativa de este género artístico.

Amalia Mesa-Bains, *Ofrenda por Dolores del Río*, 1990–93, Instalación de medios mixtos, National Museum of American Art, Smithsonian Institution, Washington, D.C.

Perspectivas e impresiones

6-42 Un altar personal. El altar es una representación importante en la cultura mexicana y méxicoamericana porque es aquí donde se rinde homenaje a los antepasados y a los admirados. Piensen en una persona a quien les gustaría honrar y hagan una lista de artículos que incluirían en su altar.

MODELO: *Honro a mi bisabuelo que murió en 1995. En su altar pongo su pipa, sus gafas, una novela de detectives, una cinta de Frank Sinatra, un pastel de manzana y unas flores rojas (su color favorito).*

Páginas
Ernesto Cardenal

Ernesto Cardenal nació el 20 de enero de 1925 en Granada, Nicaragua. Cardenal, sacerdote de la iglesia católica, ha tenido problemas con la jerarquía eclesiástica por su activismo político y su prominente participación en el gobierno sandinista. Su poesía, como su persona, es bastante controversial. El tema que predomina en su poesía es la injusticia social y política, que presenta con sinceridad, ironía y a veces con un impactante sarcasmo. Hoy Cardenal es considerado por muchos críticos como el poeta más importante que ha producido Nicaragua después de Rubén Darío.

Estrategias de lectura

Antes de empezar una lectura, piensa en lo que sabes del tema. Haz una lista y si es posible, categorízala. Puedes referirte al título, a imágenes (si las hay) o a las primeras líneas del poema. A veces el tema es evasivo, pero aun así, tu lista puede ayudarte a prever elementos irónicos o sarcásticos. ¿Cuántos son físicos y cuántos son psicológicos? Este ejercicio te ayudará a conectar lo que ya sabes con lo que vayas a leer.

Antes de leer

6-43 **Marilyn Monroe.** Haz una lista de frases que describan a Marilyn. Luego, intercambia tu lista con la de un/a compañero/a para compararlas.

Oración por Marilyn Monroe

Señor
recibe a esta muchacha conocida en toda la tierra con
el nombre de Marilyn Monroe
aunque no era su verdadero nombre

que no tiene padres   5   (pero Tú conoces su verdadero nombre, el de la huerfanita°
violada a los 9 años

empleada   y la empleadita° de tienda que a los 16 se había querido matar)
y que ahora se presenta ante Ti sin ningún maquillaje
sin su agente de prensa

10   sin fotógrafos y sin firmar autógrafos
sola como un astronauta frente a la noche espacial.

Ella soñó cuando niña que estaba desnuda° en una iglesia — sin ropa
(según cuenta *Time*)
ante una multitud postrada°, con la cabeza en el suelo — *in a prone position*
15 y tenía que caminar en puntillas° para no pisar las cabezas. — en... *on tiptoe*
Tú conoces nuestros sueños mejor que los psiquiatras.
Iglesia, casa, cueva°, son la seguridad del seno materno° — *cave* / seno... *maternal bosom*
pero también algo más que eso…
Las cabezas son los admiradores, es claro
20 (la masa de cabezas en la oscuridad bajo el chorro° de luz). — *flood*
Pero el templo no son los estudios del 20th Century-Fox.
El templo —de mármol° y oro— es el templo de su cuerpo — *marble*
en el que está el Hijo del Hombre con un látigo° en la mano — *whip*
expulsando° a los mercaderes de la 20th Century-Fox — *expelling*
25 que hicieron de tu casa de oración una cueva de ladrones°. — *thieves*
Señor
en este mundo contaminado de pecados, radioactividad
Tú no culparás° tan sólo a una empleadita de tienda — no... *won't blame*
que como toda empleadita de tienda soñó ser estrella
30 de cine.
Y su sueño fue realidad (pero como la realidad del tecnicolor).
Ella no hizo sino actuar según el script que le dimos
—el de nuestras propias vidas— y era un script absurdo.
Perdónala Señor y perdónanos a nosotros
35 por nuestra 20th Century
por esta Colosal-Super-Producción en la que todos
hemos trabajado.
Ella tenía hambre de amor y le ofrecimos tranquilizantes,
para la tristeza de no ser santos
40 se le recomendó el Psicoanálisis.
Recuerda, Señor, su creciente° pavor° a la cámara — *increasing* / miedo
y el odio al maquillaje —insistiendo en maquillarse en cada escena—
y cómo se fue haciendo mayor el horror
y mayor la impuntualidad a los estudios.
45 Como toda empleadita de tienda soñó ser estrella de cine.
Y su vida fue irreal como un sueño que un psiquiatra interpreta y archiva°. — *files away*
Sus romances fueron un beso con los ojos cerrados
que cuando se abran los ojos
se descubre que fue bajo reflectores
50 y apagaron los reflectores
y desmontan° las dos paredes del aposento° (era un set cinematográfico) — *take down* / habitación
mientras el Director se aleja con su libreta
porque la escena ya fue tomada°. — filmada
O como un viaje en yate, un beso en Singapur, un baile en Río
55 la recepción en la mansión del Duque y la Duquesa de Windsor
vistos en la salita del apartamento miserable°. — pobre
La película terminó sin el beso final.
La hallaron muerta en su cama con la mano en el teléfono.
Y los detectives no supieron a quién iba a llamar.
60 Fue
como alguien que ha marcado el número que le dice: WRONG NUMBER

O como alguien que, herido por los gángsters,
stretches out   estira° la mano a un teléfono desconectado.
Señor
whoever 65   quienquiera° que haya sido el que ella iba a llamar
y no llamó (y tal vez no era nadie
o era Alguien cuyo número no está en el Directorio de Los Ángeles)
¡contesta Tú el teléfono!

Después de leer

6-44 ¿Cómo lo interpretas tú? Contesta las preguntas sobre el poema basándote en el texto mismo o en lo que puedes inferir de él.

1. ¿Qué simboliza el maquillaje en este poema?
2. ¿Por qué caracteriza el estudio Twentieth Century Fox como una «cueva de mercaderes»? ¿Te parece una descripción justa?
3. ¿Por qué crees que el guión de la vida de Marilyn Monroe fue «un script absurdo»?
4. ¿Cómo sería la vida personal de esta actriz?
5. ¿Crees que este poema tiene un mensaje didáctico?
6. ¿Ha habido otros actores que hayan sufrido una vida tan trágica como ésta?
7. ¿Qué escritor y artista ha representado a esta actriz en su obra? ¿Cómo se compara su representación con la de este poema?

6-45 Contrastes. Haz una lista de contrastes que se presentan en el poema para enfatizar su mensaje. Luego intercámbiala con la de un/a compañero/a para hablar del uso de contrastes en el poema.

MODELO: _Todo el mundo sabe quién es Marilyn Monroe, pero nadie la conoce._

A explorar

6-46 La vida de Marilyn Monroe. Conéctate a la página de _Conexiones_ www en la red informática (_http://www.prenhall.com/conexiones_) e investiga en la sección «A explorar» para aprender más sobre la vida de esta inmortal actriz y cantante norteamericana.

Una escena dramática

La comunicación entre dos o más personas incluye entre otras cosas, gestos, miradas, tono y ambiente. Por eso, un guión debe ofrecer más que el diálogo entre los personajes. Debe crear una escena y un diálogo que podría figurar dentro de un guión más amplio.

1. **Idear.** Piensa en la escena, los personajes y el problema dramático. Escribe una lista de ideas sobre los elementos que incluya ideas sobre el estado físico y psicológico de los personajes.

2. **Describir.** Describe la escena: el lugar, lo que se encuentre allí, el tono del ambiente, etcétera.

3. **Ampliar.** Describe la acción, es decir, lo que esté pasando antes del intercambio.

4. **Escribir.** Inventa un breve diálogo entre los dos personajes.

5. **Agregar.** Entre paréntesis, añade frases que indiquen los gestos, las expresiones y el tono de voz de los personajes.

6. **Leer en voz alta.** Lee sólo el diálogo en voz alta para ver si es «natural», y para ver si lograste el tono.

7. **Revisar.** Revisa tu escena. ¿Es lógica? ¿Son claras las direcciones? ¿Fluye bien el diálogo? Luego, revisa la mecánica de lo que escribiste.
   - ¿Has incluido una variedad de vocabulario?
   - ¿Has incluido algunos mandatos o la expresión de alguna esperanza (con **ojalá**, **tal vez** o **quizá(s)**?
   - ¿Has usado bien los mandatos y el subjuntivo?
   - ¿Has verificado la concordancia y la ortografía?

8. **Intercambiar.** Intercambia tu escena con la de un/a compañero/a. Mientras leen las escenas, hagan comentarios y sugerencias sobre el contenido, la estructura y la gramática.

9. **Entregar.** Pasa tu ensayo a limpio, incorporando las sugerencias de tu compañero/a y entrégaselo a tu profesor/a.

7

La diversidad humana

Comunicación

- ◆ Discussing diversity, rights, and accomplishments
- ◆ Expressing how long an action or situation has been going on
- ◆ Answering the questions *Why?* and *What for?*

Estructuras

- ◆ Review of the preterit and imperfect
- ◆ *Hacer* and *desde* in time expressions
- ◆ *Por* and *para*
- ◆ Verbs that require a preposition before an infinitive

Cultura

- ◆ Los gitanos en España
- ◆ La mujer hispanoamericana y la política
- ◆ **Ritmos:** Vainica doble—*Dices que soy*
- ◆ **Imágenes:** José Clemente Orozco—*La mesa de la hermandad*
- ◆ **Páginas:** Alfonsina Storni—*Tú me quieres blanca;* Nicolás Guillén—*Balada de los dos abuelos*

Taller

- ◆ *Un reportaje periodístico*

A explorar

- ◆ *La mujer en la ciencia*
- ◆ *Los gitanos en España*
- ◆ *Diferentes pero iguales*
- ◆ *La mujer hacia la igualdad en Hispanoamérica*
- ◆ *Alfonsina Storni: «Hombre pequeñito»*

¿Cuántas razas y grupos étnicos puedes nombrar? ¿A cuál crees que perteneces? ¿Hay mucha diversidad en tu barrio? ¿en tu universidad?

Mujeres científicas

Mexicanas al microscopio

Nuestras científicas, sin prisas pero sin pausa, se han ido integrando a la investigación.

La sociedad mexicana es una sociedad machista. Esto no es ningún secreto para nadie, pero lo que sí es mucho menos conocido es el hecho de que en nuestro país la mujer ha sostenido una larga batalla para su incorporación al ámbito científico bajo «condiciones muy adversas», remarca *La mujer contra el machismo en la ciencia: Una batalla que ha durado milenios,* un artículo publicado por Alfonso José Vilchis Peluyera. Según Vilchis «el 20 por ciento de todos los científicos del Sistema Nacional de Investigadores en México son mujeres». La mayoría fueron pioneras en campos como biología, ciencias biomédicas y química. En las ciencias sociales y las humanidades su participación aumenta: alcanza el 33 por ciento. La actividad astronómica se ha convertido en los países latinos en territorio femenino, con una presencia femenina del 20 por ciento; «todas ellas con doctorados y registradas en la Unión Astronómica Internacional».

La doctora JULIETA FIERRO es Jefa de Difusión del Instituto de Astronomía de la UNAM. Ha escrito un buen número de libros de divulgación científica y recibió en 1995 el Premio Kalinga de la UNESCO.

—*¿Las mujeres tienen mayores dificultades que los hombres para dedicarse a la ciencia?*

—Sí, porque las mujeres necesitamos tiempo para tener nuestros hijos y criarlos, labor fundamental para que la especie humana continúe.

—*¿Qué habría que hacer al respecto?*

—Dar más opciones educativas a las mujeres, es decir, opciones más acordes con sus ciclos biológicos. Parte del problema es que la sociedad está hecha por los hombres, de la mejor manera que han podido, pero pensando en ellos. No se han puesto a reflexionar en las necesidades de las mujeres. Dada esta diferencia biológica, debemos reestructurar el sistema educativo para que siempre haya opciones para la mujer.

—*¿Encuentra algunas dificultades laborales?*

—No. La única área donde he notado injusticias es en la de los premios, porque para algunos el límite de edad es 30 años, etapa en la que una mujer terminaría su doctorado y frenaría su productividad por las razones que he mencionado antes.

La doctora DEBORAH DULTZIN pertenece al Sistema Nacional de Investigadores y trabaja en el Instituto de Astronomía de la UNAM. Es experta en astrofísica y extragaláctica.

—*¿Es difícil para una mujer dedicarse a una disciplina dura como la astronomía?*

—Depende de dónde se halle. En los países desarrollados y de tradición anglosajona encontrará muchas dificultades, no para estudiar, sino para ejercer. La proporción de mujeres en este medio es bajísima. Las cosas mejoran un poco en los países latinos. Un ejemplo es México: el 30 por ciento de los investigadores somos mujeres.

—*¿Cuál es su interpretación de este fenómeno?*

—Hay varios factores que influyen. Uno muy importante es el sueldo bajo que reciben las personas dedicadas de tiempo completo a la investigación científica —sobre todo para las que empiezan. Entonces, los varones se han ido a otras áreas más rentables: finanzas, comercio, asesorías... y han cedido sus lugares a las mujeres. En los países ricos, donde los salarios son mucho mejores, la competencia es feroz por los puestos, y a las mujeres se les impide el acceso a ellos.

El segundo punto importante: En estas supuestas naciones machistas, una mujer siempre será una mujer, no importa lo que haga, y los varones la piropean y la coquetean sin problemas. Es decir, son científicas y además se pintan, tienen hijos y una vida privada...

Vocabulario primordial

el ciclo

la mayoría

la minoría

negarse (ie)

pertenecer (zc)

el prejuicio

la raza

respetarse

Vocabulario clave

Verbos

aportar	to contribute
coquetear	to flirt
criar	to raise (children)
ejercer	to practice a career; to exercise (a right, etc.); to perform; to exert
esclarecer	to clear up
frenar	to brake; to slow down
hallarse	to be in a certain place or condition
piropear	to compliment; to flatter based on physical qualities/ appearance
rechazar	to reject
reflexionar	to meditate
señalar	to point out, make known

Sustantivos

el acoso sexual	sexual harassment
el adelanto	progress
el ámbito	environment; area
la etapa	stage
el/la investigador/a	researcher
el premio	prize

Adjetivos

imprescindible	essential, indispensable
pleno/a	full
rentable	financially attractive

Ampliación

Verbos	Sustantivos	Adjetivos
aportar	el aporte, la aportación	aportado/a
humillar	la humillación	humillado/a
prohibir	la prohibición	prohibido/a
rechazar	el rechazo	rechazado/a
valorar	el valor	valorado/a

¡Cuidado!

todos/as, todos los días, cada día

◆ To express *all of* a group, simply use **todos/as.**

Todos mis amigos odian el racismo.

All of my friends hate racism.

◆ Also, remember that *every day* translates as **todos los días,** while *each day* translates as **cada día.**

Todos los días la científica se siente humillada en el trabajo.

Every day the scientist feels humiliated at work.

Cada día tengo un caso de discriminación.

Each day I have a discrimination case.

Aplicación

7-1 ¿Cómo figura la mujer en las ciencias mexicanas? Contesta las siguientes preguntas sobre el artículo «Mexicanas al microscopio».

1. ¿Cuál es el porcentaje de mujeres científicas en el Sistema Nacional de Investigadores en México? ¿Cómo se compara esta cifra con el porcentaje de mujeres en las ciencias sociales y las humanidades?
2. ¿Crees que hay mayor proporción de mujeres científicas en los Estados Unidos o en el Canadá?
3. ¿Qué campo científico tiene una presencia femenina importante? ¿Cómo se explica su influencia en este campo?
4. ¿Qué desventaja tiene la mujer en cuestiones de premios?
5. ¿Por qué acuden los hombres a los campos de comercio, finanzas y asesorías? ¿Es igual en los Estados Unidos y en el Canadá?
6. ¿Qué diferencias hay entre la mujer latina y la mujer anglosajona según la Dra. Dultzin? ¿Crees que su visión de la mujer norteamericana es justa?

A explorar

7-2 La mujer en la ciencia. Conéctate a la página de *Conexiones* en la red informática (*http://www.prenhall.com/conexiones*) e investiga en la sección «A explorar» para aprender sobre el importante papel que ha desempeñado la mujer en el mundo de las ciencias.

7-3 Cuidado. Completa las frases con la forma correcta de una de las frases siguientes:

cada día	todos los días	todo/a/os/as

1. _____ que hay discriminación en el trabajo, no sólo sufre la persona discriminada sino todos los que la observan.
2. _____ los empleados se reunieron en el auditorio para hablar de las condiciones del trabajo.
3. _____ el jefe de la empresa les prometía una investigación pero no lo hacía.
4. Los investigadores quisieron investigar _____ las acusaciones de los empleados.
5. Por fin, los empleados consiguieron _____ lo que habían pedido.

7-4 En familia. Completa las siguientes oraciones usando una variación de cada palabra en itálica. Si necesitas ayuda, consulta la sección llamada *Ampliación*.

MODELO: Ha habido casos en el trabajo donde los hombres *se han burlado* de una mujer. Estas <u>burlas</u> son tanto ilegales como crueles.

1. *El valor* de una persona en el trabajo depende de sus conocimientos y sus talentos. No es justo _____ el trabajo de un hombre más que el de una mujer.

2. En los Estados Unidos está *prohibido* discriminar por razones de raza, sexo o religión. Esta _____ está garantizada por una ley federal.
3. Los votantes _____ a la candidata por ser mujer. El *rechazo* la entristeció mucho.
4. Los resultados de las elecciones *humillaron* a la candidata. Después del incidente, la mujer se sintió totalmente _____.
5. Muchas mujeres *han aportado* sus conocimientos al campo de las ciencias. Esta _____ ha aumentado considerablemente en los últimos años.

7-5 El adelanto de la mujer en los campos científicos. Completa cada oración con la forma correcta de la palabra más apropiada de la lista. Luego, usa las palabras de la lista en oraciones originales.

MODELO: Según las *cifras*, 60 millones de niñas en los países en desarrollo no reciben educación formal.

Esta cifra *me preocupa.*

ámbito	imprescindible
aportar	piropear
cifra	premio
criar	rentable
ejercer	valorar

1. Es labor de la mujer dar a luz; pero es labor de todos _____ a los niños.
2. La mujer ha luchado por incorporarse al _____ científico.
3. La investigación de la doctora Deborah Dultzin _____ detalles a nuestro entendimiento de la condición femenina en el campo de la astronomía.
4. Según algunos, la mujer sabe coquetear; el hombre sabe _____.
5. Pocas mujeres reciben _____ por su trabajo en las ciencias porque a menudo ellas empiezan su carrera a una edad más avanzada.
6. En general, los varones han decidido _____ profesiones mejor remuneradas.
7. Es _____ aumentar la participación de la mujer en las ciencias.
8. En México, los campos comerciales ahora son más _____ que los científicos.
9. Podemos _____ la contribución de toda persona, sea hombre o mujer.

7-6 ¿Cómo se comparan? Compara la experiencia de la científica mexicana con la de la científica norteamericana en las siguientes áreas. ¿Dónde preferirías vivir y trabajar si fueras científica?

1. la educación
2. el sueldo
3. el prestigio
4. la oportunidad para destacarse

7-7 El machismo. ¿Has experimentado u observado el machismo en el trabajo o en la escuela? ¿Cómo te ha afectado? ¿Cómo has reaccionado? ¿Cómo ha afectado a las otras personas involucradas (*involved*)?

7-8 Profesiones machistas/feministas. Hagan una lista de profesiones en las que hay más presencia masculina y otra en las que hay más presencia femenina. Expliquen las razones detrás de la tradición y piensen si esto va cambiando con el tiempo.

MODELO: *En los Estados Unidos hay más ingenieros que ingenieras porque...*

7-9 Los bajos, a la cola del desempleo. No todos los discriminados lo son por razón de su raza o su sexo. Lean el artículo a continuación. ¿Creen que se discrimina contra las personas bajas en nuestra sociedad? ¿Qué otros grupos conocen Uds. que también sufren discriminación? ¿Tienen en su universidad organizaciones de antidiscriminación?

LOS BAJOS, A LA COLA DEL DESEMPLEO

Un estudio del epidemiólogo británico Scott Montgomery, de la City University, revela que los niños con retraso en el crecimiento a los siete años tienen mayor riesgo de engrosar las listas del desempleo que sus compañeros más altos, aunque presenten una altura normal al llegar a la edad de trabajar. En la investigación participaron 2.256 hombres que nacieron en una misma semana de 1958.

7-10 La Acción Afirmativa. Hoy en día esta ley es muy polémica. Den ejemplos de sus éxitos y sus fracasos, y discutan sus ventajas y sus desventajas. ¿Creen que esta ley tenga suficientes méritos para continuar vigente?

1 Review of the preterit and imperfect

Cuando empecé a trabajar
en esta empresa
era la única mujer.

In order to decide whether to use the preterit or the imperfect, take the following into account.

◆ Analyze the context in which the verb will be used and ask yourself: does the verb describe the way things were or does it tell what happened? Use the imperfect to describe and the preterit to tell what happened.

Era temprano cuando la científica **llegó** al laboratorio.	*It was early when the scientist arrived at the laboratory.*
Era: describes →	*It was early.*
llegó: tells what happened →	*She arrived at the laboratory.*

◆ In many instances, both tenses produce a grammatical sentence. Your choice will depend on the message you are communicating.

Así **fue.**	*That's how it happened.*
Así **era.**	*That's how it used to be.*
Ayer **terminaron** el experimento.	*Yesterday they finished the experiment. (This is the point, it's not background information.)*
Terminaban el experimento.	*They were finishing the experiment. (This is background information for the action that will be narrated.)*

Aplicación

7-11 ¿Qué quiere decir «blanco»? Lee el pasaje y contesta las preguntas a continuación. Luego, identifica los verbos en el pretérito y en el imperfecto y explica por qué se usa cada tiempo verbal.

Cuando Cristina nació en Argentina, se consideraba que era de raza blanca, pues así era el color de su tez. Pero cuando se trasladó a los Estados Unidos, la cuestión se hizo más complicada. Ella se preguntó, «¿soy blanca o latina?» Es verdad que se veía blanca, pero cada vez que abría la boca para hablar, su acento español se convertía en su característica más prominente. Por otra parte, sus hijos criados en los Estados Unidos se consideraban blancos, de origen argentino.

Sin embargo, la identidad racial de sus hijos depende de ellos mismos, ya que las ventajas de ser «blanco» en los EE.UU. son menos claras que antes. En el pasado, la identidad estadounidense estaba inextricablemente vinculada a la mitología de la raza. La primera ley de naturalización del país (aprobada en 1790) reservaba el privilegio a «extranjeros blancos que sean personas libres». Sólo después de la Guerra Civil se permitió a los negros solicitar la ciudadanía. Sin embargo, esto no se extendió a personas de otros grupos raciales. En 1922, por ejemplo, el caso de un nativo del Japón que había vivido en Estados Unidos por 20 años llegó hasta la Corte Suprema, y no fue hasta 1952 que la ley eliminó las restricciones raciales para conseguir la ciudadanía. Ya no se obligaba más a los indios asiáticos, los árabes y otros no europeos a pintarse, en sentido figurativo, de blanco a fin de convertirse en estadounidenses.

[adaptado de *Newsweek en Español*, 20 de septiembre del 2000, 52-53]

1. ¿Por qué se preguntaba Cristina si era blanca o latina?
2. ¿En qué sentido es diferente la experiencia de sus hijos criados en los Estados Unidos?
3. ¿Cuál fue el beneficio de ser blanco a partir de 1790?
4. ¿Qué cambio se efectuó después de la Guerra Civil?
5. ¿Quiénes no se incluyeron en el nuevo beneficio?
6. ¿En qué año se eliminó la restricción de la raza para conseguir la ciudadanía?
7. ¿Qué otro grupo mayoritario no se menciona en el artículo pero también tuvo que luchar por el derecho de votar?
8. ¿Por qué no son tan evidentes las ventajas de ser blanco hoy en día?

7-12 El siglo XIX en contraste con el siglo XXI. Vuelve a escribir el párrafo que aparece a continuación desde el punto de vista del siglo XIX, usando el tiempo verbal adecuado. ¿Puedes mencionar otros contrastes entre el pasado y el presente? ¿Crees que hay áreas en las que todavía se necesite avanzar?

En el siglo XXI, la mujer norteamericana tiene muchas oportunidades en el mundo de la política y del comercio: puede votar, ser senadora, presidenta, jefa de empresa y capitalista. Asiste a la universidad, sigue campos de estudio anteriormente identificados como masculinos y compite en el mundo del trabajo. Asimismo, la gente la escucha y valora su opinión. No se le obliga siempre a vestir falda o vestido. Se le admite en clubes anteriormente restringidos a hombres. No tiene que pedir permiso a sus padres para casarse porque ella decide si quiere casarse o no. Del mismo modo, también es su decisión si se dedica a la casa, al trabajo profesional o a las dos cosas. Maneja sus propias finanzas. Puede ser propietaria...

7-13 ¿Cómo era para la generación de sus padres? Conversen entre Uds. para contestar estas preguntas. Tengan cuidado de usar el tiempo verbal (pretérito o imperfecto) adecuado.

1. En la época de sus padres, ¿era difícil ser admitido a una universidad? ¿Era difícil ser estudiante? ¿Por qué?
2. ¿Asistieron sus padres a una universidad?
3. ¿Se graduaron? ¿Qué estudiaron?
4. ¿Cuáles fueron algunos de los desafíos que enfrentaron sus padres en sus estudios o en su trabajo?
5. ¿Fue más fácil para Uds. ser admitidos/as a la universidad? ¿Por qué? ¿Es más fácil para Uds. ser estudiantes que para los de la generación de sus padres?
6. ¿Cuáles eran las ventajas de recibir un título para la generación de sus padres? ¿Son iguales las ventajas para Uds.?

② *Hacer* and *desde* in time expressions

To express the idea that an action began in the past and is still going on in the present, Spanish uses the following constructions with the verb **hacer** and the preposition **desde.**

◆ To ask how long or since when a certain action has been going on, Spanish uses the formula on the next page:

¿**Cuánto (tiempo) hace que** + a verb phrase in the present?
[or]
¿**Desde cuándo** + a verb phrase in the present?

¿**Cuánto (tiempo) hace que** sabes que Paco es machista?	*How long have you known that Paco is a chauvinist?*
¿**Cuántos años hace que** trabajas en el comité?	*How many years have you worked on the committee?*
¿**Desde cuándo** son Mirta y Ofelia feministas?	*Since when have Mirta and Ofelia been feminists?*

◆ To state how long or since when an action has been going on, Spanish uses:

Hace + a time expression + **que** + a verb phrase in the present
[or]
A verb phrase in the present + **desde hace** + a time expression

The first construction is the equivalent of *for* + a period of time, while the second corresponds to the English *since... ago*.

Hace dos meses que sé que Paco es un machista.	*I have known for two months that Paco is a chauvinist.*
Mirta y Ofelia son feministas **desde hace** dos años.	*Mirta and Ofelia have been feminists for two years (lit. since two years ago).*

Note that in Spanish, the verb **hacer** and the main verb are in the present; the English equivalent, however, uses *has* or *have been*.

◆ To express the idea that an action that began in the remote past and was still continuing when another ocurrence happened, Spanish uses the following construction.

Hacía + period of time + **que** + a verb phrase in the imperfect

Hacía seis meses **que** la investigadora trabajaba en el proyecto.	*The researcher had been working on the project for six months.*

Note that in Spanish, the verb **hacer** and the main verb are in the imperfect; the English equivalent, however, uses *had* or *had been*.

◆ To tell how long ago an action or event occurred, Spanish uses the following construction.

Hace + a time expression + (**que**) + a verb in the preterit

◆ If the **hace** clause comes first, **que** may introduce the main clause; but if **hace** and the time expression follow the verb, **que** is not used.

Hace varios años **que** comenzaron la investigación. ⎫ *The research was started*
Comenzaron la investigación **hace** varios años. ⎭ *several years ago.*

Aplicación

👥 **7-14 Hace años.** Expliquen cuánto tiempo hace que ustedes hacen algunas de las siguientes cosas y otras que se les ocurran.

MODELO: estudiar ciencias

      E1: *Hace dos años que estudio ciencias.*

      E2: *Yo no. Yo estudio ciencias hace ocho años.*

ser feminista, idealista, ambicioso/a	estar en esta universidad
valorar los estudios, los derechos humanos	conocer a…
cursar matemáticas, biología, ciencias	pertenecer a…

👥 **7-15 ¿Cuánto tiempo hace que…?** Escriban individualmente cinco preguntas indiscretas. Luego, háganse las preguntas.

MODELO: E1: *¿Cuánto tiempo hace que te gusta Pedro?*

      E2: *¡Ay! Hace dos semanas que me gusta.*

👥 **7-16 Antes de empezar los estudios universitarios.** Expliquen cuánto tiempo hacía desde que llevaban a cabo distintas actividades antes de empezar sus estudios universitarios. Pueden usar la lista a continuación u otras ideas que tengan.

MODELO: *Hacía cinco años que trabajaba como niñera* (baby sitter) *antes de venir a la universidad.*

estar casado/a	vivir solo/a, con compañero/a de cuarto
ser estudioso/a, feminista, idealista	vivir en la residencia estudiantil, en un apartamento, en una casa
tener novio/a, coche, bicicleta	

👥 **7-17 Antes de morir.** ¿Recuerdan a las siguientes personas y lo que hacían? Expliquen cuánto tiempo (muchos años, varios años, poco tiempo, etc.) hacía que las siguientes personalidades practicaban las actividades indicadas antes de morir.

MODELO: la princesa Diana / apoyar la organización contra minas

      Cuando murió la princesa Diana, hacía dos años que apoyaba la organización contra minas.

1. La Madre Teresa / trabajar con los pobres de la India
2. Sonny Bono / servir de congresista
3. John Denver / ser piloto
4. Jerry García / dar conciertos de *Grateful Dead*
5. Chris Farley / hacernos reír en *Saturday Night Live*

7-18 ¿Cuándo lo hiciste? Expliquen cuánto tiempo hace que cada uno/a de ustedes hizo lo siguiente.

MODELO: comprar un coche

Hace dos años que compré un coche.

1. llegar a casa
2. despertarme hoy
3. desayunar
4. graduarme de la escuela secundaria
5. sacar una «A»
6. hablar con mis padres/hijos

Comparaciones

Los gitanos en España

Los gitanos llegaron a la Península Ibérica, a través de los Pirineos, a principios del siglo XV. Venían del noroeste de la India y hablaban el romaní, uno de los idiomas más antiguos del mundo. Se situaron en la región de Andalucía y por más de cien años tuvieron relaciones cordiales con los aldeanos y campesinos de este vasto territorio. La reconquista de la Península Ibérica, que durante siglos había sido ocupada por los árabes, terminó con la convivencia y la tolerancia entre judíos, árabes, gitanos y cristianos. Los Reyes Católicos, título que les dio el Papa por su fanatismo religioso, decidieron convertir al cristianismo a todos los habitantes de la Península y establecieron la Inquisición para lograrlo.

Los gitanos, que tenían una forma de vivir libre y costumbres y tradiciones muy arraigadas, fueron entonces percibidos por los reyes españoles como un pueblo peligroso y difícil de controlar. En los siglos XVII y XVIII se dictaron leyes que trataron de forzar la integración de los gitanos al resto de la población o su expulsión de España. Sin embargo, no fue hasta el periodo Constitucional de 1812 a 1936, cuando se les dio por fin a los gitanos la ciudadanía española. En la época del General Franco se les prohibió hablar el romaní, por ser considerado un idioma de delincuentes, y se persiguió a aquellos que no obedecían con la Ley de Peligrosidad Social. Hoy en día, bajo la democracia española, la discriminación racial es un delito, pero en realidad a los gitanos todavía se les margina social y económicamente.

Vamos a comparar

¿Hay grupos o pueblos en los EE.UU. y el Canadá similares al de los gitanos? ¿Cuáles? ¿Qué tipo de discriminación sufren estos grupos? ¿Qué podemos hacer para evitar la discriminación?

Vamos a conversar

¿Cuáles son sus orígenes? Comenten lo que sepan de sus propios orígenes étnicos/raciales. ¿De qué parte de su herencia se sienten más orgullosos/as?

A explorar

7-19 Los gitanos en España. Conéctate a la página de *Conexiones* en
la red informática (*http://www.prenhall.com/conexiones*) e investiga en la
sección «A explorar» para aprender más sobre los gitanos en España.

A ESCUCHAR

A favor y en contra de la selección de embriones. Este artículo explica la polémica
de seleccionar los embriones. Contesta brevemente las preguntas relacionadas con el
artículo.

1. ¿Por qué quiso la familia seleccionar el embrión de su hijo?
2. ¿Tuvo éxito la selección?
3. ¿Por qué fue una decisión ética según el Dr. Mainetti?
4. ¿Por qué se opone la Dra. Callejo?
5. ¿Cuál es tu opinión en este caso?

La nueva faz de la raza

Para Carlos Aguilar crecer en Birmingham, Alabama, no es cuestión de ser blanco y negro. A sus 17 años, su mente se concentra más que todo en la vida, en la escuela secundaria Hoover, la más grande del estado, y en prepararse para la próxima temporada de competencias de atletismo. Hijo de inmigrantes peruanos que comenzaron una empresa de construcción en Birmingham a principios de la década de 1980, Aguilar está llegando a la edad adulta en la que hace apenas una generación era, quizás, la ciudad más segregacionista del país. «Tengo muchos amigos negros, blancos, mexicanos, de todo», dice Aguilar, quien ha salido con latinas, blancas e indias americanas y escucha *rock, rhythm and blues* y *hip-hop*. Los Estados Unidos de Aguilar es muy diferente, pero se aleja mucho de ser la Tierra Prometida. Un día, cuando Carlos era chico, otro niño le preguntó: «¿Viniste aquí montando en burro?» «Hay gente que piensa que si uno tiene el cabello negro, debe ser mexicano o ilegal», dice su madre, Ada. «Pero mi abuelo», agrega orgullosa, «era de ascendencia española. Los peruanos somos una combinación de incas y españoles».

Estados Unidos va escribiendo a diario nuevos capítulos. «Ésta es una Era del Color en la cual los matices de moreno y amarillo y rojo son tan importantes como las antiguas divisiones entre negro y blanco.»

En el censo del año 2000, la población hispana ha aumentado un 58% hasta casi igualar a la de la raza negra. Se piensa que para 2005, los latinos superarán a los negros como la minoría más numerosa de

la población norteamericana. Para 2020, el número de personas de ascendencia asiática se duplicará, de 10 millones a 20 millones. Para 2050, los blancos constituirán una ligera mayoría: el 53 por ciento. Recientemente, la Oficina de Estadísticas Laborales anunció que el número de trabajadores nacidos en el extranjero ha llegado a 15,7 millones, el nivel más alto en siete décadas. Este fenómeno ha complicado los servicios sociales de

muchas comunidades: Nashville busca desesperadamente a hispanohablantes capaces de responder a llamadas de emergencia al 911. La ciudad de Rogers, Arkansas, envía a los maestros a México en el verano para que aprendan mejor la cultura de la cual vienen muchos de sus estudiantes.

La faz de la Nueva Economía está cambiando con una rapidez aún mayor que la de la Vieja. En el Valle del Silicio, California, por ejemplo, los blancos son ahora una «minoría».

La nueva faz se evidencia también en la política. Aunque no hay un bloque «hispano», la importancia del voto hispano se nota en las campañas políticas, donde los candidatos hablan español en sus giras por los estados donde hay mayor población hispana.

En la escuela, Carlos Aguilar es parte del grupo promedio; en casa, se mantienen las costumbres peruanas. Su madre dice que él y su hermana hablan inglés durante la primera hora cuando vuelven a la casa cada tarde, y luego pasan, sin esfuerzo, al español. Mientras Carlos transita entre los dos idiomas, está haciendo suyos ambos mundos. Sus amigos, dice, lo aprecian por sí mismo, no por de dónde vinieron sus padres. «Todos me conocen, saben quién soy yo», dice Aguilar. «Todo el mundo respeta a los demás».

[Taken from *Newsweek*, 20 September, 2000, pp. 40-43]

¡Así lo decimos! Vocabulario

Vocabulario primordial

la etnicidad
las leyes antidiscriminatorias
la orientación sexual
segregacionista

Vocabulario clave

Verbos

agregar	to add
alejarse de	to move away from; to be far from
odiar	to hate
superar	to surpass

Sustantivos

la faz	face
el género	gender
el matiz	shade
la política	policy; politics
el promedio	average

Adjetivos

atareado/a	busy
ligero/a	slight

Otras expresiones

a diario	daily
apenas	hardly
más que todo	above all
por sí mismo/a	for being himself/herself; on one's own
ni siquiera	not even
el Valle de Silicio	Silicon Valley

Ampliación

Verbos	Sustantivos	Adjetivos
insultar	el insulto	insultante
maltratar	el maltrato	maltratado/a
negar (ie)	la negación	negado/a
odiar	el odio	odiado/a
prevenir (ie)	la prevención	preventivo/a
promover (ue)	la promoción	promovido/a
respetar	el respeto	respetado/a

¡Cuidado!

lo + adjective, la gente

◆ To express "the + adjective + thing . . ." in Spanish, use the neuter **lo** + adjective (masculine singular).

Lo importante es evitar la discriminación.	The important thing is to avoid discrimination.

◆ In English the word *people* is plural while in Spanish **la gente** is singular.

Esa **gente** no es nada racista.	Those people are not at all racist.

Aplicación

7-20 La nueva faz de la raza. Refiérete al artículo de *¡Así es la vida!* para contestar estas preguntas.

1. ¿Quién es Carlos Aguilar y cuál es su origen étnico?
2. ¿Cómo se diferencia su ciudad de la que existía en la década de 1960?
3. ¿Por qué no es los Estados Unidos la Tierra Prometida para gente como Carlos?
4. ¿Qué cambios habrá en los EE.UU. para el año 2010? ¿para 2020? ¿para 2050?
5. ¿Cómo afectan estos cambios a la sociedad, la economía y la política?
6. ¿Crees que Carlos se siente seguro o inseguro sobre su lugar en esta sociedad?

7-21 En familia. Completa las siguientes oraciones usando una variación de cada palabra en itálica. Si necesitas ayuda, consulta la sección llamada *Ampliación*.

MODELO: El juez se *negó* a oír el caso de discriminación. Su _negación_ trajo varias manifestaciones y protestas.

1. Quieren implementar reglas para *la prevención* del racismo en el trabajo. Es más fácil _____ que luchar contra el racismo.
2. Algunos grupos étnicos *odian* a otros por razones económicas. _____ es un sentimiento sumamente destructivo.
3. El *maltrato* de los trabajadores inmigrantes ha sido una desgracia. Aunque hay leyes para protegerlos, todavía existen casos de obreros _____.
4. Se ha iniciado una *promoción* de la ley antidiscriminación para que todos entiendan sus derechos. El gobierno espera _____ la ley por medio de una campaña publicitaria.
5. Son *insultantes* algunos de los apodos étnicos. Los inmigrantes no se merecen estos _____.
6. Hay que *respetar* al individuo, no importa su origen étnico o racial. Todos merecemos _____ de los demás.

7-22 Lo... Completa cada frase de una manera lógica según tu opinión.

MODELO: Lo bueno de este país... *es que reconocemos y respetamos las diferencias entre los grupos étnicos.*

1. Lo interesante de la última campaña política...
2. Lo difícil de la acción afirmativa...
3. Lo importante del futuro económico...
4. Lo que más me impresiona de nuestra sociedad...
5. Lo bueno es...
6. Lo repugnante del acoso sexual...

7-23 En nuestra defensa. Contesta las preguntas basadas en el artículo a continuación.

En nuestra defensa

Nuestra imagen peligra. Dirigidos por el prestigioso director de «La Bamba», Luis Valdez, un grupo de artistas hispanos ha sido nombrado por el Consejo Nacional de La Raza para mejorar la imagen de los hispanos en los medios de comunicación. «Ya era hora», declaró Valdez. «Los hispanos no existen en los medios o su imagen es negativa». El grupo, que piensa atacar el problema a nivel legal, corporativo y gubernamental, también incluye al cineasta Moctezuma Esparza y al músico Carlos Santana. «Sólo un puñado de las 500 películas que lanza Hollywood al año tienen papeles principales hispanos o protagonistas del film», explica Esparza. «Al ver una película de Vietnam como 'Nacido el cuatro de julio', uno ni se entera de que los hispanos pusimos una cuarta parte de los muertos en esa guerra y que ganamos más medallas que ningún otro grupo». Entre las actividades del comité se encuentra el publicar listas de las diez mejores y peores películas del año en cuanto al tema de la imagen hispana.

Más: Verano, 1990

1. ¿Quién es Luis Valdez?
2. ¿Cómo es la imagen de los hispanos en los medios de comunicación?
3. ¿Qué películas conoces en que figuren artistas hispanos?
4. ¿Qué tipo de información ayudaría a mejorar la imagen del hispano?
5. ¿Crees que la imagen del hispano ha mejorado desde que se publicó este artículo?

7-24 La discriminación. Contesta estas preguntas sobre tu propia experiencia o la de alguien que conoces.

1. ¿Has sido alguna vez víctima de la discriminación? ¿Conoces a alguien que se sienta víctima?
2. ¿Cuál fue la base de la discriminación? (el sexo, la raza, la edad, la religión...) ¿Cómo reaccionaron tú y los demás?
3. ¿Qué provocó el episodio?
4. ¿Cómo resolviste el problema o qué hiciste para prevenir otra provocación?

7-25 La política en tu universidad. Conversen entre ustedes sobre estas cuestiones de la política en tu universidad.

1. ¿Cuál es la política que se sigue en tu universidad cuando hay una queja de discriminación racial, o de discriminación/acoso sexual?
2. ¿Cuáles serán algunas de las razones por las que la gente no se queja?
3. Observen la representación de grupos étnicos y el porcentaje de hombres y mujeres en la universidad. ¿Representa la población general del área? Si no, ¿a qué se atribuye la diferencia?
4. ¿Qué hace tu universidad para reclutar (*recruit*) a estudiantes de grupos minoritarios?

7-26 La discriminación en el trabajo. Hagan una lista de maneras obvias y otras sutiles en que se manifiesta el racismo, la discriminación o el acoso sexual en el trabajo.

MODELO: *Una manera obvia de discriminación es cuando no se contrata a una persona por causa de su raza. Una manera sutil es cuando no se le da mucha responsabilidad a una persona de una clase minoritaria o a una mujer.*

7-27 ¡Victoria en Argentina! Lee el artículo a continuación sobre una nueva ley antidiscriminatoria aprobada en la Argentina. Esta ley es más liberal que muchas de las que tenemos en los Estados Unidos y el Canadá. Formen dos grupos, uno a favor y otro en contra para debatir la importancia y el efecto de esta nueva ley argentina.

¡Victoria en Argentina!

*La lucha por los derechos civiles de los homosexuales
se anota un gol en Argentina*

NO MÁS AGRESIONES POLICIALES CONTRA HOMOSEXUALES

La Convención Estatutaria en Buenos Aires aprobó unánimemente una ley que prohíbe la discriminación a causa de la raza, la edad, la religión, el género, la ideología política o la orientación sexual. Esta ley ha convertido a Buenos Aires en la primera ciudad latinoamericana en lograr que sea ilegal discriminar contra gays y lesbianas. La ley anula totalmente el derecho que tenía la policía de la capital de arrestar a homosexuales sin ninguna razón.

Antes de esta ley, la policía detenía cada día a unos 400 gays y lesbianas, así como a muchas personas que ofrecían educación y hacían campañas de prevención sobre el SIDA, solamente porque los consideraba «peligrosos». Muchas veces estas personas permanecían detenidas durante horas y eran víctimas de crueles burlas y de maltratos verbales, emocionales y hasta físicos por parte de las autoridades.

7-28 Las costumbres de otras culturas. Trata de justificar estos ejemplos de lo que se podría considerar discriminación en otra cultura.

1. En la Arabia Saudita no se permite que una mujer maneje un coche.
2. En la India todavía se arreglan los matrimonios entre muchas parejas.
3. En la China es común abortar a los fetos cuando se sabe que van a ser hembras.
4. En los Estados Unidos muchas mujeres llevan el apellido de sus esposos.
5. En México, hasta 1998 una persona tenía que ser ciudadana mexicana para poder heredar propiedad mexicana.
6. En el Japón se insiste en que los ciudadanos de otros países cambien su apellido a uno japonés antes de sacar la ciudadanía japonesa.

3 *Por* and *para*

Although the prepositions **por** and **para** are both often translated as *for* in English, they are not interchangeable. Each word has distinctly different uses in Spanish, as outlined below.

◆ **Por** expresses the object or goal of an action; the notion of something in exchange for something else; the time of day an event or action takes place and the duration of time it lasts; motion through, by, along, and around; and the means or manner in which an action is accomplished.

◆ **Para** expresses the purpose of an object, action or event, or one's studies; comparison in qualities or perspective with others; time limits, deadlines, or expected time; destination as a place or a recipient; and the state of being about to do something.

You will see several examples of each of the different uses of **por** and **para** on the following pages.

Uses of **por**

◆ the object or goal of an action (*for, because of, on behalf of, to fetch*)

Vine **por** usted a las ocho.	*I came by for you at eight.*
Los estudiantes fueron **por** el cartel.	*The students went for the poster.*
Tuve que volver **por** la queja de la mujer.	*I had to return because of the woman's complaint.*
¿Lo hiciste **por** mí?	*Did you do it for me?*

- ◆ in exchange for

  ¿Querías $5 **por** ese libro de derecho? *Did you want $5 for that law book?*

  Te di mi bicicleta **por** tu libro de ciencias políticas. *I gave you my bicycle for your political science book.*

- ◆ duration of time or the part of day an event or action takes place *(for, during)*

  Fuimos a visitar el asilo de ancianos **por** la tarde. *We went to visit the nursing home during the afternoon.*

  Pensábamos estudiar genética **por** cuatro años. *We planned to study genetics for four years.*

  ¿**Por** cuánto tiempo fuiste a la manifestación? *For how long did you go to the demonstration?*

  Fui a la manifestación **por** dos horas. *I went to the demonstration for two hours.*

- ◆ motion *(through, by, along, around)*

  Pasé **por** el barrio esta mañana. *I went by the neighborhood this morning.*

  La niña salió **por** la puerta hace un minuto. *The girl went out through the door a minute ago.*

- ◆ means or manner in which an action is accomplished, or agent in a passive statement *(by)*

  ¿Trajeron los alimentos **por** avión? *Did you bring the food by plane?*

  La explosión demográfica fue iniciada **por** nosotros los humanos. *The demographic explosion was initiated by humans.*

- ◆ to be about to do something when used with **estar** + infinitive

  Estábamos **por** discutir el problema. *We were about to discuss the problem.*

  Estaba **por** protestar la discriminación. *She was about to protest against discrimination.*

- ◆ some common idiomatic expressions with **por**:

por ahí, allí	*around there*
por ahora	*for now*
por aquí	*around here*
por cierto	*by the way; for certain*
por Dios	*for God's sake*
por ejemplo	*for example*
por eso	*that's why*
por favor	*please*
por fin	*finally*
por lo general	*in general*
por lo visto	*apparently*
por poco	*almost*
por si acaso	*just in case*
por supuesto	*of course*
por último	*finally*

Uses of **para**

◆ purpose of an object, action or event, or one's studies *(for, to, in order to)*

La pintura era **para** hacer los carteles.	*The paint was for making the posters.*
Organizaban una manifestación **para** protestar contra la decisión del juez.	*They were organizing a demonstration to protest the judge's decision.*
Carmen estudió **para** abogada.	*Carmen studied to become a lawyer.*

◆ comparison in qualities or perspective with others (stated or implicit)

Para ser conservador, tenía la mente muy abierta.	*For a conservative, he had a very open mind.*
Para el científico las estadísticas eran fáciles de entender.	*Statistics were easy for the scientist to understand.*

◆ time limits, deadlines, or expected time *(by, for)*

Necesitaba el reportaje sobre los países industrializados **para** mañana.	*I needed the report about the industrialized countries for tomorrow.*
Pensaban estar en la reunión **para** las seis de la tarde.	*They planned to be at the meeting by six in the afternoon.*
Hablaban de otra manifestación **para** la primavera.	*They were talking about another demonstration for spring.*

◆ destination as a place or a recipient

Ahora mismo partimos **para** la oficina del abogado.	*We're leaving for the lawyer's office right now.*
Esta citación era **para** ustedes.	*This summons was for you.*

¡A que ya sabías... _____

Por vs. para

◆ The uses of **por** and **para** have similarities that sometimes cause confusion. Linking their uses to the questions **¿para qué?** (for what purpose?) and **¿por qué?** (for what reason?) can be helpful.

—**¿Por qué** no se defendió?	*Why (For what reason) didn't she defend herself?*
—No se defendió **porque** estaba sola.	*She didn't defend herself because she was alone.*
—**¿Para qué** se defendió?	*For what purpose did she defend herself?*
—Se defendió **para** aclarar las cosas.	*She defended herself to clarify things.*

◆ In many instances the use of either **por** or **para** will be grammatically correct, but the meaning will be different. Compare the following sentences.

Elena camina **para** la universidad.	*Elena is walking to (toward) the university.* (destination)
Elena camina **por** la universidad.	*Elena is walking through (in) the university.* (motion)
Lo hicimos **por** usted.	*We did it because of you.*
Lo hicimos **para** usted.	*We did it for you.* (destination)
El dinero era **por** la investigación.	*The money was for the research.* (in exchange for)
El dinero era **para** la investigación.	*The money was for the research.* (so that the research can be done)

Aplicación _____

7-29 Un pleito civil. Completa el monólogo de un abogado durante un juicio civil con **por** o **para**.

Señoras y señores, miembros del jurado, estamos aquí hoy (1)_____ juzgar el caso de Chávez contra los productores de uvas. (2)_____ cierto, ustedes han leído mucho sobre este asunto. Saben que el señor Chávez trabaja (3)_____ mejorar las condiciones de los obreros. Saben que él mismo ha sufrido mucho (4)_____ ser líder del sindicato UFW. Pero tal vez no sepan que él también ha trabajado largas horas (5)_____ mantener a su familia, y que además de eso se ha dedicado a esta importante lucha (6)_____ ayudar a sus compatriotas. (7)_____ ejemplo, (8)_____ horas él ha llevado pancartas protestando contra el maltrato de los trabajadores. (9)_____ días él ha estado en huelga de hambre (10)_____ señalar las malas condiciones del trabajo. Pero ha ganado muy poco (11)_____ sus esfuerzos: ¡Mírenlo, (12)_____ ser un hombre joven, parece tener 70 años! Sin embargo, no ha perdido la fe en el sistema jurídico de los Estados Unidos. (13)_____ eso estamos aquí, señoras y señores. Vamos a escuchar su historia: su (14)_____ qué y su (15)_____ qué. Y(16)_____ favor, escúchenlo bien. Recuerden que este caso es (17)_____ todos los que se ganan la vida trabajando en el campo (18)_____ darnos a nosotros algo que comer. Bueno, (19)_____ ahora, esto es suficiente. Gracias.

7-30 Tu filosofía y trato con los demás. Usa las siguientes frases para formar oraciones originales según tu propia experiencia o imaginación.

MODELO: Para mí... *es difícil entender por qué hay intolerancia religiosa o racial.*

1. Para mis padres...
2. Por supuesto,...
3. Siempre trabajo para...
4. Por ahora,...
5. Lo hago por...
6. Por lo general,...
7. Fui influenciado/a por...
8. Ahora estoy para...

7-31 Causas y fines. Háganse las siguientes preguntas para contrastar los motivos y las metas.

MODELOS: ¿Por qué hay desigualdad entre las razas?

Por razones históricas, políticas, sociales y económicas.

¿Para qué luchan los discriminados?

Para recibir oportunidades de trabajo y un sueldo justo.

1. ¿Por qué recibe una mujer menos dinero por igual trabajo que un hombre? ¿Para qué sirve la comisión *Equal Employment Opportunity Commission* (EEOC) en los Estados Unidos?
2. ¿Por qué acepta la gente el maltrato de otros? ¿Para qué se trabaja en la vida?
3. ¿Por qué todavía hay discriminación racial? ¿Para qué sirve la Acción Afirmativa?
4. ¿Por qué hay gente que se cree superior a los demás? ¿Para qué luchan ellos?
5. ¿Por qué boicoteó el UFW a los productores de uvas? ¿Para qué luchó César Chávez?

A explorar

7-32 Diferentes pero iguales. Conéctate a la página de *Conexiones* en la red informática (*http://www.prenhall.com/conexiones*) e investiga en la sección «A explorar» para aprender sobre la lucha para erradicar la discriminación de las minorías.

7-33 Una historia. Imagínense que son activistas de algún grupo y necesitan investigar un lugar clandestinamente. Inventen los motivos y propósitos de su visita. Usen las expresiones de la lista.

arder por	por avión (barco, bicicleta...)
estar para	por cierto
ir por	por el parque (teatro, calle, museo)
pagar por	por la tarde (noche, mañana)
para Madrid (Buenos Aires, Asunción...)	por si acaso
pasar por	por último
permanecer por	trabajar para
por allí (ahí)	venir por

Comparaciones

La mujer hispanoamericana y la política

Aunque hace ya casi medio siglo que la mayoría de los países hispanoamericanos les concedió a las mujeres el derecho al voto, varias leyes importantes están facilitando su participación activa en la política. Venezuela es el cuarto país donde desde 1977 —después de Bolivia, Ecuador y Perú— los legisladores han votado para incluir el nombre de mujeres en las boletas para las candidaturas del Congreso.

Argentina dio la pauta (*set the trend*) en 1991 cuando los legisladores pasaron una ley que requería que el 30 por ciento de los candidatos en los distintos partidos políticos fueran mujeres. El resultado de la elección que ocurrió en 1993 fue que la representación de las mujeres en el Congreso aumentó del 6 por ciento al 28 por ciento. Ecuador pasó una ley nacional en febrero de 1997, Bolivia en marzo y Perú en junio. Todas las leyes exigen por lo menos un 20 por ciento de mujeres en las listas de candidatos. En el verano de 1997 la Cámara de Diputados de Venezuela aprobó una propuesta en la que se requería que cada partido político nominara un 30 por ciento de mujeres en la lista de candidatos.

A pesar de que Isabel Perón (Argentina), Lidia Gueiler Tejada (Bolivia), Violeta Chamorro (Nicaragua), Rosalía Arteaga (Ecuador) y Mireya Moscoso (Panamá) han llegado a ocupar la presidencia de sus respectivas naciones, las personas a favor de estas cuotas afirman que ésta es la única manera de aumentar la participación de las mujeres en la política. En estos momentos las mujeres hispanoamericanas sólo ocupan el 10 por ciento de los escaños (*seats*) legislativos, por debajo del promedio mundial, que es del 11,5 por ciento.

Vamos a comparar

¿Sabes cuál es el porcentaje de mujeres en el Congreso de los Estados Unidos y el Parlamento del Canadá? ¿Y en el Senado de los Estados Unidos? ¿Crees que sería conveniente tener aquí una ley similar a las que se están aprobando en Hispanoamérica? ¿Por qué? ¿Piensas que las mujeres son mejores o peores políticos que los hombres? ¿Por qué?

Vamos a conversar

👥 **El tope de cristal.** En los países industrializados se dice que aunque la mujer tiene muchas oportunidades, es común que se enfrente con un «tope de cristal» que no le permite avanzar más que hasta a un cierto nivel. ¿Qué opinan de este fenómeno? ¿Conocen a alguien que haya superado dicho tope?

A explorar

🌐 **7-34 La mujer hacia la igualdad en www Hispanoamérica.** Conéctate a la página de *Conexiones* en la red informática (*http://www.prenhall.com/conexiones*) e investiga en la sección «A explorar» para descubrir lo que muchas mujeres hispanoamericanas están haciendo para combatir la discriminación y alcanzar la igualdad.

4 Verbs that require a preposition before an infinitive

A number of Spanish verbs require a characteristic preposition before an infinitive.

Te voy **a** enseñar **a** reconocer la discriminación.	*I am going to teach you to recognize discrimination.*
Quedemos **en** reunirnos aquí para la manifestación.	*We agree to meet here for the demonstration.*

Verbs that require **a**

The preposition **a** follows verbs of motion, of beginning, and of learning process, among others.

aprender a	*to learn*
atreverse a	*to dare*
ayudar a	*to help, aid*
bajar a	*to take down; to go down*
comenzar (ie) a	*to begin*
empezar (ie) a	*to begin*
enseñar a	*to teach*
invitar a	*to invite*
ir(se) a	*to go; to leave*
negarse (ie) a	*to refuse*
obligar a	*to oblige, force*
salir a	*to leave to*
venir (ie) a	*to come*
volver (ue) a	*to do something again*
Empecé a comprender cómo se originaron las razas.	*I began to understand how races originated.*
Nos obligaron a pensar en las consecuencias del SIDA.	*They forced us to think of the consequences of AIDS.*

Verbs that require **de**

acabar de	*to have just*
acordarse de	*to remember*
alegrarse de	*to be glad*
arrepentirse (ie, i) de	*to regret, be sorry*
asegurarse de	*to assure oneself*
avergonzarse (ue) de	*to be ashamed*
cansarse de	*to get tired*
cesar de	*to cease to*
dejar de	*to cease*
encargarse de	*to take charge (care) of*
estar cansado/a de	*to be tired*
estar seguro/a de	*to be sure*
jactarse de	*to brag about*
olvidarse de	*to forget*
tener (ie) miedo de	*to fear*
tratarse de	*to be a question of*

Los padres **tenían miedo de** recibir al novio de su hija.

The parents were afraid to entertain their daughter's boyfriend.

Sus colegas **cesaron de** molestarla.

Her coworkers stopped bothering her.

Verbs that require **con**

contar (ue) con   to count on, rely on
soñar (ue) con   to dream of
Soñamos con mejorar el mundo.   *We dream of improving the world.*

Verbs that require **en**

consentir (ie, i) en   to consent to, agree to
insistir en   to insist on
pensar (ie) en   to think of
quedar en   to agree to, decide on
tardar (+ *period of time*) **en**   to take (period of time) to

Insistí en hacer frente al racismo.

I insisted on confronting racism.

Tardó diez años en hacer su estudio sobre las razas.

It took him ten years to do his study about the races.

Aplicación

7-35 Las mejores intenciones. Completa la narración con un verbo lógico y su preposición acompañante.

comencé	insisto
consintió	invitarlo
empecé	quedamos
iba	se cansó

¡(1)_____ contarte lo que hice este fin de semana! (2)_____ pasar todo el fin de semana trabajando en mi investigación pero luego (3)_____ pensar en mi viejo amigo, Pancho, quien vive en Santa Clara. (4)_____ recordar nuestros tiempos cuando nos gustaba ir de pesca. Decidí llamarlo e (5)_____ ir a la bahía a pescar. Al principio, me dijo que no podía, pero (6)_____ negarse. Por fin, (7)_____ ir y (8)_____ vernos el sábado.

ayudó	nos cansamos
estoy seguro	sueño
me arrepentí	volvamos

Cuando lo vi, no (9)_____ haberlo planeado. Pasamos todo el día juntos y no (10)_____ charlar. Además, hablamos de mi investigación y él me (11)_____ esclarecer mis ideas. Ahora (12)_____ continuar con más energía que nunca. ¿Para qué tenemos amistades si no nos ayudamos de vez en cuando? (13)_____ repetir el día cuando (14)_____ pasar horas pescando y charlando.

7-36 Una abogada y su asistente. Completa el diálogo de una manera lógica entre una abogada que trata un caso de discriminación y su asistente.

MODELO: ABOGADA: ¿Tienes los documentos legales?

ASISTENTE: Acabo... *de ponerlos en su escritorio.*

1. —¿Cuándo vas a terminar tu investigación?
   —Empiezo…
2. —¿Has encontrado el artículo que necesito?
   —Vuelvo…
3. —Por favor, no desordenes mi escritorio.
   —No me atrevo…
4. —Necesito tu ayuda con la presentación.
   —Con mucho gusto lo/la ayudo…
5. —Es mucho trabajo preparar estos materiales.
   —No me canso…
6. —¿Quién tiene la responsabilidad de preparar la defensa?
   —El señor Robles se encarga…
7. —¿Cuál es la fecha límite para preparar los materiales?
   —Contamos…
8. —¡Es una barbaridad que no tengas lo que te pedí!
   —Me avergüenzo…

7-37 Sé cortés. Escribe cartas breves según las indicaciones. Trata de usar por lo menos tres verbos con preposición en cada una.

MODELO: una excusa

Estimada profesora Rodríguez:

Me avergüenzo de confesarle que no asistí a la reunión ayer porque me olvidé de apuntar la hora. Me arrepiento de no haber asistido, y le pido mil disculpas.

Atentamente,

Serafina

1. una excusa
2. una invitación
3. la petición de un favor
4. una amenaza

👥 **7-38 ¿Aceptas?** Intercambia una de tus cartas de 7-37 con la de un/a compañero/a y responde a la carta de tu compañero/a.

👥👤 **7-39 Sean creativos.** En grupos de tres, usen por lo menos diez verbos con preposición para crear un poema o una canción en español. Después, cambien el poema con otro grupo y critíquenlo.

MODELO: *No consiento en dejarte.*

Insisto en amarte.

Sueño con convencerte.

No dejo de quererte.

Conexiones

Características y estereotipos. ¿Cuál es la diferencia entre reconocer las características de un grupo y ver al grupo en términos estereotípicos? Escojan tres «grupos minoritarios», étnicos, raciales o sociales, y para cada uno, escriban una lista de algunas de las características del grupo y otra de los estereotipos con los que el grupo se enfrenta en nuestra cultura. ¿Hay alguna conexión entre las características y los estereotipos? Hablen de sus conclusiones con el resto de la clase.

A ESCUCHAR

Menos latinos. Escucha el artículo «Menos latinos aspiran a la Universidad...» de Elena de la Cruz, publicado recientemente en *La Opinión*. Luego contesta brevemente las preguntas que siguen en español. Puedes escuchar más de una vez si quieres.

Comprensión.

1. ¿En qué estado han anulado la Acción Afirmativa?
2. ¿Cuál ha sido el resultado de esta anulación?
3. ¿En qué porcentaje ha disminuido el número de aspirantes latinos a la UCLA?
4. ¿Por qué preocupa la situación?
5. ¿Por qué es controversial esta acción por parte de la Junta de Regentes?
6. ¿Qué opinas tú de esto?

¡Así lo expresamos!

Ritmos
Vainica doble

Carmen Santonja y Gloria van Aerssen, quienes componen el dúo Vainica doble, se conocieron cuando eran estudiantes en la Ciudad Universitaria de Madrid. Vainica doble contribuyó en numerosas bandas sonoras para la televisión y el cine y se hizo popular en la década de 1960 con canciones que en ocasiones se encontraron con la censura de Franco. Por ejemplo, en su canción titulada «Cascabel» (del LP *Vainica doble*), los censores supusieron que el gato al que se hacía referencia podía ser Franco, y no permitieron distribuir el disco en que fue grabada. En la canción «Dices que soy» las artistas protestan por no ser aceptadas como son. Carmen Santonja falleció en el año 2000, víctima de cáncer.

Dices que soy

Dices que soy
irracional
inútil inconsecuente
cuéntaselo a la gente
5   pero no me digas más
que te vas.

Dicen que vivo
en un mundo irreal
de fantasía y quimera°   ilusión
10   que digan lo que quieran
yo vivo a mi manera
me considero un ser muy normal
y sabes que te quiero
que tú eres para mí lo primero
15   Ah, ah...

Dicen que soy una informal
caprichosa, impertinente
y qué sabrá la gente
para juzgarme tan mal
20   siempre mal.

Yo sólo soy
una mujer
romántica impenitente
si te parezco ausente

25 | es porque no consigo
dejar de soñar
que vives conmigo
aunque eso es evidente
estás enfrente
30 | y sueño contigo
Ah, ah...

👥 7-40 ¿Qué opinan ustedes? Conversen entre Uds. sobre las siguientes preguntas.

1. ¿Cuáles son algunas de las razones por las que dos personas no pueden vivir juntas? Pueden incluir razones sociales, económicas, políticas, religiosas, etc.
2. ¿Conocen casos particulares de parejas que aunque se quieran no puedan quedarse juntas?
3. ¿Conocen a alguien que haya dejado una relación porque se oponían su familia o sus conocidos?
4. Den soluciones para ayudar a salvar una relación que está a punto de romperse.

Imágenes
José Clemente Orozco

José Clemente Orozco (1863–1949) es uno de los tres grandes muralistas mexicanos. (Los otros dos son Diego Rivera y David Alfaro Siqueiros.) Su obra se conoce por expresar un gran compromiso social de impacto universal. En este mural, Orozco pintó a once hombres sentados como iguales alrededor de una mesa. El pintor incluye dos asiáticos, un africano, un árabe, un tártaro, un indígena mexicano, un afroamericano, un crítico de arte norteamericano, un filósofo francés, un zionista y un poeta holandés.

José Clemente Orozco, *La mesa de la hermandad,* Permiso de la Flia. Orozco Valladares/ VAGA, New York

Perspectivas e impresiones

 7-41 El cuadro. Observen la imagen y contesten las siguientes preguntas:

1. ¿Qué tienen en común las figuras? ¿En qué se diferencian?
2. ¿De qué tratará el libro que está sobre la mesa?
3. ¿Qué estará observando cada uno de ellos?
4. ¿Cómo será el estado de ánimo de cada uno?
5. ¿En qué estará pensando cada uno?
6. ¿Por qué crees que se han excluido a las mujeres de este cuadro?

7-42 Otras imágenes. En una enciclopedia o en la red informática,
www busca información sobre Diego Rivera, Rufino Tamayo y David Alfaro
Siqueiros, todos muralistas mexicanos contemporáneos de Orozco. Escoge tres de
las pinturas que más te gusten y preséntaselas a la clase.

Páginas
Alfonsina Storni

Alfonsina Storni nació en 1892 en Suiza,
pero vivió toda su vida en la Argentina.
Su poesía se publicó entre los años 1916 y
1938. Su vida personal constituye un ejemplo
de la discriminación de la mujer que no
cumple con el estereotipo social de su época.
En gran parte de su poesía, Storni denuncia
este hecho junto con la frustración y el
desconcierto que le provoca el ser discriminada por ser mujer. Storni murió en Mar del
Plata, Argentina, en 1938.

Antes de leer

7-43 Los colores. Hojea (*Skim*) el poema para encontrar palabras que se
refieran a colores. Apunta cada color y escribe una palabra o idea que asocies con
esos colores. Guarda tus apuntes para después de leer.

Estrategias de lectura

Cuanto más sepas sobre el contexto en que fue escrito un poema, más fácilmente lo
comprenderás. Debes buscar datos sobre el/la autor/a, su país de origen, los años en
que vivió y escribió, y el ambiente político y socioeconómico en que vivió. A menudo,
se ofrecen algunos datos antes de una lectura. Puedes buscar más información en una
enciclopedia, en libros de referencia y en la red informática. De hecho, puedes llamar
a la biblioteca y pedir tal información al/a la bibliotecario/a de referencia.

7-44 Alfonsina Storni. Lee los datos biográficos sobre Alfonsina Storni y subraya la información que creas que pueda ser incluida en el poema. Trata de encontrar información sobre la situación de la mujer durante la vida de Alfonsina Storni.

Tú me quieres blanca

Tú me quieres alba°,	*white as the dawn*
Me quieres de espumas	
Me quieres de nácar°.	*mother-of-pearl*
Que sea azucena°	*lily*
Sobre todas, casta.	
De perfume tenue,	
Corola cerrada.	
Ni un rayo	
Filtrado me haya,	
Ni una margarita°	*daisy*
Se diga mi hermana.	
Tú me quieres nívea,	
Tú me quieres blanca,	
Tú me quieres alba.	
Tú que hubiste° todas	*tuviste*
Las copas a mano,	
De frutos y mieles	
Los labios morados.	
Tú que en el banquete	
Cubierto de pámpanos°	*vine branches*
Dejaste las carnes	
Festejando a Baco°.	*Bacchus, Roman god of wine*
Tú que en los jardines	
Negros del engaño	
Vestido de rojo	
Corriste al estrago°.	*havoc*
Tú que el esqueleto	
Conservas intacto	
No sé todavía	
Por cuáles milagros,	
Me pretendes blanca	
(Dios te lo perdone)	
Me pretendes casta	
(Dios te lo perdone)	
¡Me pretendes alba!	
Huye° hacia los bosques;	*flee*
Vete a la montaña;	
Límpiate la boca;	
Vive en las cabañas	
Toca con las manos	
La tierra mojada;	
Alimenta al cuerpo	
Con raíz amarga°;	*bitter root*
Bebe de las rocas;	

Líneas: 5, 10, 15, 20, 25, 30, 35, 40

45	Duerme sobre escarcha°;	*frost*
	Renueva tejidos°	*body tissues*
	Con salitre° y agua;	*sea salt in the air*
	Habla con los pájaros	
	Y lévate° al alba.	levántate
50	Y cuando las carnes	
	Te sean tornadas,	
	Y cuando hayas puesto	
	En ellas el alma	
	Que por las alcobas	
55	Se quedó enredada°,	*tangled*
	Entonces, buen hombre,	
	Preténdeme blanca,	
	Preténdeme nívea,	
	Preténdeme casta.	

Después de leer

7-45 ¿Cómo lo interpretas tú? Contesta las siguientes preguntas sobre el poema.

1. Saca tus apuntes sobre los colores. ¿Qué color predomina en la primera parte? ¿en la segunda parte?
2. Compara las asociaciones que apuntaste con las asociaciones que hace la autora con los colores.
3. ¿Qué simboliza ser blanca?
4. ¿Qué cualidades se relacionan con el blanco en el poema? ¿con el rojo?
5. ¿Quién será el *tú*?
6. ¿Qué tiene que hacer el *tú* para merecer el derecho de quererla blanca?
7. ¿Puedes pensar en un refrán en inglés o en español que resuma este poema?

♟♟ 7-46 El doble criterio (*standard*). El contraste de colores que la poeta establece en el poema sirve para contrastar también cómo el *tú* vive y es, y cómo ese mismo *tú* quiere que sea la narradora. Sigan los siguientes pasos para estudiar las imágenes del poema.

1. Hagan una lista de lo que el *tú* quiere de la narradora y trata de dar ejemplos concretos para cada imagen. Por ejemplo, *La quiere alba, es decir, que sea «nueva» o virgen.*
2. Hagan una lista de cómo el *tú* vive y trata de dar ejemplos concretos para cada imagen. Por ejemplo, *Tuvo todas las copas a mano, es decir, se permitió todos los placeres carnales (alcohol, comida, mujeres, etcétera).*
3. Comparen las imágenes y los ejemplos que apuntaron en 1 y 2. ¿Por qué se enoja la narradora?
4. Hay un contraste implícito en el poema entre lo espiritual y lo carnal. Escriban por lo menos cinco palabras o ideas que asocien con cada concepto y expliquen por qué.
5. La narradora le da instrucciones al *tú* del poema para deshacer el doble criterio. ¿Le pide «ejercicios» espirituales o terrenales *(earthly)*? Hagan una lista de los ejercicios que la narradora requiere del *tú* y expliquen por qué.

A explorar

7-47 Alfonsina Storni: «Hombre pequeñito». Conéctate a la página de *Conexiones* en la red informática (*http://www.prenhall.com/conexiones*) e investiga en la sección «A explorar» para que leas otro poema de Alfonsina Storni sobre la desigualdad del hombre y la mujer.

Nicolás Guillén

Nicolás Guillén nació en Camagüey, Cuba, en 1902. Este gran escritor mulato dedicó su vida a la poesía, la cual se caracteriza por su ritmo y belleza, y a la vez por su contenido sociocultural. En su obra, Guillén plasma (representa) la experiencia afrocubana mientras que denuncia la discriminación racial que sufren los negros y los mulatos (personas de herencia negra y blanca). «Balada de los dos abuelos» pertenece a su tercer libro, *West Indies. Ltd.* (1934). Guillén murió en 1989.

Antes de leer

7-48 Dos abuelos. Si conoces a tus dos abuelos, haz una lista de lo que asocies con cada uno. ¿Cómo son diferentes? ¿Qué tienen en común? ¿Qué heredaste de cada uno? Guarda tu lista para después de leer.

7-49 Nicolás Guillén. Lee los datos biográficos sobre Nicolás Guillén y subraya la información que creas que pueda ser incluida en el poema. Busca más información sobre el autor y su país en las referencias que tengas a mano.

Balada de los dos abuelos

Sombras que sólo yo veo,
me escoltan° mis dos abuelos.   *escort*

Lanza con punta de hueso,
tambor de cuero y madera:
5   mi abuelo negro.

Gorguera° en el cuello ancho,   *Ruff*
gris armadura guerrera:
mi abuelo blanco.
Pie desnudo, torso pétreo°   *stony; rocky*
10   los de mi negro;
¡pupilas de vidrio° antártico   *glass*
las de mi blanco!
África de selvas húmedas
y de gordos gongos° sordos°...;   *metal musical instruments shaped like disks / deaf*

15 | —¡Me muero!
(dice mi abuelo negro).
Agua prieta° de caimanes,   *black*
verdes mañanas de cocos.
¡Me canso!
20 | (dice mi abuelo blanco).

¡Oh, velas de amargo viento,
galeón ardiendo en oro!
¡Me muero!
(dice mi abuelo negro).
25 | ¡Oh, costas de cuello virgen,
engañadas de abalorios°...!   engañadas... *deluded with glass beads*
¡Me canso! (dice mi abuelo blanco).
¡Oh, puro sol repujado,°   *embossed*
preso en el aro° del trópico!   *ring; hoop*
30 | ¡Oh, luna redonda y limpia
sobre el sueño de los monos!...

¡Qué de barcos, qué de barcos!
¡Qué de negros, qué de negros!
¡Qué largo furor° de cañas°!   *brilliance / sugar cane*
35 | ¡Qué látigo° el del negrero°!   *whip / slave driver*
Piedra de llanto y de sangre,
venas y ojos entreabiertos,
y madrugadas vacías°,   madrugadas... *empty dawns*
y atardeceres de ingenio°,   atardeceres... *sugar mill sunsets*
40 | y una gran voz, fuerte voz,
despedazando° el silencio.   *breaking*
¡Qué de barcos, qué de barcos,
qué de negros!

Sombras que sólo yo veo,
45 | Me escoltan mis dos abuelos.

Don Federico me grita
y Taita° Facundo calla;   *abuelito*
los dos en la noche sueñan
y andan, andan
50 | Yo los junto.
        —¡Federico!
¡Facundo! Los dos se abrazan.
Los dos suspiran. Los dos
las fuertes cabezas alzan;
55 | los dos del mismo tamaño,
bajo las estrellas altas;
ansia° negra y ansia blanca,   *yearning*
los dos del mismo tamaño,
gritan, sueñan, lloran, cantan.
60 | Lloran, cantan.
Sueñan, lloran, cantan.
¡Cantan!

Después de leer

7-50 ¿Cómo lo interpretas tú? Contesta las siguientes preguntas sobre el poema. Revisa los apuntes que hiciste para la actividad 7-48.

1. ¿Quiénes son los dos abuelos?
2. Haz una lista para cada abuelo de las palabras e ideas que el poeta usa para describirlo.
3. ¿Qué tienen en común los dos abuelos? ¿Cómo se contrastan?
4. ¿Crees que el poeta muestra más orgullo por uno que por el otro?
5. ¿A qué se refiere la lucha en el poema? ¿Cómo se relaciona esa lucha con el mundo interior del poeta?

7-51 El ritmo del lenguaje. Lee este poema en voz alta para oír el ritmo típico de la poesía afrocubana. Busca otro poema de Nicolás Guillén en que encuentres el ritmo afrocubano.

Taller

Un reportaje periodístico

1. **Idear.** Piensa en algo que haya ocurrido recientemente en tu universidad, ciudad o estado. Escribe una breve cronología del acontecimiento.

2. **Informar.** Escribe una oración que dé cuenta general del acontecimiento.

3. **Detallar.** Escribe cuatro o cinco oraciones para dar una cronología de lo ocurrido y añadir detalles.

4. **Agregar.** Agrega citas de personas interesadas o involucradas en el acontecimiento.

5. **Conjeturar.** Escribe dos o tres oraciones en que calcules el efecto de este acontecimiento.

6. **Resumir y concluir.** Escribe una o dos oraciones para resumir el incidente y concluir el artículo.

7. **Revisar.** Revisa tu artículo para ver si tiene una secuencia lógica. Luego revisa la mecánica.
   - ¿Has incluido una variedad de vocabulario?
   - ¿Has usado una frase con **hacer**?
   - ¿Has verificado el uso de verbos seguidos por una preposición?
   - ¿Has verificado los usos de **por** y **para**?
   - ¿Has verificado la ortografía y la concordancia?

8. **Intercambiar.** Intercambia tu artículo con el de un/a compañero/a. Mientras lean los ensayos, hagan comentarios y sugerencias sobre el contenido, la estructura y la gramática.

9. **Entregar.** Pasa a limpio tu ensayo, incorporando las sugerencias de tu compañero/a, y entrégaselo a tu profesor/a.

8

Las artes culinarias y la nutrición

Comunicación

◆ Discussing trends and tastes in food and recipes
◆ Expressing what you would do, or would have done
◆ Discussing hypothetical situations

Estructuras

◆ The imperfect subjunctive
◆ The conditional and conditional perfect
◆ The indicative or subjunctive in *si*-clauses

Cultura

◆ La diversidad de la comida española
◆ Productos oriundos del Nuevo Mundo y productos que los españoles introdujeron en él
◆ **Ritmos:** Juan Luis Guerra y 4:40—*Ojalá que llueva café en el campo*
◆ **Imágenes:** Salvador Dalí—*Nature Morte Vivante*
◆ **Páginas:** Laura Esquivel—*Como agua para chocolate (selección)*

Taller

◆ *Una receta*

A explorar

◆ *Historia de la comida mexicana*
◆ *Un restaurante español*
◆ *¡A tu salud!: vitaminas y minerales*
◆ *Productos con el gusto hispano*
◆ *Laura Esquivel: ¿Escritora de comidas o cocinera de libros?*

¿Qué tipo de comida predomina en esta foto? ¿Es un restaurante que te gustaría conocer? ¿Por qué?

México y su riqueza culinaria

Cristina Juri Arencibia, Especial
El Nuevo Herald

Parte de la riqueza cultural de México radica en su gastronomía, con una infinidad de platos e ingredientes típicos de cada región, que poco tienen que ver con lo que en los EE.UU. se conoce como «comida mexicana».

Los expertos dividen la gastronomía mexicana en seis regiones. La central, donde se sitúa la capital, es el núcleo de la comida más refinada y complicada. Una comida en alguno de los excelentes restaurantes es un regalo para la vista y el olfato (*sense of smell*), con excepcionales platos que fuera de México casi no se conocen.

El famoso plato para las festividades, pavo en mole poblano (el mole es una salsa hecha con chocolate, ajíes y especias), es una fusión de las cocinas azteca y española: los aztecas pusieron los chiles, el pavo y el chocolate; el Viejo Mundo aportó especias como el clavo de olor (*clove*), la canela (*cinnamon*), el ajo y la pimienta.

En el sur están Oaxaca, Chiapas y Guerrero, un paraíso culinario. Oaxaca es famosa por sus siete moles y por sus fajitas de carne al estilo oaxaqueño, con tiras (*strips*) de cerdo marinadas en un adobo de chile rojo y servidas con pimientos asados y salsa de tomatillo.

Uno de los platos más famosos de la cocina mexicana es el pescado entero al estilo de Veracruz, con tomates, aceitunas, alcaparras (*capers*), especias dulces y pasas (*raisins*). La comida del Golfo de México está ligada a la herencia colonial española y tiene gran similitud con la cocina del Caribe: mariscos, plátanos y cocos se ven mucho en los platos de esa zona.

La más peculiar es la cocina de Yucatán, con fuertes raíces mayas. El cerdo pibil, donde la carne y sus condimentos se envuelven en hojas (*leaves*) de banana, es de allí. La pasta de achiote[1] (hecha con semillas de achiote molido, especias, ajo y vinagre) y el recado (ajo cocido, pimienta inglesa, comino (*cumin*) y clavo de olor) son ambos muy usados.

El norte, sin embargo, es la capital de la parrilla. Se usa este método para asar el pescado, la langosta, los camarones, el cabrito, el pollo y los filetes de res.

¿Y qué de las tortillas? La mayor parte de los mexicanos comen las de maíz, pero en el norte prefieren las de harina.

[*El Nuevo Herald*, miércoles, 13 de septiembre de 2000]

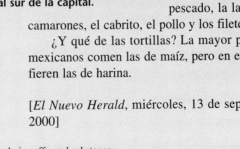

El mole poblano tiene su origen en Puebla, una bella ciudad colonial al sur de la capital.

---

[1] tropical American tree with oval fruit full of seeds that when ground give off a red substance

Vocabulario primordial

Mar y tierra

el bistec
los camarones
el cerdo
la carne de res (molida)
el filete de res
la langosta
los mariscos
el pescado
el pollo
la salchicha
el salmón

Frutas y legumbres

la aceituna
el aguacate
el arroz
el chile
los espárragos
las espinacas
la fresa
el frijol
el maíz
la manzana
la naranja
la papa, la patata
la pera
la piña
el pimiento
el plátano
el tomatillo
las verduras
la zanahoria

Bebidas y postres

el jugo, el zumo
el chocolate
la crema
la galleta
el helado
el pastel
el yogur

Condimentos y miscelánea

la especia
el huevo
el pan
la pasta
la pimienta
la sal
la salsa
el vinagre

Utensilios

el abrelatas
la batidora
la cacerola
la cafetera
la cuchara
el cuchillo
la espátula
la estufa
el horno
el sacacorchos
el tenedor

moler (ue)	to grind
rebanar	to slice

Sustantivos

Mar y tierra

el cabrito	baby goat
la albóndiga	meatball
el bacalao	codfish
el cordero	lamb
la pechuga	breast (of fowl)
el solomillo	sirloin
la ternera	veal

Frutas y legumbres

el ají	green pepper
el ajo	garlic
la berenjena	eggplant
el champiñón, el hongo	mushroom
el coco	coconut
la col	cabbage
los guisantes	peas
las judías	green beans
el melocotón, el durazno	peach
la toronja, el pomelo	grapefruit

En la cocina

la cazuela	stew pot
el sabor	flavor

Miscelánea

el aderezo	salad dressing
el adobo	dressing for cooking or seasoning
el caldo	broth
la empanada	turnover
el entremés, el antojito	appetizer
los fideos	noodles
la harina	flour
las sobras	leftovers

Ampliación

Verbos	Sustantivos	Adjetivos
ahumar	el humo	ahumado/a
freír	la fritura	frito/a
moldear	el molde	moldeado/a
picar	el picante	picante, picoso/a
salar	la sal	salado/a

Vocabulario clave

Verbos

ahumar	to smoke, cure
asar	to roast
freír (i, i)	to fry
hornear	to bake
medir (i, i)	to measure

¡Cuidado!

un poco de, pocos/as, poco/a, pequeño/a

◆ In Spanish, use **un poco de** to express *a little*.

A esta sopa le hace falta **un poco de** sal.   *This soup needs a little salt.*

◆ Use **pocos/pocas** to say *few*, with respect to a limit in number.

Es una receta con **pocos** ingredientes.   *It's a recipe with few ingredients.*
Quedan **pocas** tapas en la mesa.   *There are few snacks left on the table.*

◆ Use **poco/poca** to express *little*, with respect to amount, scope, or degree.

Para una familia cubana, ustedes   *For a Cuban family, you drink little*
  beben **poco** café.   *coffee.*

◆ To express *small* or *little* in size, use **pequeño/a(s)**.

Este pavo es muy **pequeño**.   *This turkey is very small.*
  Debemos comprar uno más grande.   *We should buy a bigger one.*

oler a, saber a

◆ The verbs **oler** (*to smell*) and **saber** (*to taste*), require the preposition **a**, not **como**, to express *smell/taste like*.

Esta sopa **huele a** mariscos.   *This soup smells like seafood.*

Dicen que las ancas de rana **saben**   *They say that frog legs taste like*
  a pollo.   *chicken.*

Aplicación

8-1 La cocina mexicana. Ubica las regiones en el mapa de México donde estas comidas son una especialidad.

1. las tortillas de harina
2. el pescado entero
3. el cabrito a la parrilla
4. el mole poblano
5. las fajitas de carne
6. el cerdo pibil
7. las tortillas de maíz
8. los siete moles

A explorar

8-2 Historia de la comida mexicana. Conéctate a la página de *Conexiones* en la red informática *(http://www.prenhall.com/conexiones)* e investiga en la sección «A explorar» para descubrir la fascinante historia de la comida típica mexicana.

8-3 ¿Qué ingredientes? Nombra algunos de los ingredientes posibles de estas comidas y bebidas.

MODELO: el aderezo: *vinagre, sal, aceite, especias*

1. una hamburguesa
2. una ensalada de frutas
3. una bebida caliente
4. el espagueti
5. unos entremeses o antojitos
6. jugos o zumos
7. una ensalada verde
8. una bebida fría
9. un postre frío
10. un plato vegetariano

8-4 ¿Cómo se prepara? ¿Qué platos asocias con estas acciones?

MODELO: moler: *Se muele la carne para preparar hamburguesas y albóndigas.*

1. freír
2. medir
3. rebanar
4. ahumar
5. asar
6. moldear
7. hornear

8-5 Un poquito de sal. Completa las frases con la forma correcta de **un poco de, pocos/as, poco/a, pequeño/a** según el contexto.

¿Qué hago? Tengo muchos amigos que vienen a cenar pero (1)_____ dinero para comprar comida. Tal vez prepare (2)_____ sopa o un pollo (3)_____. O aún mejor, una paella (4)_____. ¡Sí, hago eso! Primero voy al mercado y compro (5)_____ pescado, unos (6)_____ mariscos y un pollo (7)_____. Doro (8)_____ arroz con ajo en (9)_____ aceite de oliva. Le echo (10)_____ sal, los mariscos, el pollo y el pescado, algunas aceitunas y guisantes. Lo dejo cocer todo por media hora o (11)_____ más. Y lo sirvo con (12)_____ vino tinto. Ahora, necesito una paellera (13)_____ y una mesa grande.

8-6 En familia. Completa las siguientes oraciones usando una variación de cada palabra en itálica. Si necesitas ayuda, consulta la sección llamada *Ampliación*.

MODELO: Un plato favorito durante las Navidades es el salmón _ahumado_. El *humo* le da un sabor especial.

1. Si te gusta el pollo *frito*, lo tienes que _____.
2. Por favor, saca _____ del refrigerador. Quiero *moldear* la gelatina.
3. ¡Cómo *pica* esta salsa! No me gusta tan _____.
4. No les puse *sal* a los huevos porque no me gustan muy _____.

8-7 ¿Para qué sirve? Describan utensilios sin nombrarlos para que el/la otro/a lo adivine.

MODELO: Sirve para preparar el café.

Es *una cafetera*.

8-8 Un menú colaborativo. Preparen un menú para una cena elegante. Indiquen cuánto tiempo tardará la preparación, cuánto costará y cuál será el valor nutritivo de cada plato.

8-9 ¿Qué hacen con las sobras? Se dice que desperdiciamos mucha comida en los Estados Unidos y el Canadá. Expliquen qué hacen ustedes cuando la comida es demasiado abundante en estos contextos.

1. en un restaurante de comida rápida
2. en un restaurante de cuatro tenedores
3. en la casa de los suegros o la familia del/de la novio/a
4. en sus casas
5. en las casas de sus padres

8-10 Cocinar en casa o comer fuera. ¿Cuáles son las ventajas y desventajas de cada costumbre? ¿Qué prefieren hacer ustedes? ¿Qué harían si tuvieran más tiempo? ¿más dinero? ¿mejor selección de restaurantes o mercados?

1 The imperfect subjunctive

The Spanish imperfect subjunctive has two conjugations: **-ra** endings and **-se** endings. The **-ra** form is more common in daily conversation, while the **-se** form is used in formal speech and, especially, in writing. The **-ar, -er,** and **-ir** verbs follow the same pattern.

◆ All imperfect subjunctive verbs are formed by dropping the **-ron** ending of the third-person plural of the preterit and adding the endings below.

-RA FORM		*-SE* FORM	
-ra	-ramos	-se	-semos
-ras	-rais	-ses	-seis
-ra	-ran	-se	-sen

◆ The following chart shows the imperfect subjunctive forms of some common regular and irregular verbs.

	3RD PERSON PLURAL	1ST PERSON SINGULAR
INFINITIVE	PRETERIT	IMPERFECT SUBJUNCTIVE
tomar	tomaron	tomara/tomase
beber	bebieron	bebiera/bebiese
escribir	escribieron	escribiera/escribiese
caer	cayeron	cayera/cayese
decir	dijeron	dijera/dijese
ir/ser	fueron	fuera/fuese

- The first person plural requires a written accent.

  cayéramos/cayésemos
  tomáramos/tomásemos

- The imperfect subjunctive is required under the same conditions as the present subjunctive, but the point of reference is in the past. Compare the following sentences.

Juana **duda** que el pavo **esté** cocinado.	*Juana doubts that the turkey is cooked.*
Juana **dudaba** que el pavo **estuviera** cocinado.	*Juana doubted that the turkey was cooked.*

- A common use of the imperfect subjunctive is to make polite requests or statements with the verbs **querer, poder,** and **deber.** Note the following examples.

Quisiera probar las albóndigas.	*I would like to taste the meatballs.*
¿Pudieras pasarme las empanadillas?	*Could you pass me the turnovers?*
Debieran seguir la receta.	*You should follow the recipe.*

A que ya sabías...

- **Ojalá (que)** + *imperfect subjunctive* expresses a wish that is contrary to fact in the present or unlikely to happen in the future.

  Ojalá que mamá **tuviera** cordero para la cena. { *I wish Mom had lamb for dinner. (She doesn't.) / I wish Mom would have lamb for dinner. (She probably won't.)*

Aplicación

8-11 En la cocina con Tita y Nacha. Completa el recuerdo de Tita cuando pasaba tiempo en la cocina con Nacha (*Como agua para chocolate*). Escribe la forma correcta del imperfecto de indicativo o de subjuntivo de cada verbo entre paréntesis.

(1. Ser) _____ un día perfecto para preparar la rosca (*braided bread*) de Navidad. Nacha siempre (2. querer) _____ que nosotras la (3. preparar) _____ dos días antes de la Navidad para que nosotras la (4. poder) _____ servir para la Noche Buena. Nos (5. pedir) _____ que (6. buscar) _____ huevos frescos en la pollera, que (7. comprar) _____ levadura y fruta, que (8. calentar) _____ bien la leche y que (9. medir) _____ bien la harina. Nosotras (10. hacer) _____ una masa olorosa, llena de frutas secas, nueces, canela y amor. Sí, el secreto de la rosca es que siempre hay que prepararla con amor. Luego (11. ser) _____ necesario que nosotras la (12. hornear) _____ en el horno de leña en la cocina grande de

Mamá Elena. Nosotras la (13. poner) _____ por dos horas hasta que (14. salir) _____ bien tostada y fragante. Después, Mamá Elena (15. insistir) _____ en que nosotras se la (16. servir) _____ a los huéspedes con un cafecito o un vinillo, incluso al padre Román de la parroquia. Así nosotras lo (17. hacer) _____ todos los años cuando nosotras (18. ser) _____ jóvenes.

8-12 Un recuerdo tuyo. Escribe un párrafo en que recuerdes una secuencia de acciones que siempre hacías de joven. Usa el imperfecto de indicativo y de subjuntivo. La actividad 8-11 puede servirte como modelo.

👥 **8-13 Cuando eran más jóvenes.** Comenten sus deseos, preferencias y costumbres de cuando eran más jóvenes. Usen las frases a continuación y háganse preguntas para explicar con detalle sus recuerdos.

MODELO: E1: *Cuando era más joven, siempre quería que mi mamá me preparara sopa cuando me sentía mal.*

E2: *¿Qué sopa te gustaba más?*

E1: *Prefería la sopa de pollo.*

1. Esperaba que…
2. No conocía a nadie que…
3. Buscábamos una receta que…
4. Siempre hacía ejercicio para que…
5. No iba a la escuela sin que…
6. Mis padres preferían que…
7. Queríamos seguir un régimen que…
8. Tomábamos vitaminas a fin de que…

8-14 ¡Ojalá! ¿Cuáles son sus deseos? Expresen algunas esperanzas que tengan que no son probables. Traten de hacer un comentario sobre cada uno de los siguientes temas.

MODELO: *¡Ojalá mi abuelo se cuidara mejor y no comiera tantos dulces!*

la comida esta noche	el clima este fin de semana
el próximo examen	la tarea para mañana
el precio de una cena	la salud de un familiar

La diversidad de la comida española

La comida española es una de las más ricas y variadas del mundo. El norte de España es conocido por sus mariscos y pescados, como la merluza (*hake*), el pulpo (*octopus*), las vieiras (*scallops*), los percebes (*goose barnacles*) y los mejillones (*mussels*). Galicia es famosa por su carne excelente, el típico caldo gallego y el lacón con grelos (*ham with turnips*). Asturias se distingue por su fabada, un plato hecho con alubias (*white beans*), chorizo, morcilla (*blood sausage*) y cerdo. Se dice que el

País Vasco es donde mejor se come en España. Allí goza de fama la merluza en salsa verde y los chipirones en su tinta (*baby squid in their own ink*). La Meseta Central se especializa en los asados como el cochinillo (*suckling pig*) y el cordero. Andalucía es la tierra de los pescados fritos y del gazpacho, Navarra y Aragón se especializan en chilindrones (*meat and poultry in tomato and red pepper sauce*) y la región de Cataluña es famosa por sus butifarras (*a type of pork sausage*) y por su incomparable postre, la crema catalana (*a custard with a caramel top*).

En toda España se comen tapas (*hors d'oeuvres*) en los bares antes del almuerzo y la cena. Hay tapas de tortilla (*omelet*), de patatas, de pescado, de mariscos, de carnes y de fiambres (*cold cuts*), especialmente el jamón. Los españoles acompañan sus tapas con un vaso de cerveza o una copa de vino blanco, tinto o rosado.

Vamos a comparar

¿Qué tipos de tapas se comen en tu pueblo o ciudad? ¿Es común ir a bares en tu comunidad? ¿Por qué? ¿Sabías que hay restaurantes de tapas españolas en Atlanta, Chicago, Toronto y Nueva York, entre otras ciudades norteamericanas?

Vamos a conversar

👥 **Las especialidades regionales norteamericanas.** Túrnense para indicar especialidades norteamericanas que conozcan.

MODELO: *El pollo frito es una especialidad del sur de los Estados Unidos.*

A explorar

🌐 **8-15 Un restaurante español.** Conéctate a
www la página de *Conexiones* en la red informática (*http://www.prenhall.com/conexiones*) e investiga en la sección «A explorar». Allí encontrarás el apetitoso menú de un conocido restaurante español.

La cocina argentina. Escucha la narración sobre algunas de las especialidades de la cocina argentina y contesta brevemente las preguntas a continuación.

1. ¿Cuáles son algunas de las influencias en la cocina argentina?
2. ¿Qué ofrece la región de las Pampas?
3. ¿Qué es el chimichurri?
4. ¿Cómo se preparan las papas?
5. ¿Cuáles son algunos de los ingredientes de la pasta?
6. ¿Qué es el churrasco?
7. ¿Cuáles son algunos de los ingredientes de las empanadas?
8. ¿Qué plato argentino te atrae más? ¿Por qué?

Nueve mitos supervitaminados

Popularmente se atribuyen a las vitaminas virtudes que no obedecen a la realidad. Éstos son algunos de los errores más frecuentes.

1. Las vitaminas proporcionan energía y, además, engordan.

   La verdad. Las vitaminas no aportan calorías, por lo que no proporcionan energía. Las calorías se hallan en las grasas, los hidratos de carbono, las proteínas y el alcohol.

2. Los productos cosméticos que incluyen vitaminas son un fraude.

   La verdad. Ciertas vitaminas se absorben a través de la piel, como la E y el betacaroteno.

3. Las vitaminas naturales son mejores que las sintéticas.

   La verdad. La vitamina contenida en un alimento y la fabricada en el laboratorio tienen la misma composición química. El organismo es incapaz de reconocer su origen. Cualquier información en sentido contrario obedece a meras estrategias publicitarias.

4. Las verduras frescas poseen más vitaminas que las congeladas.

   La verdad. El contenido vitamínico de las verduras congeladas es idéntico al que tienen las que se venden en los mercados días después de su recolección.

5. Una dieta deficiente y poco sana se corrige con suplementos vitamínicos.

   La verdad. Las vitaminas no compensan las deficiencias de las dietas pobres y desequilibradas. Los complejos aportan solamente algunos de los nutrientes que necesita el organismo.

6. Hay que ingerir vitaminas para remediar la fatiga.

   La verdad. Las vitaminas no son fortificantes. Ahora bien, la fatiga causada por la anemia perniciosa puede ser atenuada con vitamina B12.

7. Cuanto más aporte vitamínico, mejor.

   La verdad. Ingerir vitaminas en cantidades superiores a las que precisa el cuerpo no supone ventaja alguna. Las vitaminas solubles en agua que no usa el cuerpo son eliminadas, y las liposolubles se almacenan en el hígado y son tóxicas a altas dosis.

8. Los atletas y ciertos trabajadores necesitan un extra de vitaminas para mejorar el rendimiento.

   La verdad. Debido al esfuerzo físico, los atletas tienden a ingerir más comida y, por consiguiente, más vitaminas. No hay evidencia de que los complejos polivitamínicos aumenten el rendimiento deportivo.

9. El estrés se puede combatir con fórmulas vitamínicas.

   La verdad. El estrés no aumenta las necesidades corporales de vitaminas. Únicamente en condiciones de estrés extremo se recomienda un aporte vitamínico extra.

¡Así lo decimos! Vocabulario

Vocabulario primordial

adelgazar   subir de peso

el alimento
la anemia   ### Medidas
bajar de peso
cocinar   el gramo
el colesterol   el kilo
engordar   la libra
la fatiga   el litro
la grasa   la onza
la proteína   la taza

Vocabulario clave

Verbos

almacenar	to store
echar a perder	to spoil
fabricar	to manufacture
ingerir	to ingest
meter	to put in
obedecer	to respond, to obey
precisar	to need
proporcionar	to provide

Sustantivos

la lata	can
la olla	pot
la piel	skin
el recipiente	container
la sartén	frying pan

Adjetivos

desequilibrado/a	unbalanced
incapaz	incapable
sobrante	left over

La preparación

a la brasa	charcoal grilled
a la parrilla	broiled
a la plancha	grilled
al horno	baked
al vapor	steamed
congelar (ie)	to freeze
dorar	to brown
hervir (ie, i)	to boil
pelar	to peel
rellenar	to stuff

Ampliación

Verbos	Sustantivos	Adjetivos
(des)congelar	el congelador	(des)congelado/a
desequilibrar	el desequilibrio	desequilibrado/a
embotellar	la botella	embotellado/a
engordar	la gordura	gordo/a
enlatar	la lata	enlatado/a
hornear	el horno	horneado/a
incapacitar	la incapacidad	incapaz, incapacitado/a

¡Cuidado! _____

copa, taza, vaso

◆ **Copa** is a glass of wine, champagne, or brandy.

Vamos a tomar una **copa**.

Let's have a drink.

◆ **Taza** means *cup* in the sense of a cup of coffee or a measuring cup.

Lava unas **tazas** para el café mientras busco una **taza** de azúcar.

Wash some cups for the coffee while I look for a cup of sugar.

◆ **Vaso** is a glass of water, juice, milk, soda, etc.

¿Quieres un **vaso** de limonada?

Do you want a glass of lemonade?

¡EXTRA!

A la + *adjective* refers to the cooking style, often of a certain region or country.

bacalao **a la** vizcaína	*Basque-style cod*
ternera **a la** francesa	*French-style veal*
arroz **a la** marinera	*seafood-style rice*

Aplicación

8-16 ¿Mitos o verdad? Decide si cada declaración es mito o verdad según la lectura, y explica por qué.

1. Los atletas deben ingerir más vitaminas que los que no hacen ejercicio.
2. Se absorben algunas vitaminas por la piel.
3. Las vitaminas adelgazan.
4. Las vitaminas sintéticas son mejores que las naturales.
5. Si estás sumamente estresado/a, debes ingerir más vitaminas.
6. Si tu cuerpo no necesita todas las vitaminas que ingieres, las almacena para después.
7. Las comidas congeladas contienen más vitaminas que las frescas.
8. La anemia perniciosa se trata con la vitamina B12.
9. Las vitaminas liposolubles son tóxicas a altas dosis.
10. Es bueno compensar una dieta deficiente con vitaminas.

A explorar

8-17 ¡A tu salud!: vitaminas y minerales. Conéctate a la página de **Conexiones** en la red informática (*http://www.prenhall.com/conexiones*) e investiga en la sección «A explorar» para descubrir la importante función de las vitaminas y de los minerales que ingerimos.

8-18 ¿Cómo lo prefieres? Indica cómo prefieres que se prepare cada uno de estos platos.

MODELO: el pescado

Lo prefiero a la plancha con limón y mantequilla.

1. el cordero
2. el filete de res
3. la langosta
4. los huevos
5. el pollo
6. las bananas
7. el pavo
8. el arroz
9. los espárragos
10. las chuletas de cerdo

8-19 ¿Cuánto necesitas comprar? Busca en un diccionario o libro de recetas el equivalente de cada una de las siguientes cantidades.

MODELO: Dos litros de leche: *Equivalen (más o menos) a medio galón.*

un litro de aceite	250 gramos de queso
500 gramos de café	3 gramos de azafrán
2 kilos de arroz	100 gramos de ajo

8-20 En familia. Completa las siguientes oraciones usando una variación de cada palabra en itálica. Si necesitas ayuda, consulta la sección llamada *Ampliación*.

MODELO: Metí la carne al *horno* a las 2:30. Hay que hornearla tres horas y media.

1. Esta *botella* de vino tinto es de uno de los mejores de España. El vino fue _____ en la región que se llama la Rioja.
2. No te olvides de sacar la carne del *congelador* para _____.
3. Se dice que la grasa _____ pero conozco a muchas personas que la comen y no son *gordas*.
4. Temo que mi dieta esté un poco _____. Cuando viajo, siempre me pongo en *desequilibrio*.
5. La leche _____ nunca se echa a perder, por eso siempre tengo algunas *latas* en mi cocina.
6. El pobre señor es *incapaz* de hacer sus propias compras en el supermercado. Su _____ resulta de un accidente que tuvo el año pasado.

8-21 Una dieta saludable. Conversen entre Uds. sobre las dietas que les ofrecemos a continuación. ¿Cuál siguen ustedes?

- una dieta baja en grasa y en colesterol
- una dieta alta en proteínas
- una dieta para adelgazar
- una dieta diabética
- una dieta con mucha fibra
- una dieta alta en carbohidratos

8-22 Los suplementos dietéticos. La industria de tiendas de nutrición ha crecido increíblemente durante las últimas décadas del siglo XX. ¿Qué opinan de los suplementos enlatados, embotellados, sintéticos o naturales? ¿Los consideran importantes para mantener la salud, o es mejor seguir una dieta balanceada para estar bien nutrido/a? Debatan este tema entre equipos a favor y en contra de los programas de suplementos dietéticos.

8-23 Cálmese... ¡a lo natural! Lean estas sugerencias para reducir el estrés y discutan si tienen validez para Uds. ¿Hay alguna hierba medicinal que hayan probado o que usen con regularidad?

Cálmese.... ¡a lo natural!

Para ayudarlo a reducir sus angustias, queremos darle algunas recetas alternativas. Para empezar, lea estas recetas y encuentre una buena tienda de hierbas medicinales donde adquirirlas.

RECETAS CONTRA EL ESTRÉS:

■ **La escutelaria (Scutellaria laterifloral):** Los indios cheroques la utilizaban para estimular la menstruación y durante el siglo pasado, era habitual recetarla como remedio contra la rabia, la histeria y la epilepsia. Claro que eran otros tiempos. En la actualidad se recomienda para mantener el sistema nervioso y reducir el estrés. Puede tomarse tres veces al día en infusiones de 50 mg.

■ **Melisa (*lemon balm*) (Melisa oficialis):** Antiguamente se creía que esta planta favorecía la longevidad, pero hoy se sabe que gracias a sus aceites volátiles, la MELISA o TORONJIL es un tónico relajante que calma la depresión leve, reduce el estrés, las palpitaciones de origen nervioso y los problemas digestivos causados por la ansiedad. Para empezar a curarse, haga una infusión con un litro de agua y 30 g de hojas secas, y tome una tacita de té 4 veces al día. La tintura de la MELISA es también útil para dar masajes, cuando se presenta una migraña o para añadir al agua del baño.

■ **Ginseng (Panax ginseng):** Es la hierba china más famosa en todo el mundo, gracias al mito de su poder sexual. Pero la verdad es que esta raíz ayuda al organismo a adaptarse a situaciones como el estrés o la fatiga y es fácil encontrarla en forma de cápsulas, pastillas o jugos. Claro que conviene adoptar algunas precauciones: No se deben exceder las dosis recomendadas, tomar durante el embarazo, o durante más de 6 semanas; también se debe evitar su ingestión junto con la cafeína.

2 The conditional and conditional perfect

The conditional

Me gustaría el bistec un poco más cocido.

In Spanish, the conditional is formed by adding the imperfect ending for **-er** and **-ir** verbs to the infinitive. The same endings are used for **-ar, -er,** and **-ir** verbs.

	TOMAR	COMER	VIVIR
yo	tomaría	comería	viviría
tú	tomarías	comerías	vivirías
Ud./él/ella	tomaría	comería	viviría
nosotros/as	tomaríamos	comeríamos	viviríamos
vosotros/as	tomaríais	comeríais	viviríais
Uds./ellos/ellas	tomarían	comerían	vivirían

◆ The conditional is used to state what you *would* do in some future or hypothetical situation.

¿**Comerías** un arroz a la marinera?   *Would you eat seafood rice?*

Dijo que **eliminaría** el colesterol   *She said that she would eliminate*
de su dieta.   *cholesterol from her diet.*

- The conditional is also used when the speaker is referring to an event that is future to a point in the past.

Creía que **habría** más gente en el restaurante.

I thought that there would be more people at the restaurant.

Ellos me informaron que **preferirían** el pescado a la plancha.

They informed me that they would prefer the grilled fish.

- The conditional of **deber**, like the present indicative, translates as *should*.

No **deberías** hervir la carne.

You should not boil the meat.

Deberían encender el horno ahora.

They should turn on the oven now.

- The conditional has the same irregular stems as the future.

decir	dir-	diría, dirías...
hacer	har-	haría, harías...
haber	habr-	habría, habrías...
poder	podr-	podría, podrías...
querer	querr-	querría, querrías...
saber	sabr-	sabría, sabrías...
poner	pondr-	pondría, pondrías...
salir	saldr-	saldría, saldrías...
tener	tendr-	tendría, tendrías...
venir	vendr-	vendría, vendrías...

- Probability or conjecture in the past is often expressed in Spanish with the conditional.

¿Cuándo preparó la chef el caldo?

When did the chef prepare the broth?

Lo **prepararía** esta mañana.

She probably prepared it this morning.

The conditional perfect

También habría podido dorar el pescado en el horno.

The conditional perfect is formed with the conditional of the auxiliary verb **haber** + *past participle*.

	CONDITIONAL	PAST PARTICIPLE
yo	**habría**	asado
tú	**habrías**	metido
Ud./él/ella	**habría**	medido
nosotros/as	**habríamos**	pelado
vosotros/as	**habríais**	dependido
Uds./ellos/ellas	**habrían**	hervido

◆ The conditional perfect is used to express an action which would or should have occurred but did not.

Habría enlatado el maíz, pero mis hijos ya se lo comieron.

I would have canned the corn, but my children had already eaten it.

Habríamos cocido los alimentos con menos líquido, pero no teníamos las proporciones correctas.

We would have cooked the food with less liquid, but we didn't have the correct proportions.

◆ The conditional perfect is also used to express probability or conjecture.

Emeril **habría asistido** a una escuela culinaria antes de hacerse famoso.

Emeril had probably attended a culinary school before becoming famous.

¿**Habría engordado** Eduardo el primer año de casado?

I wonder if Eduardo gained weight during his first year of marriage?

Aplicación

8-24 En sus sueños. Indica lo que harían estas personas en sus sueños. Elige verbos lógicos de la lista o unos originales para completar cada oración.

MODELO: Albert Gore *ganaría las elecciones de 2000.*

ahumar	freír	producir
cantar	ganar	representar
engordar	hallarse	salir

1. Julia Child
2. Los Tres Tenores (Domingo, Pavarotti, Carreras)
3. Jennifer López
4. Elvis y yo
5. Mr. Rogers y tú
6. Mis amigos y Bill Gates
7. Mi familia
8. Yo

👥 **8-25 ¡Yo no lo comería!** Intercambien consejos sobre su régimen y su modo de vida. Pueden inventar situaciones y regímenes.

MODELO: E1: *Quiero adelgazar y me dicen que debo comer sopa de verduras. ¿Qué opinas?*

E2: *¡Yo no la comería! Mejor comería puras proteínas, carne, pescado, pollo. Nada de verduras.*

8-26 Los padres siempre tienen razón. Completa las quejas del padre a su hijo usando el condicional perfecto.

MODELO: Cuando era joven, nunca *habría mirado* la tele durante la cena.

ayudar	hablar	querer
desperdiciar	hacer	salir
divertirse	obedecer	volver

Hijo, si fuera joven como tú, siempre 1. _____ a mi padre. Le 2. _____ con respeto. 3. _____ a mi mamá con los otros hermanos. 4. _____ mi trabajo sin quejarme. No 5. _____ durante la semana con mis amigos. Los sábados 6. _____ a casa antes de las diez. No 7. _____ la comida. 8. _____ pasar tiempo con mi familia. Todos nosotros 9. _____ cuando estuviéramos juntos. ¿Por qué no son los jóvenes de hoy como los de mi juventud?

👥 **8-27 ¿Qué habrían hecho?** Expliquen lo que habrían hecho sus abuelos en las siguientes circunstancias.

MODELO: al recibir una invitación a una fiesta de gala

La habrían aceptado con mucho gusto. Mi abuelo se habría puesto un esmoquin (tuxedo). Mi abuela habría pasado el día en la peluquería. Se habrían divertido un montón.

1. al conocer a una estrella de cine
2. al nacer el primer nieto
3. al asistir a la graduación de un hijo o de una hija
4. al celebrar 50 años de matrimonio
5. al ver a un astronauta caminar en la luna
6. al tener a todos los hijos y nietos juntos para una fiesta familiar
7. al cumplir 21 años
8. al recibir una carta con malas noticias

👥 **8-28 Una cena desastrosa.** Túrnense para dar consejos cuando todo sale mal en una comida.

MODELO: Asé la carne de res pero salió seca.

Yo la habría asado por menos tiempo.

1. Freí el pollo pero se quemó.
2. No herví la pasta lo suficiente y quedó dura.
3. Cociné la carne en el microondas pero salió medio cruda.
4. No pelé las papas y tardaron mucho tiempo en cocinarse.
5. Medí mal la harina y mi torta salió como una piedra.
6. El pescado resultó demasiado salado.

Comparaciones

Productos oriundos del Nuevo Mundo y productos que los españoles introdujeron en él

Con el descubrimiento del Nuevo Mundo los españoles introdujeron en España, y después en el resto de Europa, una serie de productos desconocidos hasta entonces. El que más impacto ha tenido es el tabaco, más tarde llevado por Sir Walter Raleigh a Londres en el siglo XVI y cuya nefasta influencia perdura en todo el mundo hasta nuestros días.

En el siglo XVI llegaron a Europa a través de España productos comestibles como el maíz, la papa, la vainilla, el tomate, el aguacate, el cacao, la piña, la guayaba, la papaya, el chile, los frijoles, el boniato (*yam*), el maní (*peanut*) y el pavo.

De la gran variedad de plantas americanas vienen productos farmacéuticos como la quinina y la coca. Y qué sería de los métodos de transporte sin la goma del caucho (*rubber*).

De Europa, los españoles introdujeron en América el café, posiblemente el producto que más impacto ha causado. Además trajeron la caña de azúcar, el arroz, el mango y las bananas. Y con los españoles vinieron animales como los caballos, los burros, los mulos, las ovejas, las cabras, los toros bravos, las vacas, los cerdos, los pollos, los gatos y hasta los ratones. Comestibles como el trigo, las aceitunas, la cebolla y el ajo cambiaron para siempre la dieta del indígena americano.

Vamos a comparar

¿Qué productos no sabías que eran oriundos de América? ¿Qué productos no sabías que eran oriundos de Europa? ¿Cuál crees que es el producto más importante que vino de Europa y por qué? ¿Cuál piensas que es el producto más importante que los españoles llevaron de América a Europa y por qué?

Vamos a conversar

👥 **Comidas e ingredientes.** Conversen entre Uds. sobre estas comidas e ingredientes. ¿Cuáles usan con frecuencia? ¿Cómo los preparan? ¿Cuáles nunca comerían? ¿Por qué?

del Nuevo Mundo		del Viejo Mundo	
maíz	papas	arroz	aceite de oliva
vainilla	tomates	café	cebollas
aguacates	chocolate	azúcar	ajo
piña	guayabas	mangos	harina
papayas	chiles	bananas	
boniatos	maníes		
pavo			

A explorar

🌐 **8-29 Productos con el gusto hispano.**
www Conéctate a la página de *Conexiones* en la red informática (*http://www.prenhall.com/conexiones*) e investiga en la sección «A explorar» para descubrir la variedad de productos hispanos que ofrece una de las compañías alimenticias más importantes de Norteamérica.

3 The indicative or subjunctive in *si*-clauses

Simple *si*-clauses

A **si**-clause states a condition that must be met in order for something to occur. The verb in a simple **si**-clause is usually in the present indicative, while the verb in the result clause is in the present or future tense.

Si no sacas el helado del congelador ahora, **estará** muy duro cuando lo sirvas.	*If you don't take the ice cream out of the freezer now, it will be very hard when you serve it.*
Si quieres, comemos fresas de postre.	*If you want, we'll eat strawberries for dessert.*

Contrary-to-fact *si*-clauses

When a **si**-clause contains implausible or contrary-to-fact information, the imperfect subjunctive is used in the **si**-clause and the conditional is used in the result clause.

Si tuviera dinero, te **invitaría** a una copa.	*If I had money, I would invite you for a drink.*

Si **pusieras** la carne en el refrigerador, no se **echaría** a perder.

If you (were to) put the meat in the refrigerator, it would not spoil.

Enlataría los tomates, **si** tú me **ayudaras.**

I would can the tomatoes if you helped me.

◆ Note that the conditional clause does not have a fixed position in the sentence; it may appear at the beginning or end of the sentence.

◆ When the **si**-clause containing contrary-to-fact information describes a past action, the pluperfect subjunctive is used in the **si**-clause, while the conditional perfect is used in the main clause.

Si **hubiera sabido** que te gustaba, te **habría hecho** el cordero a la parrilla.

If I had known that you liked it, I would have made you the lamb on the grill.

Si no **hubiéramos comprado** tantos alimentos, no **habríamos comido** tanto.

If we hadn't bought so much food, we wouldn't have eaten so much.

A que ya sabías...

◆ Comparative **si**-clauses introduced by **como si** (*as if*) refer to a hypothetical or contrary-to-fact situation and require either the imperfect or the pluperfect subjunctive. When used with the imperfect, the action coincides in time with the main verb; when used with the pluperfect, the action happens before the main verb.

Julián ha desayunado **como si** no **fuera** a comer más hoy.

Julián ate breakfast as if he were not going to eat anything else today.

Ana nos habló del menú **como si hubiera asistido** al almuerzo.

Ana spoke to us about the menu as if she had attended the luncheon.

Aplicación

8-30 ¡Si hay amigos, hay fiesta! Completa estas frases con una cláusula lógica.

1. Si no llueve...
2. No habrá quejas...
3. Llegaremos a tiempo...
4. Si encendemos el horno...
5. Si no pierdes el sacacorchos...
6. Serviremos mariscos...
7. No se preocupará nadie...
8. Si se acaba la comida...

8-31 La buena nutrición. Completa el diálogo entre la nutricionista y su cliente con el condicional o el imperfecto del subjuntivo, según el contexto.

DON ISMAEL: No me siento bien, doctora. ¡Ay! Si (1. tener) _____ más energía.

DRA. SÁNCHEZ: Si (2. tomar) _____ estas vitaminas e (3. hacer) _____ más ejercicio, (4. sentirse) _____ mejor, don Ismael.

DON ISMAEL: Pero doctora, las vitaminas son caras. Si (5. tener) _____ el dinero para comprar pastillas, no (6. tener) _____ que trabajar tanto y (7. sentirme) _____ mejor. Y hacer ejercicio es aburrido. Si (8. vivir) _____ más cerca del gimnasio, lo (9. hacer) _____, pero...

DRA. SÁNCHEZ: Entiendo que es difícil, don Ismael. Pero ¿qué (10. hacer) _____ su esposa si algo le (11. pasar) _____ a usted? ¿No (12. estar) _____ muy triste si usted (13. estar) _____ en el hospital? Veo que usted tiene que cuidarse mejor. Si (14. seguir) _____ mi consejo, (15. ser) _____ mucho más feliz y su esposa no (16. temer) _____ por su salud.

DON ISMAEL: Usted tiene razón. Ojalá (17. poder) _____ seguir sus consejos. Pero voy a tratar de hacerlo. Ay, si (18. ser) _____ más joven.

👥 **8-32 Ay, si...** Desafortunadamente, su cocina no está muy bien equipada. Digan qué harían si tuvieran estos utensilios.

MODELO: una batidora

E1: *Si tuviera una batidora, te prepararía una bebida deliciosa.*

E2: *¿Y qué le pondrías?*

E1: *Le pondría ron, limón, hielo y azúcar.*

1. una sartén
2. una olla
3. un recipiente
4. un horno
5. unas tazas
6. una espátula
7. una cafetera
8. un abrelatas
9. una cuchara grande
10. un cuchillo
11. un sacacorchos
12. una tostadora

8-33 Mesón Rincón de la Cava. Este restaurante madrileño tiene fama por sus platos españoles bien preparados y presentados. ¿Qué comerían si lo visitaran? ¿Qué otros platos pondrían en su menú? ¿Qué vinos incluirían?

Mesón Rincón de la Cava

Especialidad en

★ Pescados fritos
★ Tortilla española
★ Champiñón a la plancha
★ Gambas al ajillo

★ Jamón de Jagubo
★ Lomo
★ Chorizo
★ Queso

C/Cava de San Miguel, 17
Tel. 91–366–5830

Disponemos de cortijo y restaurantes
Para bodas y fiestas camperas
Reservas: tel. 91–859–4296

8-34 ¿Qué harían si pudieran vivir más de cien años? En un grupo pequeño discutan la posibilidad de vivir más de cien años. ¿Qué harían? ¿Cómo vivirían? ¿Qué comerían para mantener la buena salud? ¿Serían felices o estarían cansados/as de vivir tanto tiempo?

8-35 Si fueran de la generación de sus abuelos. Hablen de las diferencias que habría en la comida que comerían y su preparación. ¿Qué comidas predominarían en la dieta y por qué? ¿Qué utensilios se utilizarían? ¿Quiénes estarían en una comida? ¿Cuánto tiempo pasarían en una comida familiar?

Conexiones

Comida y cultura. Organícense en pequeños grupos en los que haya la mayor diversidad posible de herencia étnica y/o cultural. Conversen sobre los platos típicos que forman parte de la tradición culinaria de sus familias. ¿Hay comidas que sólo se comen en días especiales? ¿Cómo se caracterizan las diferentes dietas en términos del tipo y de la cantidad de carnes, verduras, condimentos, dulces, etcétera? ¿Tienen sus diferentes dietas cosas en común? ¿Qué conexiones pueden identificar entre comida y cultura?

A ESCUCHAR

¿Qué es la osteoporosis? A continuación vas a escuchar un informe sobre la osteoporosis. Indica las causas y remedios según lo que escuchas.

1. El número de personas afectadas en España: _____
2. El grupo que padece más afección: _____
3. Las partes del cuerpo más afectadas: _____
4. Algunas causas: _____ _____ _____
5. Algunos remedios: _____ _____

¡Así lo expresamos!

Ritmos
Juan Luis Guerra y 4:40

Juan Luis Guerra y 4:40 forman uno de los grupos musicales contemporáneos más importantes de Hispanoamérica. Según Juan Luis Guerra, la canción «Ojalá que llueva café en el campo» tiene su origen en un poema anónimo que encontró en el pueblo de Santiago de los Caballeros. Guerra piensa que quizás haya sido escrita por algún campesino y le pareció una metáfora muy bella. Entonces, la desarrolló y le puso música. El resultado es esta bella canción.

8-36 Asociaciones. ¿Qué productos asocias con el bienestar de tu región o estado? ¿Son productos agrícolas o fabricados? En el título de esta canción, ¿qué producto se menciona? Busca la República Dominicana en el mapa y describe las diferencias geográficas y climáticas entre tu región y la de esta canción.

Ojalá que llueva café en el campo

Ojalá que llueva café en el campo	
que caiga un aguacero° de yuca y té	mucha lluvia
del cielo una jarina° de queso blanco	light rain (Dominican slang)
y al sur una montaña de berro° y miel	watercress
5 oh, oh, oh-oh-oh, ojalá que llueva café.	
Ojalá que llueva café en el campo	
peinar un alto cerro° de trigo° y mapuey°	hill / wheat / a tuber like the potato but harder in consistency
bajar por la colina de arroz graneado	
y continuar el arado° con tu querer	plough
10 oh, oh, oh-oh-oh.	
Ojalá el otoño en vez de hojas secas	
vista mi cosecha de pitisalé°	sundried and salted beef or pork (Dominican slang)
sembrar una llanura° de batata° y fresas	plain / sweet potatoes
ojalá que llueva café.	
15 Pa' que en el conuco°	small farm
no se sufra tanto, ay ombe°	hombre
ojalá que llueva café en el campo	
pa' que en Villa Vásquez° oigan este canto	Villa... un municipio situado en el noroeste de la República Dominicana
ojalá que llueva café en el campo	
20 ojalá que llueva,	
ojalá que llueva, ay ombe	
ojalá que llueva café en el campo	
ojalá que llueva café.	

Ojalá que llueva café en el campo
25   sembrar un alto cerro de trigo y mapuey
bajar por la colina de arroz graneado
y continuar el arado con tu querer
oh, oh, oh-oh-oh.

Ojalá el otoño en vez de hojas secas
30   vista mi cosecha de pitisalé
sembrar una llanura de batata y fresas
ojalá que llueva café.

Pa' que en el conuco
no se sufra tanto, oye
35   ojalá que llueva café en el campo
pa' que en Los Montones° oigan este canto
ojalá que llueva café en el campo
ojalá que llueva,
ojalá que llueva, ay ombe
40   ojalá que llueva café en el campo
ojalá que llueva café.

Pa' que todos los niños
canten en el campo
ojalá que llueva café en el campo
45   pa' que en La Romana° oigan este canto
ojalá que llueva café en el campo
ay, ojalá que llueva,
ojalá que llueva, ay ombe
ojalá que llueva café en el campo
50   ojalá que llueva café.

Los... un estado rural, parte del municipio de San José de Las Matas, cerca de la Cordillera Central

La... la tercera ciudad de la República Dominicana

8-37 ¿Qué has escuchado? Contesta las siguientes preguntas.

1. ¿Cómo caracterizas el ritmo de esta canción? ¿La puedes comparar con otra canción caribeña que hayas oído?
2. ¿Qué instrumentos musicales predominan?
3. ¿Cómo es el tono? ¿Es optimista? ¿pesimista? ¿alegre? ¿triste?
4. ¿Qué le representan el café y los otros productos a un campesino? Si Juan Luis Guerra te compusiera una canción, ¿qué productos incluirías?
5. Busca más información sobre el cantautor y su grupo los 4:40 en la red informática. ¿Está todavía activo este grupo?

8-38 ¡Ojalá! Piensen en otros deseos para que tengan una vida feliz.

MODELO: *¡Ojalá que siempre tengas pollo para tu arroz!*

Imágenes
Salvador Dalí

Salvador Dalí (1904–1989), reconocido internacionalmente como uno de los más importantes artistas del siglo XX, nació en Figueras, un pueblo cerca de Barcelona. Junto con Pablo Picasso y Joan Miró, es producto de la rica cultura catalana. En París, Dalí conoció al círculo de poetas y pintores surrealistas cuya influencia se ve claramente en su obra. Con un estilo de pintar esmeradamente realista y preciso, Dalí coloca objetos familiares en espacios y paisajes que parecen ser el fruto de un sueño. Lo común se transforma así en imágenes tanto inquietantes como impresionantes. También influenciado por sus lecturas del famoso psicoanalista vienés Sigmund Freud, Dalí indaga tanto en lo oscuro como en lo bello del inconsciente.

Salvador Dalí, *Nature Morte Vivante,* 1956, Óleo s/tela

Perspectivas e impresiones

8-39 Observa el cuadro. Contesta las siguientes preguntas.

1. ¿Cuál es el estilo de esta pintura? ¿impresionista? ¿realista? ¿surrealista?
2. El título parece ser una contradicción (*Still Life-Fast Moving*). ¿Cómo se diferencia de una naturaleza muerta tradicional?
3. ¿Qué comidas y bebidas puedes identificar en la pintura?
4. ¿Qué contraste percibes entre la manera en que Dalí pinta cada uno de los objetos individualmente y el efecto de la pintura vista como un todo?
5. El cuchillo está en el centro del cuadro. ¿Qué podría significar esto?
6. Piensa en el simbolismo relacionado con algunos de los objetos de la pintura.
7. Si fueras a pintar una naturaleza muerta, ¿qué objetos y comidas incluirías?

Páginas
Laura Esquivel

Laura Esquivel nació en México, D.F. en 1950. Aunque se ha dedicado mayormente al teatro infantil, la escritora también ha hecho cine y ha escrito novelas. La primera de ellas, *Como agua para chocolate*, publicada en 1989, fue un éxito casi instantáneo a nivel internacional y ha sido traducida a un sinnúmero de idiomas.

Antes de leer

El estilo literario es uno de los elementos principales de una novela. Muchos novelistas lo escogen desde el principio para lograr alguna meta en su novela. Como lector/a, debes tomar en cuenta el estilo. ¿Qué fin sirve, por ejemplo, una novela en forma de diario? ¿o una colección de cartas? ¿Qué logra el/la autor/a a través de la retrospección o los *flashbacks*? A veces el estilo es obvio desde la primera página, pero otras veces el estilo no se distingue hasta después de leer unas páginas o capítulos.

8-40 Las recetas. En *Como agua para chocolate*, Laura Esquivel usa varios elementos estilísticos. La novela es todo un *flashback* de una descendiente de los personajes principales del argumento. Esta descendiente describe la novela, que es un libro de recetas. Antes de leer el capítulo incluido aquí, piensa en estos elementos de la novela.

1. ¿Por qué es importante la comida? ¿Qué importancia tienen las recetas y la comida para los recuerdos?
2. Imagina cómo sería una cocina mexicana durante la época de la Revolución (1910-1920) en una zona rural mexicana. ¿Cuáles son algunos de los instrumentos de cocina que tenemos ahora que no tendrían en esa época?
3. ¿Cuál sería el papel de la mujer en esa época? ¿Cuál sería el papel del hombre?
4. En una casa de clase media o alta, ¿quién se encargaría de la cocina?

Como agua para chocolate
Novela de entregas mensuales con recetas, amores y remedios caseros

CAPÍTULO I (selección)   —Enero

TORTAS DE NAVIDAD

INGREDIENTES:

1 lata de sardinas	orégano
l/2 kilo de chorizo	1 lata de chiles serranos
1 cebolla	10 teleras°

panes

MANERA DE HACERSE:

La cebolla tiene que estar finamente picada. Les sugiero ponerse un pequeño trozo de cebolla en la mollera° con el fin de evitar el molesto lagrimeo que se produce cuando uno la está cortando. Lo malo de llorar cuando uno pica cebolla
5   no es el simple hecho de llorar, sino que a veces uno empieza, como quien dice, se pica, y ya no puede parar. No sé si a ustedes les ha pasado pero a mí sí. Infinidad de veces. Mamá decía que era porque yo soy igual de sensible a la cebolla que Tita, mi tía abuela.

upper forehead

Dicen que Tita era tan sensible que desde que estaba en el vientre° de mi
10   bisabuela lloraba y lloraba cuando ésta picaba cebolla; su llanto era tan fuerte que Nacha, la cocinera de la casa, que era medio sorda, lo escuchaba sin esforzarse. Un día los sollozos fueron tan fuertes que provocaron que el parto° se adelantara. Y sin

belly

birth

que mi bisabuela pudiera decir ni pío°, Tita arribó a este mundo prematuramente, sobre la mesa de la cocina, entre los olores de una sopa de fideos que se estaba cocinando, los del tomillo°, el laurel, el cilantro, el de la leche hervida, el de los ajos y, por supuesto, el de la cebolla. Como se imaginarán, la consabida nalgada° no fue necesaria pues Tita nació llorando de antemano, tal vez porque ella sabía que su oráculo° determinaba que en esta vida le estaba negado el matrimonio. Contaba Nacha que Tita fue literalmente empujada a este mundo por un torrente impresionante de lágrimas que se desbordaron sobre la mesa y el piso de la cocina.

En la tarde, ya cuando el susto había pasado y el agua, gracias al efecto de los rayos del sol, se había evaporado, Nacha barrió el residuo de las lágrimas que había quedado sobre la loseta° roja que cubría el piso. Con esta sal rellenó un costal° de cinco kilos que utilizaron para cocinar por bastante tiempo. Este inusitado nacimiento determinó el hecho de que Tita sintiera un inmenso amor por la cocina y que la mayor parte de su vida la pasara en ella, prácticamente desde que nació, pues cuando contaba con dos días de edad, su padre, o sea mi bisabuelo, murió de un infarto°... Por tanto, desde ese día, Tita se mudó a la cocina y entre atoles° y tés creció de lo más sana y rozagante°. Es de explicarse entonces el que se le haya desarrollado un sexto sentido en todo lo que a comida se refiere. Por ejemplo, sus hábitos alimenticios estaban condicionados al horario de la cocina: cuando en la mañana Tita olía que los frijoles ya estaban cocidos, o cuando a mediodía sentía que el agua ya estaba lista para desplumar a las gallinas, o cuando en la tarde se horneaba el pan para la cena, ella sabía que había llegado la hora de pedir sus alimentos...

Cada vez que [Tita] cerraba los ojos podía revivir muy claramente las escenas de aquella noche de Navidad, en que Pedro y su familia habían sido invitados por primera vez a cenar a su casa, y el frío se le agudizaba°. A pesar del tiempo transcurrido, ella podía recordar perfectamente los sonidos, los olores, el roce° de su vestido nuevo sobre el piso; la mirada de Pedro sobre sus hombros... ¡Esa mirada! Ella caminaba hacia la mesa llevando una charola° con dulces de yemas de huevo cuando la sintió, ardiente, quemándole la piel. Giró° la cabeza y sus ojos se encontraron con los de Pedro. En ese momento comprendió perfectamente lo que debe sentir la masa de un buñuelo° al entrar en contacto con el aceite hirviendo. Era tan real la sensación de calor que invadía todo su cuerpo... El poner distancia entre Pedro y ella de nada le sirvió; sentía la sangre correr abrasadoramente° por sus venas. Un intenso rubor° le cubrió las mejillas° y por más esfuerzos que hizo no pudo encontrar un lugar donde posar° su mirada. Paquita notó que algo raro le pasaba y mostrando gran preocupación la interrogó:

—Qué rico está el licorcito, ¿verdad?

—¿Mande usted?°

—Te veo muy distraída Tita, ¿te sientes bien?

—Sí, muchas gracias.

—Ya tienes edad suficiente como para tomar un poco de licor en ocasiones especiales, pero dime, ¿cuentas con la autorización de tu mamá para hacerlo? Porque te noto agitada y temblorosa —y añadió lastimeramente—°, mejor ya no tomes, no vayas a dar un espectáculo...

Mamá Elena le ordenó a Tita que fuera a la cocina por unos bocadillos para repartir entre todos los presentes. Pedro, que en ese momento pasaba por ahí, no por casualidad, se ofreció a ayudarla. Tita caminaba apresuradamente hacia la cocina, sin pronunciar una sola palabra. La cercanía de Pedro la ponía muy nerviosa. Entró y se dirigió con rapidez a tomar una de las charolas con deliciosos bocadillos que esperaban pacientemente en la mesa de la cocina. [...]

ni... nada

thyme
consabida... *traditional spank*

futuro

tile / sack

ataque del corazón
una bebida caliente hecha
de maíz / *fuerte*

became more acute
light touch

tray
Turned

masa... *pastry dough*

burning hot
blush / cheeks
rest

¿Mande... *I beg your pardon?*

with a tone of pity

Fue entonces cuando Pedro le confesó su amor.

65 —Señorita Tita, quisiera aprovechar la oportunidad de poder hablarle a solas para decirle que estoy profundamente enamorado de usted. Sé que esta *daring* declaración es atrevida° y precipitada, pero es tan difícil acercársele, que tomé la decisión de hacerlo esta misma noche. Sólo le pido que me diga si puedo aspirar a su amor.

70 —No sé qué responderle; déme tiempo para pensar.

—No, no podría, necesito una respuesta en este momento: el amor no se piensa, se siente o no se siente. Yo soy hombre de pocas, pero muy firmes *¿Qué... What about yours?* palabras. Le juro que tendrá mi amor por siempre. ¿Qué hay del suyo?° ¿Usted también lo siente por mí?

75 —¡Sí!

Sí, sí y mil veces sí. Lo amó desde esa noche para siempre. Pero ahora tenía *to give up* que renunciar° a él. No era decente desear al futuro esposo de una hermana. Tenía *to drive him away* que tratar de ahuyentarlo° de su mente de alguna manera para poder dormir. Intentó comer la torta de navidad que Nacha le había dejado sobre su buró, junto 80 con un vaso de leche. En muchas otras ocasiones le había dado excelentes resultados. Nacha, con su gran experiencia, sabía que para Tita no había pena alguna que no lograra desaparecer mientras comía una deliciosa torta de navidad. Pero no en esta ocasión. El vacío que sentía en el estómago no se alivió. Por el contrario, una sensación de náusea la invadió. [...] Era necesario deshacerse de este 85 molesto frío. Como primera medida se cubrió con una pesada cobija y ropa de lana. El frío permanecía inamovible. [...] Por último, sacó de su costurero° una *sewing case* colcha° que había empezado a tejer el día en que Pedro le habló de matrimonio. *bedspread* ... Lloró y tejió, hasta que en la madrugada° terminó la colcha y se la echó encima. *early morning (before dawn)* De nada sirvió. Ni esa noche ni muchas otras mientras vivió logró controlar el frío.

90 *Continuará...*

Siguiente receta: Pastel Chabela (de boda)

Después de leer

8-41 ¿Has comprendido? Contesta las siguientes preguntas.

1. Apunta la escena, la declaración y la complicación de esta parte de la novela.
2. Describe el carácter y el físico de estos personajes: Tita, Nacha, Mamá Elena, Pedro, Paquita. ¿Qué comidas están relacionadas con cada uno de ellos?
3. Describe la relación entre Tita y cada uno de los demás.
4. Vuelve a leer la «confesión» que Pedro le hace a Tita. ¿Te parece típica de una que escucharías hoy en día?
5. ¿Por qué no puede Tita controlar el frío?
6. ¿Qué hace la escritora para obligarnos a continuar leyendo la novela?

🔴🔴 8-42 La comida y las relaciones sentimentales. Hablen de la relación entre la preparación y la presentación de la comida y los eventos y relaciones sociales. ¿Quiénes se encargan de la preparación de la comida en sus familias y entre sus conocidos? Podrán incluir entre otras, la relación entre novios, esposos, padres e hijos, colegas, la familia extendida; entre los eventos, una boda, un *bar mitzvah*, un bautismo, una fiesta de cumpleaños o de aniversario de bodas, un baile, etcétera.

8-43 Las metáforas y los símbolos gastronómicos. Piensa en otros símbolos, comparaciones y metáforas que relacionan la comida con la vida.

MODELO: *Una persona buena es «tan buena como el pan». Un monumento tiene la forma de un pastel de boda...*

8-44 La película. Laura Esquivel también escribió el guión para la popularísima película *Como agua para chocolate*. En ella, la comida y la técnica narrativa llamada «realismo mágico» están entretejidas. Cuando veas la película, apunta cómo la comida parece influir en el estado emocional y físico de la gente.

A explorar

8-45 Laura Esquivel: ¿Escritora de comidas o cocinera de libros?
www Conéctate a la página de *Conexiones* en la red informática (*http://www .prenhall.com/conexiones*) e investiga en la sección «A explorar» para aprender más sobre Laura Esquivel, ¡la escritora y la cocinera!

Taller

Una receta

1. **Idear.** Piensa en un plato que te guste mucho. Debe tener alguna relación con un evento social.

2. **Presentar.** Escribe por lo menos cuatro oraciones para explicar el contexto social del plato. ¿Cuál es su origen? ¿Por qué es especial? Puedes inventar el origen si quieres.

3. **Alistar.** Bajo el encabezamiento (*heading*) *Ingredientes,* haz una lista de los ingredientes y sus cantidades.

4. **Explicar.** Bajo el título *Manera de hacerse,* explica los pasos que uno tiene que seguir para preparar el plato. Incluye consejos y sugerencias para ayudar al/a la cocinero/a.

5. **Resumir y concluir.** Escribe un resumen de un párrafo en el que expongas el contenido nutritivo, el valor social, la presentación del plato, etcétera. Puedes usar el condicional para las sugerencias (Podrías servir...). Incluye una foto o un dibujo del plato.

6. **Revisar.** Revisa la secuencia de los ingredientes y de las instrucciones. ¿Están claros y lógicos? Luego, revisa la mecánica de la receta.
   - ¿Has mantenido un solo estilo (formal o informal) de mandatos?
   - ¿Has usado bien el subjuntivo y el condicional?
   - ¿Has verificado la concordancia y la ortografía?

7. **Compartir.** Intercambia tu receta con la de un/a compañero/a. Mientras leen las recetas, hagan comentarios y sugerencias sobre el contenido, la estructura y la gramática.

8. **Entregar.** Pasa tu receta a limpio, incorporando las sugerencias de tu compañero/a y entrégasela a tu profesor/a.

9

Nuestra sociedad en crisis

Comunicación

- ◆ Discussing social problems and personal excesses
- ◆ Talking about what is done or what one does
- ◆ Explaining what had or might have happened

Estructuras

- ◆ The pluperfect subjunctive
- ◆ Uses of *se*
- ◆ Indefinite and negative expressions

Cultura

- ◆ El combate contra el terrorismo
- ◆ Edward James Olmos: Un actor con gran corazón
- ◆ **Ritmos:** Ramón Orlando— *Esto fue lo que vi*
- ◆ **Imágenes:** Camilo Egas— *Estación de la calle 14*
- ◆ **Páginas:** Luisa Valenzuela— *La droga*

Taller

- ◆ *Un cuento*

A explorar

- ◆ *La prevención del crimen*
- ◆ *Contra el crimen cibernético*
- ◆ *¿Qué es ASPIRA?*
- ◆ *¿Qué es la adicción a las drogas?*
- ◆ *Vivir en la calle*

¿En qué ciudad se encontrarán estos graffitti? ¿Hay pandillas que pintarrajean (*deface by painting*) los edificios en tu ciudad? ¿Hay graffiti que puede considerarse «arte»?

DERMATÓLOGOS AYUDAN A LOS JÓVENES A CORTAR CONEXIONES CON LAS PANDILLAS

Dallas, 30 de septiembre, 1996

Hace un año Rubén Ruiz cumplió 16 años. Había sido miembro de una pandilla, había abandonado sus estudios, y ahora era padre de una bebé, Elizabeth Marie. Pero Ruiz deseaba una vida nueva para él, su novia y su hija. Buscaba trabajo y quería cambiar de vida. Pero Ruiz era un hombre señalado.

Embriagado por las drogas y presionado por sus amigos, Ruiz había dejado que un amigo le tatuara el nombre de su pandilla en el muslo (*thigh*) y que le pintara una serie de puntos en los nudillos. Como un edificio pintado con inscripciones en las paredes, Ruiz era identificado, por sus tatuajes, con la vida de las pandillas. «Cuando solicitaba trabajos, yo trataba de esconder las manos», Ruiz dijo. «Nadie te quiere emplear si piensa que tú eres miembro de una pandilla.»

Pero ahora Ruiz estudia y trabaja. Ha cambiado su vida con ayuda de otros, como el Dr. Dennis Newton, profesor de dermatología de la Universidad de Texas, *Southwestern Medical Center* de Dallas. Durante 1996, el Dr. Newton ha empleado tecnología láser para quitar los tatuajes del cuerpo de Ruiz y de otros jóvenes que quieren borrar su conexión con las pandillas. Newton ha hecho ese tratamiento gratis.

El programa creció cuando el Departamento de Dermatología de la Universidad de Texas, Southwestern, decidió donar su tiempo y experiencia. Cada dos meses, los dermatólogos tienen sesiones en el Hospital Parkland para quitar tatuajes.

Durante la primera sesión en enero, los dermatólogos usaron láser para empezar el tratamiento

en 20 adolescentes con tatuajes que identifican a los jóvenes como miembros de una pandilla. «El láser envía alta energía al pigmento del tatuaje, y éste explota en fragmentos microscópicos que el cuerpo puede absorber. La cantidad y el tipo de tinta que fue usada para pintar los tatuajes determina cuántos tratamientos se necesitan para remover la tinta, pero generalmente son de cuatro a ocho. Y algunos tatuajes nunca desaparecen totalmente».

Los adolescentes no pagan dinero para que les remuevan los tatuajes, pero se les exige que por cada tratamiento que ellos reciban, dediquen diez horas de servicio a la comunidad. También es necesario que tengan un mentor, generalmente un maestro, un agente de vigilancia de delincuentes juveniles o una enfermera de escuela como Billie Gurke de *Thomas Jefferson High School* en Dallas.

A principios de 1995, en su campaña para ayudar a los estudiantes a dejar las pandillas, Gurke buscó un dermatólogo que pudiera quitar tatuajes y encontró a Newton. «Una vez que se hicieron los primeros esfuerzos, el programa siguió por su propio ímpetu», dijo Newton. «Es un programa muy bueno porque mucha gente se ha ofrecido voluntariamente para ayudar a estos jóvenes que, aunque están asustados, se muestran corteses y agradecidos».

«No reclutamos a los jóvenes», dijo Gurke. «Ellos piden que les quitemos los tatuajes porque quieren desligarse de las pandillas. Hemos perdido a algunos. Unos cuantos han vuelto a la calle o a la cárcel. Hemos intervenido en la vida de 60 jóvenes y hemos tenido éxito con la mayoría».

Vocabulario primordial

el ataque	el/la guardia de seguridad
la bomba	el/la médico/a forense
el homicidio	el/la (oficial de) policía
el índice de criminalidad	
la pistola	**Contra la ley...**
el revólver	
el rifle	el/la asesino/a
la seguridad	el/la contrabandista
	el/la delincuente
	el/la homicida
Gente de ley...	el ladrón/la ladrona
el/la agente encubierto/a	el/la secuestrador/a
el/la agente secreto/a	el/la traficante
el/la guardaespaldas	el/la violador/a

Ampliación

Verbos	Sustantivos	Adjetivos
abusar	el abuso	abusado/a
defraudar	el fraude	fraudulento/a
donar	la donación	donado/a
embriagarse	la embriaguez	embriagado/a
incendiar	el incendio	incendiado/a
robar	el robo	robado/a
secuestrar	el secuestro	secuestrado/a
traficar	el tráfico	traficado/a
vandalizar	el vandalismo	vandalizado/a

Vocabulario clave

Verbos

agredir	to assault; to attack
ametrallar	to (machine) gun down
disparar	to fire (a gun)
embriagarse	to become intoxicated
estafar	to cheat
multar	to fine
tatuar(se)	to (get a) tattoo

Sustantivos

el acoso	harassment
la bala	bullet
el escondite	hideout
la pandilla	gang
el puñal	knife
el tatuaje	tattoo
el tiro	a (gun) shot

¡Cuidado!

abusar de

- In Spanish the verb **abusar** is usually followed by **de** before naming the abused.

- The abused is the object of the preposition **de**.

El hombre **abusó de** la generosidad de mi tío.	The man abused my uncle's generosity.
Parece que los padres **abusaron de** los dos hijos.	It seems the parents abused the two children.

- Avoid **me abusa**, **lo abusa**, etc., which are ungrammatical.

matar, muerto/a

- In English, when reporting fatal incidents in the news, the passive voice is very common: *Three people were killed, The person was found dead,* etc.

- In Spanish, use the active voice with the verb **matar** (*to kill*), or the passive voice with the verb **morir** (*to die; to kill*). Note that the passive voice is not very common in everyday speech in Spanish.

Lo **mataron** los rebeldes. ⎫
Fue **muerto** por los rebeldes. ⎭ *He was killed by the rebels.*

Aplicación

9-1 Rubén Ruiz. Contesta estas preguntas sobre Rubén Ruiz basadas en la lectura y en tus propias opiniones.

1. ¿A qué edad y por qué decidió cambiar de vida?
2. ¿Cuál era el obstáculo más grande que enfrentaba?
3. ¿Cómo se solucionó su problema?
4. ¿Cómo fue el tratamiento?
5. ¿Qué hacen los jóvenes a cambio de recibir el tratamiento?
6. ¿Cómo ha participado Billie Gurke en este programa?
7. ¿Cuántos años tendrá Rubén ahora y qué estará haciendo?

9-2 ¡Cuidado! Completa estas frases de una manera lógica.

MODELO: Un alcohólico *abusa del alcohol*.

1. Un machista...
2. Un ladrón...
3. Un político que comete fraude electoral...
4. Una persona que acosa a las mujeres...
5. Un drogadicto...

9-3 Parejas «famosas». Empareja a estas personas con sus asesinos para explicar cómo murieron. Utiliza ambos verbos, **matar** y **morir**.

MODELO: JFK: *JFK fue muerto por Lee Harvey Oswald. Lo mató Lee Harvey Oswald.*

1. Gandhi
2. Martin Luther King
3. John Lennon
4. Bobby Kennedy
5. Salvador Allende

a. Mark David Chapman
b. las fuerzas militares derechistas
c. Sirhan B. Sirhan
d. James Earl Ray
e. un extremista hindú

9-4 Las pandillas. Contesten las siguientes preguntas y hablen con más detalle de cada tema.

1. ¿Por qué uno/a se hace miembro de una pandilla?
2. ¿Es posible desligarse fácilmente?
3. ¿En qué ciudades hay muchas pandillas?
4. ¿Conocen a alguien que sea miembro de alguna pandilla?
5. ¿Cómo se identifican los miembros de una pandilla?
6. ¿Conocen programas que ayuden a los jóvenes a desligarse de una pandilla?

9-5 Los tatuajes. ¿Conoces a alguien que tenga algún tatuaje? ¿En qué parte se tatuó? ¿Sabes por qué se tatuó? ¿Cómo reaccionaron los amigos y la familia de la persona?

9-6 En familia. Completa las siguientes oraciones usando una variación de cada palabra en itálica. Si necesitas ayuda, consulta la sección llamada *Ampliación*.

MODELO: Era necesario *donar* sangre para salvarle la vida al policía. El banco de sangre recibió <u>donaciones</u> de más de cien personas.

1. Los estudiantes a veces *abusan* de sus profesores. Éste _____ no los ayuda al final.
2. No se sabe quiénes _____ la casa, pero el *incendio* duró por horas.
3. El gobierno trata de parar el _____ de drogas, pero los *traficantes* tienen muchos recursos para evitar la ley.
4. Nadie simpatiza con los jóvenes que *vandalizan*. El _____ no tiene sentido.
5. El político cometió *fraude* electoral. Quiso _____ al público.
6. El *robo* ocurrió ayer por la tarde. Los bandidos _____ una pieza del museo de arte.

👥 **9-7 El alcohol y las drogas.** La embriaguez afecta el juicio. Hablen de acontecimientos actuales en que las drogas o el alcohol hayan causado un incidente serio.

👥 **9-8 Las armas y la violencia.** ¿Cuáles son las armas más comunes en su vecindario o ciudad? ¿Cuáles son los crímenes más comunes? ¿Qué hace la comunidad para controlar el crimen? ¿Han sido víctimas de un crimen o conocen a alguien que haya sido víctima? ¿Qué le pasó? ¿Cómo reaccionó?

A explorar

🌐 **9-9 La prevención del crimen.** Conéctate a la página de *Conexiones* en www la red informática (*http://www.prenhall.com/conexiones*) e investiga en la sección «A explorar» para descubrir las medidas que se deben tomar para prevenir el crimen.

👥 **9-10 El crimen.** Hablen de casos recientes de los siguientes crímenes. Traten de dar detalles del caso.

MODELO: una bomba

Unos terroristas pusieron una bomba en el World Trade Center en Nueva York. Por fin arrestaron a los culpables, los juzgaron y los sentenciaron.

1. un incendio
2. un ataque
3. un robo
4. un secuestro
5. una violación
6. un homicidio
7. un asalto
8. un acto de vandalismo

👥 9-11 Cómo sobrevivir en la calle. Ofrezcan consejos que le darían a alguien para evitar problemas y sobrevivir los acosos en la calle.

MODELO: *Es mejor que no salgas solo/a de noche porque algún criminal te puede atacar.*

👥 9-12 Los guardias privados. Hablen de los beneficios y problemas que conlleva el empleo de guardias privados. ¿Dónde es más común su uso? ¿Por qué?

MÁS GUARDIAS PRIVADOS, PERO MENOS CUERPOS DE SEGURIDAD DEL ESTADO

En las ciudades estadounidenses, cada vez hay menos agentes de policía estatales y, por el contrario,

aumentan los guardias y policías privados, que son contratados por familias que tienen el dinero para pagarlos.

👥 9-13 Las armas. En los Estados Unidos es más y más común que la gente tenga armas para protegerse. Formen dos grupos para debatir la siguiente resolución: «Cualquier ciudadano tiene el derecho de llevar y usar armas para proteger su vida o su propiedad».

1 The pluperfect subjunctive

> Ojalá que no me hubiera hecho su tatuaje.

The pluperfect subjunctive has the identical communicative function as the pluperfect indicative, which you reviewed in *Lección 5*. It is used to refer to an action or event occurring before another past action or event. However, while the pluperfect indicative describes actions that are real, definite, or factual, the pluperfect subjunctive is used in subordinate clauses that express attitudes, wishes, feelings, emotions, or doubts. See the sentences below the time line.

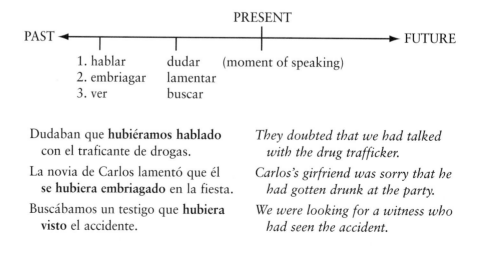

```
                                    PRESENT
PAST ◄──────┬──────────┬───────────┬───────────────► FUTURE
         1. hablar    dudar    (moment of speaking)
         2. embriagar lamentar
         3. ver       buscar
```

Dudaban que **hubiéramos hablado** con el traficante de drogas.	*They doubted that we had talked with the drug trafficker.*
La novia de Carlos lamentó que él **se hubiera embriagado** en la fiesta.	*Carlos's girfriend was sorry that he had gotten drunk at the party.*
Buscábamos un testigo que **hubiera visto** el accidente.	*We were looking for a witness who had seen the accident.*

- The pluperfect subjunctive is formed with the imperfect subjunctive of the auxiliary verb **haber** + *the past participle.*

	IMPERFECT SUBJUNCTIVE	PAST PARTICIPLE
yo	hubiera	
tú	hubieras	
Ud./él/ella	hubiera	tomado
nosotros/as	hubiéramos	comido
vosotros/as	hubierais	vivido
Uds./ellos/ellas	hubieran	

- Compare the pluperfect indicative with the pluperfect subjunctive in the examples that follow.

Indicative

Dijo que el guardia **había golpeado** al criminal.

He said that the guard had beaten the criminal.

Subjunctive

Deseaba que el guardia no **hubiera golpeado** al criminal.

He wished that the guard had not beaten the criminal.

The first sentence, *Dijo que el guardia **había golpeado** al criminal,* uses the indicative because the action in the subordinate clause is presented as a fact. The second sentence, *Deseaba que el guardia no **hubiera golpeado** al criminal,* uses the subjunctive because the subordinate clause expresses a hypothetical action—what he wished had not happened, not what necessarily did happen.

Aplicación

9-14 ¡Ah, si hubiera sabido! Las siguientes acciones nunca habrían ocurrido si no hubiera ocurrido otra acción anterior. Completa cada oración de una manera lógica.

MODELO: No habría asistido hoy a clase (darse cuenta) *si me hubiera dado cuenta* de que era sábado.

1. No me habría hecho un tatuaje (costar) _____ más de $50.
2. Los jóvenes no se habrían unido a la pandilla (asistir) _____ a las reuniones de la escuela.
3. El delincuente nunca habría secuestrado al diplomático (protegerlo) _____ bien los guardias.
4. Los jóvenes no habrían abusado de las drogas (intervenir) _____ sus padres.
5. El supervisor no habría acosado a sus empleadas (saber) _____ que había una cámara escondida.

9-15 Archivos X. Lee las siguientes oraciones de los «Archivos X» y complétalas con el pluscuamperfecto del indicativo o del subjuntivo, según el contexto.

1. No encontramos a nadie que (ver) _____ el incidente, pero había un señor que lo (escuchar) _____ desde su apartamento.

2. El traficante de drogas insistió en que no (estar) _____ involucrado en el caso, pero sospechábamos que él (enterarse) _____ de algo. No le permitimos salir antes de que nos (asegurar) _____ su inocencia.

3. El asesino (disparar) _____ su rifle cuando el camarógrafo lo filmó. Fue ridículo que nadie lo (ver) _____ antes.

4. Al terminar la Guerra Fría, el gobierno ya (identificar) _____ a muchos agentes encubiertos. Los soviéticos estaban nerviosos de que (descubrirse) _____ tanta información secreta.

👥 9-16 ¡Ojalá...! Hagan una lista de las noticias recientes o corrientes y coméntenlas usando **¡Ojalá...!**

MODELO: E1: *Murieron muchas personas inocentes en Colombia.*

   E2: *¡Ojalá no hubieran muerto!*

   E1: *Este verano muchas personas han sido atacadas por tiburones en la costa este de Estados Unidos.*

   E2: *¡Ojalá estas personas no se hubieran bañado en estos lugares!*

9-17 Los sospechosos. Tienes que comentar el interrogatorio de unos prisioneros que se han declarado inocentes. Usa la expresión **como si** para expresar tus sospechas.

MODELO: El joven Miguel dice que no le robó la bolsa a la señora.

   Pero actúa como si se la hubiera robado.

1. La señorita ha jurado que nunca fue prostituta.
2. Los hombres han jurado que no estuvieron donde ocurrió el incendio.
3. El policía declara que nunca aceptó un soborno (*bribe*).
4. El hombre dice que no robó el banco.
5. El delincuente declara que no estafó a nadie.
6. El político juró que no vendió su voto.
7. Los banqueros juraron que no cometieron fraude.
8. La mujer declara que ella no maltrató a su marido.

El combate contra el terrorismo: la ETA, las FARC, el ELN, el FMLN, el Sendero Luminoso y el MRTA

El terrorismo es el uso sistemático de violencia física —actual o futura— contra los no combatientes para llamar la atención de una audiencia más amplia. El terrorismo pretende crear un clima de terror en la población con la idea de forzar cambios políticos y/o sociales.

El terrorismo es uno de los problemas más serios que enfrentan los países hispanos. Las causas han sido los graves problemas sociales y económicos que sufren. Los gobiernos muchas veces han respondido al terrorismo con medidas represivas que no sólo van contra los presuntos terroristas, sino que a veces violan los derechos humanos. A continuación leerán una descripción de las seis organizaciones terroristas más conocidas.

☆ La **ETA** (Euskadi ta Askatasuna: *Basque Fatherland and Liberty, Basque Homeland and Freedom*) es una organización nacionalista vasca formada en 1959. Más de 825 personas han muerto asesinadas en España como resultado de sus operaciones. El grupo obtiene sus fondos extorsionando a empresas españolas y robando bancos. En el año 2000 la ETA recibió el total repudio de la nación española por su fracasado intento de aterrorizar el país asesinando a 23 españoles.

☆ Las **FARC** (Las Fuerzas Armadas Revolucionarias de Colombia) es un grupo guerrillero marxista-leninista fundado en 1964. Es la guerrilla más antigua y numerosa del continente americano. Su máximo líder Manuel Marulanda Vélez, conocido como «Tirofijo», ha logrado fama con el diálogo que sostiene con el presidente Pastrana para tratar de encontrar la manera de lograr una paz permanente con el gobierno colombiano.

Las FARC llevan más de 30 años peleando en las selvas de Colombia y en los últimos años han colaborado con los traficantes de drogas. Todos estos intereses hacen difícil que el proceso de paz avance.

☆ El **ELN** (Ejército de Liberación Nacional) es el segundo grupo guerrillero marxista de Colombia con unos 5.000 combatientes. El ELN mantiene también contacto con el gobierno, pero su jefe, Antonio García, no ha logrado un acuerdo que permita iniciar un proceso de paz similar al empezado con las FARC a comienzos de 1999.

☆ El **FMLN** (Frente Farabundo Martí para la Liberación Nacional) es una organización guerrillera salvadoreña que ahora se ha convertido en el principal partido político de izquierda en El Salvador. Su objetivo es desplazar (*displace*) de la presidencia a Arena, la coalición conservadora que ha ganado las dos últimas elecciones.

☆ El **Sendero Luminoso** es considerada la más peligrosa y violenta organización terrorista del mundo. Tiene una orientación neomaoísta y fue iniciada cuando un grupo de militantes decidió separarse del Partido Comunista del Perú. La meta de la organización es la destrucción del gobierno peruano existente para establecer un sistema socialista liderado por los indígenas del Perú.

☆ El **MRTA** (Movimiento Revolucionario Túpac Amaru) es responsable de más ataques contra los estadounidenses que cualquier otro grupo que opera en Hispanoamérica. El grupo se concentra en secuestros para rescates (*kidnappings for ransom*). Tiene una ideología castrista-marxista-leninista. Desean establecer un régimen marxista en el Perú y la eliminación de todo tipo de actividad comercial con los Estados Unidos.

Vamos a comparar

¿Hay organizaciones terroristas en los Estados Unidos y el Canadá? ¿Cuáles? ¿Por qué piensas que existen organizaciones terroristas que odian a los Estados Unidos? ¿Crees que tienen validez algunas de sus razones? ¿Por qué? ¿Cómo piensas que se debe luchar contra el terrorismo?

Vamos a conversar

👥 **No al terrorismo.** Hablen entre Uds. sobre estos posibles recursos para combatir el terrorismo. ¿Cuáles serían aceptables en nuestra sociedad y cuáles abusarían de la libertad?

- interceptar las conversaciones telefónicas
- leer la correspondencia
- limitar el número de inmigrantes de ciertos países
- dar más poder a las agencias secretas como la NSA y la CIA

Vándalos modernos. En este artículo, escucharás sobre un tipo de vándalo moderno. Después de escuchar, contesta brevemente las preguntas a continuación.

1. ¿Dónde vandalizan estas personas?
2. ¿Cómo son generalmente?
3. ¿Por qué vandalizan?
4. Nombra un ejemplo de su vandalismo que causó mucho daño.
5. ¿Por qué la gente no pudo resistir el mensaje?
6. ¿Conoces a alguien que fuera víctima de este vandalismo?

A explorar

9-18 Contra el crimen cibernético. Conéctate a la página de **www** *Conexiones* en la red informática (*http://www.prenhall.com/conexiones*) e investiga en la sección «A explorar» para aprender más sobre el vandalismo cibernético y las medidas que se están tomando para prevenirlo.

¿Cómo afecta el alcohol al organismo?

Remitida por Pedro Mondragón.

Contrariamente a lo que mucha gente piensa, el alcohol es un depresor del sistema nervioso central, señala el doctor Simón Brailowsky. «Aquellas personas que sienten que pueden hacer mejor muchas cosas (hablar, bailar, manejar, etcétera) después de haber ingerido algunos tragos, se equivocan. Ese estado de aparente bienestar y relajación proviene de la desinhibición que resulta de la depresión de mecanismos inhibitorios. El sistema nervioso es particularmente sensible a los efectos del alcohol, y los procesos inhibitorios son los inicialmente afectados. Al disminuir la inhibición, el equilibrio de la excitabilidad cerebral se pierde momentáneamente a favor de la excitación». Continúa el doctor Brailowsky: «Los centros superiores se deprimen primero: el habla, el pensamiento, la cognición y el juicio. A medida que la concentración alcohólica aumenta en la sangre, se depri- men los centros inferiores, incluyendo la respiración y los reflejos espinales. Si se bebe más, tanto los mecanis- mos inhibitorios como los excitatorios se afectan. Es así como la intoxicación alcohólica puede llegar hasta el estado de coma». Pero eso es nada más con respecto al momento de la borrachera. A largo plazo puede provo- car daño hepático (cirrosis), aumento de ácido láctico, úrico y de ácidos grasos, y efectos similares a los provo- cados por barbitúricos: pérdida de la memoria, irritación estomacal y gastritis, entre otros.

Efectos físicos y psicológicos del alcohol

núm. de tragos	alcohol en la sangre (%)	efectos
1	0,02–0,03	Sin efectos evidentes. Animación.
2	0,05–0,06	Relajación, calor, disminución del tiempo de reacción y de coordinación fina.
3	0,08–0,09	Pérdida ligera del equilibrio, del habla, la visión y el oído. Euforia y falta de coordinación motora fina.
5	0,14–0,15	Alteración mayor del control físico y mental: habla y visión disminuida.
10	0,30	Intoxicación severa; mínimo control consciente.
17	0,50	Coma profundo.
20	0,60	Muerte por depresión respiratoria.

Estos efectos han sido observados en personas no habituadas al alcohol. El intervalo entre «trago» y «trago» es de menos de 60 minutos y el equivalente es una cerveza o una onza (28 ml) de whisky.

Vocabulario primordial

el alcoholismo
la drogadicción

el escándalo
rehabilitar

Vocabulario clave

Verbos

amenazar	to threaten
apostar (ue)	to bet
provenir (ie)	to come from

Sustantivos

la borrachera	drunkenness
el poder	power
el rasgo	trait
la relajación	relaxation

Adjetivos

momentáneo/a	momentary

Otras palabras y expresiones

a largo plazo	long term
darle risa	to make one laugh

Ampliación

Verbos	Sustantivos	Adjetivos
acusar	la acusación	acusado/a
amenazar	la amenaza	amenazado/a
interrogar	el interrogatorio	interrogado/a
jurar	el juramento	jurado/a
juzgar	la justicia/el juicio	juzgado/a
peligrar	el peligro	peligroso/a
prostituir(se)	la prostitución, el/la prostituto/a	prostituido/a

¡Cuidado!

actualmente, de hecho

◆ To say *currently* in Spanish, use **actualmente**.

Actualmente hay menos crimen en Nueva York.

Currently there is less crime in New York.

◆ To say *actually* in Spanish, use **de hecho**.

De hecho, se han empleado más policías y las calles están más seguras.

Actually, more policemen have been hired, and the streets are safer.

Aplicación

9-19 Los efectos físicos y psicológicos del alcohol. Haz una lista de los pros y contras del consumo del alcohol. ¿Bajo qué circunstancias y en qué contextos opinas que tiene sentido tomar alcohol?

9-20 ¡Cuidado! Completa el párrafo con la expresión adecuada, **actual(mente)** o **de hecho**.

Según las noticias 1. _____ publicadas por el Departamento de Salud, se ha reducido el uso de alcohol en las universidades. Se dice que menos del 50% de los estudiantes 2. _____ abusan de alcohol más de una vez al mes. 3. _____, la incidencia entre las mujeres ha disminuido aún más que entre los hombres.

9-21 La adicción: ¿una enfermedad o una debilidad personal? El alcoholismo, la drogadicción y otros tipos de adicción nos afectan a todos. ¿Conoces a alguien que sea adicto/a a algo? Explica su situación y cómo ha tratado de resolverla.

9-22 En familia. Completa las siguientes oraciones usando una variación de cada palabra en itálica. Si necesitas ayuda, consulta la sección llamada *Ampliación*.

MODELO: Un policía murió cuando trataron de *arrestar* al criminal. Por eso, <u>el arresto</u> del criminal fue muy rápido.

1. Algunos opinan que *la prostitución* no debe considerarse un crimen porque no le hace daño a nadie. Otros opinan que las _____ son las víctimas de un crimen.
2. Joven, si tomas drogas ilícitas, pones tu vida en *peligro*. Por favor, no hagas que _____ tu futuro.
3. La policía _____ al prisionero por más de cinco horas. El *interrogatorio* fue duro.
4. El joven *amenazó* al policía con una pistola. Las personas _____ lo tomaron muy en serio.
5. Joven, estás *acusado* de haber matado a dos personas. ¿Cómo respondes a esta _____?
6. El *juicio* del acusado duró tres días. Fue _____ por un jurado compuesto sólo de hombres.

9-23 Otros escapes. ¿Qué hacen para relajarse o para aliviarse de las presiones de la vida académica y/o del trabajo? Hablen de los puntos positivos y negativos de otros tipos de escapes, como el ejercicio, la comida, el tabaco, la meditación, el juego, etc.

9-24 Los jóvenes y el (ab)uso del alcohol. Den sus opiniones sobre el uso o abuso del alcohol entre los jóvenes de su universidad. ¿Se considera importante servir bebidas alcohólicas en los eventos sociales? ¿Ha habido incidentes de intoxicación severa o muertes causadas por la intoxicación? ¿Qué programas hay para combatir el abuso del alcohol en su universidad o trabajo?

9-25 El uso del alcohol en otros países. Se dice que la prohibición de consumir bebidas alcohólicas a menores de 21 años no ha impedido la incidencia del alcoholismo en los Estados Unidos. ¿Qué opinan de esta situación? ¿Cómo se podría combatir? ¿Sería mejor bajar la edad de consumo o eliminar una edad mínima? ¿Saben cómo es la sitiuación en otros países?

9-26 El alcoholismo. La organización *Alcohólicos Anónimos* se fundó en 1935 y ahora cuenta con 100.000 grupos y 2 millones de miembros. ¿Qué hace esta organización para ayudar a dejar de tomar bebidas alcohólicas? ¿Qué otros grupos en su comunidad ofrecen programas de autoayuda? ¿Qué recursos existen para las personas que no quieran afiliarse a un grupo formal?

9-27 ¿Un sueño imposible? Expliquen el dibujo que aparece a continuación. ¿Con cuál de los dos están de acuerdo? ¿Por qué? Nombren algunos esfuerzos que se han hecho contra los cárteles, contra los traficantes y contra el consumo, y hablen de los éxitos y fracasos recibidos.

¡Así lo hacemos! Estructuras

 Uses of *se*

The impersonal *se* to express "people, one, we, you, they"

En mi fraternidad se bebe más que aquí.

The pronoun **se** may be used with the third-person singular form of a verb to express an idea without attributing the idea to anyone in particular. These expressions are equivalent to English sentences that have impersonal subjects such as *people, one, you, we, they.*

Se dice que un hombre que no sabe beber es un tonto.	*They/People say that a man that doesn't know how to drink is a fool.*
Se puede rehabilitar a los alcohólicos con terapia y disciplina.	*One/You/We can rehabilitate alcoholics with therapy and discipline.*

◆ As in English, the third person plural of the verb may be used alone to express these impersonal subjects.

Dicen que la sentencia del joven no era justa.	*They say that the young man's sentence wasn't fair.*

The passive *se*

The pronoun **se** may also be used with the third-person singular or plural form of the verb as a substitute for the passive voice in Spanish. In such cases, the person who does the action is <u>not</u> expressed.

◆ The verb that follows **se** is in the third person singular when the statement refers to a singular noun, and in the third person plural when the statement refers to a plural noun.

Se vende pornografía en las calles.   *Pornography is sold on the streets.*

Se venden cervezas cerca de esa escuela.   *Beer is sold close to that school.*

◆ When the statement refers to a specific person or persons, the verb that follows **se** is in the third person singular and the personal **a** is used.

Se acepta a Juan porque ha dejado de beber.   *Juan is being accepted because he stopped drinking.*

Se apoya a los ex-miembros de la pandilla aun después que dejan el programa.   *The ex-gang members are supported even after they leave the program.*

Aplicación

9-28 En la corte. Estos son comentarios que se oyen en la corte. Completa cada uno con la forma correcta del verbo y el **se** impersonal o el **se** pasivo.

MODELO: (Sentenciar) al delincuente.
       Se sentencia al delincuente.

1. (Decir) que las sentencias son más duras ahora que antes.
2. (Interrogar) a los sospechosos.
3. (Juzgar) culpable al inocente.
4. (Creer) que las víctimas tienen derechos también.
5. (Escuchar) comentarios de los abogados y del juez.
6. (Ver) muchos casos difíciles.
7. (Arrestar) a los miembros de la pandilla.
8. (Condenar) al asesino a muerte.

9-29 ¿Dónde? Conversen entre Uds. para contestar estas preguntas:

1. ¿Dónde se bebe mucho alcohol?
2. ¿Dónde se cometen más crímenes violentos?
3. ¿Dónde se sentencia al mayor número de personas a la pena de muerte?
4. ¿Dónde se rehabilita a los drogadictos?
5. ¿Dónde no se denuncia el terrorismo?
6. ¿Dónde se persigue a los inocentes?
7. ¿Dónde no se vigilan los derechos humanos?
8. ¿Dónde se arresta a los que practican la prostitución?

9-30 Portavoz presidencial. Usa estas expresiones y otras para responder a las preguntas de la prensa.

se dice	se opina	se duda	se afirma
se cree	se teme	se anuncia	se niega

MODELO: ¿Cómo está la situación ahora en el País Vasco?

Se dice que los miembros de la ETA van a negociar con el gobierno español, pero se niega que la situación política vaya a mejorar pronto.

1. ¿Cuál es la tasa de crimen en las ciudades grandes?
2. ¿Ha bajado la tasa de drogadicción entre la juventud?
3. ¿Cómo van a manejar el problema del alcoholismo entre los jóvenes?
4. ¿Hay algún programa para ayudar a los niños y a las mujeres víctimas de abuso?
5. ¿La pena de muerte inhibe el crimen?
6. ¿Es posible rehabilitar a alguien que cometa un homicidio?
7. ¿Puede un joven menor de 14 años ser culpable de un homicidio?

9-31 Una campaña importante. Hagan una lista de problemas sociales y monten una campaña para combatir uno de ellos. Usen expresiones impersonales para explicar sus motivos, propósitos y metas.

MODELO: el crimen juvenil

Se opina que el crimen juvenil es uno de los problemas más graves de nuestra sociedad. Con nuestra campaña se espera atraer a los jóvenes a actividades más sanas y seguras.

Comparaciones

Edward James Olmos: Un actor con gran corazón

El méxicoamericano Edward James Olmos es uno de los actores hispanos más famosos. Pero su mérito más grande está en lo que hace con su tiempo libre. Desde hace años les lleva un mensaje de esperanza a todo tipo de hispanos: trabajadores inmigrantes mexicanos, chicos con problemas de drogadicción, miembros de las pandillas rivales de Los Ángeles, etcétera. Dos o tres veces a la semana durante 52 semanas del año se reúne con estos grupos. «Después de estar hablando una hora con esos chicos, es una gran satisfacción pensar que estoy dando algo de mí mismo», dice Olmos. «Me ayuda mental, física y espiritualmente. Hay una auténtica armonía entre mi vida profesional y personal». De acuerdo con Olmos, hablar en las escuelas a los jóvenes y a otros grupos con problemas, le da energía. «No hay nada como esto, te cura el alma. Como les suelo decir (*I often tell*) a los chicos, no fumo, no bebo y no tomo drogas. Llevo un horario estricto y me siento bien; lo recomiendo vivamente».

Vamos a comparar

¿Piensas que el trabajo voluntario de Olmos es importante? ¿Por qué? ¿A qué otra persona famosa conoces que haga trabajo voluntario? ¿Piensas que es importante hacer este tipo de trabajo? ¿Por qué?

Vamos a conversar

Un trabajo voluntario. ¿Qué trabajo voluntario harían Uds. si tuvieran tiempo? Aquí tienen algunas posibilidades. Conversen entre Uds. sobre estas oportunidades y otras que conozcan.

- trabajar con mujeres maltratadas
- trabajar en un programa de alfabetización
- ayudar a niños abandonados
- trabajar con familias sin hogar
- preparar y servir comida a los desamparados
- enseñar inglés a personas que no lo hablan

A explorar

9-32 ¿Qué es ASPIRA? Conéctate a la página de *Conexiones* en la red www informática (*http://www.prenhall.com/conexiones*) e investiga en la sección «A explorar» para descubrir lo que este grupo ha hecho y continúa haciendo para mantener a los jóvenes lejos de la delincuencia y ayudarlos a desarrollarse como individuos y líderes de su comunidad.

3 Indefinite and negative expressions

AFIRMATIVO		NEGATIVO	
algo	*something, anything*	**nada**	*nothing, not anything*
alguien	*someone, anyone*	**nadie**	*nobody, no one*
algún, alguno/a(s)	*any, some*	**ningún, ninguno/a**	*none, not any*
siempre	*always*	**nunca, jamás**	*never*
también	*also, too*	**tampoco**	*neither, not either*
o… o	*either…or*	**ni… ni**	*neither…nor*

◆ In Spanish, the adverb **no** can be used with a second negative expression to form a double negative. **No** must precede the verb, and the second negative (e.g., **nada, nadie, ningún**) will either immediately follow the verb or be placed at the end of the sentence.

No apuesto **nunca**.	*I never bet.*
No le hablo del escándalo a **nadie**.	*I don't talk about the scandal to anyone.*

◆ When the negative expression precedes the verb, **no** is omitted.

Nunca apuesto.	*I never bet.*
A **nadie** le hablo del escándalo.	*I don't talk about the scandal to anyone.*

◆ Because **nadie** and **alguien** refer only to persons, the personal **a** is required when they appear as direct objects of the verb.

¿Se arrestó **a alguien** esta noche?	*Did they arrest anyone tonight?*
No, no se arrestó **a nadie**.	*No, they didn't arrest anyone.*

◆ The adjectives **alguno** and **ninguno** drop the **-o** before a masculine singular noun in the same way that the number **uno** shortens to **un.** Note the written accent on the resulting forms.

Ningún drogadicto vino esta tarde.	*No drug addict came this afternoon.*
Tengo que entrevistar a **algún** juez.	*I have to interview a judge.*

◆ In a negative sentence, all indefinite words are negative.

El policía **no** interroga a **nadie tampoco.**

The policeman doesn't interrogate anybody either.

Aplicación

9-33 Una escena callejera. Completa el diálogo entre el policía y algunos jóvenes que se encuentran en la calle muy de noche.

POLICÍA: Buenas noches. ¿Han visto a (1) _____ sospechoso por aquí? Hubo un robo en una tienda y se escapó con (2) _____ de mucho valor.

MANOLO: No, no hemos visto a (3) _____ sospechoso. Y siempre estamos aquí a estas horas. La verdad es que (4) _____ le hacemos caso a la gente que pasa por aquí.

POLICÍA: Bueno. Buscamos a (5) _____ que lleva una chaqueta (6) _____ azul oscura (7) _____ negra.

PANCHO: No hemos visto a (8) _____ ni con chaqueta ni con abrigo. ¿Tiene Ud. más detalles?

POLICÍA: No, esto es todo por ahora, pero si escuchan (9) _____ información o ven (10) _____ sospechoso, aquí tienen mi número de teléfono. ¿De acuerdo?

PANCHO: Claro que sí, pero por ahora, no tenemos (11) _____ que informar.

9-34 ¡Jamás! Coméntense lo que no harían jamás.

MODELO: E1: *¡Jamás fumaría!*

E2: *¡Ni yo tampoco!*

9-35 ¡No seas tan negativo! Respondan a los siguientes comentarios y ofrezcan razones para mantener su opinión.

MODELO: No hay ninguna oportunidad para los jóvenes que no tienen título universitario.

E1: *Sí, hay algunas oportunidades, especialmente en los campos tecnológicos.*

E2: *Y si sabes un segundo idioma, hay muchas oportunidades en el comercio.*

1. Siempre maltratan a los prisioneros en las cárceles.
2. El juez nunca es imparcial.
3. La policía tampoco captura a los ladrones.
4. Hay algo sospechoso en este caso.
5. Los políticos son criminales o los criminales son políticos.
6. Los abogados siempre son deshonestos.
7. Hay algunos escándalos en el gobierno.
8. No hay nada que se pueda hacer para combatir el problema de las drogas.

9-36 Sus opiniones. Hablen de las siguientes cosas y expliquen sus opiniones.

MODELO: algo que les disguste

Algo que me disgusta es el vandalismo. Me molesta la falta de respeto a la propiedad de otros.

1. algo que admiren
2. algo que les moleste
3. algún acontecimiento que les choque

4. algo que les fascine
5. alguna persona que admiren
6. algo que les dé risa

Conexiones

Las drogas y el crimen. ¿Cuál es la relación entre las drogas y el crimen? ¿Es tan simple como parece ser, es decir, mientras más drogas más crimen? ¿Cuáles son los delitos más asociados con la compra y venta de drogas? ¿Hay algunos narcóticos que parecen catalizar más crimen que otros? Con dos o tres compañeros/as, discutan el problema y propongan algunas medidas que se podrían tomar para empezar a resolverlo. ¿Deben legalizarse algunas drogas? ¿Debe eliminarse la posibilidad de poner a los convictos de crímenes asociados con el narcotráfico en libertad bajo palabra *(parole)*? ¿Está la solución en alguna parte que no sea las cortes?

A ESCUCHAR

Noticias del mundo de la medicina. Escucha el siguiente artículo sobre algunas de las recientes innovaciones para mejorar la salud. Luego contesta las preguntas a continuación.

Comprensión

1. ¿Qué grupo estaría interesado en estos productos?
2. ¿Cuál es el problema que tienen los miembros de este grupo?
3. ¿Cuál es el nombre comercial del clorhidrato de bupropión?
4. ¿Cuántos participaron en el estudio?
5. ¿Qué porcentaje del grupo pudo abandonar el hábito?
6. ¿Se aspira más o menos con el Nicotrol?
7. ¿Cuál fue el resultado de la prueba con el inhalador?

👥 **¿Cómo les afecta?** Contesten las siguientes preguntas basadas en el tema del artículo.

1. ¿Cómo les afecta esta costumbre?
2. ¿Conocen a alguien que haya usado algún producto semejante a los descritos anteriormente?
3. ¿Ha tenido éxito? ¿Por qué?
4. ¿Qué opinan de los casos judiciales entre los estados y las compañías de tabaco?

A explorar

🌐 **9-37 ¿Qué es la adicción a las drogas?** Conéctate a la página de www *Conexiones* en la red informática (*http://www.prenhall.com/conexiones*) e investiga en la sección «A explorar» para aprender más sobre la drogadicción.

Ritmos
Ramón Orlando

Ya conoces a Ramón Orlando, el conocido cantautor dominicano. La canción «Esto fue lo que vi» trata de los problemas que aquejan la sociedad y pertenece a su álbum *América sin queja*. Escucha la canción y piensa si estás de acuerdo con lo que describe el compositor.

9-38 Un paseo por la ciudad. Imagina que das un paseo por una gran cuidad. Apunta lo que ves y relaciónalo con los siguientes conceptos:

la violencia
la crueldad
la avaricia
la indiferencia
la tragedia
la necesidad

Esto fue lo que vi

Coro: Abre los ojos
que hay que ver

Salí a pasear un día
un domingo por la tarde
5   y para sorpresa mía
coro
mira, esto fue lo que vi

Un tipo y un machete
que a otro perseguía
10 Na'°, pana°, pana, pana, panal   nada / *buddy*
la gente los miraba
pero nadie se metía°   *got involved*
Coro
y con pena los veía
15 *Coro*

Na pana, panal
seguía caminando
y esto fue lo que vi
Una guagua° y un camión   autobús
20 en la calle Duarte chocan
Coro
Na' pana, pana, pana, panal
los choferes se apean°   *get off the bus*
y a palos° se destrozan   a... *with sticks*
25 *Coro*
los que iban en la guagua
asustaos° se desmontan   asustados
Coro
Na' pana, panal
30 Esto fue lo que vi

Seguí mi paseo del día
del domingo por la tarde
y para sorpresa mía
mira, esto fue lo que vi
35 Una flaca y una gorda
por la calle caminando
Coro
Na' pana, pana, pana, panal
a la flaca piropean°   *cat-call*
40 a la gorda no hacen caso°   hacen... *pay attention*
Na' pana, panal
y esto fue lo que vi

Y no me atrevo a contarlo
porque era muy serio
45 salí a pasear un día,
un domingo en la tarde
y para sorpresa mía
Coro
mira, esto fue lo que vi
50 *Coro*
Na' pana, pana, pana, panal

Una señora feliz
un hijo en el extranjero°   en... *abroad*
está muy contenta
55 le manda mucho dinero
Coro
Na' pana, pana, pana, panal

pero ha tenido que ir a verlo al cementerio
60 *Coro*
Na' pana, panal
Esto fue lo que vi

Una chica que llevaba
una lata en la cabeza
65 *Coro*
Na' pana, pana, pana, panal
hace tiempo que en el barrio
una gota° de agua no llega   *drop*
Coro
70 Na' pana, pana, pana, panal
una llave rodeada°   *surrounded*
de poncheras° y cubetas°   *bowls / buckets*
Coro
Na' panal
esto fue lo que vi
75

Un político promete
que al llegar las elecciones
Na' pana, pana, pana, panal
cuando llegue al poder
80 acabarán los apagones°   *blackouts*
Coro
Na' pana, pana, pana, panal
otro promete lo mismo
y hay basura por montones
85 *Coro*
Na' pana, panal
esto fue lo que vi

Y no me atrevo a contarlo (bis)
porque era muy serio el caso
90 dese una vueltecita°   dese... *take a stroll*
y usted verá lo que se ve

¿Qué es lo que se ve? Droga
¿Qué es lo que se ve? Tigueraje°   *delinquency*
¿Qué es lo que se ve?
¡déjelo policía! Es inocente
95

¿Qué es lo que se ve? Crimen
¿Qué es lo que se ve? Delincuente
¿Qué es lo que se ve?
el tipo de la yipeta° es buena gente°.   *jeep* / buena... *nice; a good person*

9-39 Lo que ven los demás. ¿Qué ven estas personas?

- los políticos
- los burócratas
- los cantantes
- los ricos
- los clérigos
- los pobres
- los profesores
- los médicos

 9-40 El lado bueno. ¿Pueden Uds. ver el lado positivo de lo que se ve diariamente en las calles de nuestras ciudades? ¿Qué ven? Hagan una lista y a continuación compartan la información con otros grupos.

Imágenes
Camilo Egas

Camilo Egas (1889–1962) fue uno de los pintores ecuatorianos más importantes e influyentes de la primera mitad del siglo XX. Sus obras muestran la realidad humana tanto interior como exterior. Aunque suscitó y promovió el arte indígena en Ecuador, Egas también plasmó en sus pinturas la condición del ser humano en la sociedad moderna. *Estación de la calle 14* es una obra que produjo mientras vivió en Nueva York.

Camilo Egas, *Estación de la calle 14*, Casa de la Cultura, Quito, Ecuador

Perspectivas e impresiones

9-41 ¿Conocen a este señor? Especulen quién será el hombre de la pintura. ¿Por qué se encuentra en la calle? ¿Quiénes serán sus amigos, su familia? ¿Trabaja? ¿Dónde? ¿En qué estará pensando? ¿Dónde pasará la noche?

9-42 Ponte en la escena. ¿Cómo te sientes al ver a este señor? ¿Harías algo para ayudarlo? ¿Crees que podrías encontrarte en una posición semejante? Si sufrieras tal desgracia, ¿qué harías?

A explorar

9-43 Vivir en la calle. Conéctate a la página de *Conexiones* en la red informática (*http://www.prenhall.com/conexiones*) e investiga en la sección «A explorar» para descubrir cómo es realmente la vida de las personas que no tienen hogar.

Páginas
Luisa Valenzuela

Luisa Valenzuela nació en 1938 en Buenos Aires, Argentina. Aunque dedicó gran parte de su vida al periodismo, comenzó a escribir ficción durante su estancia en París a principios de la década de 1960. Entre sus colecciones de cuentos se encuentra *Aquí pasan cosas raras* (1975), que contiene el cuento «La droga». Esta colección muestra una profunda conciencia por parte de la autora de la sociedad contemporánea y sus problemas. Valenzuela presenta en estos cuentos una visión absurda y caótica de la realidad a través de un lenguaje lleno de ironía.

Antes de leer

9-44 La paranoia. ¿Alguna vez te pasó que de repente tuviste la impresión de que todo el mundo te miraba, de que algo se sospechaba de ti? ¿Cuál era la situación? ¿Dónde estabas? ¿Quiénes te miraban? ¿Había algún motivo para que te miraran? ¿Cómo te sentías?

Estrategias de lectura

Cuando leas, es importante pensar en una hipótesis sobre el contenido de la lectura, y luego, al ir leyendo, afirmarla o descontarla. Para formar tu hipótesis, haz una lista de preguntas básicas que debes contestar mientras leas, por ejemplo: ¿Quiénes son los personajes principales? También refiérete a toda la información a tu alcance antes de leer: el título, fotografías y arte, información sobre el/la autor/a, etcétera.

9-45 Una hipótesis. Haz una lista de preguntas que debes contestar mientras leas el cuento. Luego, refiérete al título, la información sobre la autora y el dibujo para hacer una lista de los posibles temas y argumentos del cuento. Incluye posibles escenas, acciones, problemas y resoluciones.

La droga

Estoy en el puerto donde llega la droga y tengo que volver con un poquito.
Me voy acercando lentamente al mar ¿qué mar? se parece al del Caribe por su
quietud° de plomo° derretido, y justo al borde de la playa están tendidas° las
esteras° para que se arme° allí el gran mercado. Sólo que hoy casi no han entrado
barcos, y un único mercader con aire bastante oriental parece estar esperándome.
Me siento frente a él sobre su estera, en posición de loto°, y me va mostrando las
sedas que saca de una valija° (yo tengo la mía). Elijo por fin un pañuelo color
borravino° y el mercader me dice, porque justo en ese momento pasa a nuestro
lado un guardia. Es un peso colombiano, pero me hace seña de cinco° con la
mano. Entiendo que es por la droga que ha escondido en el pañuelo. Yo hurgo° en
la bolsita que llevo colgada del cuello y saco monedas de varios países. Por fin
encuentro cinco pesos colombianos, le pago, él me hace un paquete con el pañuelo y yo lo meto dentro de mi maleta.
　　Me dirijo hacia la salida del mercado: hay una muralla de alambre tejido° y las
tranqueras° están cerradas. Mucha gente hace cola para pasar la aduana, y espera
pacientemente. Yo me asusto, pienso que el paquete con el pañuelo comprado allí
mismo es demasiado delator°. Además ¿de dónde vengo yo? No he vuelto de

serenity / lead / laid out
mats / se... set up

lotus
maleta
morado
cinco pesos
poke around

muralla... *wire mesh fence*
gates

conspicuous

ningún viaje como para justificar mi valija. Opto por buscar el baño para tratar de deshacerme° de la droga o al menos esconderla mejor. Sólo encuentro baños para el personal de aduanas, pregunto dónde está el baño para viajeros, me contestan vagamente, nadie sabe muy bien. Sigo arrastrando° mi valija y me siento muy sospechosa. Y, aunque pienso que la búsqueda es bastante inútil, sigo buscando la puerta del baño. No quisiera deshacerme de la droga, pero sé que me la van a encontrar si no tomo alguna medida° además, siempre me cruzo° con guardias armados. Subo escaleras, recorro pasillos sucios como de hospital y de golpe me cruzo con una columna humana que avanza siguiendo a un instructor de gimnasia. Un, dos; un, dos. Y me siento un poco ridícula buscando un baño con mi valija a cuestas°. De golpe me doy cuenta de que la columna está fondada° por los viajeros que hacían cola frente a la aduana. Pongo cara de urgencia y sigo buscando en sentido contrario. Más escaleras, ningún baño, más corredores y de nuevo me cruzo con el instructor de gimnasia y su cola, y ellos se ríen de mí y todo sería muy cómico (yo, mi valija, la gimnasia) si no fuera por mi temor a que me descubran la droga. La tercera vez que me encuentro con ellos ya no los cruzo, vamos en el mismo sentido, los precedo, y el instructor me dice cosas entre amables y obscenas y me da un puntapié amistoso° sobre el hombro mientras bajamos por unas escaleras. Es como un espaldarazo° para que yo dirija la columna humana, la de los viajeros que marchan, y yo que llevo la droga en la valija no sé si debo negarme° a hacerlo o si es ése mi deber, mi premio o mi condena.

Glosses (left margin):
- get rid (línea 20)
- dragging
- precaution / me... happen upon
- a... on my back / made up
- puntapié... friendly kick (línea 35)
- recognition
- refuse

Después de leer

9-46 Los elementos del cuento. Vuelve a leer las listas que hiciste en 9-45. ¿Pudiste contestar todas tus preguntas? Luego, contesta las siguientes preguntas sobre los elementos del cuento.

1. **La escena:** Haz una lista de frases que usa la autora para crear la escena. ¿Cómo te sentirías en ese lugar? ¿Contento/a, inquieto/a, nervioso/a, etcétera? ¿Por qué?
2. **La acción:** ¿Cuál es el propósito del personaje? ¿Cómo se caracteriza ella?
3. **La resolución:** ¿Se resuelve la acción? Imagina qué ocurre después.

9-47 La emoción del crimen. Es posible que la emoción de cometer un crimen sea más importante que el crimen mismo. ¿Cuáles son los cambios físicos que le ocurren a una persona que comete un crimen? ¿Conoces algún caso en que un criminal admita que lo hizo sólo para emocionarse?

9-48 La entrevista. Hagan los papeles del personaje de este cuento y un/a periodista. El/La periodista le hace preguntas al personaje.

MODELO: E1: *¿Por qué quiere comprar drogas?*

E2: *Me gusta experimentar con las drogas.*

9-49 La dramatización. Hagan los papeles de la narradora, el mercader y el instructor de gimnasia y el aduanero. Inventen un diálogo que recree la narración. Luego representen su escena ante la clase.

Taller

Un cuento

En el cuento de Luisa Valenzuela tenemos un recuerdo narrado en primera persona. Cuando la narradora interpreta las acciones y pensamientos de los demás, se permite especular y dejar entrar cierto tono inquietante y misterioso. Escribe un recuerdo en el que sigas los pasos a continuación.

1. **Idear.** Piensa en un acontecimiento o incidente en que hayas participado o que hayas imaginado. Escribe unas frases para indicar la secuencia de la acción.

2. **Crear la escena.** Escribe algunas oraciones para crear la escena. Incluye elementos psicológicos tanto como físicos.

3. **Introducir la acción.** Escribe unas diez oraciones en las que des una cronología del incidente y en las que añadas otros detalles. Especula sobre los pensamientos de los personajes por sus gestos, palabras y acciones. Incluye tus propias reacciones y estado psicológico.

4. **Aumentar la tensión.** Aumenta la tensión dramática añadiendo dos o más intentos para resolver el problema.

5. **Resolver.** Escribe dos oraciones para indicar tu salida del incidente, pero siempre dejando un aire de misterio sobre su resolución.

6. **Revisar.** Revisa tu cuento para ver si tiene una secuencia lógica. Luego revisa la mecánica.

   - ¿Has incluido una variedad de vocabulario?
   - ¿Has empleado algunas expresiones indefinidas o negativas?
   - ¿Has incluido el uso del **se** impersonal o pasivo?
   - ¿Has usado la oportunidad de usar el pluscuamperfecto del subjuntivo (*si hubiera sabido...*)?
   - ¿Has verificado la ortografía y la concordancia?

7. **Compartir.** Cambia tu cuento por el de un/a compañero/a. Mientras lean los cuentos, hagan comentarios y sugerencias sobre el contenido, la estructura y la gramática.

8. **Entregar.** Pasa tu cuento a limpio, incorporando las sugerencias de tu compañero/a y entrégaselo a tu profesor/a.

10

El empleo y la economía

Comunicación

◆ Reading classifieds and looking for jobs
◆ Understanding the training and obligations of different careers and professions
◆ Debating national and international economic issues
◆ Reporting what is or was said, and what is or was asked

Estructuras

◆ Indirect speech
◆ The relative pronouns *que, quien,* and *lo que,* and the relative adjective *cuyo*
◆ The relative pronouns *el/la cual* and *los/las cuales*

Cultura

◆ El tratado de libre comercio (TLC [NAFTA]) y el Mercado Común del Sur (Mercosur)
◆ La economía de España
◆ **Ritmos:** Juan Luis Guerra— *El costo de la vida*
◆ **Imágenes:** Melesio Casas— *Paisajes humanos nº 65*
◆ **Páginas:** Orlando Sánchez— *Fiebre de lotto*

Taller

◆ *Un relato irónico*

A explorar

◆ *¡Consejos para una entrevista exitosa!*
◆ *Banco Interamericano de Desarrollo*
◆ *Consejos para ahorrar dinero*
◆ *CNN en español: economía y finanzas*
◆ *César Chávez: un héroe para los agricultores*

¿Adónde irán estas personas con tanta prisa? ¿En qué ciudad se encontrarán? ¿Qué hora del día será?

EMPLEOS

SE OFRECEN

excelentes oportunidades a ingenieros/as mecánicos/as en empresa progresiva ubicada en Buenos Aires. Se prometen salario competitivo y todos los beneficios de una compañía multinacional del Siglo XXI. Envíe currículum vitae y foto a Oficina de Personal, Mecanosur, Apartado Postal 8800, Buenos Aires, AR.

DISEÑADOR/A DE PÁGINAS DE WEB

para hacer trabajo *freelance*. Enviar resumé, ejemplos de su trabajo y referencias a UltraNet.com.

EXCELENTE COMPAÑÍA

de productos de belleza solicita personal T/C o T/P para ocupar posiciones de *Directoras *Supervisoras y *Demostradoras para impulsar sus productos. Debe ser dinámica y dispuesta a ganar mucho dinero. Salario y comisión. Interesadas llamar a Dolores al (201) 555-9891.

PROGRAMADORES

para escribir juegos infantiles y de acción. Se ofrecen buen salario y bonificación después de un año. Comuníquese con MANZANA, San José, CA.

MADRES, TRABAJEN EN CASA

armando trabajos manuales muy fáciles de hacer, para fábricas en todo el país. Garantizado. Llame al 215-555-886. Gratis al 1-800-555-7817.

ASESORES

Se necesitan urgentemente titulados en artes liberales como asesores para empresas nacionales e internacionales. Tres meses de entrenamiento pagados, salario mínimo de $30,000, seguro médico y retiro. Llamar al 1-800-555-8465.

BUSCAMOS PERSONAS

de ambos sexos, para trabajar en promociones hoteleras e inversiones. Para más información, comuníquese con la Srta. Madeira llamando al (718) 555-8244.

PROFESORES

de español y japonés. Se exigen título B.A. y experiencia. Salario mínimo $40,000. Escuelas privadas exclusivas. Enviar CV, referencias a BUSCAPROFE, Aptdo. Postal 21000, NY, NY 20298.

MÚSICOS PARA CONJUNTO JAZZ

Guitarristas, trompetistas, saxofonistas, etc. para tocar todos los sábados en Greenwich Village. Llamar a Willy al (210) 555-4876.

ACTORES Y MODELOS

Necesitamos a niños y a adultos. No se requiere experiencia. (212) 555-1017.

CONTADOR/A

con experiencia en impuestos personales o comerciales. Tiempo parcial o completo. Llamar al teléfono (718) 555-6300.

¡URGENTE! SE NECESITAN

profesionales retirados. Expertos en comercio, diplomacia, turismo y desarrollo económico e industrial en Latinoamérica. También se necesitan personas de ambos sexos y de cualquier edad, con conocimientos de idiomas, relaciones públicas y planificación de eventos sociales, culturales y artísticos. Forme parte de una organización no lucrativa de gran alcance, la primera que busca el desarrollo de los hispanos en los EE.UU. y en Latinoamérica. Envíe sus datos personales incluyendo número de teléfono a PARA NUESTRA LATINOAMÉRICA, 120 Borderline Ave., Union City, NJ.

ENFERMEROS/AS Y OTRO PERSONAL MÉDICO.

Excelentes oportunidades T/C o T/P. Hospital San Juan de Dios, Ponce, PR.

TRADUCTOR

Coordinador para cargo ejecutivo. Dominio de inglés y francés. Se valorarán conocimientos de informática. Incorporación en plantilla. Enviar currículum vitae con referencia al fax (915) 427-8897.

EMPRESA DE SERVICIOS

necesita vendedores. Alta seguridad social. Sueldo fijo más comisión. Interesados llamar al (915) 394-6652.

Vocabulario primordial

el/la arquitecto/a	el/la jefe/a
el/la asistente	la licencia
el beneficio	lucrativo/a
el/la científico/a	el/la modelo
el comercio	la pensión
la comisión	el personal
el/la ejecutivo/a	la referencia
el/la enfermero/a	el retiro
el/la estilista	el salario
el hombre/la mujer de	el salón de belleza
negocios	el/la secretario/a
el/la ingeniero/a	el/la técnico/a

Vocabulario clave

Verbos

armar	to assemble
impulsar	to promote
jubilarse	to retire
presentarse	to show up
solicitar	to apply (for a job, at university, etc.)

Sustantivos

el adelanto	advance; loan
el almacén	department store; warehouse
el ascenso	promotion
los bienes raíces	real estate
la carrera	college education (major)
la contabilidad	accounting
el/la empresario/a	business man/woman
la enseñanza	teaching
el entrenamiento	training
el impuesto	tax
la póliza	(insurance) policy; voucher; certificate
el puesto	position (job)
el sueldo	wages
el título	degree

Profesiones y oficios

el/la asesor/a	consultant, advisor
el/la cajero/a	cashier
el/la contador/a	accountant
el/la corredor/a de bolsa	stockbroker
el/la diseñador/a	designer
el/la gerente	manager
el/la procesador/a de palabras	word processor (person)
el/la vendedor/a	salesman/woman

Adjetivos

disponible	available
dispuesto/a	willing
fijo/a	fixed
gratis	free (of charge)
mensual	monthly
pesado/a	heavy
semanal	weekly

Otras palabras y expresiones

en ventas	in sales
tiempo completo (TC)	full time
tiempo parcial (TP)	part time

Ampliación

Verbos	Sustantivos	Adjetivos
administrar	el/la administrador/a	administrado/a
ascender (ie)	el ascenso	ascendido/a
consultar	el consultorio	consultado/a
(des)emplear	el (des)empleo	(des)empleado/a
entrenar	el entrenamiento	entrenado/a
entrevistar	la entrevista	entrevistado/a
negociar	la negociación	negociado/a
solicitar	la solicitud	solicitado/a
supervisar	el/la supervisor/a	supervisado/a

¡Cuidado!

funcionar, servir, trabajar

◆ To express *to work* in Spanish, use **funcionar**, **servir**, or **trabajar**, depending on the context.

◆ These verbs are not interchangeable; their usage depends on context.

◆ **Funcionar** refers to mechanical, electric, or electronic devices.

Esta radio no **funciona**.	*This radio doesn't work.*

◆ **Servir** refers to non-mechanical devices.

Esta pluma ya no **sirve**.	*This pen doesn't work anymore.*

◆ **Trabajar** is related to human labor, only referring to a person working.

Pablo **trabaja** en el banco.	*Pablo works at the bank.*

asistir, atender

◆ **Asistir** and **atender** are false cognates.

◆ **asistir:** *to attend; to help*

Manuel no **asistió** a la reunión de la compañía ayer.	*Manuel didn't attend the company's meeting yesterday.*
La enfermera **asistió** al cirujano durante la operación.	*The nurse assisted the surgeon during the operation.*

◆ **atender:** *to pay attention; to take care of something or someone; to heed*

No puedo ir a trabajar porque tengo que **atender** a mi hijo que está enfermo.	*I can't go to work because I have to take care of my son who is sick.*
Necesitamos **atender** este caso inmediatamente.	*We need to pay attention to (tend to) this case immediately.*
Atiende mis consejos.	*Heed my advice.*

Aplicación

10-1 ¿Qué anuncio? Busca anuncios en *¡Así es la vida!* que les interesarían a las siguientes personas y explica por qué.

MODELO: a personas que tengan título en contabilidad

«CONTADOR/A» *les interesaría a personas con título en contabilidad porque este anuncio busca contadores/as con experiencia en impuestos. Podrían trabajar a tiempo completo o parcial.*

1. a gente con título en ingeniería
2. a personas jubiladas

3. a alguien fotogénico
4. a una persona que hable más de un idioma
5. a uno/a que tenga una personalidad dinámica
6. a una persona que quiera trabajar desde su casa
7. a uno/a con entrenamiento médico
8. a una persona que tenga poca experiencia
9. a uno/a con habilidad artística
10. a alguien que necesite seguro médico
11. a personas bilingües
12. a gente que quiera trabajar a tiempo parcial
13. a personas que toquen un instrumento musical

10-2 Ventajas y desventajas. Haz una lista de ventajas y desventajas de seis profesiones u oficios.

MODELO: el/la agricultor/a

VENTAJAS	DESVENTAJAS
Pasa mucho tiempo al aire libre.	*Tiene que madrugar.*
Lleva una vida muy sana.	*Trabaja largas horas.*
Por lo general come comida muy fresca.	*Muchas veces gana muy poco por sus esfuerzos.*

10-3 ¡Cuidado! Completa el párrafo con la forma correcta de **asistir, atender, funcionar, servir** o **trabajar.**

Los empleados que (1) _____ en la empresa CompuSur siempre se quejan cuando no (2) _____ bien sus computadoras. Por eso, han contratado a un técnico en computadoras que les (3) _____ cuando tienen problemas. Ricardo es muy bueno porque (4) _____ a tres clases avanzadas de informática y lleva varios años de experiencia arreglando sistemas. Siempre trata de arreglar la computadora, pero cuando se da cuenta de que una ya no (5) _____, les recomienda que compren una más moderna.

10-4 ¿Qué profesión asocias con...? Indica las profesiones que se asocian con estos lugares y asuntos.

MODELO: el arte

> *Con el arte se asocian artistas, escultores, pintores, fotógrafos y administradores de museos, entre otros.*

1. los automóviles
2. un banco
3. una compañía de *software*
4. una agencia de bienes raíces
5. un almacén
6. una empresa de exportación
7. un periódico
8. un equipo de fútbol

10-5 En familia. Completa las siguientes oraciones usando una variación de cada palabra en itálica. Si necesitas ayuda, consulta la sección llamada *Ampliación*.

MODELO: Pase usted al *consultorio* donde puede hablar con la directora de personal. Ella va a _consultar_ su calendario para fijarle una cita para la entrevista.

1. ¡Felicitaciones! La vamos a contratar como _____. Su labor será *administrar* el departamento de ventas de la compañía.
2. Necesitamos _____ al médico antes de firmar este contrato. El médico no ha sido *entrenado* todavía.
3. La joven en cuentas corrientes consiguió *ascender* a supervisora. Después del _____, la oficina le dio una fiesta.
4. Hemos recibido más de cien _____ para este puesto. Varios ingenieros de otros países lo *solicitaron*.
5. No podemos *entrevistar* a todos los candidatos. Vamos a considerar a los diez candidatos ya _____.
6. Es imposible *negociar* con esa compañía. Los jefes no creen en la _____ colectiva.
7. Se dice que hay buena *supervisión* cuando uno tiene una relación constructiva con su _____.

👥 10-6 El trabajo de... Expliquen las obligaciones y el entrenamiento necesario de una persona para realizar estas profesiones u oficios.

MODELO: un/a banquero/a

Trabaja en un banco. Es un trabajo que requiere una persona honesta y que sepa algo de contabilidad. Es normal supervisar a muchos cajeros.

1. un/a veterinario/a
2. un/a restaurador/a de arte
3. un/a dueño/a de bienes raíces
4. un/a gerente
5. un/a supervisor/a de ventas
6. un/a arqueólogo/a
7. un/a cirujano/a
8. un/a abogado/a

👥 10-7 Anunciamos. Ustedes manejan un servicio de empleos que pone en contacto a candidatos con compañías que los necesitan. Esta semana, necesitan candidatos para los siguientes puestos. Inventen algunos requisitos y detalles para cada puesto y escriban un anuncio para atraer solicitudes.

1. un/a publicista
2. un/a traductor/a
3. un/a violinista
4. un/a taxista
5. un/a ingeniero/a ambiental
6. un/a corredor/a de bolsa
7. un/a programador/a
8. un/a científico/a médico/a

👥 **10-8 ¿Cuáles son sus sueños?** Describan la profesión para la que se preparan en la universidad, o la que ya tienen. Expliquen por qué eligieron esa profesión, cuáles son los requisitos y algunos de los beneficios del trabajo.

A explorar

🌎 **10-9 ¡Consejos para una entrevista exitosa!** Conéctate a la página
www de *Conexiones* en la red informática (*http://www.prenhall.com/conexiones*) e investiga en la sección «A explorar» ¡y encontrarás muchos consejos para encontrar trabajo y para que tu entrevista de trabajo sea todo un éxito!

👥 **10-10 Una entrevista para un trabajo.** Uno/a es candidato/a y el/la otro/a lo/la entrevista para un puesto en su empresa. Sigan y amplíen los pasos a continuación.

1. presentarse
2. entrevistador/a: explicar los requisitos y las responsabilidades del trabajo
3. candidato/a: presentar su currículum vitae (*résumé*) y explicar por qué se considera calificado/a
4. entrevistador/a: explicar el procedimiento
5. candidato/a: agradecerle su tiempo al/a la entrevistador/a
6. despedirse

1 Indirect speech

> Le dije al rector que cumplíamos con todos los requisitos para trabajar en su oficina.

In indirect speech, one reports what is said, thought, or asked by another. The indirect quote is introduced by a verb of communication such as **asegurar, anunciar, contestar, decir, declarar, informar, preguntar**, etc., and the connector **que**.

Original statement	Reported statement
Anita: «Voy a mandar mi *currículum* a la agencia de empleos.»	Anita dice que va a mandar su *currículum* a la agencia de empleos.
"I'm going to send my résumé to the employment agency."	*Anita says she's going to send her résumé to the employment agency.*
José: «El artista ha sido siempre su propio jefe.»	José me explica que el artista ha sido siempre su propio jefe.
"The artist has always been his own boss."	*José explains to me that the artist has always been his own boss.*

◆ When the verb of communication in the reported statement is in the past (preterit or imperfect), the following changes occur in the verb tense of the indirect quote.

Original statement		Reported statement
present	⟶	imperfect
future	⟶	conditional
preterit	⟶	past perfect
present perfect	⟶	past perfect

Anita: «**Voy** a la entrevista por la tarde.»	Anita **dijo** que **iba** a la entrevista por la tarde.
"I'm going to the interview in the afternoon."	*Anita said she was going to the interview in the afternoon.*
Anita: «**Iré** a la entrevista por la tarde.»	Anita **dijo** que **iría** a la entrevista por la tarde.
"I'll go to the interview in the afternoon."	*Anita said she would go to the interview in the afternoon.*
Anita: «**Fui** a la entrevista por la tarde.»	Anita **dijo** que **había ido** a la entrevista por la tarde.
"I went to the interview in the afternoon."	*Anita said she had gone to the interview in the afternoon.*
Anita: «**¡He tenido** muchas entrevistas!»	Anita **dijo** que **había tenido** muchas entrevistas.
"I've had lots of interviews!"	*Anita said she had had lots of interviews.*

◆ Questions can be indirectly introduced by verbs like **preguntar.** Yes/no questions are connected to the reporting verb with **si;** information questions are connected with the original question word.

Nos preguntan: «¿Están interesados en el puesto?»	Nos preguntan **si** estamos interesados en el puesto.
They ask us: "Are you interested in the position?"	*They ask us if we are interested in the position.*
Siempre me pregunta: «¿Cómo te cae el candidato?»	Siempre me pregunta **cómo** me cae el candidato.
He always asks me: "How do you feel about the candidate?"	*He always asks me how I feel about the candidate.*

Aplicación

10-11 Un artículo en la sección de finanzas. Éste es un artículo sobre la empresa Telecelular, compañía de teléfonos celulares. Completa el artículo con el imperfecto, el presente o el futuro del verbo entre paréntesis, según el contexto.

Según los pronósticos, el mercado para los teléfonos celulares se va a doblar para el año 2005. Los dueños de Telecelular dijeron que (1. ir) _____ a contratar a 500 trabajadores en su fábrica de San Antonio, Texas. Afirmaron que (2. necesitar) _____ ese personal para llenar la demanda en los años próximos. Entretanto, la Comisión Federal de Comunicaciones dice que el gran número de teléfonos celulares (3. ir) _____ a complicar el sistema de números de teléfono. Afirma que pronto no (4. quedar) _____ suficientes códigos para los números de teléfono. Explican que para el año que viene todo el mundo (5. tener) _____ que marcar por lo menos diez dígitos para conseguir el número deseado.

10-12 Anuncios del mundo de los negocios. Tu jefe/a no tiene tiempo para leer las noticias y tú tienes que resumírselas todos los días. A continuación tienes unos apuntes que tomaste esta mañana. Comunícale la información a tu jefe/a con discurso indirecto.

MODELO: La red informática va a ser un recurso indispensable en el mundo de los negocios.

Se informó que la red informática iba a ser un recurso indispensable en el mundo de los negocios.

1. Hay más necesidad de gente bilingüe.
2. En algunas empresas no se permite que los empleados hablen entre ellos otro idioma que no sea inglés.
3. Es urgente entrenarse en la tecnología.
4. Hoy en día hay más mujeres interesadas en las finanzas que hace diez años.
5. Los jóvenes que invierten un porcentaje de sus ingresos ahora, aseguran su bienestar económico en el futuro.
6. El mundo de las finanzas va a sufrir otros retrasos.
7. Sin embargo, el estado de la economía puede mejorar.
8. Hay muchas oportunidades para los que quieren ser profesores.

👥 10-13 Otras noticias importantes. Individualmente, hagan listas de noticias e información importante que hayan oído recientemente. Luego, comuníquenselas usando discurso indirecto.

👥 10-14 ¿Qué se pregunta? Inventen unas preguntas y respuestas que se escucharían en los siguientes lugares y descríbanle las escenas a la clase.

MODELO: en el banco

La cajera me pregunta si quiero abrir una cuenta corriente. Le digo que prefiero abrir una cuenta de ahorros. Le pregunto cuánto es la tasa de interés para una cuenta en ese banco. Me responde que pagan el dos por ciento.

1. en la oficina de empleo
2. en la oficina de la supervisora del trabajo
3. en la oficina del presidente de una empresa internacional
4. en un restaurante
5. en la oficina del director de una escuela privada
6. en la oficina de un periódico
7. en el sitio de construcción de un edificio
8. en el estudio de un artista

10-15 Un informe a tu jefe. Escríbele un informe a tu jefe en el que describas lo que pasó en una reunión. Incluye también las preguntas que se hicieron.

MODELO: *Ayer en la reunión con los clientes, alguien me preguntó si les íbamos a prestar más dinero para el negocio internacional. Entonces les informamos que el préstamo era posible y les explicamos que necesitaban mandarnos la documentación y los contratos antes de decidir la cantidad de dinero que les prestaríamos.*

El tratado de libre comercio (TLC [NAFTA]) y el Mercado Común del Sur (Mercosur)

El TLC se puso en práctica el 1ro de enero de 1994. Por este tratado se han eliminado las tasas arancelarias (*customs assessments*) sobre los bienes (*goods*) que sean originarios de México, el Canadá y los Estados Unidos. Para determinar cuáles bienes son susceptibles de recibir trato arancelario preferencial se ha establecido una serie de reglas de origen. En otras palabras, las ventajas del TLC se han otorgado (*granted*) sólo a los bienes producidos en la región de América del Norte y no a bienes que se elaboren total o mayormente en otros países. El TLC fue diseñado para aumentar el comercio y la inversión entre sus miembros. El tratado contiene fechas específicas para la eliminación de las tarifas y la reducción de otras barreras que impiden el libre comercio, así como estipulaciones comprensivas sobre la ética comercial en la zona de libre comercio. Estas estipulaciones incluyen ciertos tipos de inversiones, servicios, propiedad intelectual, competencia y la participación temporal de hombres de negocios.

El problema es que muchos de los supuestos beneficios no han ocurrido todavía. Por ejemplo, si bien en México el empleo en las plantas de ensamblaje ha aumentado, más de 2.000.000 de mexicanos han perdido sus empleos y el salario promedio (*average*) ha disminuido un 17 por ciento; más de 116.418 estadounidenses han perdido su trabajo porque las importaciones mexicanas han aumentado o las fábricas se han trasladado a México. Los trabajadores mexicanos sin documentos siguen cruzando la frontera y en vez de reducirse el tráfico de drogas y la corrupción, México se ha convertido en el país clave para introducir la cocaína en los Estados Unidos. Se suponía que el Banco Norteamericano de Desarrollo pusiera dos mil millones de dólares para proyectos de reducción de contaminación en la frontera entre los Estados Unidos y México, pero sólo se han gastado $2.000.000. Por último, en vez de mejorar la situación de los traba-jadores, se han presentado varias quejas que alegan que se están violando las leyes laborales en ambos lados de la frontera.

Sin embargo, a pesar de estos problemas, Chile y otras naciones hispanoamericanas continúan interesadas en formar parte del TLC. Obviamente estas naciones piensan que los riesgos son menores que los futuros beneficios de un comercio libre entre todas las naciones americanas.

El Mercosur comenzó con el Tratado de Asunción firmado por Argentina, Brasil, Paraguay y Uruguay el 26 de marzo de 1991, con la idea de constituir un mercado común que permitiera la libre circulación de bienes, servicios y factores productivos entre estos cuatro países. Desde entonces Mercosur ha firmado acuerdos con la Unión Europea (1995), con Chile (1996), con Bolivia (1997) y con el Mercado Común Centroamericano (1998). Actualmente Mercosur negocia con otros 30 países del hemisferio la constitución de un área de libre comercio de las Américas (ALCA), que regiría a partir de 2005.

Vamos a comparar

¿Por qué crees que el gobierno de los Estados Unidos apoya el TLC? Si no tienes suficiente información, investiga en la red informática. ¿Cómo ha afectado el TLC la economía canadiense? ¿Tienen solución los problemas que padecen México y los Estados Unidos? ¿Qué harías tú? ¿Qué piensas del Mercosur? Personalmente, ¿crees que es bueno el comercio libre entre los países? ¿Por qué?

Vamos a conversar

A favor y en contra. Formen equipos de 3-4 personas para tomar las posiciones a favor y en contra de una de las siguientes declaraciones.

- Habrá que disolver el Tratado de Libre Comercio (TLC).
- Los hijos de inmigrantes indocumentados tendrían mejor educación y servicios médicos.
- Hay que dejar de apoyar la economía de naciones que están en crisis económica.
- La idea de establecer un ALCA es excelente.

A explorar

🌎 **10-16 Banco Interamericano de Desarrollo.** Conéctate a la página de
www *Conexiones* en la red informática (*http://www.prenhall.com/conexiones*) e
investiga en la sección «A explorar» para aprender más sobre la institución
financiera más importante a nivel mundial para el desarrollo de los países latinoamericanos.

A ESCUCHAR

El gobierno redobla esfuerzos. Escucha este informe económico y completa las
oraciones a continuación basadas en la información.

1. El informe procede de _____.

   a. Argentina   b. Colombia   c. Chile   d. Cuba

2. Se informa sobre el problema del número de _____.

   a. desempleados   b. criminales   c. desamparados   d. empleados civiles

3. Según las estadísticas, la tasa ha bajado a _____.

   a. 10 por ciento   b. menos de 10 por ciento   c. más de 10 por ciento

4. El gobierno combatirá este problema creando _____.

   a. miles de puestos de trabajo   b. varias cárceles nuevas   c. una nueva moneda

5. La disminución de septiembre a noviembre se debió en parte a _____.

   a. el aumento del número de policías

   b. el nuevo tratado de libre comercio

   c. la temporada de la cosecha de la fruta

El dinero de plástico nos invade

En los países hispanos, al igual que en Estados Unidos, cada vez que una persona paga una factura con una tarjeta de crédito, es financiada por un banco en un plazo muy corto de tiempo. Realmente, es un crédito al consumo cuyo uso indiscriminado puede conducir a unos sustos nada agradables.

El principio de la tarjeta de crédito es el mismo que el de un adelanto de dinero, por eso se le llama dinero de plástico. La mayor parte de los comerciantes aceptan tarjetas de crédito. Así facilitan las ventas, aunque el banco cobra una comisión por cada operación. Para el poseedor de la tarjeta, la comodidad consiste en que puede salir a la calle sin dinero en la cartera. Cada tarjeta de crédito tiene ciertas condiciones. La primera es que el cliente que la solicita tiene que probar que gana un mínimo de dinero según el crédito que pide. El cliente debe presentar talones de pago del lugar donde trabaja. Ya no se aceptan cartas y es necesario dar referencia del trabajo anterior al actual. Cada tarjeta impone un límite de crédito, el cual depende de los ingresos del solicitante. En otras tarjetas, como las concedidas a empresarios o directores generales de compañías, el crédito es ilimitado. Las tarjetas clásicas cobran un tipo de interés aproximado del 2,0 al 2,5 por ciento mensual. Eso supone del 24 al 32 por ciento anual.

El poseedor de la tarjeta puede ir pagando poco a poco cada mes por medio de lo que se conoce como pagos mínimos, aproximadamente el 10 por ciento de lo que ha tomado de crédito. Si el cliente desea disponer de efectivo del cajero automático, se le cobra una comisión de seis o siete por ciento. Además, sólo podrá sacar lo autorizado por su línea de crédito.

Cada titular de una tarjeta tiene un seguro en caso de accidente, seguro de viajero —si ha pagado con tarjeta sus boletos—, seguro por pérdida de equipaje o seguro por demora de equipaje. Esto depende de la institución bancaria. Si el cliente pierde la tarjeta y no lo comunica a tiempo, se le cobra el gasto que hayan hecho otras personas. No hay que confundir las tarjetas de crédito con las tarjetas de inversión automática. Éstas últimas son especie de cuentas de ahorro con servicio de cajero inmediato. Cuando abone con ellas en una tienda o saque el dinero de un cajero automático, su saldo disminuirá de forma inmediata.

Hoy en día no es necesario pagar con tarjeta o con cheque porque muchas empresas aceptan transferencias electrónicas de su cuenta corriente o de su cuenta de ahorros. El costo de este servicio suele ser mínimo porque al banco le conviene recibir su pago inmediatamente.

¡Así lo decimos! Vocabulario

Vocabulario primordial

el billete
la caja fuerte
el cajero automático
el centavo
la cuenta corriente
la cuenta de ahorros
el dinero en efectivo
los fondos
el fraude

gratis
el interés
la moneda
el oro
la plata
el tanto por ciento/el porcentaje
la tarjeta de crédito

Otras palabras y expresiones

el estado de cuentas	*(financial) statement*
el talón de pago	*payment coupon*
el talonario (de cheques)	*checkbook*

Ampliación

Verbos	Sustantivos	Adjetivos
ahorrar	el ahorro	ahorrado/a
alquilar	el alquiler	alquilado/a
depositar	el depósito	depositado/a
endeudar(se)	la deuda	endeudado/a
financiar	el financiamiento	financiado/a
gastar	el gasto	gastado/a
invertir (ie, i)	la inversión	invertido/a
prestar	el préstamo	prestado/a
sobregirar	el sobregiro	sobregirado/a

Vocabulario clave

Verbos

abonar	*to pay*
fiar	*to sell on credit*
imponer	*to impose*
invertir	*to invest*
prestar	*to lend*
sacar	*to take, pull out*
sobregirar	*to overdraw*

Sustantivos

las acciones	*stocks*
el adelanto	*advance*
la bolsa	*stock exchange*
el bono	*bond; bonus*
la comodidad	*convenience*
la factura	*invoice*
el giro bancario	*bank check*
el giro postal	*money order*
la hipoteca	*mortgage*
los impuestos	*taxes*
el ingreso	*income*
el pago	*payment*
el plazo	*term*
el presupuesto	*budget*
la quiebra, la bancarrota	*bankruptcy*
el riesgo	*risk*
el saldo	*balance*
la sucursal	*branch*
la tasa	*rate*
el tesoro	*treasury; treasure*

¡Cuidado!

Can I have . . .?, I had . . .

◆ *Can I have . . .?* cannot be translated literally into Spanish because **¿Puedo tener...?** means *Can I own . . .?* To ask someone for something, say **¿Puede(s) darme (traerme, prestarme)...?**

¿Puede **traerme** una Coca-Cola, por favor?	*Can I have a Coke, please?*
¿Puede **darle** el cambio, por favor?	*Can she have her change, please?*
¿Puede **darles** ciento cincuenta dólares en cheques de viajero?	*Can they have one hundred and fifty dollars in traveler's checks?*

◆ To state that you had something to eat or drink, avoid **tuve** unless you are talking about receiving something. Use **pedir, comer, tomar,** etc.

Anoche para la cena **comí** un pedazo de pizza y **bebí** un vaso de leche.	*For dinner last night I had a slice of pizza and a glass of milk.*

◆ To talk about someone having a baby, use the expression **dar a luz.**

Marta **dio a luz** la semana pasada. ¡Fue una niña!	*Marta had a baby last week. It was a girl!*

¡EXTRA!

Regionalismos

In American English there are many slang words for *money* (green, bucks, dough, bread, etc.). In Spanish many words are used to say *money*; it all depends on the country or region. These words are widely used among friends and family or in just about any situation that is not strictly formal. Here are some of them.

la plata	(South America) ¡No tengo **plata**!
el chavo	(Puerto Rico) Necesito **chavos** para ir a Nueva York.
el chele	(Dominican Republic) No puedo ir al cine; no tengo ni un **chele**.
la pela	(Spain) Estoy sin **pelas** ahora, cobro (*I get paid*) la semana próxima.
el bolo	(Venezuela) Esa casa debe costar muchísimos **bolos**.
la lana	(Mexico) Hace falta mucha **lana** para tener un negocio propio.
el cuarto	(Dominican Republic) Ya tengo los **cuartos** para comprar una casa en Santo Domingo.
el quilo	(Cuba, Puerto Rico) ¡Ese carro ya no vale ni tres **quilos**!

To express that someone is *out of money* or *broke* you might hear the following.

pelado/a	(Puerto Rico, Dominican Republic) Estoy tan **pelada** que no puedo comprar ni un chicle.
lavado/a	(Bolivia) Estamos totalmente **lavados**. Esta semana no podemos ir a bailar.
arrancado/a	(Cuba) No te puedo dar más dinero porque estoy **arrancado** esta semana.

Aplicación

10-17 ¡Socorro! Completa el lamento de una persona que está teniendo problemas financieros. Usa la forma correcta de las siguientes palabras.

adelanto	gratis	presupuesto	saldo
cuenta corriente	imponer	quiebra	sobregirar
deuda	ingreso	sacar	tarjeta de crédito
gasto			

Tengo un problema con mi (1)_____. Acabo de enterarme que (2)_____ mi cuenta por $500. Quise (3)_____ dinero con mi (4)_____, pero no pude porque... ¡tenía un (5)_____ negativo! El problema es que mis (6)_____ no cubren mis (7)_____. Mi tarjeta de crédito (8)_____ un límite de $1,000 porque no gano lo suficiente. Necesito un (9)_____ de mi salario para poder pagar mis (10)_____. Lo que necesito más que nada es establecer un (11)_____ que me ayude a manejar mis finanzas. En el banco, ofrecen un servicio (12)_____ que puedo consultar. ¡Si no salgo de esto voy a tener que declararme en (13)_____!

10-18 Tus finanzas. ¿Cuáles de estos recursos financieros has recibido/pagado o piensas recibir/pagar pronto? Explica las condiciones.

MODELO: un préstamo

Pedí un préstamo cuando compré mi coche. La tasa de interés es del 8 por ciento. Hago un pago mensual de $200 durante 48 meses.

1. un adelanto
2. un bono
3. una factura
4. impuestos
5. una hipoteca
6. una cuenta de ahorros
7. una tarjeta de cajero automático
8. cheques de viajero
9. unas acciones

10-19 ¡Cuidado! Completa las oraciones con la forma correcta de un verbo adecuado.

comer	dar (a luz)	pedir	prestar	tomar	traer	tener

CHARO: Manuel, ¿me (1)_____ cinco dólares? Quiero (2)_____ un sándwich.

MANUEL: Lo siento, Charo, pero no (3)_____ plata. Ayer mi hermana (4)_____ a un niño y (5)_____ que llevarle flores.

CHARO: ¡Enhorabuena! Me puedes (6)_____ su dirección para enviarle una tarjeta?

MANUEL: Sí, aquí la (7)_____.

CHARO: Ahora vamos a (8)_____ una café para celebrar. Te invito.

10-20 En familia. Completa las siguientes oraciones usando una variación de cada palabra en itálica. Si necesitas ayuda, consulta la sección llamada *Ampliación*.

MODELO: Hace un mes abrí una cuenta de *ahorros*. Espero _ahorrar_ suficiente dinero para comprar un coche.

1. Según mi talonario, *deposité* el cheque el día 2 de este mes, pero según el banco, el _____ nunca llegó.
2. El banco me *ha prestado* el dinero para comprar una casa. El tipo de interés del _____ será del 8 por ciento.
3. Cuando recibí mi estado de cuenta, no pude creer que me había *sobregirado*. Tuve que pagar cuatro _____.
4. ¡Ten cuidado con tus *deudas*! La persona _____ nunca tiene paz.
5. ¡*Gastamos* mil dólares mensuales en comida! Los _____ de ropa son aún mayores.
6. No sé si quiero seguir *alquilando* mi apartamento o comprar una casa. El _____ es un gasto considerable.
7. Si *inviertes* una parte de tu salario ahora que eres joven, podrás jubilarte cuando tengas 50 años. Es _____ que podrás recuperar cuando seas viejo.

A explorar

10-21 Consejos para ahorrar dinero. Conéctate a la página de *Conexiones* en la red informática (*http://www.prenhall.com/conexiones*) e investiga en la sección «A explorar» para descubrir muchas maneras de ahorrar dinero.

10-22 El dinero de plástico. Hagan una lista de las ventajas y desventajas de tener y usar una tarjeta de crédito, según el artículo. ¿Cuándo usan ustedes la tarjeta de crédito? ¿Han sido víctimas alguna vez de fraude? ¿Preferirían no tener tarjetas de crédito? ¿Creen que las empresas son demasiado liberales en otorgar las tarjetas de crédito?

10-23 El capítulo 7. Discutan las razones por las cuales querrían o nunca querrían declararse en bancarrota.

¿Te preocupan tus deudas?

¿Te sientes angustiado o frustrado porque te persiguen tus acreedores? Estas dos opciones te darán salida a tus pesadillas:

1. trabaja con tus acreedores para negociar un plan de pagos

2. si no hay otra salida, declárate en bancarrota

El Capítulo 7 del código de bancarrota te ayuda a eliminar completamente las deudas, incluyendo tarjetas de crédito y préstamos bancarios. Lo mejor es que puedes quedarte con tu casa, tu coche, tus cuentas bancarias, y con una o más tarjetas de crédito. Además, no cambia ni tu condición legal en este país ni tu situación de empleo.

Si quieres una consulta gratis para averiguar tus opciones, llámanos al 1-888-555-2240, «Ramírez e hijos», los abogados del futuro. Pregunta por Juan Ramírez o Esmeralda Gómez.

También puedes visitarnos en:

555 Biscayne Blvd.
Miami, FL 32606

NO ESPERES, NOSOTROS TE ESTAMOS ESPERANDO

👥 **10-24 La tarjeta de inversión inmediata.** Muchos tenemos una tarjeta que podemos usar en lugar de un cheque. ¿Gastan más o menos dinero usando esta tarjeta? ¿Hay más o menos peligro de fraude? ¿Cuál es el punto de vista de los bancos sobre el uso de estas tarjetas?

👥 **10-25 Pedir un préstamo.** Basándose en este anuncio que apareció en el periódico, hagan el papel de una persona que pide un préstamo y del dueño/a de una agencia que lo presta.

Excelentes noticias para dueños de casa o personas interesadas en comprar un hogar...

Nunca más será usted rechazado para un préstamo por falta de respaldo financiero. Si usted es dueño de una casa, puede ser elegible para un préstamo de hasta 150% del valor de su casa o $60.000 para arreglos o para consolidar deudas.

Aquí están las condiciones:

- ☒ usted es dueño/a de una casa o apartamento
- ☒ usted paga sus deudas a tiempo
- ☒ usted quisiera arreglar su casa o apartamento
- ☒ usted quisiera consolidar todas sus deudas bajo un solo préstamo

Sin obligación y en una hora, *Préstamos Sin Límite* le puede prestar dinero si tiene mal crédito, quiere comprar una casa o apartamento, y sobre todo , si desea consolidar sus deudas. Para más información, llame gratis al Sr. Julio Mestre al 1-888-555-9876.

¡Hablamos su idioma!

👥 **10-26 Las mejores condiciones para comprar.** Conversen sobre las condiciones bajo las que tienden a gastar dinero. ¿Tiene que ver con su estado psicológico, el tiempo que hace, la hora del día, si tienen hambre o no, los estímulos visuales o aromáticos?

Olores que le vacían el bolsillo

¿Sabía usted que, según un reciente estudio de mercadeo, los olores en las tiendas tienen un efecto muy peculiar en el consumidor? En las tiendas que huelen a aromas de frutas como la manzana, la naranja o el limón, a talco, a loción de bebé o a especias, como la canela o el clavo, las ventas se multiplican. Por esa razón cada vez más tiendas «huelen bien» y estas fragancias hacen que el consumidor compre más. Recuerde, si entra en una de estas tiendas y no quiere gastar mucho dinero ¡tápese la nariz!

¡Así lo hacemos! Estructuras

2 The relative pronouns *que, quien,* and *lo que,* and the relative adjective *cuyo*

> Lo que te pido es que sólo uses la tarjeta de crédito para una emergencia.

Relative pronouns are used to join two sentences that have a noun or a pronoun in common. Relative pronouns refer to a preceding word, called an antecedent.

Existe un tratado.	*There exists a treaty.*
El tratado será modificado pronto.	*The treaty will be modified soon.*
Existe un tratado **que** será modificado pronto.	*There exists a treaty that will be modified soon.*

The relative pronouns *que, quien,* and *lo que*

◆ The relative pronoun **que**, meaning *that, which, who,* and *whom,* is used for both persons and objects.

El talonario de cheques **que** te di está en la mesa.	*The checkbook (that) I gave you is on the table.*
El hombre **que** conociste trabaja para el Banco Norteamericano de Desarrollo.	*The man (that) you met works for the North American Development Bank.*

◆ The relative pronoun **quien(es)**, meaning *who* and *whom,* refers only to persons and is most commonly used after prepositions.

Ésos son los diplomáticos **con quienes** me reuní para tratar de disminuir el tráfico de drogas.	*Those are the diplomats with whom I met in order to try to reduce drug traffic.*
Ése es el banquero **a quien** entrevistaste.	*That is the banker whom you interviewed.*

- The relative pronoun **lo que,** meaning *what* and *that which,* is a neuter form, referring to an idea, or a previous event or situation.

No me gustó **lo que** hicieron con las tasas de interés.	*I didn't like what they did with the interest rates.*
¿Entiendes **lo que** implica el tratado?	*Do you understand what the treaty implies?*

- Unlike *that* in English, the use of the relative pronoun **que** in Spanish is never optional.

Las quejas **que** me contaste son increíbles.	*The complaints (that) you related to me are incredible.*
Estamos interrogando a los trabajadores mexicanos **que** cruzaron la frontera.	*We are interrogating the Mexican workers that crossed the border.*

The relative adjective *cuyo*

El sobre, cuya carta no encuentro, dice que el remitente es el fondo Monetario Internacional.

- **Cuyo/a(s)** means *whose, of whom, of which* and is a relative possessive adjective. It agrees in gender and number with the noun it precedes.

Los cheques, **cuyas** firmas revisaste, fueron depositados en la cuenta de ahorros.	*The checks, whose signatures you checked, were deposited in the savings account.*
El representante, **cuyo** país no pudo firmar el tratado, está enojado	*The representative, whose country was not able to sign the treaty, is upset.*

- **Cuyo/a(s)** is always repeated before nouns of different genders and agrees with each one.

El vicepresidente **cuya** iniciativa y **cuyo** empuje lograron la transacción, fue ascendido a presidente del banco.	*The vice president, whose initiative and enterprise achieved the transaction, was promoted to president of the bank.*

◆ Do not forget that **de quién(es)** corresponds to the English interrogative *whose*.

¿**De quiénes** son estas cuentas?   *Whose accounts are these?*

No sabemos **de quién** es esa factura.   *We don't know whose invoice that is.*

Aplicación

10-27 Consejos de un padre sobre cuestiones de finanzas. Completa el monólogo con **que, lo que, quien/es** o **cuyo/a(s)**.

Aquí tienes la tarjeta de crédito (1)_____ recibí esta mañana. Es una tarjeta (2)_____ también puedes usar en el cajero automático, (3)_____ te ayudará cuando tengas alguna emergencia. (4)_____ no quiero es que la utilices para comprar comida. Creo que tienes suficiente dinero en efectivo (5)_____ puedes usar. El joven con (6)_____ compartes el apartamento debe contribuir algo a los gastos también. Él recibe un sueldo (7)_____ es mucho mayor que el tuyo, así que no dudes en decírselo. Si necesitas más dinero, (8)_____ dudo, siempre me puedes llamar y te enviaré un giro postal (9)_____ puedes cobrar en cualquier banco. El Banco Atlántico, (10)_____ sucursales se encuentran por todas partes, tiene cuentas especiales para estudiantes. Hay una cuenta corriente (11)_____ cobra muy poco y (12)_____ sólo requiere un saldo mínimo de 200 dólares. No debes llevar el talonario (13)_____ cheques llevan tu nombre y dirección, a menos que quieras comprar algo costoso. (14)_____ necesito enfatizar es que ¡bajo ninguna circunstancia sobregires tu cuenta! En ese caso el banco te cobrará una comisión (15)_____ puede llegar a los 25 dólares, (16)_____ sería mucho para ti.

10-28 En la sección de asuntos internacionales. Forma oraciones que combinen las siguientes palabras con **cuyo/a(s)**.

MODELO: el saldo – el mínimo

    El saldo, cuyo mínimo es 500 dólares, ha bajado a menos de 100.

1. la tasa – la variabilidad
2. el seguro – la póliza
3. el giro postal – el costo
4. el bono – el valor
5. el presupuesto – la fecha límite
6. las acciones – el riesgo
7. los empresarios – las cuentas

10-29 Lo que busco... Completa estas frases de una manera original. Utiliza diferentes verbos, como **buscar, preferir, querer, gustar,** etcétera.

MODELO: en un banco

    Lo que busco en un banco son todos los servicios y gente amable.

1. en una tarjeta de crédito
2. en una póliza de seguros
3. en una inversión
4. en una hipoteca
5. en una cuenta de ahorros
6. en una cuenta corriente
7. en un préstamo
8. en un trabajo

👥 10-30 En la oficina de la vicepresidenta del Banco de Crédito, S.A.
Hagan los papeles de la vicepresidenta y su asistente, y tengan conversaciones breves partiendo de las siguientes palabras.

MODELO: los cheques

    E1: *¿Dónde están los cheques?*

    E2: *¿Quiere usted los cheques de la empresa IBM que dejó ayer en su escritorio?*

    E1: *No, busco los cheques del Corte Inglés que recibimos hoy.*

    E2: *Creo que los ha puesto en el sobre que puso anoche en la caja fuerte.*

1. los giros bancarios
2. la tarjeta del cajero automático
3. las monedas
4. los documentos
5. los formularios de la hipoteca
6. el alquiler
7. el pago
8. los documentos del seguro

👥 10-31 ¿Quiénes serán?
Pregúntense quiénes serán estas personas que entran y salen del Banco Universal.

MODELO: el hombre vestido de negro

    E1: *¿Quién será ese hombre vestido de negro?*

    E2: *¿El señor con quien está conversando la mujer vestida de azul?*

    E1: *Sí, el mismo.*

    E2: *Creo que es el hombre que le donó un millón de dólares a la universidad.*

1. la mujer que habla con el hombre vestido de negro
2. las personas con maletines
3. la señora mal vestida
4. el señor alto, con barba y gafas
5. los niños
6. la señorita vestida elegantemente
7. el perrito que lleva un collar de diamantes
8. el joven con el sombrero

10-32 Una solicitud de una beca. Escribe una carta a una fundación y pide una beca para seguir tus estudios. Usa pronombres y adjetivos relativos.

MODELO:

(fecha, ciudad)

A quien pueda interesar:

Mi nombre es Raquel Mejías, estudiante de tercer año en la Universidad Politécnica de Monterrey, donde estudio asuntos internacionales e inglés. Solicito la beca que ustedes ofrecen a estudiantes para seguir mis estudios en un programa cuya especialidad son los idiomas. Lo que más me interesa...

Atentamente,

Raquel Mejías Gutiérrez

Comparaciones

La economía de España

En los últimos cuarenta años, la economía española ha pasado por tres períodos diferentes: crecimiento en la década de los sesenta (1960–1974), los años de crisis (1975–1985) y el período de crecimiento dentro de la Comunidad Europea (1985–1990). Durante estos 40 años, la economía ha cambiado de forma sustancial. En 1990 el Producto Interior Bruto (PIB) alcanzaba más de 50 mil millones de pesetas (491.000 millones de dólares) y los ingresos *per cápita* estaban en 1.141.900 pesetas (11.200 dólares). También la estructura social y económica ha variado. A principios de la década de 1960, el sector agrícola ocupaba el 37 por ciento de la fuerza laboral y el 22 por ciento del PIB. En 1990, ocupaba el 12 por ciento y el 5 por ciento respectivamente. En la industria, la proporción de la fuerza laboral aumentó del 30 al 33 por ciento y su participación en el PIB subió del 33 al 39 por ciento. Finalmente, en el sector de servicios, la proporción de fuerza laboral aumentó del 33 al 55 por ciento y la participación en el PIB subió del 45 al 56 por ciento. En estos años, los gastos (*expenses*) del Gobierno se incrementaron desde menos del 15 por ciento en 1960, al 43,3 por ciento del PIB en 1990 —un aumento espectacular aunque todavía por debajo de la media de la Comunidad Europea (47,3 por ciento del PIB).

En 1991, el período de crecimiento espectacular llegó a su fin. La inflación aumentó sólo al 6,3 por ciento, menos que el año anterior, pero el índice de desempleo llegó al 17 por ciento de la población.

Para 1992 la economía española se había internacionalizado, pasando por un período de inestabilidad. Sin embargo, para en el año 2000 España había logrado moderar su elevado ritmo de crecimiento, ya que el PIB ese año tuvo un crecimiento real del 4%. Ahora la economía está más expuesta a la competencia exterior y también existen más oportunidades para las exportaciones españolas. Se prevé también una expansión en el Área Económica Europea y por medio de nuevos ingresos a la Unión Europea, así como internacionalmente, todo ello como resultado de la globalización de los mercados y la posible reducción del proteccionismo en los sectores agrícola y de servicios.

Vamos a comparar

¿Por qué piensas que la economía española ha mejorado? ¿Ha pasado algo similar en la economía de los Estados Unidos y/o del Canadá? ¿Por qué? ¿Piensas que el TLC ha influido en esto? ¿Crees que España se ha beneficiado por hacerse miembro de la Unión Europea? ¿Por qué?

Vamos a conversar

👥 **¿Una sola moneda?** ¿Creen Uds. que debemos tener una sola moneda para Canadá, EE.UU. y México? ¿Cuáles serían los beneficios y las desventajas de tal sistema?

3 The relative pronouns *el/la cual* and *los/las cuales*

Éste es el presupuesto de la casa, el cual traigo para que lo examine.

◆ In order to avoid ambiguity **el/la cual** and **los/las cuales** (*that, which, who,* and *whom*) are used to identify which of two antecedents of different genders is being talked about.

Le expliqué el procedimiento a **la cajera** del banco, **la cual** es extremadamente competente.

I explained the procedure to the bank teller, who is extremely competent.

Acabo de encontrar **el pago** de la cliente, **el cual** se había perdido.

I have just found the client's payment, which had been lost.

◆ **El/La cual** and **los/las cuales** are also used after prepositions to refer to things or persons.

Olvidamos las facturas **sin las cuales** no podemos hacer los cheques.

We forgot the invoices without which we cannot write the checks.

Usted es la empleada **en la cual** deposito mi confianza.

You are the employee in whom I put my trust.

Aplicación

10-33 En la Bolsa de Nueva York. Usa pronombres relativos para combinar estas oraciones que describen las actividades de la Bolsa de Nueva York.

MODELO: Estos mensajeros llevan los pedidos de compra y venta. Los pedidos llevan la información sobre el cliente.

Estos mensajeros llevan los pedidos de compra y venta, los cuales llevan la información sobre el cliente.

1. Los operadores llegan a la Bolsa a las siete en punto. La Bolsa no se abre oficialmente hasta las diez.
2. Todo el mundo tiene por lo menos dos teléfonos celulares. Los teléfonos siempre están al oído de los operadores.
3. A las diez en punto todos oyen el timbre de apertura. Sin este timbre se prohíbe empezar la compra y venta de acciones.
4. Ahora no se permite que los operadores fumen en la Bolsa. La Bolsa también restringe en cualquier momento el número de operadores que estén presentes.
5. Los operadores sufren de un increíble estrés. El estrés les acorta la vida a muchos.
6. Éstas son algunas acciones de empresas internacionales. Las acciones se venden por más de su valor.
7. Estas malas noticias sobre la economía van a bajar el valor total del mercado. El mercado ha caído bastante durante los últimos días.
8. La situación económica de otros países también perjudica a la Bolsa de Nueva York. La situación económica puede empeorar.

10-34 Las noticias financieras. Busca noticias en la sección financiera del periódico y explícaselas a la clase usando cláusulas que aclaren la ambigüedad.

MODELO: *El Fondo Monetario Internacional les ha ofrecido consejo financiero a los países en vías de desarrollo, el cual podrán recibir gratis.*

A explorar

10-35 CNN en español: economía y finanzas. Conéctate a la página www de *Conexiones* en la red informática (*http://www.prenhall.com/conexiones*) e investiga en la sección «A explorar» para aprender más sobre la situación actual de las finanzas y la economía mundial.

10-36 Su presupuesto. Escriban un presupuesto para las siguientes personas. Justifiquen sus decisiones. Incluyan éstas y otras consideraciones.

ahorros	comida	gas y electricidad	préstamos
alquiler/hipoteca	diversión	impuestos	retiro
automóviles	educación	inversiones	vestuario

1. Los Muñoz son una joven pareja profesional sin hijos. Él recibe $1,500 al mes (después de los impuestos) en su trabajo de ingeniero. Ella gana $2,000 en relaciones públicas.
2. Nora Rodríguez es una madre soltera con dos hijos pequeños. Gana $1,400 al mes como tutora en una escuela pública.
3. Isabel Ala es una joven que acaba de graduarse en medicina y tiene deudas de $50,000. Empieza su internado en un hospital de Nueva York donde ganará $1,200 al mes.
4. Alonso Cáceres es un señor jubilado que recibe $1,000 al mes en seguro social y otros $1,000 de un plan de retiro.

Conexiones

El trabajo y el ocio. ¿Cuánto tiempo trabaja el norteamericano típico en una semana? ¿Cuánto tiempo pasa divirtiéndose con amigos, con su pareja o con la familia? En grupos pequeños, hablen del equilibrio entre el trabajo y el ocio en sus familias. ¿Qué saben del tema en otros países? ¿Los norteamericanos trabajan más o menos que otros pueblos? Discutan la siguiente idea: mientras más trabajamos, más dinero ganamos y mientras más dinero ganamos, más podemos disfrutar del tiempo libre.

A ESCUCHAR

¡Fraude! A continuación vas a escuchar un informe sobre un fraude que amenaza a muchos de nosotros. Contesta brevemente las preguntas basadas en el informe.

1. ¿Dónde tiene lugar el fraude?
2. ¿Qué tipo de documentos se fabrican?
3. ¿Para qué usan estos documentos?
4. ¿Cuántas personas son víctimas de este fraude cada año?
5. ¿Cómo se encontraba la información en años anteriores?
6. ¿Cómo se encuentra ahora?
7. ¿Cómo puedes evitar este tipo de fraude?

¡Así lo expresamos!

Ritmos

Juan Luis Guerra

En la Lección 8 (*Ritmos*) conociste a Juan Luis Guerra. La siguiente canción pertenece a un álbum que salió en 1992, *Areito*, en el que incluye canciones con cierta crítica social. «El costo de la vida» trata con cierta ironía y sarcasmo la situación económica por la que pasa la República Dominicana, su patria, en estos momentos. Es como si con esta canción Guerra recogiera las quejas del pueblo y las colocara juntas para hacer una denuncia «cantada» con la esperanza de mejorar las condiciones de vida de su gente.

Santo Domingo, República Dominicana

El costo de la vida

El costo de la vida sube otra vez
el peso que baja ya ni se ve
y las habichuelas no se pueden comer
¡ni una libra de arroz ni una cuarta° de café!   una... 250 gramos
5 a nadie le importa lo que piensa usted
será porque aquí no hablamos inglés
ah, ah, es verdad (repite)
do you understand?
do you, do you?

10 Y la gasolina sube otra vez
el peso que baja ya ni se ve
y la democracia no puede crecer
si la corrupción juega ajedrez
a nadie le importa qué piensa usted
15 será porque aquí no hablamos francés
ah, ah, vouz parlez? (repite)
ah, ah, non monsieur.

Somos un agujero° en medio del mar y el cielo   hole
500 años después
20 una raza encendida°   burning
negra, blanca y taína°   native Indians of the Caribbean islands
pero, ¿quién descubrió a quién?
um, es verdad (repite)

¡Ay! y el costo de la vida
25 pa'arriba° tú ves   pa'... para arriba
y el peso que baja
pobre ni se ve

y la medicina
camina al revés°   al... *backwards*
30 aquí no se cura
ni un callo° en el pie   *callus, corn*
ai-qui-i-qui-i-qui
ai-qui-i-qui-e
y ahora el desempleo
35 me mordió° también   me... *bit me*
a nadie le importa,
pues no hablamos inglés
ni a la Mitsubishi
ni a la Chevrolet.

40 La corrupción pa'rriba
pa'rriba tú ves
y el peso que baja
pobre ni se ve
y la delincuencia
45 me pilló° esta vez   me... *caught me*
aquí no se cura
ni un callo en el pie
ai-qui-i-qui-i-qui
ai-qui-i-qui-e
50 y ahora el desempleo
me pilló esta vez
a nadie le importa
pues no hablamos inglés
ni a la Mitsubishi
55 ni a la Chevrolet
um, es verdad (repite)

La recesión pa'rriba
pa'rriba tú ves
y el peso que baja
60 pobre ni se ve
y la medicina
camina al revés
aquí no se cura
ni un callo en el pie
65 ai-qui-i-qui-i-qui
ai-qui-i-qui-e
y ahora el desempleo
me mordió esta vez
a nadie le importa,
70 ni a la Mitsubishi
ni a la Chevrolet.

10-37 El costo de la vida. Subraya los gastos cotidianos que se mencionan en esta canción. ¿Cuáles son importantes en tu vida también?

10-38 La crisis económica. Según la canción, ¿a qué o a quiénes se debe la crisis económica? ¿Cómo podrán salir de ella? ¿Te parece optimista o pesimista para el futuro de la isla?

Imágenes
Melesio Casas

Melesio Casas

Melesio Casas nació en 1929 en El Paso, Texas. Sirvió en las fuerzas armadas de los Estados Unidos y fue herido en el conflicto coreano. Tras estudiar en Texas y luego en la Universidad de las Américas en México, D.F., Casas enseñó en San Antonio College por unos treinta años. En *Paisajes humanos nº 65,* Casas retrata a trabajadores méxicoamericanos en un campo estadounidense con el logotipo de la *United Farm Workers* (el águila en el fondo). El pintor chicano ha ganado varios premios, ha logrado exponer su obra en galerías por todos los Estados Unidos y ha sido muy activo en el cultivo del arte chicano y latino en este país.

Melesio Casas, *Paisajes humanos nº 65,* Acrílico, 72 x 96 pulo, Colección de Jim y Ann Harithas, New York

Perspectivas e impresiones

10-39 El águila. El logotipo del sindicato *United Farm Workers* es el águila, que es un símbolo importante en la historia de México, también. La capital azteca fue fundada en el lugar donde encontraron a un águila sentada en un nopal (*prickly pear*) devorando una serpiente. Escribe un párrafo en que expliques lo que el águila simboliza para ti, y compáralo con lo que te parece que simboliza para los trabajadores del UFW.

10-40 La economía agrícola. Es fácil dar por sentado lo que comemos. Discutan entre Uds. los pasos que hay entre la semilla y la mesa. ¿En cuáles de estos pasos participan ustedes activamente?

10-41 El boicot de las uvas. El UFW organizó el boicoteo de las uvas de mesa en el estado de California en la década de 1970. En esa época, las condiciones de trabajo y el salario de los trabajadores inmigrantes eran pésimos (muy malos). Muchas veces los niños trabajaban al lado de sus padres y sólo asistían a la escuela cuando no tenían que trabajar en el campo. Haz una pequeña investigación para encontrar más detalles sobre esta lucha y si todavía continúa hoy en día.

A explorar

10-42 César Chávez: un héroe para los agricultores. Conéctate a la página de *Conexiones* en la red informática (*http://www.prenhall.com/ conexiones*) e investiga en la sección «A explorar» para aprender sobre la vida y la importante labor de este gran líder laboral.

Páginas
Orlando Sánchez

Orlando Sánchez es un seudónimo que adoptó el profesor José O. Álvarez en su antología cibernética de cuentos *El micro-cuento inesperado*. El profesor Álvarez nació en Colombia y como Jefe de Divulgación Cultural de su país realizó una amplia labor de desarrollo, promoción y ejecución de talleres de creación literaria, plástica, escénica y acústica. Actualmente José Álvarez dirige la revista cultural *Espiral* y es profesor de español en la Universidad de Miami.

Antes de leer

10-43 Un sueño imposible. ¿Han soñado alguna vez con conseguir algo imposible? Explíquense las cosas que hicieron para lograr la meta a pesar de saber en el fondo (*deep down*) que en realidad no era muy posible.

MODELO: *Un año soñé con recibir un caballo para la Navidad. Le escribí varias cartas a Santa Claus, pero no les dije nada a mis padres.*

Estrategias de lectura

Varios géneros tienen una organización interna predecible. Puedes facilitar tu comprensión de una lectura si reconoces y entiendes la organización de la misma.

10-44 Las partes. La organización de un cuento es a menudo introducción, elaboración, problema y, finalmente, resolución o desilusión. Al leer «Fiebre de lotto», trata de reconocer e indicar las partes para ver si el cuento sigue estas normas.

Fiebre de lotto

Los 160 trabajadores del Banco de Ahorros y Préstamos acordaron gastar todos sus ahorros para comprar conjuntamente medio millón de dólares en números de la lotería de la Florida que subía su pozo acumulado° minuto a minuto. Las enormes carteleras regadas° a lo largo y a lo ancho del estado hacían ascender la cifra hasta llegar a los 100 millones. Ponían todas sus esperanzas en el premio gordo para combatir así los rumores de que en pocas semanas iban a ser absorbidos por el Banco Interamericano y posiblemente quedarían en la calle°.

Para tal efecto contrataron a un experto en combinaciones numéricas el cual había sido expulsado de la Lotería Estatal por negociar con los secretos que dicha entidad maneja en cuestiones de sorteos°.

Este señor les cobró una cantidad exagerada que no se pudo revelar por aquello de los impuestos. Antes de mandar al mensajero a comprar los números, por escrito acordaron unas reglas que debían cumplirse al pie de la letra° para evitar estropear° la suerte. Ninguno podía comprar por su cuenta° la lotería; no se podía hablar con nadie acerca de lo mismo hasta el lunes siguiente a las ocho de la mañana, luego de abrir un sobre con los datos que cada cual encontraría en su escritorio; todos tenían que dedicar una oración y encender velitas° a los innumerables santos de su preferencia para que seleccionara uno de los números comprados por ellos.

Una fila que le daba vueltas a la manzana° le armó una trifulca° al mensajero por demorarse obteniendo los números. Lo salvaron otros mensajeros de otras entidades que estaban haciendo la misma diligencia.

A medida que pasaba la semana, la atención iba desmejorando progresivamente hasta llegar a la completa ineficiencia del jueves y viernes. En estos días atendieron con tal desgana° que muchos clientes optaron por retirarse maldiciendo.

pozo... jackpot
spread

quedarían... perderían su trabajo

sweepstakes

al... word for word
arruinar / por... on their own

velas pequeñas

le... went around the block / armó... a riot began

reluctance

El viernes hicieron una fiesta de despedida y muchos empeñaron° lo poco que les quedaba para comprar bebidas y comidas a granel°. La fiesta terminó en una bacanal° como de final de año. La policía tuvo que intervenir porque la mayoría salió a la calle a gritar pestes° contra el banco, protestando por los salarios de hambre que les pagaban, contando dinero a montones que no era de ellos, y que ahora sí no los iban a ver ni en las curvas° porque se iban a dar la gran vida como se la daban los dueños del banco.

Ese fin de semana se convirtió en una tortura. Ninguno se atrevió a violar el pacto por temor a echar a perder la suerte del grupo. Nadie quería cargar con la culpa de seguir arrastrando una vida mediocre y sin sentido. El lunes todos se vistieron con sus mejores ropas. No querían demostrar que eran unos miserables que la fortuna los había atropellado°. El corazón les latía aceleradamente. Hasta los que siempre llegaban con retraso, ese día se levantaron con tiempo para evitar el tráfico al que le echaban la culpa de sus demoras.

El sobre estaba sobre la mesa. La emoción los paralizó. Nadie se atrevía a dar el primer paso. Poco a poco se empezaron a sentir gritos, desmayos°, llantos. Varios caían fulminados agarrándose° el pecho. Varios elevaban los brazos a lo alto mientras decían «¡Dios mío!» «¡Dios mío!». Al ver los ojos incommensurablemente abiertos de otros, y un rictus° de sorpresa en los demás, lentamente los últimos abrieron el sobre para enterarse que habían sido despedidos y que el pozo acumulado para la próxima semana sería de 200 millones de dólares.

Después de leer

10-45 Resumir. Escribe dos o tres frases para resumir el contenido de cada parte del cuento que hayas identificado.

👥 10-46 El defecto fatal. Los empleados del banco quisieron hacer todo lo posible para asegurar su éxito en el sorteo. Hagan una lista de lo que hicieron. ¿Hay algo que falte? ¿Hay algo que ustedes no hubieran hecho?

👥 10-47 La lotomanía. La afición a la lotería llega a ser casi una adicción para muchas personas. Discutan las razones por las que uno/a compra boletos de lotería y los beneficios y las desventajas de jugar.

Glosses (left margin):
- pawned
- a... in great quantities
- orgy
- insultos
- ni... en ningún lugar
- run over
- faintings
- clutching
- sonrisa

Taller

Un relato irónico

Se podría decir que el cuento anterior termina irónicamente. Sin embargo, es una ironía que se esperaba. Sigue los siguientes pasos para escribir un relato que tenga un desenlace irónico.

1. **Idear.** Piensa en una experiencia que hayas tenido o que hayas oído que tiene una resolución diferente de lo que se esperaba. Escribe un breve resumen de los acontecimientos.

2. **Presentar el contexto.** Abre el cuento con una frase introductoria que capte la imaginación del lector.

3. **Explicar los motivos.** Añade las razones del comportamiento del personaje o de los personajes principales.

4. **Crear expectativas.** Añade otros detalles para crearle suspenso al lector. Si quieres, puedes incluir un pequeño defecto del/de los personaje/s.

5. **Revelar la desilusión o la ironía.** En una o dos frases, revela la desilusión y cierra el relato.

6. **Revisar.** Revisa tu relato para ver si has creado suspenso hasta el momento final. Luego revisa la mecánica.

   • ¿Has incluido una variedad de vocabulario?

   • ¿Has incluido algún discurso indirecto?

   • ¿Has empleado algunas cláusulas relativas?

   • ¿Has verificado la ortografía y la concordancia?

7. **Compartir.** Cambia tu recuerdo por el de un/a compañero/a. Mientras lean los relatos, hagan comentarios y sugerencias sobre el contenido, la estructura y la gramática.

8. **Entregar.** Pasa tu relato a limpio, incorporando las sugerencias de tu compañero/a y entrégaselo a tu profesor/a.

11

El tiempo libre

Comunicación

- Talking about outdoor activities and sports
- Planning for a summer break or job
- Talking about what you do for fun and leisure

Estructuras

- Sequence of tenses with the subjunctive
- Uses of definite and indefinite articles
- Uses of the gerund and the infinitive

Cultura

- El béisbol y los jugadores latinoamericanos
- El ocio en el mundo hispano
- **Ritmos:** Los hermanos Rosario—*Fin de semana*
- **Imágenes:** Jaime Antonio González Colson—*Merengue*
- **Páginas:** Guillermo Samperio—*Tiempo libre*

Taller

- *Un relato fantástico*

A explorar

- *El rey del tablero y el rey del campo: la historia del ajedrez y del fútbol*
- *¿Amantes del peligro? Los clavadistas de Acapulco*
- *¡Vámonos de viaje!*
- *El merengue*
- *¡A bailar salsa y merengue!*

¿Qué te gusta hacer en tu tiempo libre? ¿Qué deportes practicas? ¿Qué deportes quisieras aprender? ¿Por qué? ¿Qué están haciendo estas personas?

14-IV-02
Nueva York

Querido José Luis:

Espero que estés bien y contento porque pronto comienzan las vacaciones de verano. Te escribo para mandarte este folleto y la solicitud del Campamento de Verano Borinquen. Sé que lo conoces porque allí trabajó Graciela el año pasado. Necesitan consejeros. Camila y yo ya mandamos nuestras solicitudes, y nos gustaría mucho que fueras con nosotros. Sería divertido pasar el verano juntos y ganar dinero haciendo deporte. Completa la solicitud y envíala con una carta pronto. La fecha límite es el 27 de mayo.

Un fuerte abrazo,
Julián

Verano borinqueño

¡Descubre la isla!
Explora la selva y las cavernas.
Acampa en las playas.
Celebra los bailes fosforescentes.
¡Descubre la naturaleza!
Bucea en las aguas caribeñas.
Haz excursiones a caballo.
Rema en los lagos en canoas primitivas.
¡Descubre tus límites!
Esquía sobre nuestras olas caribeñas.
Escala nuestras montañas.
Lánzate en paracaídas.

¡Descubre Puerto Rico!

Ofrecemos una variedad de programas

Los deportistas *(tres sesiones de dos semanas)*
Practicarán varios deportes durante el día, concentrándose en un deporte de equipo y un deporte individual. Ofrecemos juegos de pelota, baloncesto, voleibol y fútbol en equipos que compiten entre sí. También ofrecemos sesiones de tenis, esgrima, gimnasia, boxeo, arco y flecha y natación que culminan en competencias.

Este programa tiene lugar en San Juan, donde los participantes conocerán a los jugadores del equipo de béisbol los Senadores. También harán varias excursiones a las playas y al interior.

Los exploradores *(dos sesiones de una semana)*
Aprenderán a montar tiendas de campaña, encender, usar y controlar una fogata y preparar las comidas al aire libre. Visitarán el Yunque y varias cavernas.

Los marineros *(tres sesiones de una semana)*
Aprenderán a remar canoas, navegar veleros y hacer windsurf. Pasarán un día de pesca en alta mar.
Los que tienen certificación de buceo tendrán la oportunidad de bucear con tanque. Los participantes se alojarán cerca de Fajardo.

Los aventureros *(una sesión de tres semanas)*
Este programa es más avanzado. Los participantes deberán hacerse un examen físico previo a la inscripción.
Aprenderán a escalar montañas y hacer paracaidismo. Harán dos excursiones de montañismo y, para mudar el campamento desde el bosque hasta la isla de Vieques, formarán la tripulación de un velero bajo la dirección del capitán Jaime. Pasarán las tres semanas en tiendas de campaña en el bosque cerca del Yunque y luego en la isla de Vieques.

Todos los programas son para jóvenes de 15 a 20 años. (Hay requisitos especiales para Los aventureros).

Siempre hay un/a consejero/a por cada cuatro a diez participantes (depende de la actividad) y todos los consejeros tienen entrenamiento y licencia para rescate acuático, primeros auxilios y RCP, y todos los deportes o actividades que enseñan.

Para mayor información:

Campamento de Verano Borinquen
C/ Herrera 523
San Juan, PR
(787) 555-4322
(787) 555-4300 (fax)
camp@borinq.pr.com

Hay varios puestos disponibles para consejeros. Para solicitar un puesto, remite una carta de solicitud y un *currículum vitae* a la dirección indicada. Si te hace falta alguna certificación, ofrecemos varias clases de entrenamiento antes de las primeras sesiones.

Vocabulario primordial

el/la aficionado/a
el/la consejero/a

ir de camping
el lago

Juegos competitivos y pasatiempos

el baloncesto, el básquetbol
el béisbol, la pelota
el boxeo
el fisiculturismo
el fútbol
el fútbol norteamericano
la gimnasia
el golf
levantar pesas
la natación
el paracaidismo
el patinaje sobre hielo
el patinaje sobre ruedas
la pesca
el tenis
el torneo
el voleibol

la competencia	contest (sports)
las damas (chinas)	Chinese checkers
la equitación	horseback riding
la esgrima	fencing
la fecha límite	deadline
la fogata	bonfire
el/la jinete	horseman/horsewoman
la lucha libre	wrestling
el montañismo	mountaineering; mountain biking
la pista	track; court; dance floor
la tienda de campaña	camping tent

Otras expresiones

hacer windsurf	to windsurf
montar una tienda de campaña	to pitch a tent

Ampliación

Verbos	Sustantivos	Adjetivos
aventajar	la ventaja	aventajado/a
clasificar(se)	la clasificación	clasificado/a
descalificar	la descalificación	descalificado/a
fracturar(se)	la fractura	fracturado/a
penalizar	la penalidad, la pena	penalizado/a
sudar	el sudor	sudado/a

Vocabulario clave

Verbos

acampar	to camp
animar	to encourage
aventajar	to take advantage
bucear	to scuba dive
escalar	to climb (a mountain)
navegar a vela/en velero	to sail
pesar	to weigh
remar	to row
sudar	to sweat
torcer(se)	to twist

Sustantivos

el arco y flecha	bow and arrow
el asueto	vacation, holiday, time off
el campamento	campsite, camp
la cancha	court
la carrera	race
la caza	hunting

¡Cuidado!

aburrido/a

◆ **estar aburrido/a:** *to be bored*

◆ **ser aburrido/a:** *to be boring*

Estoy aburrida con el partido de fútbol. *I am bored with the soccer game.*

Para mi esposo, el golf **es aburrido.** *For my husband, golf is boring.*

divertirse, pasarlo bien

◆ To say *to have fun* or *to have a good time* use **divertirse.** However, colloquially, many use the phrase **pasarlo bien.**

¡Pásalo bien!
¡Que lo pases bien! } *Have a good time!*
¡Diviértete!

Anoche **lo pasé muy bien (me divertí)** en el partido de fútbol. *Last night I had a great time at the soccer game.*

Lo pasaremos muy bien en las montañas este verano. *We will have a great time in the mountains this summer.*

Aplicación

11-1 Explica. Explica lo que hacen y qué necesitan las siguientes personas para practicar su deporte.

MODELO: un/a futbolista

Juega al fútbol. Necesita un balón, diez compañeros o compañeras y un campo de fútbol. Por lo general se juega al aire libre, por eso es mejor que no esté lloviendo.

1. un/a automovilista
2. un/a jinete
3. un/a nadador/a
4. un/a paracaidista
5. un/a patinador/a
6. un/a corredor/a
7. un/a pescador/a
8. un/a alpinista
9. un/a esgrimista
10. un/a buceador/a

11-2 ¡Cuidado! Completa el diálogo con la forma correcta de una expresión adecuada.

divertirse, pasarlo bien	estar aburrido, ser aburrido

EDUARDO: ¿Cómo (1)_____ en tus vacaciones?

DULCE: (2)_____ mucho. Fui a Puerto Rico y buceé todos los días.

EDUARDO: ¿No (3)_____ estar siempre en el agua?

DULCE: No, la verdad es que hay tanto que ver que nunca (4)_____.

EDUARDO: Mañana salgo para San Juan. Tal vez bucee también.

DULCE: ¡Qué suerte! (5)¡_____!

11-3 En familia. Completa las siguientes oraciones usando una variación de cada palabra en itálica. Si necesitas ayuda, consulta la sección llamada *Ampliación*.

MODELO: El corredor de Sudáfrica *aventajó* a todos los demás. Ahora tiene <u>la ventaja</u> en la carrera.

1. El equipo tuvo que jugar tres partidos antes de *clasificarse* en el torneo. Ahora tiene _____ que esperaba.
2. El árbitro *descalificó* a algunos deportistas por pelearse con el otro equipo. Los _____ ya no pueden competir en los finales.
3. La patinadora pasó todo el partido *penalizada* por su comportamiento al principio. El jurado la _____ por su exceso de agresividad.
4. La esquiadora *se fracturó* el tobillo en la última carrera. _____ era bastante grave.
5. Los atletas llegaron al vestuario todos *sudados*, pero dijeron que era _____ de la victoria.

11-4 Campamento y descubrimiento. Muchas personas asisten a programas de campamento para probar y descubrir sus límites. ¿Qué actividades y situaciones de un campamento sirven para descubrirse a sí mismo?

👥 **11-5 En nuestra sociedad.** Hagan una lista de seis a ocho personas que en su opinión son las más admiradas de la sociedad de hoy. ¿Participan en algún deporte o pasatiempo al aire libre?

👥 **11-6 Los deportes y pasatiempos y la salud.** Expliquen los beneficios y las desventajas de varios deportes y pasatiempos, tanto por lo físico como por el aspecto económico.

MODELO: *El tenis es un deporte que tiene muchos beneficios aeróbicos. Para jugarlo se necesitan una raqueta, una pelota y un par de tenis. Sin embargo, es caro ser miembro de un club de tenis y por eso es costoso practicarlo en el invierno en ciertas partes del país.*

11-7 El ocio. Vean este gráfico y comparen las cifras para el tiempo que tienen libre. En su opinión, ¿qué factores contribuyen a estas diferencias entre países? ¿Qué tienen en común los países con más días de ocio? ¿Cómo creen ustedes que pasan su tiempo libre en Finlandia? ¿En México? ¿En los Estados Unidos?

LOS QUE MÁS DESCANSAN

Los españoles tenían la fama de tener muchos días de asueto, pero este gráfico demuestra que los que tienen más días libres son los finlandeses. México ni siquiera aparece en la estadística por su peculiar calendario laboral.

País	Días de Vacaciones	Días Festivos
Finlandia	37.5	6
Italia	35	7
Países Bajos	32.5	6.3
Alemania (ex RFA)	30	8.7
España	24.5	14
Luxemburgo	27	10
Austria	26.5	10.5
Portugal	22	14
Alemania (ex RDA)	28	7
Francia	25	10
Suiza	24.1	9
Gran Bretaña	25	8
Dinamarca	25	7
Suecia	25	7
Grecia	22	9
Bélgica	20	11
Irlanda	21	9
Noruega	21	7
Japón	11	14
Estados Unidos	12	11

11-8 La solicitud de José Luis. Vuelve a la sección *¡Así es la vida!* y escribe la carta de José Luis solicitando el puesto de consejero para el Campamento Borinquen.

11-9 La entrevista de José Luis. Uno/a toma el papel de José Luis y el/la otro/a lo entrevista para el puesto de consejero.

¡Así lo hacemos! Estructuras

 Sequence of tenses with the subjunctive

Espero que asistas a la carrera el próximo fin de semana...

The following chart lists the sequence of tenses used with the subjunctive.

MAIN CLAUSE	DEPENDENT CLAUSE
present indicative future indicative present perfect indicative future perfect indicative command	present subjunctive or present perfect subjunctive
preterit indicative imperfect indicative conditional pluperfect indicative conditional perfect	imperfect subjunctive or pluperfect subjunctive

◆ When the verb in the main clause requires the subjunctive in the dependent clause, and the verb is in the present, future, present perfect, future perfect, or is a command, the verb in the dependent clause will be in the present subjunctive or present perfect subjunctive, depending on the context.

Hijo, **queremos** que lo **pases** bien en tu viaje de esquí.

Son, we want you to have a good time on your ski trip.

Le **he recomendado** que **solicite** el puesto de consejero.

I have recommended to him that he apply for the counselor's position.

Preferirán que **pasemos** las vacaciones explorando el Amazonas.	*They will prefer that we spend our vacation exploring the Amazon.*
Carlos les **habrá sugerido** que no **buceen** en esas aguas.	*Carlos has probably suggested to them not to scuba dive in those waters.*
Dígales que **practiquen** más la natación.	*Tell them to practice swimming more.*
Es bueno que **hayas aprendido** a bailar la cumbia.	*It is good that you have learned how to dance the cumbia.*

◆ When the main-clause verb is in the preterit, imperfect, conditional, pluperfect, or conditional perfect, the verb in the dependent clause will usually be in the imperfect subjunctive. However, the pluperfect subjunctive is used to refer to actions that precede a past action in the main clause.

Dudé que **estuviera** navegando a vela.	*I doubted that he was sailing.*
No **había** nadie que **pudiera** bucear como ella.	*There was no one who could scuba dive like her.*
Nos **gustaría** que **calificaras** para ser instructor de pesca.	*We would like you to become qualified to be a fishing instructor.*
Nos **habría molestado** que José Luis no **viniera** a acampar con nosotros.	*It would have bothered us if José Luis didn't come camping with us.*
Me **alegré** de que Carmen **hubiera encendido** la fogata.	*I was glad that Carmen had lit the campfire.*

◆ At times, when the main-clause verb is in the present, the imperfect subjunctive may be used in the dependent clause to refer to an action that has already occurred.

Siento que no **pudieras** jugar al básquetbol.	*I am sorry that you were not able to play basketball.*
No **creen** que Marta **fuera** tan buena instructora de baile.	*They don't believe that Marta was such a good dancing instructor.*

Aplicación

11-10 En el Campamento Borinquen. Completa la carta que José Luis les escribe a sus padres durante su estadía como consejero.

> 5 de julio de 2002
> Campamento Borinquen, Puerto Rico
>
> Mis queridos padres:
>
> ¡Qué gusto recibir la carta de ustedes! Me alegro de que (1. divertirse) _____ durante su viaje a Miami la semana pasada. Fue magnífico que (2. asistir) _____ al baile cubano y que (3. conocer) _____ a tanta →

gente interesante. Espero que me (4. mostrar) _____ las fotos cuando las (5. tener) _____ reveladas. Lamento que todavía no (6. visitar) _____ Tampa, pero tal vez lo (7. hacer) _____ en el próximo viaje.

Aquí todo va bastante bien, aunque la semana pasada estuve un poco enfermo después de pasar todo el día al sol. Julián me advirtió que me (8. poner) _____ más loción bronceadora, pero yo no lo escuché. El médico me recomendó que (9. acostarse) _____ temprano y al otro día estaba perfectamente bien.

Esta semana vamos a bucear con los jóvenes del campamento. Esperamos que (10. hacer) _____ buen tiempo y que el agua (11. estar) _____ muy clara para que los jóvenes (12. ver) _____ bien los peces. Voy a buscar una máscara que (13. quedarme) _____ mejor porque la mía deja entrar el agua. Camila dice que hay una buena selección en una tienda cerca del campamento donde seguramente encontraré una que me (14. gustar) _____. Bueno, ya me buscan para ir a la tienda. Los extraño mucho y los veré pronto.

Reciban un fuerte abrazo de su hijo,
José Luis

11-11 En un mundo ideal. Completa cada una de las siguientes frases para formar una oración original.

MODELO: Lo que necesitamos es un consejero que…

sepa trabajar con jóvenes activos y que esté en buena forma.

1. Lo que no hay es un atleta que…
2. Busco un campamento que…
3. No hay canchas de tenis que…
4. Durante la competencia no había corredor que…
5. Durante las fogatas no hay nadie que…
6. Quería una actividad que…

11-12 Te escribo para animarte a que… Piensa en cinco o más consejos que le puedas dar a un/a amigo/a o a un/a chico/a que todavía no tenga planes para el verano.

MODELO: *Te escribo para animarte a que solicites un puesto como consejero. Dudo que vayas a encontrar un puesto en tu campo por sólo dos meses, pero es importante que ganes algún dinero este verano.*

11-13 Este verano. ¿Qué quisieran que pasara este verano? Usa las frases **quisiera que…** o **me gustaría que…** para explicar lo que quieren hacer este verano.

MODELO: *Quisiera que mis padres hicieran un viaje a España, pero no creo que lo vayan a hacer.*

11-14 Durante los Juegos Olímpicos. Den sus opiniones y comenten sobre algunos momentos importantes de los Juegos Olímpicos. Usen las siguientes frases para expresarse.

MODELO: *Me alegro de que Ian Thorpe haya ganado tantas medallas de oro por natación.*

dudo que...
es (fue) bueno/increíble/importante/triste que...
me alegro de que...
me gusta que...
¡Es una lástima/es lástima que...!

Comparaciones

El béisbol y los jugadores latinoamericanos

Desde que la fiebre del béisbol llegó a Cuba en 1870, el juego se ha convertido en una obsesión no sólo en Cuba sino en México, Nicaragua, la República Dominicana, Venezuela, Puerto Rico, Panamá y Colombia. Más que una simple forma de entretenimiento, este deporte se ha convertido en una parte esencial de la vida de estas naciones y ha llegado a influir en la forma en que los países hispanos definen sus relaciones entre sí y los lazos (*ties*) que tienen con los Estados Unidos. «Es más que un juego», dijo una vez el dominicano Winston Llenas, «es nuestra pasión. Es casi nuestra manera de vivir».

Todo comenzó cuando un cubano llamado Nemesio Guillot regresó a La Habana en 1866 después de estudiar en una universidad estadounidense en la que formó parte del equipo de béisbol. Durante la larga guerra cubana contra los españoles conocida como Guerra de los Diez Años (1868–1878), muchos cubanos pro-independentistas que jugaban al béisbol se refugiaron en la República Dominicana, Colombia y Venezuela, pasando así su pasión por el béisbol a estos países.

Después de los cambios que abrieron las Grandes Ligas a todas las razas, muchos jugadores negros hispanos formaron parte de las Grandes Ligas. Antes de la revolución cubana, Cuba tenía la mayor representación de jugadores en las Grandes Ligas. Ahora la mayoría de los beisbolistas latinos es de la República Dominicana, seguida por Puerto Rico y Venezuela. Las Grandes Ligas han sido una gran fuente de orgullo para los hispanos, especial-mente en momentos económicos y políticos difíciles. El reconocimiento internacional que reciben los jugadores hispanos hace que los fanáticos hispanos se identifiquen con ellos en un auténtico nacionalismo deportivo.

Dos beisbolistas hispanos se encuentran entre los tres peloteros que gozan de salarios elevados en las Grandes Ligas. Alex Rodríguez, de los Rangers de Texas, y Manny Ramírez, de las Medias Rojas de Boston, firmaron contratos astronómicos en el año 2001. Rodríguez tiene un contrato de diez años por $252 millones y Martínez otro de ocho años por $160 millones. Ese tipo de salario es una gran motivación para un joven hispano con destreza deportiva. Sammy Sosa, líder jonronero, Pedro Martínez, Rafael Palmeiro y Juan González son otros beisbolistas hispanos famosos.

Vamos a comparar

¿Te interesan los deportes? ¿Por qué? ¿Cuál es tu deporte favorito? ¿Por qué? ¿Qué eventos te gusta ver en la televisión durante los Juegos Olímpicos? ¿Qué tipo de nacionalismo puede existir en los deportes? ¿Has sentido orgullo nacional durante alguna competición deportiva? ¿Por qué?

Vamos a conversar

¿Es deporte, arte o pasatiempo? Consideren varias actividades, sus participantes, su equipo y sus requisitos y luego den sus opiniones sobre cada una. ¿Es deporte? ¿Es arte? ¿Es pasatiempo? Podrían incluir, por ejemplo, el rugby, el patinaje, la equitación y el toreo.

A explorar

11-15 El rey del tablero y el rey del campo: la historia del ajedrez y del fútbol. Conéctate a la página de *Conexiones* en la red informática (<u>*http://www.prenhall.com/conexiones*</u>) e investiga en la sección «A explorar» para descubrir la historia del juego de ajedrez y del deporte del fútbol.

A ESCUCHAR

Adictos a la adrenalina. Escucha el artículo sobre los jóvenes que practican los deportes más peligrosos del mundo, como el banyi (*bungee jumping*). Después, contesta brevemente las siguientes preguntas.

Comprensión

1. ¿Qué estimula la adrenalina?
2. ¿Cuál es el objetivo de estos personas?
3. ¿Qué hace el cerebro cuando detecta un peligro?
4. ¿Qué puede ocurrir en casos extremos?
5. ¿Has participado en algún deporte que produzca la sensación aquí descrita? Explica.
6. ¿Has oído de un incidente que haya tenido un fin trágico? ¿Qué ocurrió?

A explorar

11-16 ¿Amantes del peligro? Los clavadistas de Acapulco.
Conéctate a la página de *Conexiones* en la red informática (<u>*http://www .prenhall.com/conexiones*</u>) e investiga en la sección «A explorar» para descubrir uno de los pasatiempos más insólitos del mundo hispano.

Del ajedrez al baloncesto...
¡A que no sabías esto!

¡El juego de billar se popularizó en Francia con Luis XIV, quien comenzó a jugarlo bajo la recomendación de sus médicos para aliviarse de sus problemas digestivos!

¡Durante la revolución francesa el rey, la reina y la sota en las cartas fueron reemplazados por libertad (reina), naturaleza (rey) y virtud (la sota)!

¡Benjamín Franklin fue uno de los pioneros en la fabricación de cartas en América!

¡Los presidentes George Washington, Thomas Jefferson y John Adams eran ávidos jugadores de canicas. Durante este período histórico las canicas eran tan populares entre los adultos como entre los niños!

¡En la cultura maya existía un juego parecido al baloncesto en el que se mataba al capitán del equipo ganador!

¡Las cartas modernas se derivan de las cartas del tarot!

¡Coleccionar estampillas es el pasatiempo más popular del mundo!

¡El juego de canasta proviene del juego chino *mah jongg*, el cual se juega hace más de mil años!

¡Hay 170.000.000.000.000.000.000.000.000 diferentes maneras de hacer las diez primeras jugadas en un juego de ajedrez!

¡Los lados opuestos de un dado siempre suman siete!

¡En Irlanda del Norte hay más bicicletas que automóviles!

¡El juego de dominó fue inventado por monjes franceses! Su nombre se deriva de una frase en los servicios vespertinos: *Dixit Dominus Domineo Meo.*

¡Hay corridas de toros en Detroit doce veces al año! Muchos de los mejores toreros españoles, mexicanos y algunos norteamericanos entrenados en España torean allí, aunque no se permite matar al toro.

¡En India las cartas son redondas en vez de rectangulares!

¡El país de Tonga una vez hizo una estampilla en forma de plátano!

¡Antes de 1930 las bolas de golf se hacían de cuero rellenas con plumas!

Vocabulario primordial

el concursante	el recreo
entretenido/a	el/la torero/a
el juego de azar	el toro
la máquina tragamonedas	el turno
el parchís	las veintiuna
la pieza	

Vocabulario clave

Verbos

bordar	to embroider
coleccionar	to collect (only for objects, not money)
coser	to sew
exhibir(se)	to exhibit; to display
torear	to bullfight
trasnochar	to stay out all night

Sustantivos

la apuesta	bet
el banyi	bungee jumping
las canicas	marbles
las cartas, los naipes	playing cards
los dados	dice
los dardos	darts
la estampilla	postage stamp

la jugada	play, move (in a game)
el tablero	game board
la trampa	deceit

Adjetivos

diestro/a	skillful; cunning

Otras palabras y expresiones

cara o cruz	heads or tails
correr la voz	to pass the word
salir de juerga/de parranda	to go out on the town

Ampliación

Verbos	Sustantivos	Adjetivos
aficionar	la afición	aficionado/a
apostar	la apuesta	apostado/a
bordar	el bordado	bordado/a
coleccionar	la colección	coleccionado/a
exhibir	la exhibición	exhibido/a
hacer trampa	la trampa	tramposo/a
torear	el toro, el/la torero/a	taurino/a

LOS NAIPES

el rey de diamantes

la sota de tréboles

la reina de corazones

el as de espadas

¡Cuidado!

retar, atreverse

◆ Use **retar a** when you dare someone else to do something. **Atreverse a** expresses daring yourself to do something.

Te **reto a** jugar al ajedrez conmigo.	*I dare you to play chess with me.*
Marta **retó a** Manuel a bailar toda la noche.	*Marta dared Manuel to dance all night long.*
Me **atrevo a** escalar una montaña solo.	*I dare to climb a mountain all by myself.*
¿**Te atreves a** pasear en moto?	*Do you dare to take a ride on a motorcycle?*

cine, película

◆ **Cine** refers to the place where a movie is showing or to the art or field of film-making. **Película** means *movie* (which has a title, plot, actors, etc.) or the actual film on which it is shot.

Anoche fui al **cine** a ver una **película** de horror.	*Last night I went to the movies to see a horror movie (film).*
Estudio **cine**.	*I am a film major.*

Aplicación

11-17 ¿Qué no sabías? De toda la información en *¡Así es la vida!*, ¿qué ya sabías? ¿Qué te parece más interesante? ¿Sabes el origen de algún juego que no se haya mencionado?

11-18 Los juegos de mesa. Explica dónde y cuándo se participa en estos juegos de mesa.

MODELO: el póquer

> *Se encuentra a mucha gente jugando al póquer en los casinos de Las Vegas y Montecarlo. A veces las apuestas pueden llegar a cientos o a miles de dólares. Pero no es necesario ser rico para jugar al póquer. Cuando la gente lo juega con regularidad con sus amigos o amigas, lo hace por diversión y no se apuesta mucho dinero.*

1. el bingo
2. la canasta
3. el monopolio
4. las veintiuna
5. los corazones
6. el *bridge*
7. el dominó
8. el solitario
9. la ruleta
10. las damas

11-19 ¡Cuidado! Completa el diálogo con la forma correcta de una expresión adecuada.

retar, atreverse	cine, película

MANOLO: Luisa, hay (1)_____ esta noche en (2)_____ Rialto. Es *Grito III*. Te (3)_____ a verla conmigo.

LUISA: ¡Cómo no! La última vez que vimos (4)_____ de horror, fuiste tú el que se aterrorizó. Yo, en cambio, pude ver toda (5)_____ sin cerrar los ojos.

MANOLO: Bueno, es verdad que me asusté, pero esta vez (6)_____ a verla toda sin cerrar los ojos ni gritar. Pero me alegro de que me acompañes, por si acaso.

LUISA: Está bien. Salgamos para (7)_____ a las 8:00.

11-20 En familia. Completa las siguientes oraciones usando una variación de cada palabra en itálica. Si necesitas ayuda, consulta la sección llamada *Ampliación*.

MODELO: La señora vestida de negro *apostó* mil dólares al número 6. Con esta __apuesta__ ganó otros cinco mil.

1. Las monedas antiguas están en una *colección* especial del Banco de Comercio. El banco las recibió de varias personas que las _____ por años.
2. Mi abuela hace unos *bordados* muy elaborados. Ha _____ pañuelos muy hermosos.
3. En la corrida que vimos en Sevilla, el *toro* fue el que ganó. Se llevaron herido al _____ de la plaza.
4. Sospechamos que el jugador de las veintiuna es *tramposo*. Se dice que regularmente _____.
5. ¿Asististe a _____ donde *se exhibieron* las tarjetas de béisbol en Nueva York?
6. En mi familia todos tenemos una *afición* por los naipes. Todos somos _____ al póquer.

11-21 Tus juegos de mesa. Hablen de los juegos de mesa que prefieren. Expliquen cómo se juega algún juego de mesa que el/la otro/a no conozca.

11-22 Colecciones. Muchas personas pasan tiempo coleccionando algo como estampillas. Hagan una lista de cosas que se coleccionan y hablen de lo que coleccionaban de niños/as y de lo que coleccionan ahora. Hagan comparaciones de sus colecciones. ¿Qué saben de las colecciones de sus padres o de sus abuelos?

11-23 Salir de juerga. En España es común que los jóvenes salgan de juerga y trasnochen. Salen con sus amigos a conversar, bailar, cenar y tomar, y muchas veces no vuelven a casa hasta la madrugada *(dawn)*. ¿Cómo se compara esta costumbre con su experiencia? ¿Qué hacen ustedes cuando salen de juerga?

👥 **11-24 La televisión: ¿Instrumento educativo, distracción o pérdida de tiempo?** Comparen el tiempo que ven televisión en otros países con el tiempo que la ven ustedes. ¿Qué programas suelen ver? ¿Son mayormente educacionales o de entretenimiento? ¿Creen ustedes que la televisión tiene una responsabilidad social y educativa?

Turquía	219
Gran Bretaña	216
Italia	215
España	211
Hungría	195
Grecia	194
Irlanda	188
Bélgica	184
Francia	181
Alemania	174

Minutos al día por habitante

Tiempo dedicado a ver la TV

Según un estudio europeo, los turcos pasan más de 200 minutos frente al televisor. En esta afición están a la cabeza junto con Gran Bretaña e Italia.

👥 **11-25 Debate.** Un grupo está a favor y el otro en contra de una de estas resoluciones:

- la semana laboral de 30 horas
- participación obligatoria en los deportes y las artes en las escuelas
- abolición del toreo por ser cruel con los animales

2 **Uses of definite and indefinite articles**

El monopolio es mi juego favorito.

The definite article

In Spanish as in English, the definite article (**el, la, los, las**) is used with nouns that are specific or known to the speaker. However, the definite article in Spanish has uses that differ from English. It is also used:

◆ before nouns or nominalized adjectives used in a general sense, as well as nouns dealing with concepts and abstractions

Me gusta jugar a **las** cartas.	*I like to play cards.*
A los estadounidenses les encanta **el** béisbol.	*Americans love baseball.*
El tiempo libre es importantísimo para mí.	*Free time is very important to me.*
Los toreros tienen que ser valientes.	*Bullfighters have to be brave.*

◆ with days of the week (except after **ser**), seasons, meals, hours, and dates

El lunes vamos al museo.	*On Monday we're going to the museum.*
Hoy es miércoles.	*Today is Wednesday.*
En **la** primavera tendré más tiempo para practicar ajedrez.	*In spring I will have more time to practice chess.*
En España **el** almuerzo es la comida más importante.	*In Spain lunch is the most important meal.*
La corrida de toros comienza a **las** siete de la tarde.	*The bullfight begins at 7:00 P.M.*

El 15 de septiembre de 1997, el
Servicio Postal de los Estados
Unidos sacó un sello de $0,32
honrando al Padre Félix Varela
Morales.

*On September 15, 1997, the U.S.
Postal Service came out with a
32-cent stamp honoring Father
Félix Varela Morales.*

◆ with the names of languages (except after **hablar** and verbs of learning) or the
prepositions **de** or **en**

El español es mi idioma favorito.

Spanish is my favorite language.

¿Estudias vietnamés también?

Do you also study Vietnamese?

Los estudiantes están hablando
portugués pero estudian inglés.

*The students are speaking
Portuguese, but they study English.*

El poema original está escrito en
catalán.

*The original poem is written in
Catalan.*

◆ with titles (except when speaking directly to the person) or before **don, doña,
fray, sor, san(to), santa**

La profesora Pedroso colecciona
obras de pintores colombianos.

*Professor Pedroso collects works
of Colombian painters.*

Profesora Pedroso, ¿por qué no trae
la pintura de Botero a la clase?

*Professor Pedroso, why don't you
bring the Botero painting to class?*

Vi a don Pablo jugando al billar.

I saw Don Pablo playing billiards.

◆ before certain geographical names (although they're often omitted in the press
and in colloquial speech)

(el) África
(la) América Latina
(la) América del Norte
(la) América del Sur
(la) Argentina
(el) Brasil
(el) Canadá
(el) Ecuador
(la) China
(los) Estados Unidos

(la) Florida
(la) Gran Bretaña
La Habana
(el) Japón
La Paz
(el) Paraguay
(el) Perú
(la) República Dominicana
El Salvador
(el) Uruguay

◆ with articles of clothing and parts of the body when ownership is established
by the subject

¿Dónde dejé **la** gorra?

Where did I leave my cap?

Levanten **la** mano si saben la
respuesta.

*Raise your hand if you know the
answer.*

The indefinite article

The indefinite article (**un, una, unos, unas**) is used less in Spanish than in English. It is only used:

◆ before a noun that has not been identified previously

Hubo **un** presidente que era aficionado a las canicas.	*There was a president who was a fan of the game of marbles.*
Unas señoras miraban el juego de damas.	*Some ladies were watching the game of checkers.*

◆ before a noun that is modified

Los mayas tuvieron **una** civilización impresionante.	*The Mayans had an impressive civilization.*

The indefinite article is omitted in the following situations:

◆ after the verb **ser** when referring to an unmodified noun that identifies professions, occupations, nationalities, ranks, and affiliations

El Dr. Ceffalo **es profesor** de italiano.	*Dr. Ceffalo is a professor of Italian.*
La Srta. Juárez **es coleccionista** de sellos.	*Miss Juárez is a stamp collector.*
La Sra. Gómez **es argentina.**	*Mrs. Gómez is Argentine.*
El padre de Jorge **es coronel** del ejército español.	*Jorge's father is a colonel in the Spanish army.*
Mi abuela Irma **es católica.**	*My grandmother Irma is Catholic.*

◆ before **cien, ciento** (*a/one hundred*), **mil** (*a/one thousand*), and **cierto/a** (*a certain*)

Hay **cien** jugadas posibles.	*There are a/one hundred possible moves.*
En el Prado hay más de **mil** obras españolas.	*At the Prado there are more than a/one thousand Spanish works.*
Hay **cierto** juego de cartas que prefiero.	*There is a certain card game that I prefer.*

◆ after **medio/a** (*half a*), **tal** (*such a*), and **¡qué...!** (*what a . . .!*)

El acomodador sólo me dio **medio** billete.	*The usher only gave me half a ticket.*
Jamás he visto **tal** competición.	*I've never seen such a competition.*
¡Qué película más emocionante!	*What an exciting film!*

Aplicación

11-26 Los viernes por la noche. Completa el párrafo con el artículo definido o indefinido según se necesite o no.

Todos (1) _____ viernes a (2) _____ nueve de (3) _____ noche, nos reunimos en (4) _____ apartamento de mi compañero José. (5) _____ Don José, como lo llaman todos, es (6) _____ aficionado a (7) _____ juegos de mesa, especialmente le gusta (8) _____ dominó. Es un juego que siempre jugaba cuando vivía en (9) _____ Cuba, y ahora que vive en Miami, sigue la tradición. En Cuba era campeón de dominó y lo jugaba todos (10) _____ domingos en un parque de La Habana. Creo que ha jugado por lo menos (11) _____ mil veces y dice que hay más de (12) _____ cien maneras de ganar el juego. Cuando llegamos a su apartamento, nos quitamos (13) _____ chaqueta y nos sentamos a la mesa que tiene en la sala. Después de (14) _____ media hora, es evidente que él va a ganar el juego. ¡Qué (15) _____ jugador!

11-27 ¡Qué película más emocionante! Pon estas frases exclamatorias en algún contexto.

MODELO: ¡Qué película más emocionante!

> *Anoche vi la película* Tráfico. *Aunque sospechaba cómo iba a terminar la historia, sentí un gran suspenso. ¡Qué película más emocionante!*

1. ¡Qué hombre más rico!
2. ¡Qué ciudad más bonita!
3. ¡Qué historia más trágica!
4. ¡Qué libro más interesante!
5. ¡Qué joven más diestro!
6. ¡Qué clase más difícil!
7. ¡Qué viaje más largo!
8. ¡Qué juego más divertido!

11-28 Los títulos. En los países de habla española, es común usar los títulos de las personas. Piensen en personas a quienes conozcan que tengan los siguientes títulos y den detalles sobre ellas.

MODELO: profesor/a

> *El profesor Ramírez enseña español. Sé que es aficionado al béisbol porque todos los lunes nos pregunta sobre los juegos del fin de semana.*

1. profesor/a
2. licenciado/a
3. san/santo/santa
4. ingeniero/a
5. maestro/a
6. presidente/a
7. don/doña
8. senador/a

11-29 ¿A qué son aficionados/as ustedes? Expliquen a qué pasatiempos y deportes son aficionados/as, y cuáles no les interesan para nada.

MODELO: *Soy muy aficionado/a al esquí porque me gusta estar al aire libre en el invierno. No me interesa para nada el boxeo porque me parece muy violento.*

LA LUNÁTICA

¡El lugar ideal para pasarlo bien!

Te invita a disfrutar de un ambiente divertido y agradable. Baila los 7 días de la semana, con la mejor música actualizada, como la salsa, el merengue, la cumbia y el tango.

Estamos localizados en el Centro Comercial Galería Houston, TX.

Para reservaciones: 713-555-1839

Favor de vestir de buen gusto

El ocio en el mundo hispano

El ocio es el nombre que se le da en español al tiempo libre que tiene una persona. Para el hispano este tiempo libre es fundamental para tener una vida social satisfactoria. Muchos hispanos miden la calidad de su vida por el tiempo que dedican a las diversiones. En España hay una revista semanal que se llama *La guía del ocio* que detalla la vida nocturna de Madrid.

Los jóvenes españoles salen a cenar los fines de semana entre las 10 y las 11 de la noche. Después acuden a bares hasta pasada la medianoche y desde esa hora hasta que el cansancio los llama a la cama, visitan sus discotecas favoritas.

La familia hispana se divierte junta. Es común que los padres y los hijos salgan a cenar y después vayan a un cine o al teatro en grupo. También son tradicionales las vacaciones familiares anuales, normalmente en la playa si la economía familiar lo permite. Si esto no es posible, siempre se puede ir al campo los fines de semana y muchas familias que tienen un pequeño chalet o conocen a un amigo que tiene uno, se reúnen con sus amigos y otros familiares a comer una paella o una parrillada.

Vamos a comparar

¿Consideras que es importante el ocio? ¿Por qué? ¿Cómo pasas tu tiempo libre? ¿Te gusta salir en grupo o solo/a con tu pareja? ¿Por qué? ¿Cuándo te reúnes con tu familia? ¿Qué te parece la idea de pasar unas vacaciones con tu familia?

Vamos a conversar

👥 **¿Cómo lo pasan bien?** Diseñen un cartel para invitar a la gente a pasarlo bien. Luego escriban un anuncio para la radio o la televisión para correr la voz. Preséntenle el cartel y el anuncio al resto de la clase.

A explorar

🌐 **11-30 ¡Vámonos de viaje!** Conéctate a la página de *Conexiones* en la red informática (*http://www.prenhall.com/conexiones*) e investiga en la sección «A explorar» y encontrarás varias sugerencias para planear el viaje perfecto.

In English the gerund *(-ing)* has several functions. Spanish counterparts for these functions vary. The following categories can help you distinguish the uses.

As a noun

English: gerund
Betting in a casino can be dangerous.
Embroidering every day is boring.
No smoking.

Spanish: infinitive
Apostar en un casino puede ser peligroso.
Bordar todos los días es aburrido.
No **fumar.**

As an adjective

English: gerund
It was an entertaining contest.
Bingo is a thrilling game of chance.

Spanish: adjective
Fue un certamen **entretenido.**
El bingo es un juego de azar **emocionante.**

As an adverb

English: gerund
We did the tour walking.
She threw the dice smiling.

Spanish: gerund
Hicimos la gira **caminando.**
Tiraba los dados **sonriendo.**

Aplicación

11-31 Avisos. ¿Qué avisos se ven en estos contextos? Explica por qué.

MODELO: en un avión

No *fumar. Las aerolíneas prohíben fumar durante los vuelos domésticos por el llamado humo de segunda mano.*

1. en una piscina
2. en el estadio
3. en un partido de hockey
4. en un centro comercial
5. en la puerta de una discoteca
6. en un supermercado
7. en un club nocturno
8. en un casino

11-32 ¿Cómo lo hacen? Vuelve a escribir las siguientes oraciones, dándoles un contexto más completo. Trata de incorporar verbos de la lista a continuación.

MODELO: El jugador de fútbol salió del estadio.

El jugador de fútbol salió corriendo del estadio después de perder el partido.

apostar	conversar	jugar	sonreír
bailar	correr	llorar	temblar
coleccionar	gritar	reírse	

1. Los jóvenes trasnocharon.
2. Los aficionados se levantaron.
3. La pareja pasó la noche en la discoteca.
4. Los jugadores de póquer miraban sus cartas.
5. El niño pasó la tarde con su abuelo.
6. El torero observó el toro.
7. La mujer apostó todo lo que tenía.
8. Las concursantes entraron al salón.
9. Los ancianos jugaban al bingo.
10. La señora puso una moneda de un dólar en la máquina tragamonedas.

11-33 ¿Qué opinan? Den sus opiniones sobre las siguientes actividades.

MODELO: jugar a las cartas

Jugar a las cartas es divertido, especialmente cuando gano. Juego a todo tipo de cartas, pero prefiero jugar a las veintiuna.

1. apostar
2. jugar al dominó
3. torear
4. coleccionar estampillas
5. hacer trampa
6. ver certámenes de belleza
7. ver el golf en la televisión
8. coleccionar tarjetas postales

Conexiones

El ocio y la tecnología. ¿Cómo nos ha afectado la tecnología con respecto al ocio? ¿Qué diversiones hay ahora que no había hace diez años? En grupos pequeños, hablen de los efectos de la tecnología en cómo el/la norteamericano/a típico/a pasa su tiempo libre. ¿Piensan que la tecnología ha tenido la misma influencia en otros países? ¿cuáles? ¿Quiénes aprovechan más la tecnología, los jóvenes o los mayores?

A ESCUCHAR

Un pasatiempo popular. Escucha el artículo sobre este pasatiempo y contesta brevemente las preguntas a continuación.

1 ¿Cuál es el pasatiempo?
2. ¿Qué efecto tiene en los niños que lo practican?
3. ¿Qué señalaron los investigadores?
4. ¿Dónde se hizo el estudio?
5. ¿Cuántos participaron?
6. ¿Por qué es más común este problema en zonas superpobladas?

Ritmos

Los hermanos Rosario

La orquesta de los hermanos Rosario (Rafa, Luis y Tony) se formó en 1978 en la ciudad de Higuey, República Dominicana. Realizaron su primera gira internacional en Estados Unidos y desde entonces han tenido innumerables triunfos en muchos países. Algunos de sus éxitos incluyen «Bomba mi hermano», «Insuperables», «Los dueños del swing» y «Bomba 2000». La canción «Fin de semana» forma parte de su CD *Y es fácil* (1996) y trata de las actividades de un dominicano durante el fin de semana.

Fin de semana

En el fin de semana
quiero bailar
en el fin de semana
quiero gozar

5   Jayyyyy

Vámonos

Después de una semana
buscándome la vida
yo me voy pa'° la esquina°   para / *corner*
10 porque quiero gozar

Me monto en mi carrito
y me voy al *Car Wash*
lo pongo brillosito°   *shiny*
pa' salir a figurear° (bis)°   salir... *to go for a ride*
                                                 showing off (R.D.) / *repeat*
15 Luego regreso a casa
y le digo a mi vieja°   mamá
prepárame la ropa
que mejor me queda

Voy al telefonito
20 y llamo a mi negrita°   mi novia
paso por ti a las ocho,
mi morenita

Ya junto a mi negrita
sin pensar en mañana
25 vacilamos° la noche   nos divertimos
y to'° el fin de semana   todo

Y es que esta vida, hermano
es la misma rutina
descansar en la noche
30   y en el día la fatiga

Y pa' hacer lo que quiero
y ser libre, mi pana°   amigo
tan solo tengo un chance
y es el fin de semana

35   En el fin de semana
quiero bailar
en el fin de semana
quiero gozar (bis)

En el fin de semana
40   quiero bailar
en el fin de semana
quiero vacilar

En el fin de semana...

Yo bebo mi cerveza
45   bebo mi ron
me voy, pa' Boca Chica°   Boca... playa cercana a Santo Domingo, la capital del país
y el Malecón°   *the waterfront walk in Santo Domingo*

En el fin de semana...

Uh, uh, uh, uh
50   Jayyyyy
¡Rosario!

En el fin de semana...

El viernes por la noche
voy a la discoteca
55   el sábado yo sigo
de rumba y fiesta

En el fin de semana...

Y el domingo, mi pana
me levantan a las dos
60   me doy el super bomba°   super... expresión merenguera con la que se identifican los hermanos Rosario
y un dominó

En el fin de semana...

Yo me voy a la playa
con mi Mamá
65   me llevo a mi jevita°   novia
y a mi Papá

Je, je,
René Solís°
pa' Higuey°
70 Maravilla,
bomba

compositor de esta canción y administrador del grupo
Región este del país de donde son los hermanos Rosario

Si te fatigas mucho
de tanto trabajar
75 los fines de semana
tú mereces gozar

Tú mereces gozar
tú mereces vacilar
los fines de semana
80 tú mereces gozar (bis)

Los fines de semana
entra en rumba
olvídate del *beeper*,
del celular
85 de los problemas
desconéctate
vámonos de rumba
con este swing-swing
pasó eh...

11-34 Describe la acción. ¿Qué esperas ver y escuchar durante el fin de semana? Describe los colores, las personas, los sonidos, los olores, etc. Vuelve a escuchar la canción y trata de visualizar la escena.

11-35 ¿Los conoces? ¿Conocen a gente como ésta? ¿Son serios? ¿Cuál es su profesión? ¿Qué esperanzas y metas tienen?

A explorar

11-36 El merengue. Conéctate a la página de *Conexiones* en la red
www informática (*http://www.prenhall.com/conexiones*) e investiga en la sección «A explorar» para descubrir la historia del merengue.

Imágenes
Jaime Antonio González Colson

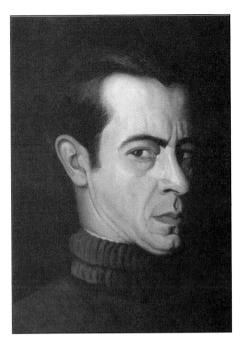

Jaime Antonio González Colson nació en la ciudad de Puerto Plata, República Dominicana, en 1901. Desde que era niño era evidente su interés por las artes. Siendo aún muy joven realizó estudios de arte en Barcelona y Madrid. Posteriormente, vivió en México y Francia, donde expuso su obra con un éxito extraordinario, en ocasiones junto a Picasso, Braque y Dalí, entre otros. Colson ganó muchos premios importantes por su gran talento artístico. Su pintura se caracteriza por su realismo dramático y energía gráfica. Sus temas casi siempre son sociales, los cuales recrea desde perspectivas geométricas y una poderosa luminosidad. Las formas cubistas que aprendió en Europa contribuyeron a sintetizar una robusta grafía y una extraordinaria fluidez lineal. Fue un gran observador y enamorado del pueblo caribeño y su cultura, sin embargo su obra es de factura universal. Jaime Colson murió en 1975 y hoy en día es considerado uno de los más grandes exponentes de las artes plásticas en la República Dominicana, puesto que abrió las puertas a la modernidad en la pintura de ese país.

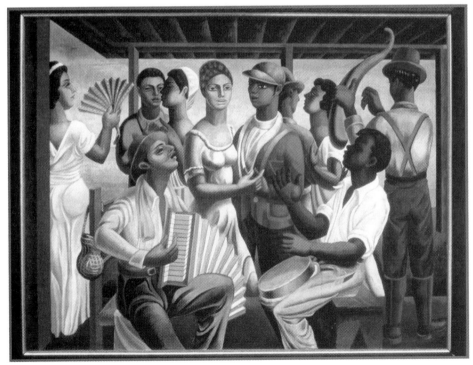

Jaime González Colson, *Merengue,* 1937.

Perspectivas e impresiones

11-37 ¿Qué observas? ¿Qué te imaginas? Primero haz una descripción objetiva de este cuadro. Luego dale cuerpo dándoles nombres a los personajes, describiendo sus profesiones, sus intereses, etcétera.

11-38 El ritmo del merengue. Busca un ejemplo de música merengue y compara el sonido con el cuadro. ¿Tienen un estilo semejante?

A explorar

11-39 ¡A bailar salsa y merengue! Conéctate a la página de **www** *Conexiones* en la red informática (*http://www.prenhall.com/conexiones*) e investiga en la sección «A explorar» para descubrir cómo nacieron estos ritmos y bailes del Caribe hispano.

Páginas
Guillermo Samperio

Guillermo Samperio nació en la Ciudad de México el 22 de octubre de 1948. Allí ha vivido toda su vida. Antes de dedicarse a la literatura, Samperio era dibujante y diseñador. También ha sido guionista y productor de radio. Ha coescrito una novela, *El hombre equivocado* (1988) y numerosos volúmenes de cuentos cuyos temas giran en torno a la realidad del ser humano en las grandes ciudades, siempre tratados con un gran sentido del humor. «Tiempo libre» pertenece a uno de sus libros de cuentos más conocidos: *Textos extraños* (1981).

Antes de leer

11-40 Metamorfosis. ¿Has conocido a gente que poco a poco asume las características físicas o la personalidad de su pareja o de su mascota? Explica.

Estrategias de lectura

Al leer, es importante reconocer al/a la narrador/a. Con narradores omniscientes, hay menos interacción entre el/la lector/a y el/la narrador/a. Estos narradores presentan el argumento y la información de una manera relativamente objetiva. Por otra parte, cuando la narración es en primera persona, hay que tomar en cuenta el punto de vista del/de la narrador/a —sus prejuicios, sus virtudes o defectos intelectuales y emocionales y, sobre todo, su integridad. ¿Cómo presenta la narración? ¿Es mentiroso el narrador? ¿Tiene motivos ocultos?

11-41 Anticipar. Cuando se narra en primera persona («yo»), se ve todo sólo a través de los ojos del narrador. Esto implica que puede ser difícil anticipar los eventos hasta que los revele el/la narrador/a. El desenlace puede resultar irónico, tal como en este cuento corto. Mientras vayas leyendo, trata de visualizar lo que describe el narrador y aceptarlo desde su punto de vista, como si fueras el personaje principal.

Tiempo libre

Todas las mañanas compro el periódico y todas las mañanas, al leerlo, me
mancho los dedos de tinta. Nunca me ha importado ensuciármelos con tal de
estar al día en las noticias. Pero esta mañana sentí un gran malestar apenas toqué
el periódico. Creí que solamente se trataba de uno de mis acostumbrados
mareos°. Pagué el importe° del diario y regresé a mi casa. Mi esposa había salido
de compras. Me acomodé en mi sillón favorito, encendí un cigarro y me puse a
leer la primera página. Luego de enterarme de que un jet se había desplomado,
volví a sentirme mal; vi mis dedos y los encontré más tiznados que de
costumbre. Con un dolor de cabeza terrible, fui al baño, me lavé las manos con
toda calma y, ya tranquilo, regresé al sillón. Cuando iba a tomar mi cigarro,
descubrí que una mancha negra cubría mis dedos. De inmediato retorné al
baño, me tallé con zacate°, piedra pómez y, finalmente, me lavé con blanquea-
dor°; pero el intento fue inútil, porque la mancha creció y me invadió hasta los
codos. Ahora, más preocupado que molesto, llamé al doctor y me recomendó
que lo mejor era que tomara unas vacaciones, o que durmiera. En el momento
en que hablaba por teléfono, me di cuenta de que, en realidad, no se trataba de
una mancha, sino de un número infinito de letras pequeñísimas, apeñuzcadas°,
como una inquieta multitud de hormigas° negras. Después, llamé a las oficinas
del periódico para elevar mi más rotunda protesta; me contestó una voz de
mujer, que solamente me insultó y me trató de loco. Cuando colgué, las letritas
habían avanzado ya hasta mi cintura. Asustado, corrí hacia la puerta de entrada;
pero, antes de poder abrirla, me flaquearon° las piernas y caí estrepitosamente°.
Tirado bocarriba° descubrí que, además de la gran cantidad de letras hormiga
que ahora ocupaban todo mi cuerpo, había una que otra fotografía. Así estuve
durante varias horas hasta que escuché que abrían la puerta. Me costó trabajo

dizzy spells / costo

me... *I used a scrubber*
bleach

grouped together
insectos

me... se debilitaron / *noisily*
Tirado... *lying on my back*

to reflect on (literally, to spin)

turned my pages

hilar° la idea, pero al fin pensé que había llegado mi salvación. Entró mi esposa, me levantó del suelo, me cargó bajo el brazo, se acomodó en mi sillón favorito, me hojeó° despreocupadamente y se puso a leer.

Después de leer

11-42 Identificar. Identifica y resume estas partes de la narración. ¿Cómo caracterizas cada una: realista, impresionista, romántica, fantástica? ¿Por qué?

1. el contexto
2. la complicación
3. el desenlace

11-43 Reportero/a. Uno/a de ustedes toma el papel del señor y los demás lo entrevistan para un artículo del periódico.

11-44 ¡Luz, cámara, acción! Los miembros de la clase son directores/as de cine que dirigen al señor y a su esposa en una pequeña obra cinemática.

MODELO: *Primero, abre la puerta y sal de tu casa...*

Taller

Un relato fantástico

En el cuento anterior se podría pensar que la acción tuvo lugar en un sueño (o en una pesadilla), o que la imaginación puede crear la realidad. Sigue los siguientes pasos para escribir un relato en primera persona en que narres algo común y corriente que luego se transforme en algo fantástico.

1. **Idear algo cotidiano.** Por ejemplo, las acciones de lavar la ropa, de hacer la compra, de ver la televisión o de escribir un ensayo.

2. **Presentar el contexto.** Comienza el cuento con una frase introductoria que señale la costumbre cotidiana de tu acción.

3. **Agregar detalles.** Añade varias frases en que muestres el ritmo diario de esta acción.

4. **Crear una complicación.** Escribe varias oraciones en que muestres la secuencia y el empeoramiento de la complicación y tus esfuerzos para resolverla.

5. **Revelar la resolución.** En una o dos oraciones, resuelve la complicación y cierra el relato.

6. **Revisar.** Revisa tu relato para ver si has dado suficientes detalles para desarrollar la fantasía. Luego revisa la mecánica.

   • ¿Has incluido una variedad de vocabulario?
   • ¿Has verificado los usos de los artículos definidos e indefinidos?
   • ¿Has empleado bien el pretérito y el imperfecto?
   • ¿Has seguido la concordancia de tiempos para el subjuntivo?
   • ¿Has verificado la ortografía y la concordancia?

7. **Compartir.** Cambia tu relato por el de un/a compañero/a. Mientras lean los relatos, hagan comentarios y sugerencias sobre el contenido, la estructura y la gramática.

8. **Entregar.** Pasa tu relato a limpio, incorporando las sugerencias de tu compañero/a y entrégaselo a tu profesor/a.

12

Siglo XXI

Comunicación

◆ Talking about the 21st Century
◆ Making excuses
◆ Exaggerating

Estructuras

◆ *Se* for unplanned occurrences
◆ The passive voice
◆ Diminutives and augmentatives

Cultura

◆ El Tec de Monterrey: La universidad virtual
◆ El observatorio La Silla: Fotógrafo del cielo
◆ **Ritmos:** Meteosat—*Rescate espacial en Alfa centauro*
◆ **Imágenes:** Miguel Alandia Pantoja —*Medicina boliviana*
◆ **Páginas:** Marco Denevi—*Génesis; Apocalipsis*

Taller

◆ *Un ensayo editorial*

A explorar

◆ *La manipulación de los genes*
◆ *Lo último en las ciencias y en la tecnología*
◆ *Contacto con las estrellas: el radiotelescopio de Arecibo, Puerto Rico*
◆ *¿Clonar o no clonar?*
◆ *¡A conquistar el espacio!*

¿Dónde está esta persona?
¿Qué estará haciendo?
¿Cuál será su profesión?

Los autómatas del siglo XXI

La guerra de los robots ya está en marcha. Su incruento (*bloodless*) escenario no son las terribles barricadas callejeras sino los silenciosos laboratorios de las universidades y las fábricas, cada vez más grandes y cada vez más ausentes de presencia humana. El futuro será inevitablemente global y también exponencial. Todos tendrán que adaptarse entonces a las nuevas cosas que vienen. Porque no se trata de una utopía, sino de una realidad tangible. Está previsto que las primeras fábricas totalmente robotizadas comiencen a funcionar en el año 2010. Un año después, según un estudio elaborado por el Instituto de Robótica de la Universidad de Carnegie Mellon, estarán a la venta los primeros robots antropomórficos capaces de atender al público en las oficinas. Los barcos de carga navegarán solos de un puerto a otro, sin ningún marinero a bordo, guiados por robots vinculados a tierra por satélites y microondas. Estos barcos atracarán en los muelles (*docks*) sin intervención de un piloto. Los capitanes y la tripulación sólo existirán en las naves de pasajeros y su papel será mínimo. En el año 2012 habrán desaparecido los bomberos para combatir el fuego y rescatar a personas en los incendios: autómatas inmunes al calor y al humo extinguirán las llamas con productos químicos en lugar de agua, y salvarán a quienes se encuentren en peligro. En el año 2016 les llegará el turno a los hospi-

tales: el personal de limpieza será sustituido por numerosos robots que lustrarán los pisos, desinfectarán los quirófanos, les servirán la comida a los enfermos, llevarán papeles y radiografías de un lado para otro, recolectarán nuestra sangre, dosificarán los medicamentos y asistirán a los médicos en el 80 por ciento de las tareas auxiliares.

La prestigiosa revista *Nature* recientemente dio a conocer uno de los mayores avances científicos en el campo de la inteligencia artificial: la creación de robots capaces de fabricar otros sin la intervención del ser humano. Este ordenador, creado por los científicos Hod Lipson y Jordan Pollack, abre un nuevo debate sobre el límite del desarrollo de las nuevas tecnologías. Pero también despierta el temor a la posibilidad de la existencia de máquinas con vida propia que podrían llegar a dominar al ser humano. ■

Vocabulario primordial

el chip electrónico   el microprocesador

Vocabulario clave

Verbos

alcanzar	to reach
lustrar	to polish; to shine
perfeccionar	to perfect
recolectar	to collect; to gather
salvar	to save

Sustantivos

el autómata	robot
la contraseña	password
la falla	defect; flaw
el incendio	fire
el/la marinero/a	sailor
el puerto	port
el quirófano	operating room
la tripulación	crew

Adjetivos

antropomórfico/a	anthropomorphic (of human form)
previsto/a	foreseen

Otras palabras y expresiones

a bordo	on board
las barricadas callejeras	street barricades
en vivo	live (radio, TV)
estar en marcha	to be in progress

Ampliación

Verbos	Sustantivos	Adjetivos
adaptarse	la adaptación	adaptado/a
alcanzar	el alcance	alcanzado/a
explorar	la exploración	explorado/a
funcionar	la función	funcionado/a
imitar	la imitación	imitado/a
operar	la operación	operado/a
planificar	la planificación	planificado/a

¡Cuidado!

The superlative de

◆ In the superlative structure the preposition *in*, for example, . . . *in Latin America* or . . . *in the world*, is expressed with **de** in Spanish.

Ese nuevo microprocesador es el más pequeño **del** mundo.	*That microprocessor is the smallest in the world.*
Los trabajadores experimentados son los más productivos **de** la fábrica.	*The experienced workers are the most productive ones in the factory.*

Aplicación

12-1 Categorizar. Apunta las categorías en las que vamos a ver más y más presencia de robots según el artículo que leíste. Da un ejemplo para cada categoría.

MODELO: *En la fabricación de automóviles, habrá robots que ensamblen el coche, lo pinten y lo prueben.*

12-2 ¿Qué implica esta invasión robótica? Conversen sobre las implicaciones económicas, políticas y sociales de los robots en cada categoría que hayan apuntado y también para los países no industrializados.

12-3 En familia. Completa las siguientes oraciones usando una variación de cada palabra en itálica. Si necesitas ayuda, consulta la sección llamada *Ampliación*.

MODELO: Se tuvo que *operar* al joven después del accidente. La _operación_ fue en el hospital San Francisco.

1. La ciudad de Washington, D.C. fue *planificada* como una rueda con sus calles partiendo del capitolio en forma radial. Sus diseñadores la _____ siguiendo a París como modelo.
2. Tener un robot en casa estará al *alcance* de todos para el año 2010. Algunas personas ya _____ esta meta.
3. *Imitaron* nuestros planes para la fabricación del robot. _____ fue muy mala.
4. El Polo Norte fue *explorado* varias veces durante el siglo pasado. _____ costó no sólo dinero sino también la vida de algunos de los exploradores.
5. *Adaptarse* a clases sin maestros humanos no será tan fácil como sugiere el artículo. Sin embargo, con los avances de la tecnología esta _____ será más fácil en el futuro.
6. ¿Cuál es la *función* de las torres de microondas que se ven por las carreteras? Las torres _____ para transmitir llamadas por teléfonos celulares.

12-4 ¡Cuidado! Emparejen estos lugares, personas y cosas para crear descripciones superlativas. Si no están de acuerdo, den otra opción.

MODELO: una ciudad hermosa: San Francisco

      E1: *San Francisco es la ciudad más hermosa del mundo.*

      E2: *No es verdad. Boston es la más hermosa del mundo.*

1. un avance científico crucial
2. una fábrica grande de automóviles
3. una novela de ciencia ficción intrigante
4. una clase buena
5. un campo de investigación importante
6. unos estudiantes motivados
7. una película emocionante
8. un parque nacional hermoso

a. *La matriz*
b. Nosotros/as
c. El usar robots en la cirugía
d. Yosemite
e. Ésta
f. *Alfa Centauro* de Isaac Asimov
g. El encontrar una cura para el SIDA
h. La de Detroit

👥 12-5 La calidad de vida. En los países en vías de desarrollo la calidad de vida es más difícil que en los países desarrollados. ¿Creen que tenemos el deber de mejorar la calidad de vida en aquellos países para que alcancen un nivel mínimo de salud y bienestar? Busquen datos en la red informática u otros recursos para apoyar sus recomendaciones.

👥 12-6 Las vías de comunicación. Hoy en día la red informática y el correo electrónico han cambiado muchos aspectos de nuestras vidas. Hablen de cómo estos recursos van a seguir afectando nuestra vida social y laboral en las primeras décadas del siglo XXI.

👥 12-7 La terapia genética. ¿Han leído sobre casos en que la terapia genética haya ayudado a una persona con una enfermedad hereditaria? ¿Cuáles son las cuestiones económicas, sociales y personales que entran en este tipo de investigación?

Terapia genética, el futuro de la medicina

La mayoría de las enfermedades que sufrimos está ligada a una deficiencia en nuestros genes. Hasta la fecha, los investigadores han descubierto ya cerca de 1.000 enfermedades de origen genético. Se conoce que, por ejemplo, la hemofilia, las miopatías, algún tipo de sordera y hasta el cáncer del seno están en esta categoría. Pero, ¿podrán curarse? Éste es el gran desafío.

La terapia genética consiste en reemplazar los genes defectuosos por genes en buen estado. A pesar de que se tienen grandes esperanzas en este campo, aún estamos hablando del futuro.

A explorar

🌐 12-8 La manipulación de los genes. Conéctate a la página de
www *Conexiones* en la red informática (*http://www.prenhall.com/conexiones*) e investiga en la sección «A explorar» para descubrir lo que puede pasar si se manipulan los genes.

12-9 La sangre artificial. Lean el artículo a continuación. ¿Cuáles son las ventajas y desventajas de usar terapias artificiales? Incluyan consideraciones sociales, económicas y médicas en su conversación.

Hacia la sangre artificial

Como las transfusiones sanguíneas, si bien pueden salvar la vida de un paciente, también son un vehículo de transmisión del SIDA, investigadores de los Estados Unidos tratan de perfeccionar un substituto de la sangre. Se trata de un derivado de la hemoglobina humana asociada a un derivado de la aspirina. Esta sangre semiartificial es capaz de circular dentro del cuerpo y de transportar el oxígeno a los tejidos (*tissues*), pero además puede ser administrada a cualquier paciente rápidamente ya que es compatible con todos los grupos sanguíneos. Además este producto puede conservarse hasta doce meses en lugar de sólo los 28 días que duran los glóbulos rojos almacenados.

12-10 El objeto. Inventen un objeto que pudiera tener algún uso en el futuro. Describan sus componentes, su utilidad y su costo.

1 *Se* **for unplanned occurrences**

Se me olvidó tu contraseña, ¿me la puedes dar?

In order to describe an involuntary or unplanned event, Spanish frequently uses **se** in conjunction with the third person singular or plural of the verb. In such cases, the action is not viewed as being *carried out* by someone, but rather as *happening* to someone. Hence, the indirect object is used.

Se le perdió la cartera al marinero.	*The sailor lost his wallet.*
¿**Se le cayeron** los paquetes al autómata?	*Did the robot drop the packages?*
Se me quedó la maleta en el muelle.	*I left the suitcase on the pier.*
Se nos olvidó analizar el factor económico.	*We forgot to analyze the economic factor.*

◆ Possession is implied by the indirect object pronoun, therefore Spanish uses the definite article, not the possessive adjective as in English. The prepositional phrase **a** + *noun/pronoun* may be added for clarity or emphasis.

A ti se te cayó el transistor.	*You dropped your transistor.*
Al bombero se le ocurrió ir al puerto.	*It occurred to the fireman to go to the port.*

Aplicación

12-11 Un incendio. Completa el diálogo con la forma correcta de las expresiones de la lista. Una de las expresiones se usa dos veces.

caerse	ocurrirse	perderse	romperse
morirse	olvidarse	quedarse	

DRA. SALINAS: Dr. Romero, ¿tiene usted los planos para el aparato?

DR. ROMERO: Disculpe, Dra. Salinas, (1)_____ en casa.

DRA. SALINAS: No entiendo. ¿Por qué se los llevó a casa? Parece que usted está muy distraído.

DR. ROMERO: Es verdad. Ha sido una semana pésima para mí. El domingo salí con mi familia para dar un paseo y a mi esposa (2)_____ apagar el horno. Cuando llegamos a casa, me di cuenta de que (3)_____ las llaves de mi casa y no podíamos entrar. Vimos que la casa estaba llena de humo y sabíamos que los gatos estarían muy asustados. Quería llamar a los bomberos, pero estaba tan histérico que (4)_____ el número de teléfono. Por fin, los llamó un vecino y cuando llegaron, me pudieron salvar la casa. Sin embargo, (5)_____ un gatito a mi hija menor. Y al entrar en la casa, (6)_____ una lámpara antigua a mi esposa y (7)_____ en mil pedazos. ¡Fue todo un desastre!

DRA. SALINAS: ¡Lo siento mucho, Dr. Romero! Especialmente la muerte del gatito. Pero (8)_____ una solución. Tengo una familia de gatitos recién nacidos en casa. Les regalo uno, ¡o dos, si quieren!

DR. ROMERO: Es usted muy amable. Mi hija le va a estar muy agradecida.

👥 12-12 Un día desastroso. Escriba cada uno/a una experiencia en que todo le salió muy mal. Luego, intercambien las historias y cada uno/a cuéntele a la clase lo que le pasó al/a la compañero/a.

MODELO: E1: *Un día se me quedó la tarea en casa y no pude entregarla a tiempo.*

E2: *A Carlos un día se le quedó la tarea en casa y no pudo entregarla a tiempo.*

12-13 Excusas en la oficina. Inventa excusas para las siguientes situaciones.

MODELO: No tienes el informe preparado para la junta de directores.

Disculpen. Iba a repartirles a todos una copia del informe, pero se nos estropeó la fotocopiadora esta mañana.

1. Hay muchas fallas en el informe que has preparado para tu supervisora.
2. Hubo un pequeño incendio en tu escritorio.
3. Llega la policía a la oficina durante la fiesta de jubilación (*retirement*) de tu jefe.
4. El secretario no encuentra el mando a distancia para la videocasetera.
5. Una planta exótica de tu jefe está amarilla y moribunda.
6. Hay una mancha oscura en los planos para la fábrica nueva.

7. No has terminado el análisis del mercado laboral.
8. Tu jefe tuvo que usar la escalera para subir diez pisos esta mañana.
9. La red de computadoras de la oficina está mal programada.
10. Ya no hay café en la cafetera.

Comparaciones

El Tec de Monterrey: La universidad virtual

El Sistema Tecnológico de Monterrey, México, estableció en 1996 una Universidad Virtual. El Sistema de Educación Interactiva por Satélite (SEIS) constituyó el inicio de este esfuerzo al comenzar en 1989 la transmisión y recepción de educación a distancia en el Tec. Pocos años después, internacionalizaron su servicio al ofrecer programación académica en sedes (*centers*) externas al Tec. Hoy en día, universidades públicas y empresas en el continente americano se benefician a través de este modelo de educación.

En este programa de educación a distancia, profesores y alumnos se encuentran en lugares geográficos distintos durante las sesiones de clase, rompiendo de este modo con las barreras de tiempo y espacio, ya que el proceso de enseñanza no se lleva a cabo mediante interacción directa, sino a través de diversas tecnologías de telecomunicaciones, redes electrónicas y multimedia. Los alumnos reciben estas transmisiones en salones especialmente equipados, y pueden comunicarse con sus profesores en vivo durante la sesión de satélite a través de teléfono, fax o correo electrónico.

La Universidad Virtual se ha convertido en una enorme red telemática compuesta de bibliotecas y redes electrónicas así como de laboratorios virtuales que interconectan áreas geográficas distantes generando mayor calidad y motivando el aprendizaje a distancia.

En 1999 la Universidad Virtual empezó a ofrecer los servicios educativos del Tec de Monterrey por Internet, al lanzar en marzo el sistema tec.com.mx, a través del cual se ofrecen carreras, maestrías y cursos de capacitación totalmente por la Internet. Con tec.com.mx, los alumnos ya no tienen que acudir a un lugar físico ni estar conectados al mismo tiempo que su profesor y sus compañeros. Es un sistema totalmente flexible en tiempo y en espacio que favorece el concepto de *just in time learning*: educación en el momento en que se necesite.

Vamos a comparar

Antes de los avances tecnológicos y de telecomunicación, ¿cómo se llevaba a cabo la educación a distancia? ¿Tiene tu universidad cursos de educación a distancia? ¿Qué opinas de ellos? ¿En qué partes del mundo piensas que son particularmente beneficiosos estos cursos? ¿Por qué?

Vamos a conversar

👥 **Cursos a distancia.** Conversen sobre los pros y los contras de transmitir y recibir educación a distancia para estas materias. ¿Cuáles les interesarían y por qué?

contabilidad	música
idiomas	planificación urbana
literatura	mercadeo
biología	sociología
arte	informática

A explorar

🌎 **12-14 Lo último en las ciencias y en la tecnología.** Conéctate a www la página de *Conexiones* en la red informática (*http://www.prenhall.com/conexiones*) e investiga en la sección «A explorar» para enterarte de las últimas noticias sobre el mundo de las ciencias y la tecnología.

Un robot popular. Vas a escuchar un informe sobre un robot diseñado para un grupo especial. Contesta brevemente las preguntas a continuación.

1. ¿Para quiénes fue producido este robot?
2. ¿Qué es el juguete nuevo?
3. ¿Por qué es popular?
4. ¿Qué prefieren los adultos?
5. ¿Qué hace el juguete nuevo?
6. ¿Quisieras tener uno? ¿Por qué?

¿Qué pasaría si cayera un cometa en la Tierra?

A raíz del descubrimiento de Shoemaker, las especulaciones de que un posible cometa chocara contra la Tierra comenzaron a escucharse. Los expertos aseguran que la única predicción segura apunta hacia el año 2126 con una probabilidad de colisión del 5 por ciento.

Ahora que tenemos menos actividades tras el fin de la Guerra Fría, los científicos proponen disparar bombas nucleares contra los asteroides y cometas que se acerquen. Afirman que las explosiones podrían desviar un asteroide letal antes de que golpee el planeta.

Pero éste y otros planes contra los asteroides fueron criticados por el científico de Cornell, Carl Sagan. El renombrado científico advirtió que dicha tecnología antiasteroides puede recibir un mal uso; por ejemplo, un «loco» podría guiar deliberadamente un asteroide contra un país enemigo. Aunque parece la trama de una novela, en realidad la amenaza de asteroides y cometas, tema constante de la ciencia ficción, está siendo tomada con mayor seriedad por los científicos.

Observaciones telescópicas preliminares indican que pueden existir «miles de asteroides cercanos a la Tierra», es decir, cruzando la órbita terrestre. En las últimas décadas los geólogos descubrieron más de 100 cráteres sobre la superficie del planeta, todos formados por meteoros o asteroides durante miles de millones de años.

«Un objeto que tiene un kilómetro de largo se acerca cada 100.000 años luz, aproximadamente», indica el científico Gregory H. Canavan, del Laboratorio Nacional Los Álamos. «Ello significa que, en términos de la vida humana, que redondearé hasta un siglo, hay una posibilidad en 1.000 de morir a causa de esto».

Algunos meteoros son lo suficientemente grandes para llegar hasta la superficie (*surface*) de la Tierra, momento en el que son rebautizados como meteoritos. Han caído sobre automóviles, penetrado tejas y golpeado a desafortunados peatones (*pedestrians*). Por ejemplo, en 1954 una mujer sufrió un golpe de un meteorito en una pierna. Pero algunos «viajeros» espaciales son mucho más grandes. Incluyen un objeto del tamaño de un edificio de oficinas que estalló en 1908 sobre Siberia, derribando miles de kilómetros cuadrados de bosque, pero, milagrosamente, sin matar a nadie, y el Kleviatan, que golpeó Arizona hace decenas de miles de años, formando el Cráter Meteoro, de un kilómetro y medio de diámetro, actualmente una atracción turística cerca de Winslow.

Canavan y sus amigos en el Colegio Johndale Solem, de Los Álamos, sospechan que es más seguro detonar una bomba nuclear cerca, pero no sobre un asteroide, ya que la radiación desviaría el cuerpo celeste hacia una nueva trayectoria. Por contraste, detonar la bomba sobre el asteroide podría fragmentarlo en varios trozos sin alterar su movimiento. También se contemplan mecanismos no nucleares en los que los científicos podrían:

★ Envolver una gigantesca sustancia reflectora como el *mylar*, sobre el asteroide, como la vela de un bote. La radiación del Sol y el haz continuo de partículas solares —el viento solar— desviarían la trayectoria del cuerpo celeste.

★ Disparar algunas toneladas de acero al espacio, estrellarlas contra el asteroide y dejar que la energía generada por el impacto desvíe el cuerpo celeste, como una bola de billar.

★ Colocar en el asteroide cohetes impulsados por energía nuclear, para acelerarlo gradualmente hasta una nueva órbita.

★ O bien, construir sobre el asteroide conductores de masa electromagnéticos, lanzando al espacio fragmentos de su superficie. Debido a que —como dijo Isaac Newton hace tres siglos— cada acción produce una reacción igual en sentido contrario, el asteroide sería impulsado en la dirección opuesta a la de los fragmentos arrojados.

¡Así lo decimos! Vocabulario

Vocabulario primordial

acelerar
atraer
celeste
clasificar
desintegrar
enfriar

expandir
opuesto/a
la órbita
el planeta
el sistema solar

Las unidades

la decena	la centena	miles	millones
la onza	la libra	la tonelada	
la pulgada	el pie	la yarda	la milla
el mililitro	el centilitro	el litro	
el centímetro	el metro	el kilómetro	
el miligramo	el centigramo	el gramo	el kilogramo

Ampliación

Verbos	Sustantivos	Adjetivos
apuntar	el apunte	apuntado/a
chocar	el choque	chocante
derribar	el derribo	derribado/a
desviar	la desviación, el desvío	desviado/a
envolver (ue)	la envoltura	envuelto/a
expandir	la expansión	expandido/a
golpear	el golpe	golpeado/a
quemar	la quemadura	quemado/a

Vocabulario clave

Verbos

apuntar	to point out
chocar	to hit; to collide
derribar	to knock down
desviar	to divert
envolver (ue)	to wrap up
encoger (se)	to shrink
estallar	to explode
golpear	to hit, pound
lanzar	to throw
redondear	to round off

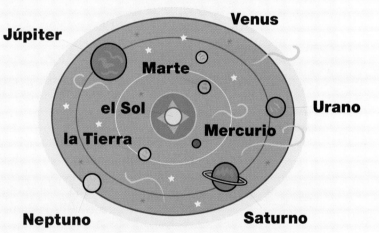

Sustantivos

el agujero negro	black hole
el cohete	rocket
el tamaño	size
la teja	(roof) tile
el trozo	piece

Otras expresiones

debido a	due to
el sentido contrario	the opposite way
tras	after

¡Cuidado!

desde, puesto que

◆ The English word *since* refers to time, distance, and can also be used to mean *because* (*of*) or *due to*. However, the Spanish word **desde** only refers to time and distance; it never means *since* in the sense of *because* (*of*) or *as a result of*. Use **puesto que** for the latter.

Los científicos encontraron restos del meteorito en un área que se extiende **desde** Phoenix hasta Mesa.	Scientists found the remains of the meteorite in an area extending from Phoenix to Mesa.
Los aeronautas de la NASA han trabajado en el diseño del cohete **desde** 1988.	The NASA astronauts have worked on the design of the rocket since 1988.
Puesto que los agujeros negros nunca han sido observados, no hay prueba definitiva de su existencia.	Since (Because) black holes have never been observed, there is no definite proof of their existence.

Aplicación

12-15 En familia. Completa las siguientes oraciones usando una variación de cada palabra en itálica. Si necesitas ayuda, consulta la sección llamada *Ampliación*.

MODELO: —*¡Apunta* las razones para la importancia de los robots en el próximo siglo!

—¡No te preocupes! Ya las tengo <u>apuntadas</u>.

1. El meteorito *chocó* con la Tierra. _____ causó un cráter grande.
2. La bomba hizo *derribar* el edificio y ahora está _____.
3. Después del incendio toda la maquinaria de la fábrica estaba *quemada*. El incendio _____ todo el inventario también.
4. El tráfico alrededor de la fábrica fue *desviado* por el estallido. La policía tuvo que _____ el tráfico por varias horas.
5. Nos encontramos totalmente *envueltos* en una conspiración tras otra. No quiero que Uds. me _____ en otra.
6. La *expansión* del programa de robótica ya no se efectuará ahora hasta el año 2010. Los empresarios esperan _____ el programa con una subvención del gobierno.
7. Los terroristas secuestraron al general y lo *golpearon*. Afortunadamente, _____ no resultaron en heridas graves.

12-16 ¡Cuidado! Completa las oraciones con **desde** o **puesto que** según el contexto.

Hace muchos siglos un meteorito chocó con la Tierra en el norte de la provincia de Ontario. El cráter formado por el meteorito se extiende (1)_____ el norte hasta el sur del condado en que se sitúa la ciudad de Sudbury. (2)_____ el siglo XIX, se ha sabido que el meteorito sería importante para la economía de la región. Hoy en día se mina níquel en este lugar, (3)_____ el meteorito contenía grandes cantidades de ese metal. Si visitas la ciudad, vas a notar que el aire está lleno de azufre (*sulfur*), (4)_____ todavía se extrae el níquel de la roca. Se cree que ha habido muchos meteoritos que han chocado con la Tierra, (5)_____ hay cráteres (6)_____ el extremo norte al extremo sur de la Tierra.

12-17 Hay grandes cantidades. Explica cuántos hay en cada categoría.

MODELO: peces en el mar

Hay millones de peces en el mar y miles de especies.

1. gramos de café en una libra
2. peatones en la ciudad de Nueva York
3. onzas de refresco en una botella
4. kilogramos de azúcar en cinco libras
5. miligramos de aspirina en una pastilla
6. metros en un kilómetro
7. kilómetros desde Nueva York hasta San Francisco
8. estrellas en el cielo
9. meteoritos que han caído del espacio a la Tierra
10. novelas de ciencia ficción

12-18 ¿Qué pasaría si cayera un cometa sobre la Tierra? Haz una lista de seis o más consecuencias posibles si un cometa cayera sobre la Tierra.

MODELO: *Se destruiría toda una ciudad...*

12-19 ¿Qué harían en ese caso? Si supieran con un día de anticipación que iba a caer un cometa, ¿qué preparativos tomarían? Pongan en orden de importancia de ocho a diez acciones y expliquen por qué.

MODELO: *Primero, sacaríamos dinero del banco porque tendríamos que comprar comida...*

12-20 Las armas nucleares. ¿Bajo qué circunstancias se deberían usar armas nucleares contra una amenaza terrestre o celeste? Discutan los pros y los contras.

12-21 Una trama de ciencia ficción. En grupos de tres o cuatro, piensen en una novela que hayan leído o una película que hayan visto en que figure un cometa o un asteroide. Trabajen juntos para preparar el relato y después preséntenselo a la clase.

2 The passive voice

In both Spanish and English, the active voice expresses an action in which the subject is active, that is, the subject performs the action. In the passive voice, the recipient of the action is emphasized and becomes the grammatical subject. The agent who performed the action can be introduced by the preposition **por.**

Los científicos diseñaron la bomba.	*The scientists designed the bomb.*
La bomba fue diseñada **por** los científicos.	*The bomb was designed by the scientists.*
El geólogo descubrió el cráter.	*The geologist discovered the crater.*
El cráter fue descubierto **por** el geólogo.	*The crater was discovered by the geologist.*

El asteroide fue desviado por la detonación de una bomba nuclear.

◆ The passive voice is formed with the verb **ser** + *past participle*. The past participle agrees in gender and number with the subject because it is used as an adjective.

La tecnología para destruir el meteoro **fue explicada** por la experta.	*The technology to destroy the meteor was explained by the expert.*
La distancia entre el cometa y la Tierra **fue calculada** por los físicos.	*The distance between the comet and Earth was calculated by the physicists.*

◆ In Spanish, the passive voice can also be expressed with the pronoun **se**. The reflexive **se** as a substitute for the passive voice is more common, but can only be used when the agent of the action is not expressed.

Se explicaron los pasos para proteger la Tierra.	*The steps to protect Earth were explained.*
El cráter **se** abrió como atracción turística.	*The crater was opened as a tourist attraction.*

◆ To describe the state or condition resulting from a previous action use **estar** + *past participle*.

El observatorio **está** cerrado.	*The observatory is closed.*
Las computadoras **estaban** apagadas.	*The computers were turned off.*

Aplicación

12-22 Grandes descubrimientos e invenciones. Contesta las preguntas usando la voz pasiva y las respuestas de la lista.

MODELO: ¿Quién inventó la bombilla eléctrica?

Fue inventada por Thomas Edison.

los árabes	William Harvey
Galileo	Leonardo da Vinci
Clara Barton	Albert Einstein
Wilbur y Orville Wright	Sir Isaac Newton
Alexander Graham Bell	Booker T. Washington

1. ¿Quién explicó la fuerza de gravedad?
2. ¿Quién confirmó la teoría de Copérnico que dice que los planetas giran alrededor del Sol?
3. ¿Quién inventó el teléfono?
4. ¿Quién formuló la teoría de la relatividad?
5. ¿Quién describió el sistema de circulación de la sangre?
6. ¿Quién explicó los muchos usos posibles del cacahuate (*peanut*)?
7. ¿Quién fundó la Cruz Roja?
8. ¿Quiénes inventaron el avión moderno?
9. ¿Quién describió el primer helicóptero?
10. ¿Quiénes perfeccionaron el sistema de irrigación en España?

 **12-23 ¿Cómo se explican estas acciones y condiciones?** Usa la siguiente información para formar frases que expresen un agente de la acción, simplemente el estado resultante o el **se** reflexivo como sustituto. Luego den más detalles sobre el evento o la condición.

MODELO: el planeta Marte / explorar

El planeta Marte fue explorado por el Pathfinder, pero luego se perdió la señal del robot y se decidió abandonar la misión.

1. el cometa Hale-Bopp / descubrir
2. la nave Titanic / hundir
3. la luna / abandonar
4. una guerra nuclear / prever
5. el primer satélite / lanzar
6. el chip electrónico / perfeccionar
7. la energía solar / utilizar
8. la tarea repetitiva / considerar
9. la energía atómica / explotar
10. la Tierra / habitar

12-24 Una invención o un descubrimiento. Describe y explica una invención o descubrimiento que conozcas. Utiliza la voz pasiva, el **se** impersonal y la condición resultante según más convenga.

MODELO: *Según las teorías actuales, las tierras que ahora se conocen como las Américas fueron primeramente habitadas por varias tribus asiáticas...*

El observatorio La Silla: Fotógrafo del cielo

Los telescopios, como todas las máquinas construidas por el hombre, tienen sus limitaciones. La del telescopio es la atmósfera enrarecida que deben penetrar las imágenes emitidas por los cuerpos celestes desde millones de kilómetros y que se debilitan a veces hasta perderse del todo en el viaje. La solución perfecta es colocar el telescopio en un lugar en el que reciba las imágenes directamente y sin ninguna interferencia atmosférica, como es el caso del telescopio espacial *Hubble,* que flota sobre la Tierra a 650 kilómetros de altura, o colocar los telescopios en lugares donde la atmósfera sea casi perfecta y libre de la contaminación, la luz de las ciudades o las nubes y relámpagos (*lightning*). Eso es lo que se ha encontrado en pleno desierto de Atacama, Chile, en lo alto de una colina llamada La Silla, a 2.379 metros sobre el nivel del mar, y a 600 kilómetros de la ciudad de Santiago. El lugar, debido a su altitud, tiene un aire poco denso y delgado que es fácilmente atravesado por la luz de estrellas y galaxias. Aquí las nubes y lluvias son muy escasas. Como promedio, en La Silla se registran más de 300 noches despejadas (sin nubes) al año, además de que hay poca variación de temperatura de la noche al día, lo que ayuda a evitar la expansión y contracción de los instrumentos por los ascensos y descensos de temperatura.

El Observatorio Espacial Europeo, llamado así por pertenecer a Bélgica, Dinamarca, Alemania, Francia, Italia, Países Bajos, Suecia y Suiza, tiene quince telescopios instalados dentro de edificios de color plateado con cúpulas blancas y tiene un gasto anual de 27 millones de dólares. En el observatorio hay cerca de 250 personas trabajando, de las cuales 139 son chilenas. Mediante computadoras se maneja todo el sistema de óptica e información de los telescopios. Gracias a un sistema de seguimiento (*tracking*) es posible fotografiar objetos celestes con exposiciones que duran horas a pesar del movimiento de rotación terrestre.

Vamos a comparar

¿Crees que vale la pena un observatorio que cueste tanto? ¿Por qué? ¿Hay un departamento de física en tu universidad? Si lo hay, ¿tiene telescopio? Si no lo sabes, averígualo. ¿Piensas que la Tierra es el centro del universo? ¿Por qué?

Vamos a conversar

¿Estás de acuerdo o no? Conversen entre Uds. sobre estas hipótesis y den razones por qué las aceptan o no.

- Hay muchos planetas cuya existencia no hemos probado todavía.

- Hay sistemas solares fuera del nuestro.

- Hay vida en otros planetas.

- Nuestro planeta está en peligro.

A explorar

🌐 **12-25 Contacto con las estrellas: el radiotelescopio de Arecibo, www Puerto Rico.** Conéctate a la página de *Conexiones* en la red informática (*http://www.prenhall.com/conexiones*) e investiga en la sección «A explorar» para aprender sobre el radiotelescopio más grande del mundo y los esfuerzos que se han hecho y se siguen haciendo para encontrar vida inteligente en el cosmos.

3 Diminutives and augmentatives

In Spanish there are diminutive and augmentative suffixes that are added to nouns to express smallness or bigness. These endings may also express endearment, contempt, ridicule, and pity.

◆ The most common Spanish diminutive endings follow.

-ito/a, -illo/a added to nouns ending in **-o, -a, -l**

La trama de la novel**ita** era la Guerra Fría.	*The plot of the short novel was the Cold War.*
El astronom**illo** era un hombre muy agradable.	*The (nice) little astronomer was a very pleasant man.*

-(e)**cito/a**, -(e)**cillo/a** added to nouns with endings other than -o, -a, -l

El hombre**cito** era un químico distinguido.	*The (cute) little man was a distinguished chemist.*
Para ser mujer**cita,** es una científica muy experta.	*For a young woman, she's a very accomplished scientist.*
El profesor**cillo** era muy egoísta.	*The (lousy) little professor was very egotistical.*

◆ These are the most common Spanish augmentatives.

-**aco/a**, **azo/a**, -**ón/ona**, -**ote/a**

El libr**aco** de física era pesadísimo.	*The huge physics book was very heavy.*
¿Viste ese cohet**azo**? Yo ayudé a construirlo.	*Did you see that big rocket? I helped build it.*
¿Viste la mansión? ¡Qué cas**ona**!	*Did you see the mansion? What a huge house!*
Tu amig**ote** no me cae bien.	*I don't like your big (vulgar) friend.*

Aplicación

12-26 Los diminutivos. Forma expresiones diminutivas y luego escribe oraciones donde las uses.

MODELO: cosa

> *Hay una cosita que me preocupa sobre la cuestión de los cometas. ¿Cuánto tiempo vamos a tener para evacuar la ciudad?*

1. emisión
2. cohete
3. cometa
4. meteoro
5. trozo
6. pequeño
7. hombre/mujer
8. luna
9. robot
10. nave

12-27 Es una exageración. Formen oraciones con la forma aumentativa de cada una de las siguientes palabras individualmente. Luego digan sus oraciones para que el/la otro/a reaccione y contradiga la idea.

MODELO: el perro

> E1: *Ayer en la calle enfrente de mi apartamento me asaltó un perrazo que me dio tal susto que no pude ni correr ni gritar.*

> E2: *¡No exageres! No era un perrazo sino un perrito.*

1. el asteroide
2. el telescopio
3. el accidente
4. la catástrofe
5. el hombre/la mujer
6. el informe
7. la escena
8. la pelea
9. el agujero negro
10. el incendio

👥 **12-28 ¿Qué observan?** Túrnense para explicar lo que se ve en estos contextos. Usen diminutivos y aumentativos lógicos.

MODELO: en el centro de computadoras

Se ven unas maquinotas, papelitos por todas partes y muchos estudiantes frustraditos por sus trabajitos.

1. en una nave espacial
2. en un laboratorio
3. en un observatorio
4. en un centro de comunicaciones
5. en una selva tropical
6. en un pedazo de ámbar
7. en una universidad virtual
8. en otro planeta

Conexiones

Un paso adelante ¿y un paso atrás? Una de las ramas de la medicina en que hemos visto enormes avances en los últimos años es la genética. Ya es posible saber mucho sobre una criatura, hasta sobre su futuro, antes siquiera de que nazca. ¿Cuáles son las implicaciones éticas relacionadas con este fenómeno? En grupos pequeños, discutan las ventajas y las desventajas de los avances de la genética. Según piensan Uds., ¿qué efecto pueden tener dichos avances con respecto a los logros sociales de personas con enfermedades u otras condiciones congénitas? ¿En qué debe invertirse más, en la cura de enfermedades para las personas que ya las tienen o en la investigación de sus posibles causas genéticas?

A explorar

🌐 **12-29 ¿Clonar o no clonar?** Conéctate a la página de *Conexiones* en
www la red informática (*http://www.prenhall.com/conexiones*) e investiga en la sección «A explorar» para descubrir los posibles efectos de la clonación.

A ESCUCHAR

Los primeros trasplantes en México. Escucha el artículo sobre los avances de México en la cirugía de trasplante de órganos. Luego, contesta las preguntas según lo que oíste.

Comprensión.

1. ¿Por qué se consideran los trasplantes de cirugía de categoría delicada?
2. ¿Qué trasplante hizo el doctor Argüero Sánchez?
3. ¿Qué ocurrió entonces?
4. ¿Qué ha pasado gracias a los fármacos?
5. ¿De qué es pionero el doctor Ignacio Madrazo?
6. ¿Qué es posible ahora?

¡Así lo expresamos!

Ritmos
Meteosat

Meteosat es un satélite construido y mantenido por varios países europeos, pero también es el nombre de un grupo español de música punk-tecno-yeyé que nació en 1997. Su estilo es original, efervescente y refrescante. Diana, Borja, Verónica, Nacho y Eduardo son los jóvenes integrantes de este grupo siempre animado y lleno de alegría y de color que ha ofrecido conciertos por toda España. A pesar de que su música es alternativa o independiente, Meteosat ha grabado varios discos y la cantidad de sus seguidores se hace mayor con cada nueva canción que sale al mercado.

En la canción a continuación, tienes la actualización del temor más grande de cualquier viajero espacial: perderse en el espacio. Mientras escuchas esta canción, piensa en la frustración que habrá sentido Jackson y su emoción cuando fue rescatado.

12-30 Perdidos en el espacio. Si tuvieran que pasar el resto de su vida en una nave espacial, ¿qué objetos o recuerdos querrían tener con Uds.? Conversen para hacer una lista de sies a ocho objetos y expliquen por qué los eligieron.

MODELO: *Llevaría mi almohada* (pillow) *para poder dormir bien.*

Rescate espacial en Alfa Centauro

Esperando una señal del espacio exterior
vive el astronauta Jackson en un asteroide de color.
La señal no llega nunca, ha perdido el transistor
y eso Jackson no lo sabe. Nunca verá el resplandor
5 de la luna sobre el mar, del cielo a su alrededor,
de vivir en una nube donde nunca hace calor.
Pobre Jackson astronauta perdido en la inmensidad
al este de la galaxia donde nunca nadie va.

Porque está lejos
10 Está lejos
Está lejos
Está lejos de aquí
(bis)

Han salido nueve sondas a buscar por las estrellas.
15 Ocho ya se han vuelto a casa, no encontraron nada en ellas.
Pero hay una que aún resiste, cree haber oído algo
en un asteroide oscuro muy cerca de Alfa Centauro.

Se acerca rápidamente, mira Jackson asombrado
que le grita como un loco algo en un idioma raro.
20 Y por fin la sonda manda hacia el centro de la Tierra
la señal de que ha encontrado a Jackson en las estrellas.

Porque está lejos
Está lejos
Está lejos
25 Está lejos de aquí
(bis)
Y ya vienen a buscarle naves con banderas verdes
con guirnaldas de colores, Jackson está muy alegre.
Y cuando se van para casa todos lloran de alegría,
30 nuestro amigo el astronauta ya encontró lo que quería.

Y de camino al hogar todos bailan de emoción.
Jackson está vivo al fin, Jackson es un campeón.

Ya no está lejos...
No está lejos
35 No está lejos
No está lejos de aquí
(bis)

👥 **12-31 La exploración del espacio en el Siglo XXI.** Hoy en día es más común que los astronautas sean no sólo científicos sino también gente de otros campos de investigación. Si Uds. tuvieran la oportunidad de hacer una exploración espacial, ¿cuáles serían algunos de los beneficios personales y para la sociedad que resultarían del viaje?

A explorar

🌎 **12-32 ¡A conquistar el espacio!** Conéctate a la página de *Conexiones* www en la red informática (*http://www.prenhall.com/conexiones*) e investiga en la sección «A explorar» para aprender sobre la conquista del espacio.

Imágenes
Miguel Alandia Pantoja

A Miguel Alandia Pantoja, quien murió en 1975, se le considera el muralista más importante de Bolivia. Su obra tiene gran influencia del muralista mexicano Orozco, pero la obra del muralista boliviano es más suave y sencilla. Alandia Pantoja pintó murales para la Unión de Mineros en Cataví, Bolivia, pero no fue hasta la revolución socialista de 1952 que su obra fue objeto de mayor demanda por su potencial propagandístico. El mural *Medicina boliviana* se encuentra en el auditorio del Hospital Obrero de La Paz, Bolivia. En este mural, Alandia Pantoja utiliza imágenes de flores y animales naturales de Bolivia, de prácticas medicinales indígenas y de su particular visión de la medicina moderna. Su mural se lee de izquierda a derecha como una historia con un fuerte comentario social.

Miguel Alandia Pantoja, *Medicina boliviana*, 1957, Mural, Hospital Obrero de La Paz, Bolivia

Perspectivas e impresiones

12-33 Ponlo en palabras. Cuenta la historia de la medicina según el mural.

12-34 Los remedios tradicionales. Este mural elogia el pasado tanto como el futuro. ¿Qué remedios tradicionales conoces? ¿Has tenido o conoces a alguien que haya tenido experiencia con uno?

👥 12-35 El futuro. Discutan qué elementos, procedimientos, calamidades, etcétera, incluirían en la continuación de este mural en este siglo.

Páginas
Marco Denevi

Marco Denevi nació en Buenos Aires, Argentina, en 1922. Autor de la novela *Rosaura a las diez* (1955), película hecha con Elizabeth Taylor, que tuvo gran éxito, también tiene fama por sus excelentes cuentos. Su obra se conoce por su estilo juguetón, ingenioso e irónico y por sus temas fantásticos y universales. Su originalidad y su extraordinario dominio del lenguaje le han otorgado un lugar importante en las letras hispanas. Desde 1980, Denevi practica el periodismo político, lo cual, según él, le ha dado las mayores satisfacciones como escritor.

Como aprendiste en la Lección 4, varios elementos de una lectura pueden facilitar tu comprensión: las imágenes, el género, el primer párrafo y sobre todo, el título. El título es la portada de una lectura. El/La escritor/a a lo mejor escogió su título con mucho cuidado y reflexión. Antes de empezar una lectura, puede ser útil contemplar primero el título. ¿Qué te sugiere? ¿Qué implica sobre el contenido de la lectura?

12-36 El título. Denevi usa dos títulos sugerentes para los siguientes fragmentos. Apunta todo lo que te sugiera cada uno. Piensa en su uso histórico y en su sentido metafórico, y luego haz una predicción sobre el contenido de estas dos piezas. Mientras leas, trata de confirmar o negar tu predicción.

Génesis (adaptado)

Con la última guerra atómica, la humanidad y la civilización desaparecen. Toda la tierra es como un desierto calcinado°. En cierta región de oriente sobrevive un niño, hijo del piloto de una nave espacial. El niño come hierbas y duerme en una caverna. Durante mucho tiempo, aturdido° por el horror del desastre, sólo sabe llorar y llamar a su padre. Después, sus recuerdos oscurecen, se vuelven arbitrarios y cambiantes como un sueño, su horror se transforma en un vago miedo. A veces recuerda la figura de su padre, que le sonríe o lo amonesta° o asciende a su nave espacial, envuelta en fuego y en ruido, y se pierde entre las nubes. Entonces, loco de soledad, cae de rodillas y le ruega que vuelva. Mientras tanto, la tierra se cubre nuevamente de vegetación; las plantas se llenan de flores; los árboles, de fruto. El niño, convertido en un muchacho, comienza a explorar el país. Un día ve un pájaro. Otro día ve un lobo. Otro día, inesperadamente, encuentra a una joven de su edad que, lo mismo que él, ha sobrevivido los horrores de la guerra atómica.

—¿Cómo te llamas? —le pregunta.

—Eva —contesta la joven.

—¿Y tú? —Adán.

quemado

confundido

5

admonish

10

15

Apocalipsis

El fin de la humanidad no será esa fantasmagoría ideada por San Juan en Salmos°. Ni ángeles con trompetas, ni monstruos, ni batallas en el cielo y en la tierra. El fin de la humanidad será lento, gradual, sin ruido, sin patetismo°: una agonía progresi-va. Los hombres se extinguirán uno a uno. Los aniquilarán las cosas, la rebelión de las cosas, la resistencia, la desobediencia de las cosas. Las cosas, después de desalo-jar a los animales y a las plantas e instalarse en todos los sitios y ocupar todo el espacio disponible, comenzarán a mostrarse arrogantes, despóticas, volubles°, de humor caprichoso. Su funcionamiento no se ajustará a las instrucciones de los manuales. Modificarán por sí solas sus mecanismos. Luego funcionarán cuando se les antoje°. Por último se insubordinarán, se declararán en franca rebeldía, se desmandarán°, harán caso omiso° de las órdenes del hombre. El hombre querrá que una máquina sume°, y la máquina restará°. El hombre intentará poner en marcha un motor, y el motor se negará. Operaciones simples y cotidianas como encender la televisión o conducir un automóvil se convertirán en maniobras com-plicadísimas, costosas, plagadas° de sorpresas y de riesgos. Y no sólo las máquinas y los motores se amotinarán°: también los simples objetos. El hombre no podrá sostener ningún objeto entre las manos porque se le escapará, se le caerá al suelo, se esconderá en un rincón donde nunca lo encuentre. Las cerraduras se trabarán°. Los cajones se aferrarán a los montantes° y nadie logrará abrirlos. Modestas tijeras° mantendrán el pico tenazmente apretado. Y los cuchillos y tenedores, en lugar de cortar la comida, cortarán los dedos que los manejen. No hablemos de los relojes: señalarán cualquier hora. No hablemos de los grandes aparatos electrónicos: provocarán catástrofes. Pero hasta el bisturí° se deslizará, sin que los cirujanos puedan impedirlo, hacia cualquier parte, y el enfermo morirá con sus órganos desgarrados. La humanidad languidecerá entre las cosas hostiles, indóciles, subver-sivas. El constante forcejeo° con las cosas irá minando sus fuerzas. Y el exterminio de la raza de los hombres sobrevendrá a consecuencia del triunfo de las cosas.

el Apocalipsis de San Juan de la Biblia

pathos

unstable

se... quieran
se... *will go wild* / harán... no harán / *add* / *subtract*

full of
se... *will riot*

will get stuck
Los... *the drawers will grab their frame and stick tight* / Modestos... *Humble scissors*

scalpel

lucha

polished

Cuando el último hombre desaparezca, las cosas frías, bruñidas°, relucientes, duras, metálicas, sordas, mudas, insensibles, seguirán brillando a la luz del sol, a la luz de la luna, por toda la eternidad.

30

Después de leer

12-37 ¿Cómo lo interpretas? Contesta las preguntas sobre los cuentos basándote en el texto mismo o en lo que puedas inferir de ellos.

1. En «Génesis», ¿qué simboliza la nave espacial? ¿Encuentras otros símbolos o metáforas en este relato?
2. En «Apocalipsis», ¿cómo termina el mundo? ¿Cómo se diferencia este fin con el que se describe en la Biblia?
3. ¿Qué sobrevive a la destrucción del mundo?
4. ¿Qué simbolizan para ti estas cosas?
5. En tu opinión, ¿qué vino antes: el génesis o el apocalipsis? Explica.

12-38 El peligro de nuestras creaciones. En «Apocalipsis» los objetos creados por el hombre se vuelven animados y controlan a sus creadores. Piensen en escenarios fantásticos para ilustrar esta pesadilla.

MODELO: *Tengo un reloj que me controla. No puedo resistir el sonido de su timbre por la mañana. Me obliga a levantarme y apresurarme para salir para la universidad. Obedezco el tic tac de su marcha, sea lenta o sea rápida. No puedo escaparme de su influencia.*

Taller

Un ensayo editorial

En el relato anterior, Denevi da su visión de cómo será el fin del mundo. Es un relato que podría publicarse en un periódico en la plana editorial. Piensa en otro escenario y escribe un ensayo editorial sobre una situación global. Puede ser una situación del pasado o una que se anticipa para este milenio.

1. **Idear.** Piensa en una situación que te parezca peligrosa o que pueda tener resultados desastrosos, por ejemplo, el déficit, la guerra en el Oriente Medio, un atentado terrorista, la explotación de los recursos naturales. Escribe tres o cuatro oraciones para explicar el problema.

2. **Presentar el tema.** Presenta el problema como lo veas en una oración. Da un ejemplo negativo, luego otro positivo.

3. **Detallar.** En un párrafo de ocho a diez oraciones, explica las consecuencias de este problema.

4. **Resumir.** Con una o dos oraciones, resume el problema y las consecuencias. La última consecuencia puede tener algún toque irónico, tal como en «Apocalipsis».

5. **Revisar.** Revisa tu relato para ver si has dado suficientes detalles para desarrollar la fantasía. Luego revisa la mecánica.
   - ¿Has incluido una variedad de vocabulario?
   - ¿Has verificado los usos de la voz pasiva, los diminutivos y aumentativos?
   - ¿Has seguido la concordancia de tiempos para el subjuntivo?
   - ¿Has verificado la ortografía y la concordancia?

6. **Compartir.** Cambia tu ensayo por el de un/a compañero/a. Mientras lean los ensayos, hagan comentarios y sugerencias sobre el contenido, la estructura y la gramática.

7. **Entregar.** Pasa tu ensayo a limpio, incorporando las sugerencias de tu compañero/a y entrégaselo a tu profesor/a.

Reference Section

- **Verb Charts**

- **Spanish-to-English Glossary**

- **Credits**

- **Index**

Verb Charts

Regular Verbs: Simple Tenses

Infinitive / Present Participle / Past Participle	Indicative					Subjunctive		Imperative
	Present	Imperfect	Preterit	Future	Conditional	Present	Imperfect	
hablar hablando hablado	hablo hablas habla hablamos habláis hablan	hablaba hablabas hablaba hablábamos hablabais hablaban	hablé hablaste habló hablamos hablasteis hablaron	hablaré hablarás hablará hablaremos hablaréis hablarán	hablaría hablarías hablaría hablaríamos hablaríais hablarían	hable hables hable hablemos habléis hablen	hablara hablaras hablara habláramos hablarais hablaran	habla tú, no hables hable usted hablemos hablen Uds.
comer comiendo comido	como comes come comemos coméis comen	comía comías comía comíamos comíais comían	comí comiste comió comimos comisteis comieron	comeré comerás comerá comeremos comeréis comerán	comería comerías comería comeríamos comeríais comerían	coma comas coma comamos comáis coman	comiera comieras comiera comiéramos comierais comieran	come tú, no comas coma usted comamos coman Uds.
vivir viviendo vivido	vivo vives vive vivimos vivís viven	vivía vivías vivía vivíamos vivíais vivían	viví viviste vivió vivimos vivisteis vivieron	viviré vivirás vivirá viviremos viviréis vivirán	viviría vivirías viviría viviríamos viviríais vivirían	viva vivas viva vivamos viváis vivan	viviera vivieras viviera viviéramos vivierais vivieran	vive tú, no vivas viva usted vivamos vivan Uds.

Vosotros commands

hablar	comer	vivir
hablad no habléis	comed no comáis	vivid no viváis

Regular Verbs: Perfect Tenses

Indicative										Subjunctive		
Present Perfect		**Past Perfect**		**Preterit Perfect**		**Future Perfect**		**Conditional Perfect**		**Present Perfect**		**Past Perfect**
he	hablado	había	hablado	hube	hablado	habré	hablado	habría	hablado	haya	hablado	hubiera
has	comido	habías	comido	hubiste	comido	habrás	comido	habrías	comido	hayas	comido	hubieras
ha	vivido	había	vivido	hubo	vivido	habrá	vivido	habría	vivido	haya	vivido	hubiera
hemos		habíamos		hubimos		habremos		habríamos		hayamos		hubiéramos
habéis		habíais		hubisteis		habréis		habríais		hayáis		hubierais
han		habían		hubieron		habrán		habrían		hayan		hubieran

(Present Perfect Subjunctive: haya... + hablado/comido/vivido; Past Perfect Subjunctive: hubiera... + hablado/comido/vivido)

Irregular Verbs

Infinitive / Present Participle / Past Participle	Indicative					Subjunctive		Imperative
	Present	**Imperfect**	**Preterit**	**Future**	**Conditional**	**Present**	**Imperfect**	
andar andando andado	ando andas anda andamos andáis andan	andaba andabas andaba andábamos andabais andaban	anduve anduviste anduvo anduvimos anduvisteis anduvieron	andaré andarás andará andaremos andaréis andarán	andaría andarías andaría andaríamos andaríais andarían	ande andes ande andemos andéis anden	anduviera anduvieras anduviera anduviéramos anduvierais anduvieran	anda tú, no andes ande usted andemos anden Uds.
caer cayendo caído	caigo caes cae caemos caéis caen	caía caías caía caíamos caíais caían	caí caíste cayó caímos caísteis cayeron	caeré caerás caerá caeremos caeréis caerán	caería caerías caería caeríamos caeríais caerían	caiga caigas caiga caigamos caigáis caigan	cayera cayeras cayera cayéramos cayerais cayeran	cae tú, no caigas caiga usted caigamos caigan Uds.
dar dando dado	doy das da damos dais dan	daba dabas daba dábamos dabais daban	di diste dio dimos disteis dieron	daré darás dará daremos daréis darán	daría darías daría daríamos daríais darían	dé des dé demos deis den	diera dieras diera diéramos dierais dieran	da tú, no des dé usted demos den Uds.

Irregular Verbs (continued)

Infinitive Present Participle Past Participle	Indicative					Subjunctive		Imperative
	Present	Imperfect	Preterit	Future	Conditional	Present	Imperfect	
decir diciendo dicho	digo dices dice decimos decís dicen	decía decías decía decíamos decíais decían	dije dijiste dijo dijimos dijisteis dijeron	diré dirás dirá diremos diréis dirán	diría dirías diría diríamos diríais dirían	diga digas diga digamos digáis digan	dijera dijeras dijera dijéramos dijerais dijeran	di tú, no digas diga usted digamos digan Uds.
estar estando estado	estoy estás está estamos estáis están	estaba estabas estaba estábamos estabais estaban	estuve estuviste estuvo estuvimos estuvisteis estuvieron	estaré estarás estará estaremos estaréis estarán	estaría estarías estaría estaríamos estaríais estarían	esté estés esté estemos estéis estén	estuviera estuvieras estuviera estuviéramos estuvierais estuvieran	está tú, no estés esté usted estemos estén Uds.
haber habiendo habido	he has ha hemos habéis han	había habías había habíamos habíais habían	hube hubiste hubo hubimos hubisteis hubieron	habré habrás habrá habremos habréis habrán	habría habrías habría habríamos habríais habrían	haya hayas haya hayamos hayáis hayan	hubiera hubieras hubiera hubiéramos hubierais hubieran	
hacer haciendo hecho	hago haces hace hacemos hacéis hacen	hacía hacías hacía hacíamos hacíais hacían	hice hiciste hizo hicimos hicisteis hicieron	haré harás hará haremos haréis harán	haría harías haría haríamos haríais harían	haga hagas haga hagamos hagáis hagan	hiciera hicieras hiciera hiciéramos hicierais hicieran	haz tú, no hagas haga usted hagamos hagan Uds.
ir yendo ido	voy vas va vamos vais van	iba ibas iba íbamos ibais iban	fui fuiste fue fuimos fuisteis fueron	iré irás irá iremos iréis irán	iría irías iría iríamos iríais irían	vaya vayas vaya vayamos vayáis vayan	fuera fueras fuera fuéramos fuerais fueran	ve tú, no vayas vaya usted vamos (no vayamos) vayan Uds.

Infinitive Present Participle Past Participle	Indicative					Subjunctive		Imperative
	Present	Imperfect	Preterit	Future	Conditional	Present	Imperfect	
oír oyendo oído	oigo oyes oye oímos oís oyen	oía oías oía oíamos oíais oían	oí oíste oyó oímos oísteis oyeron	oiré oirás oirá oiremos oiréis oirán	oiría oirías oiría oiríamos oiríais oirían	oiga oigas oiga oigamos oigáis oigan	oyera oyeras oyera oyéramos oyerais oyeran	oye tú, no oigas oiga usted oigamos oigan Uds.
poder pudiendo podido	puedo puedes puede podemos podéis pueden	podía podías podía podíamos podíais podían	pude pudiste pudo pudimos pudisteis pudieron	podré podrás podrá podremos podréis podrán	podría podrías podría podríamos podríais podrían	pueda puedas pueda podamos podáis puedan	pudiera pudieras pudiera pudiéramos pudierais pudieran	
poner poniendo puesto	pongo pones pone ponemos ponéis ponen	ponía ponías ponía poníamos poníais ponían	puse pusiste puso pusimos pusisteis pusieron	pondré pondrás pondrá pondremos pondréis pondrán	pondría pondrías pondría pondríamos pondríais pondrían	ponga pongas ponga pongamos pongáis pongan	pusiera pusieras pusiera pusiéramos pusierais pusieran	pon tú, no pongas ponga usted pongamos pongan Uds.
querer queriendo querido	quiero quieres quiere queremos queréis quieren	quería querías quería queríamos queríais querían	quise quisiste quiso quisimos quisisteis quisieron	querré querrás querrá querremos querréis querrán	querría querrías querría querríamos querríais querrían	quiera quieras quiera queramos queráis quieran	quisiera quisieras quisiera quisiéramos quisierais quisieran	quiere tú, no quieras quiera usted queramos quieran Uds.
saber sabiendo sabido	sé sabes sabe sabemos sabéis saben	sabía sabías sabía sabíamos sabíais sabían	supe supiste supo supimos supisteis supieron	sabré sabrás sabrá sabremos sabréis sabrán	sabría sabrías sabría sabríamos sabríais sabrían	sepa sepas sepa sepamos sepáis sepan	supiera supieras supiera supiéramos supierais supieran	sabe tú, no sepas sepa usted sepamos sepan Uds.
salir saliendo salido	salgo sales sale salimos salís salen	salía salías salía salíamos salíais salían	salí saliste salió salimos salisteis salieron	saldré saldrás saldrá saldremos saldréis saldrán	saldría saldrías saldría saldríamos saldríais saldrían	salga salgas salga salgamos salgáis salgan	saliera salieras saliera saliéramos salierais salieran	sal tú, no salgas salga usted salgamos salgan Uds.

Irregular Verbs (continued)

Infinitive Present Participle Past Participle	Indicative					Subjunctive		Imperative
	Present	Imperfect	Preterit	Future	Conditional	Present	Imperfect	
ser siendo sido	soy eres es somos sois son	era eras era éramos erais eran	fui fuiste fue fuimos fuisteis fueron	seré serás será seremos seréis serán	sería serías sería seríamos seríais serían	sea seas sea seamos seáis sean	fuera fueras fuera fuéramos fuerais fueran	sé tú, no seas sea usted seamos sean Uds.
tener teniendo tenido	tengo tienes tiene tenemos tenéis tienen	tenía tenías tenía teníamos teníais tenían	tuve tuviste tuvo tuvimos tuvisteis tuvieron	tendré tendrás tendrá tendremos tendréis tendrán	tendría tendrías tendría tendríamos tendríais tendrían	tenga tengas tenga tengamos tengáis tengan	tuviera tuvieras tuviera tuviéramos tuvierais tuvieran	ten tú, no tengas tenga usted tengamos tengan Uds.
traer trayendo traído	traigo traes trae traemos traéis traen	traía traías traía traíamos traíais traían	traje trajiste trajo trajimos trajisteis trajeron	traeré traerás traerá traeremos traeréis traerán	traería traerías traería traeríamos traeríais traerían	traiga traigas traiga traigamos traigáis traigan	trajera trajeras trajera trajéramos trajerais trajeran	trae tú, no traigas traiga usted traigamos traigan Uds.
venir viniendo venido	vengo vienes viene venimos venís vienen	venía venías venía veníamos veníais venían	vine viniste vino vinimos vinisteis vinieron	vendré vendrás vendrá vendremos vendréis vendrán	vendría vendrías vendría vendríamos vendríais vendrían	venga vengas venga vengamos vengáis vengan	viniera vinieras viniera viniéramos vinierais vinieran	ven tú, no vengas venga usted vengamos vengan Uds.
ver viendo visto	veo ves ve vemos veis ven	veía veías veía veíamos veíais veían	vi viste vio vimos visteis vieron	veré verás verá veremos veréis verán	vería verías vería veríamos veríais verían	vea veas vea veamos veáis vean	viera vieras viera viéramos vierais vieran	ve tú, no veas vea usted veamos vean Uds.

Stem-changing and Orthographic-changing Verbs

Infinitive Present Participle Past Participle	Indicative					Subjunctive		Imperative
	Present	Imperfect	Preterit	Future	Conditional	Present	Imperfect	
incluir (y) incluyendo incluido	incluyo incluyes incluye incluimos incluís incluyen	incluía incluías incluía incluíamos incluíais incluían	incluí incluiste incluyó incluimos incluisteis incluyeron	incluiré incluirás incluirá incluiremos incluiréis incluirán	incluiría incluirías incluiría incluiríamos incluiríais incluirían	incluya incluyas incluya incluyamos incluyáis incluyan	incluyera incluyeras incluyera incluyéramos incluyerais incluyeran	incluye tú, no incluyas incluya usted incluyamos incluyan Uds.
dormir (ue, u) durmiendo dormido	duermo duermes duerme dormimos dormís duermen	dormía dormías dormía dormíamos dormíais dormían	dormí dormiste durmió dormimos dormisteis durmieron	dormiré dormirás dormirá dormiremos dormiréis dormirán	dormiría dormirías dormiría dormiríamos dormiríais dormirían	duerma duermas duerma durmamos durmáis duerman	durmiera durmieras durmiera durmiéramos durmierais durmieran	duerme tú, no duermas duerma usted durmamos duerman Uds.
pedir (i, i) pidiendo pedido	pido pides pide pedimos pedís piden	pedía pedías pedía pedíamos pedíais pedían	pedí pediste pidió pedimos pedisteis pidieron	pediré pedirás pedirá pediremos pediréis pedirán	pediría pedirías pediría pediríamos pediríais pedirían	pida pidas pida pidamos pidáis pidan	pidiera pidieras pidiera pidiéramos pidierais pidieran	pide tú, no pidas pida usted pidamos pidan Uds.
pensar (ie) pensando pensado	pienso piensas piensa pensamos pensáis piensan	pensaba pensabas pensaba pensábamos pensabais pensaban	pensé pensaste pensó pensamos pensasteis pensaron	pensaré pensarás pensará pensaremos pensaréis pensarán	pensaría pensarías pensaría pensaríamos pensaríais pensarían	piense pienses piense pensemos penséis piensen	pensara pensaras pensara pensáramos pensarais pensaran	piensa tú, no pienses piense usted pensemos piensen Uds.

Stem-changing and Orthographic-changing Verbs (continued)

Infinitive Present Participle Past Participle	Indicative					Subjunctive		Imperative
	Present	Imperfect	Preterit	Future	Conditional	Present	Imperfect	
producir (zc) produciendo producido	produzco produces produce producimos producís producen	producía producías producía producíamos producíais producían	produje produjiste produjo produjimos produjisteis produjeron	produciré producirás producirá produciremos produciréis producirán	produciría producirías produciría produciríamos produciríais producirían	produzca produzcas produzca produzcamos produzcáis produzcan	produjera produjeras produjera produjéramos produjerais produjeran	produce tú, no produzcas produzca usted produzcamos produzcan Uds.
reír (i, i) riendo reído	río ríes ríe reímos reís ríen	reía reías reía reíamos reíais reían	reí reíste rió reímos reísteis rieron	reiré reirás reirá reiremos reiréis reirán	reiría reirías reiría reiríamos reiríais reirían	ría rías ría riamos riáis rían	riera rieras riera riéramos rierais rieran	ríe tú, no rías ría usted riamos rían Uds.
seguir (i, i) (ga) siguiendo seguido	sigo sigues sigue seguimos seguís siguen	seguía seguías seguía seguíamos seguíais seguían	seguí seguiste siguió seguimos seguisteis siguieron	seguiré seguirás seguirá seguiremos seguiréis seguirán	seguiría seguirías seguiría seguiríamos seguiríais seguirían	siga sigas siga sigamos sigáis sigan	siguiera siguieras siguiera siguiéramos siguierais siguieran	sigue tú, no sigas siga usted sigamos sigan Uds.
sentir (ie, i) sintiendo sentido	siento sientes siente sentimos sentís sienten	sentía sentías sentía sentíamos sentíais sentían	sentí sentiste sintió sentimos sentisteis sintieron	sentiré sentirás sentirá sentiremos sentiréis sentirán	sentiría sentirías sentiría sentiríamos sentiríais sentirían	sienta sientas sienta sintamos sintáis sientan	sintiera sintieras sintiera sintiéramos sintierais sintieran	siente tú, no sientas sienta usted sintamos sientan Uds.
volver (ue) volviendo vuelto	vuelvo vuelves vuelve volvemos volvéis vuelven	volvía volvías volvía volvíamos volvíais volvían	volví volviste volvió volvimos volvisteis volvieron	volveré volverás volverá volveremos volveréis volverán	volvería volverías volvería volveríamos volveríais volverían	vuelva vuelvas vuelva volvamos volváis vuelvan	volviera volvieras volviera volviéramos volvierais volvieran	vuelve tú, no vuelvas vuelva usted volvamos vuelvan Uds.

Spanish-to-English Glossary

This glossary contains the active and receptive vocabulary found throughout the text. Many exact cognates with predictable spelling differences, regular past participles, proper nouns, or words readily familiar to second-year students have been omitted. The gender of nouns is given except for masculine nouns ending in -o and -or, and feminine nouns ending in -a, -dad, -tad, -tud, or -ión. For nouns referring to people, such as those denoting nationality, occupation, or profession, only the masculine form appears in the glossary unless the feminine form follows an atypical pattern. Abbreviations are limited to the following: *adj.* (**adjetivo**), *sus.* (**sustantivo**), *m.* (**masculino**), *f.* (**femenino**), and *pl.* (**plural**).

The number following the entry indicates the chapter where a word first appears. A boldface number indicates that the word is active vocabulary; lightface type indicates that it was presented receptively. If the word appears first as receptive vocabulary and later as active vocabulary, the first reference is in lightface type.

A

a pesar de in spite of 5
a través through 1
abolir to abolish 3
abonar to pay 10
abrazar to embrace, hug 5
abrelatas *m. pl.* can opener 8
abusar de to abuse 9
acabar (de) to finish (to have just) 4
acampar to camp 11
acariciar to caress 5
acciones *f. pl.* stocks 10
aceituna olive 8
acelerar to accelerate 12
aceptar to accept 5
acercarse to approach 3
acero steel 2
acomodarse to make oneself comfortable 11
acompañante *m.* companion 1
acompañar to accompany 5
acomplejado/a with a complex 4
aconsejar to advise 6
acontecimiento event 1
acoso harassment 7
acostumbrarse (a) to get used to 4
acudir (a) to come (to) 5
adelanto progress 7; advance, loan 10
adelgazar to get thin 8

aderezo salad dressing 8
adivinar to guess 1
adivino fortuneteller 1
ADN *m.* DNA 2
adobo dressing for cooking or seasoning 8
adquirido/a acquired 5
aduana customs 9
afición fondness 1
aficionado/a fan 11
afilado/a sharpened 1
afinar to tune 6
afrontar to confront 5
afuera outside 1
afueras *sus. pl.* outskirts 3
agente encubierto/a *m. f.* undercover agent 9
agradecimiento gratitude 3
agredir to assault; attack 9
agregar to add 7
agresivo/a aggressive 4
aguacate *m.* avocado 5, 8
agujero negro black hole 12
ahogarse to drown 5
ahumar to smoke 8
ají *m.* green pepper 8
ajo garlic 8
alba *m.* dawn 7
albóndiga meatball 8
alcalde mayor 3
alcanzar to gain 3; to reach 12
aldea village 4

aldeano villager 7
alejarse de to be far from 7
alfabetización literacy 3
alimentación nourishment 2, 3
alimento food 8
alisar to smooth 4
aliviar to alleviate 4
alma *m.* soul 7
almacén *m.* department store; warehouse 10
almacenar to store 8
alrededor around 2
alterado/a upset 4
amarrar to tie up 1
ambiental environmental 2
ámbito environment 7
ambos/as both 5
amenazar to threaten 3, 9
ametrallar to (machine) gun down 9
amistad friendship 3
amistoso/a friendly 5
amor propio self-respect 4
amoroso/a loving 5
anemia anemia 8
angustia anguish 5
anillo ring 5
animar to encourage 11
ánimo courage; spirit 5
aniquilar to annihilate 12
antepasados, *m. pl.* ancestors 1
antojito appetizer 8

antropomórfico/a anthropomor-
phic (of human form) 12
anuncio comercial commercial 6
apagar to turn off 6, 11
aparato device 2
apartado/a separate 1
apasionado/a passionate 4
apenas hardly 7
aplastar to squash 2
aportar to contribute 7
apostar (ue) to bet 9
apoyar to support 4
apreciar to appreciate 5
apretar to tighten 1
apretujado/a squeezed 2
aprobar to approve 9
apuesta bet 11
apuntar to point out 12
apuntes m. pl. notes 10
aquejar to complain about 9
archivar to file P
archivo file P
arco bow 11
ardiendo burning 7
arena sand 2
argumento plot 1
armadura armor 1
armar to assemble 10
arpillera quilt 3
arraigado/a adapted 7
arrasar to raze 3
arrastrar to drag 1
arreglar to fix 4
arreglista m. f. arranger 4
arreglos repairs 10
arrepentirse (ie, i) to repent 5
arroyo stream 1
arroz m. rice 8
arruinar to ruin 2
asar to roast 8
ascender to promote 2
ascenso promotion 10
asegurar to ensure 2
asegurar(se) de to assure (oneself)
3, 7
asesor advisor P
asilo (political) asylum 3
asistir to attend (a meeting) 10
asombro surprise 1
astuto/a astute 4

asueto time off 11
asunto affair 10
asustado/a frightened 11
asustar(se) to (become) frighten(ed)
1
ataque m. attack 9
atareado/a busy 7
atender to attend (a person) 10
atraer to attract 4, 12
atreverse a to dare to 7
atribuir to attribute 6
aullar to howl 1
autoestima self-esteem 4
autógrafo autograph 6
autómata m. robot 2
aventajar to take advantage 12
avergonzado/a ashamed; embar-
rassed 4
avergonzarse (ue) de to be
ashamed 7
averiguar to find out 4
azar m. chance 11

B

bacalao codfish 8
baja casualty 12
bajar de peso to lose weight 8
bajo bass 6
bala bullet 9
balada ballad 6
baloncesto basketball 11
bancarrota bankruptcy 10
banyi bungee jumping 11
barrer to sweep 8
barricadas callejeras street
barricades 12
basura trash 2
basurero waste basket 6
batidora beater 8
beca scholarship 1
belleza beauty 3
beneficioso/a beneficial 2
berenjena eggplant 8
besar to kiss 5
beso kiss 3
bien sus. m. good deed 5
bienes raíces m. pl. real estate 10
bienestar m. well-being 3
bienvenido/a welcome 3
billete m. bill 10

bistec m. steak 8
bolsa stock exchange 10
bomba bomb 9
bonaerense from Buenos Aires 7
bondad kindness 5; goodness,
excellence 8
bondadoso/a good-natured 4
bono bond 1; bonus 10
bordado/a embroidered 3
bordar to embroider 11
bordo, a on board 12
borrachera drunkenness 9
borrador eraser 1; draft (of paper)
borrar to erase 5
bosque m. forest 1
botar to throw away 2
brasa, a la charcoal grilled 8
bucear to scuba dive 11
burbujeante bubbly 5
burla joke 1
burlón/burlona jokester 1
buscaemociones m. thrillseeker 4
buzón mailbox 5

C

caballero andante knight errant 1
cabaña cabin 1
cabrito baby goat 8
cacerola sauce pan 8
cadena channel 1, 6
caer(se) to fall (down) 1
cafetera coffee pot 8
caja box 5
caja fuerte strong box 10
cajero automático automatic
teller 10
cajero cashier 10
calar to penetrate 1
calavera skull 1
caldo broth 8
calentar (ie) to warm 2
calidad quality, class 2
calificar to assess 1
callado/a quiet 5
callejón m. alley 1
calumniar to slander 5
camarógrafo camera person 6
camarón m. shrimp 8
camioneta station wagon,
pick-up 3

campamento campsite, camp 11
campaña campaign 12
canal *m.* channel 6
cancha court 11
canela cinnamon 10
canicas *f. pl.* marbles 11
cantante singer 6
cantautor song writer 3, 6
cantidad amount 2
capa del ozono ozone layer 2
capacitación training 12
caparazón *m.* outer shell 5
capaz capable 1
cara o cruz heads or tails 11
carácter *m.* personality 4
carbón *m.* coal 2
cárcel *f.* jail 3
cargar to carry 3
carne de res (molida) (ground) beef 8
carrera career 6; college education (major) 10; race 11
carretera highway 3
cartas *f. pl.* cards 11
cartel *m.* poster 3
cartelera entertainment section of newspaper 6
cartón *m.* cardboard 2
casto/a chaste 7
catarro head cold 2
caza hunting 11
cazuela stew pot 8
ceja eyebrow 4
celeste heavenly 12
celos *m. pl.* jealousy 5
ceniza ash 2
centavo cent 10
centena hundreds 12
centro de capacitación work training center 3
cerdo pork 8
cerebro brain 4
certamen *m.* contest 6
cesar de to cease to 7
champiñón *m.* mushroom 8
chisme *m.* gossip 5
chismorrear to gossip 4
chiste *m.* joke 1
chistoso/a funny 1
chocar to hit; to collide 12

ciclo cycle 7
cielo heaven 1
científico scientist 10
cinta ribbon 3
cirujano surgeon 12
clavo clove 10
clero clergy 1
cobarde coward(ly) 4
cobrar to charge 10
cocinar to cook 8
coco coconut 8
codo elbow 11
coger to catch 1
cohete *m.* rocket 12
col *f.* cabbage 8
cola line 6
coleccionar to collect 11
colesterol *m.* cholesterol 8
colgar to hang 11
colmo, para to top it all off 2
colocar to place 3
colonia housing development 3
combustible *m.* fuel 2
comerciante business person 1
comodidad convenience 10
compartir to share 6
competencia contest (sports) 11
complacer to please 6
complejo *sus.* complex 8
complejo/a *adj.* complex 4
comportamiento behavior 3, 5
comprensivo/a understanding 5
compromiso engagement; promise 2
concertista *m. f.* concertist 6
conciencia conscience 4
concienciar to make conscious 3
concursante *m. f.* contestant 11
condado county 1
condena *sus.* sentence 9
conducir to drive/conduct 1
conducta behavior 4
conductor conductor 6
conferencia lecture 1
confianza confidence 4
confiar to confide 5
congelado/a frozen 8
congelar to freeze 8
conjunto band; ensemble 6

conmover (ue) to move (emotionally) 6
consejero advisor 11
consentido/a spoiled 5
consentir (ie, i) en to consent to, agree to 7
conservador/a conservative 3
conspiración conspiracy 12
consuelo consolation; comfort 5
contabilidad accounting 1
contado, al in cash 10
contador accountant P, 10
contagio infection 9
contar (ue) to tell 1
contrabandista smuggler 9
contraseña password 12
contratar to hire 10
convenir (ie, i) to be convenient 10
coquetear to flirt 7
cordero lamb 8
coro chorus 6
corporal body, bodily 4
corredor de bolsa stockbroker 10
corregir (i-i) to correct 4
correr la voz to pass the word 11
cortar to cut 1
cortesía courtesy 5
cosechar to gather (reap) 6
coser to sew 11
costumbre *f.* custom 4
cotidiano/a daily 10
cotilleo gossip 5
cotizado/a admired 6
crecer to grow 2
crecimiento growth 10
crema cream 8
crepúsculo twilight 1
criar to raise (children) 7
cristal *m.* glass 2
cristalino/a crystal clear 1
cronista *m. f.* chronicler 1
cruzar to cross 1
cualidad quality, trait 2
cuanto, en as concerns 6
cubeta bucket 9
cuchara spoon 8
cuchillo knife 8
cuenta corriente checking account 10

cuenta de ahorros savings account **10**
cuerda cord **9**
cuidarse to be careful **1**
culpable guilty **2**
culpar to blame **3**
cuyo/a whose **6**

D

dados dice **11**
damas (chinas) (Chinese) checkers **11**
dañar to damage **2**
dañino/a damaging **2**
daño harm **4**
dar a conocer to make known **6**
dar a luz to give birth **10**
dar el primer paso to take the first step **5**
dar por sentado to take for granted **3, 5**
dar un abrazo to hug **3**
dardos *m. pl.* darts **11**
darle risa to make one laugh **9**
darse cuenta de to realize **1**
darse de baja to drop (a course) **1**
debido a due to **12**
decano dean **1**
decena tens **12**
decir, es that is **5**
declararse (a) to propose (to); to confess one's love **5**
dedo finger **1**
degradante degrading **3**
dejar to leave **1**
dejar de + inf. to stop (doing something) **1**
delincuente *m. f.* criminal **9**
delito crime **3**
demandar to sue **6**
demás, los/las the rest **3**
dentadura dentures **5**
dentro inside (abstract) **4**
derecho *sus.* right **3**
derribar to knock down **12**
desafiar to distrust **4**
desafío challenge **6**
desagradar to be displeasing **4**
desalojar to uproot **12**
desamparado/a needy **9**

desarrollar to develop **1, 3**
desbordar to spill over **8**
descolgar to take down **1**
descomponerse to lose one's temper; to break down **5**
desconsolado/a disconsolate **1**
descortés *m. f.* discourteous **5**
descuido mistake **4**
desde since **6**
desechar to throw away **2**
desperdiciar to waste **2**
desempeñar to play (a role) **4**
desencanto disenchantment **1**
desenlace *m.* unfolding **10**
desenvuelto/a outgoing **4**
desequilibrado/a unbalanced **8**
desgarrado/a torn **12**
desintegrar to disintegrate **12**
desnudo/a naked **1**
desperdiciar(se) to waste **8**
desplumar to pluck **8**
despreocupado/a carefree **4**
destacar to stand out **2**
desterrado/a exiled (from one's country) **3**
destreza skill **1**
destrozado/a destroyed **3**
desventaja disadvantage **2**
desviar to divert **12**
detener to detain **3**
detenidamente closely **4**
deuda debt **10**
diario, a daily **7**
dibujos animados *m. pl.* cartoons **6**
dichoso/a happy **4**
diente *m.* tooth **1**
diestro/a skillful; cunning **11**
difundir to disseminate **3**
dignidad dignity **3**
dinero en efectivo cash **10**
disco duro hard drive **1**
diseñado/a designed **3**
diseñador designer **P, 10**
diseñar to design **1**
disfrazarse to disguise oneself **6**
disfrutar to enjoy **3**
disparar to fire (a gun) **6**
disponible available **10**

dispuesto/a willing **3, 10**
doblar to dub **6**
documental *m.* documentary **6**
dominar to control **5**
donar to donate **6**
dorar to brown **8**
dormir como un lirón to sleep like a log **5**
dramaturgo dramatist **2**
drogadicción drugaddiction **9**
duende *m.* elf **1**
duración duration **3**
durazno peach **8**

E

echar a + inf. to set off (doing something) **1**
echar a perder to spoil **8**
echar de menos to miss **5**
eficacia efficiency **2**
egoísta *m. f.* egotistical **4**
ejecutivo/a executive **10**
ejercer to practice **7**
el qué dirán what people will say **4**
elogiar to praise **12**
embajador ambassador **3**
embarazo pregnancy **8**
embotellado/a botelled **8**
embriagarse to become intoxicated **9**
embrión *m.* embryo **7**
emocionante exciting **6**
emocionarse to get excited; to be touched or moved **4**
empanada turnover **8**
emparejar to match **1**
empresario business man/woman **10**
empujar to push **4**
empuje *m.* energy; push **6**
enamorarse de to fall in love with **5**
encabezado/a headed **12**
encargarse de to take charge (care) of **7**
encender (ie) to light **6**
encoger(se) to shrink **12**
encubierto undercover **9**
encuentro encounter **1**

endulzar to sweeten 5
enfadarse to get angry 1, 5
enfatizar to emphasize 6
enfermero nurse 10
enfrentar to face 7
enfriar to cool 12
engañar to deceive 4
engaño deceit 5
engordar to get fat 8
enlace *m.* link 1
enlatado/a canned 8
enloquecer to go crazy 1
enojarse to get angry 5
enojo anger 4
enriquecer to enrich 2
ensamblaje *m.* assembly 10
ensayar to rehearse 6
enseñanza teaching 1, 10
enterar(se) to find out 1, 11
enterrar to bury 5
entreabierto/a half-open 7
entregarse to devote oneself
    wholly; to surrender 4
entremés *m.* appetizer 8
entrenamiento training 10
entretenido/a entertaining 11
envejecimiento aging 2
envenenar to poison 4
envidia envy 5
envolver (ue) to involve 2; to wrap
    up 12
envuelto/a involved 5
época epoch, time period 1
equilibrar to balance 10
equitación horseback riding 11
equivocarse to make a mistake 4
escalar to climb (a mountain) 11
escalofrío shiver 1
escándalo scandal 9
escasez *f.* scarcity 12
esclarecer to clear up 7
esclavitud slavery 3
esclavo slave 5
escoger (j) to choose 3
esconder(se) to hide 1
escondite *m.* hideout 9
escudero squire 1
esfuerzo effort 3
esgrima fencing 11
espada sword 3

espárragos *m. pl.* asparagus 8
espátula spatula 8
especia spice 8
especie *f.* species 2
espectáculo show (business) 6
espectador spectator 6
espeso/a thick 1
espinacas *f. pl.* spinach 8
espíritu *m.* spirit 1
espuma foam 7
estado de ánimo mood 4
estado de cuentas (financial)
    statement 10
estafar to cheat 9
estallar to explode 12
estampilla postage stamp 11
estar en marcha to be in progress
    12
estilista *m. f.* stylist 10
estrenar to premier 6
estufa stove 8
etapa stage 7
etnicidad ethnicity 7
evitar to avoid 5
excéntrico/a excentric 5
excitante stimulating 6
exhibir(se) to exhibit; to
    display 11
exigir (j) to demand 3
éxito success 4
exitoso/a successful 4
expandir to expand 12
experimentado/a experienced 4
experimentar to experience; to
    experiment 4
extinguir to extinguish 2
extraterrestre *sus.* or *adj.* extrater-
    restrial 1
extrovertido/a extroverted 5

F

fábrica factory 2
fabricar to manufacture 8
fábula fable 1
fachada façade 1
factura invoice 10
falla defect; flaw 12
fallar to fail 1
fantasma ghost 1
fastidiar to be a bother 4

fatigar to be a bother; to tire
    8
faz *f.* face 7
fecha límite deadline 11
festejar to celebrate 7
fiar to sell on credit 10
fidelidad fidelity 5
fideo noodle 8
fiel faithful 5
fieldad faithfulness 5
fijarse to notice 4
fijo/a fixed 10
filete de res *m.* beef steak 8
filmar to film 1
fingir to pretend 4
fisiculturismo bodybuilding
    11
flecha arrow 11
fobia phobia 5
fogata bonfire 11
fondo background 1; fund 10
fondo de mar bottom of the
    sea 12
fracaso failure 4
frecuentado/a frecuented 6
freír (i, i) to fry 8
frenar to brake; to slow down 7
fresa strawberry 8
frijol *m.* bean 8
fruto fruition; reward 6
fuera outside (abstract) 4
fuerza, a la by force 1
función function, show 6
funcionar to work 10

G

galleta cookie; cracker 8
gallina hen 8
garantizar to guarantee 3
gasto expense 10
gato cat 1
gemir (i, i) to moan 1
género genre 1; gender 7
genética genetics 7
gerente manager 10
gesto gesture 5
gira tour 12
girar to rotate 12
giro bancario bank check 10
giro postal money order 10

golpe de estado coup d'etat 2
golpear to hit, pound 12
grabación recording 6
gramo gram 8
grasa fat, grease 8
gratis free of charge 10
gratuito/a free of charge 3
grave serious 2
grosero/a nasty, vulgar, rude 4
grueso/a thick 1, 5
gruñir to growl 1
guardaespaldas *m. f.* bodyguard 9
guardar to save (a document) 1
guardia de seguridad *m. f.* security guard 9
guión *m.* script 6
guisantes *m. pl.* peas 8
gula gluttony 1
gusano worm 1

H

había una vez once upon a time 1
habichuelas *f. pl.* beans 10
hacer las paces to make peace 5
hacer trampa to cheat 4
hada, el *f.* fairy 1
hallarse to be in a certain place or condition 7
harina flour 8
hecho fact 1
hecho, de in fact, actually 9
helado ice cream 8
herida wound 12
herir (ie, i) to wound 5
hervir (ie, i) to boil 8
hidratos de carbono carbohydrates 8
hielo ice 11
hipervínculo hyperlink 1
hipoteca mortgage 10
hocico snout 1
hogar home 2, 3
hoja electrónica spreadsheet 1
hombro shoulder 1
homicidio murder 9
hongo mushroom 8
honrado/a honest 4
hormiga ant 11

hornear to bake 8
horno oven 8
horno, al baked 8
huelga strike 7
hueso bone 11
huevo egg 8
humilde humble 3
humillante humiliating 5
humo smoke 2
hundir to sink 12

I

icono icon 1
ilustrado/a erudite 1
impactante impacting 6
imponer to impose 10
importe payment 10
imprenta *sus.* printing 1
imprescindible indispensable 7
impuesto tax 2, 10
impulsar to promote 10
inaugurar to inaugurate 3
incapaz incapable 8
incauto/a gullible 1
incendiar to set fire 2
incendio fire 12
índice de criminalidad *m.* crime rate 9
infarto cardíaco heart attack 2
informática computer science 1
infusión tea 8
ingeniero engineer 10
ingenio talent 5
ingerir (ie, i) to ingest 8
ingresar to join 1
ingreso income 10
inhibir to inhibit 9
inmaduro/a immature 5
innovador/a innovative 6
inocencia innocence 3
inquieto/a restless 4
inscribirse to sign up 1
inseguridad insecurity 5
inseguro/a insecure 4
intentar to try 4
interés *m.* interest 10
internado intern 1
interpretar to interpret (a role) 6
interrumpir to interrupt 4
íntimo/a intimate 5

invernadero greenhouse 2
invertir to invest 10
investigador researcher P, 7

J

¡ja! ha! 1
jabón *m.* soap 6
jefe boss 10
jinete *m. f.* horseman/horsewoman 11
jornada laboral workday 2
jubilarse to retire 6, 10
judías *f. pl.* green beans 8
judío/a Jewish 1
juerga, salir de to go out on the town 11
juez judge 3
jugada play, move (in a game) 11
juglar *m.* minstrel 1
juglaría minstrelsy 1
jugo juice 8
juguete, m. toy 5
juguetería toy store 12
juicio trial 3
junto/a together 5

L

laboral *adj.* work 2
ladrón/ladrona thief 9
lago lake 11
lágrima tear 1
lagrimeo tear-shedding 8
langosta lobster 8
languidecer to languish 12
lanza lance 1
lanzar to launch, throw 12
largo plazo, a long term 9
lastimar to hurt 3
lata can 8
latir to beat (heart) 10
lecho bed 1
lector reader 1
legalizarse to legalize 9
leyenda legend 1
libertad freedom 3
libra pound 8
libreto script 6
lidiar to fight 4
ligero/a slight, light 7
litoral *m.* coast 5

litro liter 8
llave tap 9
lleno completo/a to a full house 6
llevar a cabo to carry out 1
llevarse (bien/mal) to (not) get
    along 4
lobo wolf 1
locutor (radio/TV) announcer 6
lodo mud 3
lograr to achieve 4, 12
lucha libre wrestling 11
luchar to fight 4
lucir to shine, to look like 6
lustrar to polish; to shine 12

M

madera wood 2
madrastra stepmother 5
maestría master's degree 1
maíz *m.* corn 8
malcriado/a spoiled 5
malestar *m.* ill feeling 11
malhablado/a foul-mouthed 4
maltrato mistreatment 7
malvado/a evil 4
mancha stain 11
manía compulsive habit 4
maniático/a compulsive 4
manifestación demonstration 3
manifestarse to demonstrate 3
manso/a tame 1
manzana apple 8
máquina tragamonedas slot
    machine 11
maquinaria machinery 12
marcar to dial 10
marinero sailor 12
mariscos *pl.* seafood 8
más que todo above all 7
mascota pet 12
materia course 1
materia prima raw material 2
matiz shade 7
matricularse to register 1
mayoría majority 7
mediados midway 2
mediante through 3
médico forense forensics doctor 9
medida measure 6
medio ambiente environment 2

medir (i, i) to measure 8
mejilla cheek 1
melocotón *m.* peach 8
melodía melody 6
memoria memory; capacity to
    remember 4
mensual monthly 10
mentiroso liar 4
mercadeo marketing 1
meta goal, aim 3, 4
meter to put in 8
mezcla mixture 6
migraña migraine 8
milagro miracle 2
minoría minority 7
mirada look 4
moldeable malleable 4
moler (ue) to grind 8
molestia bother 5
momentáneo/a momentary 9
moneda coin 10
montañismo mountaineering;
    mountain
    biking 11
montar to put together 9
montarse to get into 11
montón, -ones *m.* pile 9
moraleja moral (of the story) 1
morenita affectionate name for
    dark-skinned woman 11
mostrar to show 3
mudarse to move 6
mulo mule 1
multa fine 3
multar to fine 9
muñeca doll 5
muñequitos *m. pl.* little figures;
    cartoons 6

N

naipes *m. pl.* playing cards 11
naranja *sus.* orange 8
nave *f.* ship 12
navegar a vela/en velero to sail 11
nefasto/a disastrous 2
negarse (ie) to deny 7
níveo/a white 7
nivel *m.* level 2
nivel de vida standard of life 3
nocivo/a noxious 2

noticiero newscast 6
novedad recent event 1
novedades *f. pl.* news 6
novicio novice 5
nutrido/a nourished 8

O

obedecer to respond 8
ochentero of the eighties 5
ocio leisure time 2
oculto/a hidden 1
odiar to hate 7
oficio trade 6
oler (hue-) (a) to smell 10 (like) 8
olla pot 8
onda (radio) wave 2
onza ounce 8
opuesto/a opposite 12
órbita orbit 12
ordenado/a organized 4
oro gold 10
oso bear 1
otorgado/a given 12

P

padecer to suffer 2, 5
página de la red web page 1
pago *sus.* payment 10
pájaro bird 1
palmada pat 1
palomitas de maíz *f. pl.* popcorn 6
pan *m.* bread 8
pan de muerto *m.* Mexican sweet
    bread 1
pandilla gang 9
panfleto pamphlet 3
pantalla screen 1
pantera panther 2
pañoleta shawl 3
pañuelo scarf 3
papa potato 8
paracaidismo parachuting 11
parecer to seem 6
pared *f.* wall 3
parranda, salir de to go out on the
    town 11
parrilla, a la broiled 8
pasar igual to be the same 1
pasarlo bien to have a good time
    11

pasar trabajo to have a difficult time 6
pastel *m.* pastry, pie 8
patata potato 8
patinaje *m.* skating 11
patrocinar to sponsor 3
patrocinio sponsorship 3
patrón pattern 4
peatón *m.* pedestrian 12
pecado sin 6
pechuga breast 8
pedazo piece 1
pegar to paste 1
pelar to peel 8
pequeñito/a small 3
pera pear 8
percibir to perceive 5
pérdida loss 1
perdurar to last 8
perfeccionar to perfect 12
permanecer to remain 5
perseguido/a persecuted 6
perseguir to pursue 9
personaje *m.* character 1
personal *m.* personnel 10
personificado/a personified 1
pertenecer (zc) to belong 7
pesado/a heavy 10
pesar to weigh 11
pesar de, a in spite of 10
pesas *f. pl.* weights 11
pesca *sus.* fishing 11
pescado fish 8
piel *f.* skin 8
pieza piece (art) 6
pimienta pepper (seasoning) 8
pimiento pepper (vegetable) 8
piña pineapple 8
piropear to compliment 7
piso de tierra earthen floor 3
pista track; court; dance floor 11
placer pleasure 4
plancha, a la grilled 8
plata silver 10
plátano banana, plantain 8
plazo term 10
pleno/a full 7
plomo lead 2
poder *m.* power 9
política policy 7

póliza (insurance) policy; voucher; certificate 10
pollo chicken 8
polvo dust 2
pomelo grapefruit 8
porcentaje percent 10
por medio de through 3
por si mismo to bring himself/ herself; on one's own 7
portarse bien/mal to behave/to misbehave 4
poseedor owner 10
posgrado postgraduate 1
poste *m.* post 1
potable safe to drink 2
preceptos *m. pl.* criteria 5
precisar to need 8
predecir (i) to predict 2
prejuicio prejudice 7
presa *sus.* prey, catch 1
presentador host 3
presentarse to show up 10
preso/a imprisoned 3
prestar to lend 10
prestar atención to pay attention 5
presumido/a presumptuous 4
presupuesto budget 10
pretender to try to 9
prevenir (ie) to prevent 2
prever to foresee 1
previsto/a foreseen 12
primera dama first lady 3
príncipe prince 1
principio, al at first 6
probar to try 8
procesador de palabras word processor P
profundo/a profound, deep 1
promedio average P, 7
promover (ue) to promote 3
pronósticos *m. pl.* prediction 10
pronto, de suddenly 1
propiedad property 3
propio/a own 1
proporcionar to provide 8
protagonista main character 6
proteger to protect 5
provechoso/a profitable 2
provenir (ie) to come from 9
publicidad publicity 6

pueblo nation; people 6
puerto port 12
puesto *sus.* position (job) 10
puesto que since 3, 6
pulgada inch 12
puñal *m.* knife 9

Q

quedar to remain 1; to be located, become 3
quedar en to agree to, decide on 7
quedarse to stay (in a place) 3
quemar to burn 2
quiebra bankruptcy 10
quirófano operating room 12

R

rabia rabies
raíz *f.* root
rascar to scratch 1
rasgo trait 9
ratón *m.* mouse 1
ratoncito little mouse 6
rayo ray 7
raza race 7
realizar to fulfill 1
rebanar to slice 8
recetar to prescribe
rechazar to reject 7
recipiente *m.* container 8
recolectar to collect; to gather 12
reconocer (zc) to recognize 5
recorrer to travel 1
recreo recreation 11
recto/a straight, correct 6
rector university president 1
recuerdo memory, as in remembrance 4
recurso resource 1
red informática *f.* internet 1
redondear to round off 12
reflejar to reflect 1
reflexionar to meditate 7
regalar to give as a present 3
regresar to return 3
rehabilitar to rehabilitate 9
relajación relaxation
relajarse to relax 4
relato story 1
rellenar to stuff 8

relucir to shine 1
remar to row 11
rentable financially attractive 7
repentinamente suddenly
represión repression 3
reprimido/a repressed 4
rescatar to rescue 2
reseña critical review 6
respaldar to back up 4
respaldo backing 10
respeto respect 5
resplandor shining 12
resucitar to resuscitate 1
resumir to summarize 10
retar to dare (someone) 11
retiro retirement 10
retraso delay 10
revelar to reveal 1
riesgo risk 10
rodilla knee 2
rondar to haunt 1
rostro face 3
rudo/a rough 4
rueda wheel 11
ruido noise 1

S

saber a to taste like 8
sabio/a wise 5
sabor *m.* flavor 8
sacacorchos *m.* corkscrew 8
sacar to take, pull out 10
sal *f.* salt 8
salchicha sausage 8
saldo balance 10
salsa sauce 8
saltar to jump 4
salvaje *adj.* wild 2
salvar to save 12
sano/a healthy 2
sartén *m.* frying pan 8
secuestrador kidnapper 9
secuestro kidnapping 3
sedoso/a silken 1
segregacionista *m. f.* segregationist 7
seguridad security 9
selva jungle 2
semanal weekly 2, 10
semilla seed 5

sencillo *sus.* single (record) 6
sensible sensitive 4
sentido contrario the opposite way 12
señalar to point out, make known 7
sequía drought 2
serio/a serious 4
servidumbre *f.* servitude 3
siguiente following 2
sinfonía symphony 6
sinvergüenza *sus. m. f.* rascal; scoundrel 4
siquiera, ni not even 7
soborno bribe 9
sobrante left over 8
sobras *f. pl.* leftovers 8
sobre on, over 2
sobregirar to overdraw 10
sobresaliente outstanding 4
sobresaltado startled 4
sobreviviente *sus. m. f.* survivor 3
soler (ue) to be accustomed to 1
solicitar to apply (for a job, university, etc.) 10
solo/a alone 1
sólo only 1
solomillo sirloin 8
sombra shadow 1
sombrilla umbrella 5
sonda probe 12
sonrojarse to become red 4
soportar to put up with, tolerate 4
sorprenderse to be surprised 3
sorteo drawing 10
sostener to claim 12
sublevar to rebel 2
subvención subsidy 12
suceder to occur 4
suceso event 1
sudar to sweat 11
sueldo wages 10
suelo ground 1
sufragio universal universal suffrage 3
sumergir(se) to submerge 1
sumiso/a submissive 4
superar to overcome 4; to surpass 7

supuesto/a supposed 10
surgir to arise 1; to appear; emerge 5
suscitar to cause, produce 9
susto scare 8

T

tablero game board 11
tacaño/a stingy 5
tal como such as; just as 12
talón de pago *m.* payment coupon 10
talonario (de cheques) checkbook 10
tamaño size 7, 12
tanto por ciento percentage 10
tapar to cover 1
tapas *f. pl.* appetizers 8
tardar en to delay 7
tasa rate 10
tatuaje tattoo 9
tatuar(se) to (get a) tattoo 9
taza cup 8
teclado keyboard 1
teja (roof) tile 12
telespectador TV viewer 6
televidente *m. f.* TV viewer 6
telón *m.* curtain 6
temblar (ie) to tremble 1, 6
temporada season 6
tenaz tenacious 4
tenedor *m.* fork 8
tener sentido to make sense 1
tenue subtle 7
terapeuta *m. f.* therapist 5
terco/a stubborn 4
térmico/a thermal 2
ternera veal 8
terrestre *m. f.* earthly 12
tesoro treasury; treasure 10
tiempo completo (TC) full time 10
tiempo parcial (TP) part time 10
tienda de campaña camping tent 11
timbre *m.* bell 1
tímido timid 4
tiro a (gun) shot 9
titulado/a with a degree 10
título degree P, 10
tiznado/a stained 11

tobillo ankle 11
tomar prestado to borrow 5
tonelada ton 12
tope *m.* barrier 7
torcer(se) to twist 11
torear to bullfight 11
torero bullfighter 11
torneo tournament 11
torno, en around 1
toro bull 11
toronja grapefruit 8
torre *f.* tower 12
tortura torture 3
traficante *m. f.* trafficker 9
trago drink 9
trama plot 1
trampa, hacer to cheat 11
transcurrir to occur 8
tras after 12
trasladar to move 7
trasnochar to stay out all night 11
trastorno upset (mental o physical) 4
tratar de to deal with, be about 6
tratarse de to be a question of 7
trato treatment 3
trayectoria path 6
tripulación crew 12

trozo piece 12
tumba tomb 1
turno turn 11

U

ubicado/a located 10
ubicar to locate 5
útil useful 1

V

valer to be worth 1
valer la pena to be worth the trouble 6
validez validity 8
valiente courageous 4
valija briefcase 9
Valle de Silicio Silicon Valley 7
valores morales *m. pl.* morals 4
vanidoso/a conceited 4
vapor, al steamed 8
vaquero cowboy 6
variedades *f. pl.* variety (show) 6
varón *m.* male 5
vejez *f.* old age 3
vela sail 7
vencer to defeat, to overcome 4
vendedor salesman 10
ventaja advantage 2, 7

ventas, en in sales 10
verduras *f. pl.* vegetables 8
vergüenza embarrassment 4
vestuario wardrobe 10
vías de desarrollo, en developing 2
vicio vice, bad habit 4
vicioso/a depraved (has bad habits/ vices) 4
videograbadora video camera 6
vientre belly 2
vigilar to watch 9
violación rape 3
violador/a rapist 9
vislumbrar to glimpse 1
vivienda housing 3
vivo, en live (radio, TV) 12
volcán volcano 1

Y

yema de huevo egg yolk 8
yogur *m.* yogurt 8

Z

zambullir(se) to dive 1
zanahoria carrot 8
zumo juice 8

Text Credits

Page 24, "En torno al cuento: entrevista con Enrique Jaramillo Levi," Maga: Revista Panameña de Cultura Tercera Época No. 36 (1999): 14-17. Pages 35-36, "Cuéntame un cuento" by Celtas Cortos, reprinted by permission of Eduardo Pérez, Manager de Celtas Cortos. Pages 38-41, Eduardo A. Ponce, "Cuéntame un cuento," reprinted by permission of the author.

Page 45, "El Dr. Carlos Salvador...," reprinted by permission of Muy interesante/Editorial Televisa S.A. Page 57, "Profesiones con futuro," reprinted by permission of Muy interesante/Editorial Televisa, S.A. Page 70, "La deforestación," reprinted by permission of Muy interesante/Editorial Televisa, S.A. Page 71, "Bajo tierra" by La Monja Enana, reprinted by permission of Elefant Records, Madrid. Pages 73-76, José, Ruibal, "Los mutantes" from Teatro sobre teatro, Madrid: Ediciones Cátedra, 1981, reprinted by permission of the publisher.

Page 79, Universal Declaration of Human Rights, Adopted and Proclaimed by the United Nations General Assembly on December 10, 1948. Page 82, Amnesty International symbol, © Amnesty International. Page 88, Myrka Dellanos, "Vuelo con impacto," reprinted from People en Español 9/00 issue. All rights reserved. Time, Inc. Pages 103–104, "América sin queja" by Ramón Orlando, reprinted by permission of Edward Karen Publishing Company. Page 107, Armando Valladares, "No importa, llevaré por ti...," reprinted by permission of the author. Page 108, Miguel Hernández, "El herido" (fragment), from Obra completa de Miguel Hernández, reprinted by permission of Vientos del Pueblo. S.L., Alicante.

Page 111, magazine excerpts by Fernando Ciangherotti, Dra. Antonia Novello, Luis Enrique, Ari Telch, and Roberto Gómez B. Reprinted by permission of Cristina. Page 122, "Sepa si es un 'Buscaemociones'," reprinted by permission of Muy interesante/Editorial Televisa, S.A. Pages 136–137, "Vidas paralelas" by Me enveneno de azules, reprinted by permission of Elefant Records, Madrid.

Pages 140-141, Julia de Burgos, "A Julia de Burgos" from Song of the Simple Truth: The Complete Poems of Julia de Burgos, copyright 1996 by Julia de Burgos. Published by Curbstone Press. Distributed by Consortium.

Page 145, magazine excerpts reprinted by permission of Cristina. Page 155, Omar R. Goncebat, "¡Fuera fobia!," in Nuevo Herald, © 2002 by Miami Herald. Reproduced with permission of Miami Herald in the format Textbook via Copyright Clearance Center. Page 168, "Cartas de amor" by La Monja Enana, reprinted by permission of Elefant Records. Pages 172-175, Isabel Allende, Texto: "Cartas de amor traicionado," de Cuentos de Eva Luna, © Isabel Allende, 1990.

Page 196, "Viva el Mariachi," advertisement reprinted by permission of The Los Angeles Times. Pages 206-207, Pedro Gómez Martínez and José Antonio Oliva Pallarés, "El cine," reprinted by permission of Polygram Publishing. Pages 210–212, Ernesto Cardenal, "Oración por Marilyn Monroe," reprinted by permission of the author.

Page 215, "Mujeres científicas," reprinted by permission of Muy interesante/Editorial Televisa, S.A. Page 219, "Los bajos," reprinted by permission of Cristina/ Editorial Televisa, S.A. Page 227, "La nueva faz de la raza," from Newsweek, September 20, 2000, pp. 40-43, © 2000, Newsweek, Inc. All rights reserved. Reprinted by permission. Page 230, "En nuestra defensa," reprinted by permission of Más. Pages 242–243, "Dices que soy" by Vainica Doble, reprinted by permission of Elefant Records. Pages 245–246, Alfonsina Storni, "Tú me quieres blanca," from Antología Poética I (Buenos Aires: Editorial Losada), reprinted by permission of Alejandro Storni, son and worldwide executor of Alfonsina Storni. Pages 247–248, Nicolás Guillén, "Balada de los dos abuelos," from Songoro Consongo, Motivos de son West Indies Ltd. España, Poema en cuatro angustias y una esperanza. Reprinted by permission of Agencia Literararia Hispanoamericana.

Photo Credits

Bennett/The Vesti Collection, Inc.; **page 283:** Joseph Rodriguez/Black Star; **page 304:** Karen Publishing Company; **page 307 (right):** Museo Casa de la Cultura; **page 307 (left):** Museo Casa de la Cultura; **page 312:** Robert Fried/D. Donne Bryant Stock Photography; **page 339:** Joe Viesti/The Viesti Collection, Inc.; **page 341 (left):** "Paisajes humanos nº 65," Mel Casas, Acrylic, 72" x 96". Collection of Jim & Ann Harithas, New York, New York; **page 341 (right):** Mel Casas; **page 342:** José O. Álvarez; **page 346:** D. Donne Bryant Stock Photography; **page 370:** Karen Publishing Company; **page 373 (top):** Museo Bellapart, Dominican Republic; **page 373 (middle):** Museo Bellapart, Dominican Republic; **page 374:** Rodrigo Vázquez/ADHOC Ingeniería Cultural Despacho; **page 378:** Science VU/Visuals Unlimited; **page 379 (left):** Sam Ogden/Photo Researchers, Inc.; **page 379 (right):** Tom Wagner/Corbis/SADA Press Photos, Inc.; **page 395:** European Southern Observatory; **page 399:** Manuel Escalera/El País; **page 401 (top, left and right):** Hospital Obrero de la Paz; **page 402 (bottom):** Editorial Atlántida S.A.

Index